語源辞書

松永貞徳『和句解』

本文と研究

土居文人 著

和泉書院

序文

この本は、日本で最初に出版された語源辞書である松永貞徳『和句解』の影印と翻刻そして研究を収録したものである。鎌倉時代の一三世紀後半に書かれた経尊『名語記』が一般に知られるようになったのは、二〇世紀に入ってからである。それゆえ、寛文二年（一六六二）に刊行された『和句解』は、日本で初めて日常用語を含めたさまざまな日本語の語源説を広く一般に提示した書物であり、その意味で画期的な書物であった（記載された語源説の信頼性や学問的水準は別として、という条件付きではあるが）と言える。

私が『和句解』の翻刻を考えるようになったのは、今から八年前の二〇〇六年である。吉田金彦先生の依頼で、『日本語の語源を学ぶ人のために』（世界思想社、二〇〇六）第六章「語源学史と語源研究文献」第二節「近世までの語源学と主要参考文献」を執筆したことがきっかけであった。語源学は、《言語学の一研究領域を表す「語源学」という用語があり、実際に語源研究は行われているのだが、日本では、実質的に学問と認められていない》という特殊な研究領域である。語源学が学問として成立しないのに語源学史を記述することができるのかと、私は少なからず戸惑ったが、「語源研究は人の学説である。近世以前の人が、どういう態度で語源をやっていたのかを調べる」という吉田先生からの助言を思い出しながら、この調査を進めた。その過程で、近世までに書かれた、日本語の語源説を参照するための基本文献である、経尊『名語記』・貝原益軒『日本釈名』・新井白石『東雅』・谷川士清『倭訓栞』には翻刻があるが、『和句解』には翻刻も影印もない（そして、研究論文もない）ことに気付き、奇妙に思ったことを記憶している。今考えると、『和句解』に翻刻や影印がなかったのは、『益軒全集』巻一（益軒全集刊行部、一九一〇）に翻刻が収録された『日本釈名』のような機会に恵まれなかったこと、語源説が言語遊戯的であったこと、『和句解』が貞徳の草稿を十分な校訂を行わずに出版したものであるため本文がわかりにくかったことが理由であろう。

その後、私は、二〇一〇年一二月の京都近世小説研究会で『和句解』について簡単な研究発表を行った。この研究発表のための調査の過程で、私は、『和句解』の見出し語が、近世初期の一七世紀初頭に出版された国語辞書（ただし、記載されているのは語のみであり、原則として語義の説明はない）である易林本系の節用集から抜き出されている可能性があることに気付き、『和句解』を辞書史の中に位置づける研究に着手した。語だけを集積した節用集と比較して、日常用語を含めたさまざまな和語を見出し語に立項して和文の語釈（『和句解』では語源説）を記した記述形式は、私には、今の国語辞典と同じ近代的な記述形式に思われた。なお、「『和句解』は貞徳の洒落を学ぶ本である」という、この本の中で最も明快で核心を突いたアイデアは、私の着想ではなく、この二〇一〇年一二月の研究会後の懇親会の席で、私の学生時代の恩師の濱田啓介先生から頂いたものである。

この本の研究編にも記したが、『和句解』の語源説は言語遊戯的な性格が強く、現代に通用する仮説となるレベルの語源説はあまり記されていない。しかし、記された語源説が他の語源説を排除するレベルの妥当性を持っているわけではないという点では、経尊『名語記』・貝原益軒『日本釈名』・新井白石『東雅』・谷川士清『倭訓栞』も同様である。

古代ヨーロッパ末期の神学者・哲学者である聖アウグスティヌス（三五四～四三〇）の著作とされている『問答法』（De dialectica）第六節「語の起源」には、「私たちは、ある語がなぜそのように呼ばれているのかを疑問に思い、語の起源を調べる。しかし、私の考えでは、これは必要性というよりも好奇心の問題である」「たとえ、語の起源の解明が大いに役立つことであるとしても、遂行が無期限に続くことになる仕事を始めるのはかいのないことである」「語の起源を識別することは、夢を解釈することに似ており、それぞれの人の創意工夫の問題なのである」と書かれている。これらの記述は、語源研究の問題点と限界を的確に指摘するとともに、人はなぜ語源に興味を持ち、考えるのかという疑問に回答するためのキーワードを提示している。すなわち、「好奇心」「創意工夫」である。言うまでもなく、好奇心・創意工夫は、研究においても、ものづくりにおいても、新しい何かを作り出す原動力となるものである。

『和句解』の語源説は、「人の学説」という意味では、言語遊戯性をその特徴とした貞門俳諧の中心人物であり古典学者でもあった松永貞徳の考えた語源説である。私たちは、『和句解』から、貞徳の生きた近世初期（一六世紀末～一七世紀前半）の言葉と生活を知ることができる。そして、それだけではなく、『和句解』の語源説に触れることで、貞徳がどのように和語の語源を考えたのかを知り、その創意工夫を楽しみ、何かを学ぶことができるのではないだろうか。

『和句解』の見出し語と本文には、貞徳の残した草稿をもとに筆工が版下を作成する段階で発生したとみられる誤記が多い。この本に収録した『和句解』の翻刻を行うにあたって、私は、正しい記述を推測し、誤りがないように細心の注意を払った。しかし、私の知識不足と不注意のため、正しい記述が推定できていない箇所は残されている。これらの箇所については、読者各位には、影印を参照していただきたい。

この本は、平成二十三年度日本学術振興会科学研究費補助金（基盤研究（C））「江戸時代日本語語源研究の文化史的意義の解明」（課題番号23520270）の成果をまとめたものである。資料調査では、蔵書の影印と翻刻を掲載する許可を下さった東京大学総合図書館を始めとして、多くの図書館の方々のお世話になった。蔵書の閲覧の許可をいただき、また、おいそがしいなか、手間のかかるマイクロ資料からの蔵書の複写の労を取っていただいたことに心から御礼を申し上げる。そして、この本の出版を実現して下さった、和泉書院社長の廣橋研三氏に厚く感謝申し上げる。

二〇一四年八月　姫路にて

土居文人

目次

研究編

索引編

本文編

『和句解』見出し語索引

凡例

『和句解』の見出し語を、五十音順に配列した。索引の便に配慮し、次の方針で索引を作成した。

1　配列は、歴史的仮名遣いによる。ただし、「い」「ゐ」、「え」「ゑ」、「お」「を」については、「い」「え」「お」に統一して掲示した。
2　複数の和訓が記されている見出し語については、初出の和訓によって配列した。
3　和訓は、原則として本文のまま記した。ただし、「垣通」（つぼぐき→つぼぐさ）、「潜」（ひそる→ひそか）など、誤記を訂正した場合もある。
4　清濁の記されていない和訓については、私に濁点を補った。
5　和訓の明示されていない見出し語については、私に和訓を補い、〈　〉で括って表示した。
6　見出し漢字は、原則として本文のまま記した。ただし、誤記は訂正した。
7　見出し語の下に、その見出し語のある巻数と丁数を記した。表丁は「オ」、裏丁は「ウ」と表示した。（例、①1オ＝「巻一の第一丁表にある」ということ。）

あ

嗚呼（ああ）　④34オ
藍（あい）　④31ウ
青（あをし）　④28オ
障泥（あをり）　④32ウ
胼（あかがり）　④30ウ
赤（あかし）　④27オ
崇（あがむ）　④36ウ
白地（あからさま）　④34オ
秋（あき）　④27ウ
腮（あぎと）　④30オ
商（あきなひ）　④29オ
芥（あくた）　④32ウ
明（あくる）　④27オ
扛（あぐる）　④34ウ
憧（あこがるる）　④35オ
朝（あさ、あした）　④27オ
麻（あさ）　④27ウ
瘤（あざ）　④30オ
嘲（あざける）　④33オ
淺（あさし）　④27オ
鮮（あざやか）　④34オ
求食（あさる）　④33ウ
足（あし）　④29オ
芦（あし）　④30ウ
筐（あじか）　④33オ
悪（あしき）　④36オ
明日（あす）　④28ウ
汗（あせ）　④31ウ
仇（あた）　④34ウ
宛（あたか）　④37ウ
暖（あたたか）　④29オ
價（あたひ）　④36ウ
与（あたゆる）　④35ウ
恡（あたら）　④29オ
新（あたらし）　④28ウ
當（あたる）　④35オ
無端（あぢきなし）　④33ウ

味（あぢはひ）　④37ウ
扱（あつかふ）　④35ウ
預（あづかる、あづくる）　④33オ
厚（あつき、あつし）　④28ウ
赤小豆（あづき）　④31ウ
暑（あつし）　④28ウ
四阿（あづまや）　④29オ
集（あつむる）　④34ウ
誂（あつらゆる）　④35ウ
擬（あてがふ）　④34オ
跡（あと）　④37オ
穴（あな）　④34オ
謾（あなどる）　④34ウ
兄（あに）　④29ウ
豈（あに）　④37オ
姉（あね）　④29ウ
淡（あは）　④28オ
粟（あは）　④28オ
合（あはす）　④37オ
鮑（あはび）　④31オ
哀（あはれ）　④28オ
憐（あはれぶ）　④36ウ
逢（あひ、あふ）　④33オ
應答（あひしらふ）　④33ウ
虻（あぶ）　④31オ
扇（あふぎ）　④32ウ
浮雲（あぶなし）　④33ウ
鐙（あぶみ）　④33オ
油（あぶら）　④30ウ
炙（あぶる）　④32オ
敢（あへて）　④37オ
天（あま、あめ）　④27オ
尼（あま）　④29ウ
海士（あま）　④38オ
甘（あまし）　④31ウ
剰（あまつさへ）　④37ウ
普（あまねし）　④35ウ
餘（あまり）　④37オ
網（あみ）　④30ウ
雨（あめ、あま）　④27オ
餹（あめ）　④32オ
綾（あや）　④32オ
危（あやうし）　④36オ
似（あやかる）　④34ウ
操（あやどる）　④33オ
訛（あやまち）　④36ウ
誤（あやまる）　④35オ
菖蒲（あやめ）　④31ウ
鮎（あゆ）　④31ウ
歩（あゆむ）　④36ウ
豫（あらかじめ）　④37オ
荒（あらし）　④28ウ
嵐（あらし）　④36オ
諍（あらそふ）　④35ウ
改（あらたむる）　④36ウ
顕（あらはす）　④35ウ
洗（あらふ）　④32ウ
霰（あられ）　④29オ
有（あり）　④27ウ
蟻（あり）　④30ウ
行（ありく）　④36ウ
或（あるいは）　④37ウ
行（あるく、ありき）　④29オ

い

井〈い〉　①1ウ
家〈いえ〉　①2オ
魚〈いを〉　①2ウ
烏賊（いか）　①5オ
嗔（いかる）　①3ウ
息（いき）　①2ウ
勢（いきをひ）　①5ウ
憤（いきどをる）　①4オ
軍〈いくさ〉　①6オ
池〈いけ〉　①1オ
諫（いさむ）　①4オ
石〈いし〉　①1オ
礒（いそ）　①2オ
急（いそぐ）　①5ウ
板（いた）　①5オ
戴（いただき）　①1ウ
鼬（いたち）　①3オ
徒（いたづら）　①6オ
虎杖（いたどり）　①4ウ
痛（いたみ）　①4オ
覆盆子（いちご）　①4ウ
銀杏（いちやう）　①4ウ
偽（いつはる）　①4オ
壁生草（いつまでぐさ）　①4ウ
出（いづる）　①6ウ
何（いづれ、いづく）　①7オ
乞（いで）　①6オ
幼（いとけなし）　①3オ
従弟（いとこ）　①2オ
暇（いとま）　①5オ
誂（いどむ）　①3ウ
田舎（いなか）　①5ウ
否（いなや）　①5ウ
往古（いにしへ）　①5オ
犬〈いぬ〉　①1ウ
寝（いぬる）　①4オ
稲（いね）　①1オ
命〈いのち〉　①2ウ
鰯（いはし）　①3オ
巖（いはほ）　①1オ
荊棘（いばら）　①4ウ
尿（いばり）　①3オ
鼾（いびき）　①2ウ
肬（いぼ）　①3オ
蟷螂（いぼしり）　①5オ
庵〈いほり〉　①2オ

今（いま）　①5ウ
芋（いも）　①1ウ
妹（いも）　①2ウ
卑（いやし）　①6オ
甍（いらか）　①2オ
入（いる）　①6オ
色（いろ）　①3ウ
雲脂（いろこ）　①2ウ

う

鵜（う）　③13ウ
初（うゐ）　③13オ
伺（うかがふ）　③18オ
穿（うがつ）　③20ウ
憂（うき）　③15オ
浮（うく）　③11ウ
鶯（うぐひす）　③13ウ
受（うくる）　③20オ
承（うけたまはる）　③19オ
揺（うごく）　③19ウ
土竜（うごろもち）　③20オ
兎（うさぎ）　③11オ
牛（うし）　③11オ
後（うしろ）　③12ウ
臼（うす）　③14オ
渦（うず）　③11ウ
薄（うすし）　③14オ
嘯（うそぶく）　③20オ
哥（うた）　③19オ
疑（うたがう）　③16ウ
打（うち、うつ）　③15オ
内（うち）　③15オ
氏（うぢ）　③14オ
團（うちは）　③14ウ
卯木（うつぎ）　③13オ
可愛（うつくし、いつくし）　③15ウ
蹲踞（うづくまる）　③17ウ
虚気（うつけ）　③13オ
訴（うつたえ）　③18ウ
堆（うづたかし）　③19ウ
現（うつつ）　③14ウ
器（うつはもの）　③14ウ
梁（うつばり）　③11ウ
空（うつほ）　③13オ
埋（うづむ）　③19オ
鶉（うづら）　③13ウ
移（うつる）　③15ウ
腕（うで）　③12オ
臺（うてな）　③11ウ
独活（うど）　③13オ
疎（うとし）　③16オ
促（うながす）　③20ウ
鰻鱺（うなぎ）　③14オ
項（うなじ）　③12オ
祖母（うば）　③11ウ
後妻（うはなり）　③12オ
植（うふる）　③19オ
飢（うへ）　③20ウ
旨（うまし）（むまし）　③19オ
海（うみ）　③11オ
膿（うみ）　③12ウ
倦（うむ）　③12ウ
埶（うむ）　③19ウ
恭（うやうやし）　③14オ
敬（うやまふ）　③14ウ18オ（重複立項）
浦（うら）　③11オ
裏（うら）　③11ウ
占（うらなひ）　③17オ
恨（うらみ）　③19オ
悕（うらめし）　③19ウ
羨（うらやまし）　③16オ
瓜（うり）　③13オ
賣（うる）　③16ウ
右流左死（うるさし）　③15オ
漆（うるし）　③13オ
粳（うるしね）　③13ウ
潤（うるほふ）　③18オ
嬉（うれし）　③16ウ
鱗（うろこ）　③13ウ

え

江（え）　④24オ
柄（え）　④24ウ
繪（え）　④24ウ
蝦夷（えぞ）　④24オ
枝（えだ）　④24オ
嘔（えづく）　④24ウ
棧（えつり）　④24ウ
胞衣（えな）　④25オ
榎（えのき）　④24ウ
犬子（えのこ）　④25オ
酔（えひ、えふ）　④25オ
海老（えび）　④24オ
鑰（えび）　④24ウ
箙（えびら）　④24ウ
烏帽子（えぼし）　④24ウ
咲（えむ）　④24オ
撰（えらぶ）　④25オ
彫（える）　④25オ

お

緒（を）　①29ウ
苧（を）　①29ウ
笛（をい）　①30オ
御（ををん、をん）　①33オ
岡（をか）　①28ウ
可咲（をかし）　①35ウ
侵（をかす）　①32オ
拝（おがむ）　①35ウ

か

方（かた）　②12オ
片（かたかた）　②12オ
堅（かたし）　②6オ
難（かたし）　②10オ
忝（かたじけなし）　②10オ
形（かたち）　②5オ
蝸牛（かたつぶり）　②7オ
絺浴（かたびら）　②9オ
傾（かたぶく）　②12オ
姦（かだまし）　②10オ
語（かたる）　②1オ
梶（かぢ）　②6ウ
鰹（かつほ）　②7ウ
桂（かつら）　②2オ
葛（かづら）　②1オ5ウ〔重複立項〕
粮（かて）　②8ウ
門（かど）　②12オ
悲（かなし）　②11オ
撫（かなづる）　②12オ
叶（かなふ）　②11ウ
鑊（かなへ）　②10オ
要（かなめ）　②9ウ
蟹（かに）　②7ウ
鐘（かね）　②1ウ
川（かは）　②6オ
皮（かは）　②8ウ
獺（かはをそ）　②8オ→獺（をそ）〔重複立項〕
蛙（かはづ）　②8オ
尸（かばね）　②5オ
蝙蝠（かはほり）　②7オ
厠（かはや）　②4ウ
瓦（かはら）　②1オ
土器（かはらけ）　②9オ
飼（かひ、かふ）　②12オ
蠶（かひこ）　②8オ
無甲斐（かひなし）　②9オ
買（かふ）　②12オ
甲（かぶと）　②4オ
冠（かぶり）　②3ウ
楓（かへで）　②5ウ
帰（かへる）　②12オ
皃（かほ）　②5オ
皃鳥（かほどり）　②8ウ
鎌（かま）　②1オ
釜（かま）　②4オ
蒲（かま）　②6ウ
蟷螂（かまきり）　②7ウ
構（かまへ）　②12オ
鷗（かまめ、かもめ）　②7オ
神（かみ）　②2ウ
上（かみ）　②2ウ
髪（かみ）　②2ウ
紙（かみ）　②2ウ
守（かみ）　②3オ
嚼（かむ）　②11ウ
瓶（かめ）　②4オ
亀（かめ）　②4オ
鴨（かも）　②3ウ
羚羊（かもしし）　②2ウ
冬瓜（かもふり）　②5ウ
萱（かや）　②6オ
榧（かや）　②6オ
粥（かゆ）　②8ウ
通（かよふ）　②11ウ
唐（から）　②1ウ
柄（から）　②10オ
辛（からし）　②5ウ
獅子（かららしし）　②2オ
烏（からす）　②7ウ
犂（からすき）　②10オ
搦（からめ）　②11オ
狩（かり）　②4ウ
雁（かり）　②6オ
苅（かる）　②5ウ
苅萱（かるかや）　②5ウ
王餘魚（かれい）　②7ウ
軽（かろし）　②4オ
笄（かんざし）　②9ウ

き

黄（き）　⑤11ウ
木（き）　⑤12オ
氣（き）　⑤12オ
金（きがね）　⑤11ウ
菊（きく）　⑤10オ
聞（きく）　⑤12ウ
刻（きざむ）　⑤13オ
岸（きし）　⑤9ウ
雉（きじ）　⑤10ウ
疵（きず）　⑤10ウ
北（きた）　⑤9ウ
きたなし　⑤13ウ
階（きだはし、きざはし）　①7ウ⑤9ウ〔重複立項〕
鍛（きたふ）　⑤13オ
来（きたる）　⑤12オ
紲（きづな）　⑤12ウ
狐（きつね）　⑤9ウ
絹（きぬ）　⑤11ウ
砧（きぬた）　⑤12オ
杵（きね）　⑤12ウ
牙（きば）　⑤10ウ
黄蘗（きはだ）　⑤11ウ
極（きはまる、きはめ）　⑤13オ
秬（きび）　⑤11ウ
密（きびし）　⑤13オ
跟（きびす）　⑤10ウ
君（きみ）　⑤10オ

肝(きも)　⑤10ウ
消(きゆる、きえ)　⑤12ウ
清(きよし)　⑤9ウ
端正(きらめく)　⑤12ウ
雲母(きらら)　⑤9ウ
霧(きり)　⑤9ウ
桐(きり)　⑤10オ
錐(きり)　⑤12ウ
蛩(きりぎりす)　⑤11ウ
着(きる)　⑤12オ
剪(きる)　⑤12オ

く

悔(くい、くやむ)　③26ウ
食(くい、くふ)　③28ウ
水鶏(くゐな)　③24オ
哺(くくむる)　③27ウ
括(くくる)　③27ウ
匿路(くけぢ)　③23オ
草(くさ)　③26オ
蜀漆(くさぎ)　③25ウ
鏁(くさり)　③27オ
串(くし)　③29ウ
櫛(くし)　③29ウ
鬮(くじ)　③29オ
蹇(くじく)　③28オ
鯨(くじら)　③25オ
醫(くすし)　③24オ
楠(くすのき)　③25ウ
藥(くすり)　③24オ
砕(くだく)　③28ウ
菓(くだもの)　③25ウ
百済(くだら)　③23オ
下(くだる)　③27オ
件(くだん)　③29オ
口(くち)　③26ウ
朽(くち、くつる)　③26ウ
梔(くちなし)　③25オ
脣(くちびる)　③24オ
覆(くつがへる)　③28ウ
轡(くつは)　③24ウ
崩(くづるる)　③27オ
窕(くつろぐ)　③29ウ
話(くどく)　③28ウ
國(くに)　③23オ
恨(くねる)　③27ウ
桒(くは)　③25ウ
鍬(くは)　③27オ
委(くはし)　③28ウ
企(くはたつ)　③28ウ
加(くはふ)　③28オ
賦(くばる)　③27オ
縊(くびる)　③28オ
窪(くぼむ、くぼし)　③28ウ
熊(くま)　③27オ
雕(くまたか)　③24ウ
組(くみ)　③26オ
汲(くむ)　③26オ
与(くむ)　③26ウ
雲(くも)　③23ウ
蜘(くも)　③24ウ
曇(くもる)　③23オ
薫(くゆる)　③27ウ
鞍(くら)　③23オ
蔵(くら)　③23ウ
座(くら)　③23ウ
位(くらゐ)　③24オ
水母(くらげ)　③24ウ
暗(くらし)　③26ウ
栗(くり)　③24ウ
苦(くるしき)　③27オ
狂(くるふ、くるい)　③28オ
胡桃(くるみ)　③25ウ
暮(くれ)　③23ウ
呉竹(くれたけ)　③24オ
紅(くれなゐ)　③26ウ
黒(くろし)　③26ウ

け

毛(け)　④9オ
穢(けがる)　④9ウ
今朝(けさ)　④9オ
消(けす)　④9ウ
桁(けた)　④9オ
蓋(けだし)　④10オ
獣(けだもの)　④9オ
削(けづる)　④9オ
現(げに)　④9ウ
崄(けはし)　④9ウ
今日(けふ)　④9オ
樫(けやき)　④9オ

こ

子(こ)　④16オ
小(こ)　④16オ
粉(こ)　④16オ
籠(こ)　④16オ
碁(ご)　④18ウ
聲(こゑ)　④16ウ
超(こえ)　④16ウ
肥(こえたり)　④16ウ
金(こがね)　④18ウ
灼(こがる)　④20オ
漕(こぐ)　④22ウ
苔(こけ)　④17オ
柿(こけら)　④17オ
爰(ここ)　④19オ
心(こころ)　④17ウ
腰(こし)　④17ウ
輿(こし)　④18ウ
甑(こしき)　④18ウ

拵(こしらへ) ④21ウ
挙(こぞる) ④20オ
答(こたえ) ④21オ
魅(こだま) ④19ウ
東風(こち) ④16オ
琴(こと) ④17ウ
事(こと) ④18ウ
悉(ことごとく) ④22オ
柱(ことぢ) ④19ウ
異(ことなる) ④22ウ
殊(ことに) ④22ウ
詞(ことば) ④23オ
稷(こなす) ④20ウ
此(この) ④19ウ
兄(このかみ) ④16ウ
好(このむ) ④20ウ
強(こはし) ④20ウ
鯉(こひ) ④16ウ
恋(こひ) ④21オ
媚(こび) ④23オ
希(こひねがふ) ④20ウ
乞(こふ) ④22オ
癭(こぶ) ④16ウ
拳(こぶし) ④16ウ
覆(こぼす) ④20ウ
壊(こぼつ) ④20ウ
郡(こほり) ④22ウ
駒(こま) ④16ウ
細(こまか) ④16オ
拱(こまぬく) ④22オ
濃(こまやか、こき) ④17ウ
米(こめ) ④19ウ
薦(こも) ④17オ
暦(こよみ) ④16オ
樵(こる) ④20ウ
懲(こるる) ④21ウ
是(これ) ④19ウ
比(ころ) ④20オ
殺(ころす) ④20ウ

さ

幸(さいはゐ) ⑤8ウ
坂(さか) ⑤2オ
悪(さが) ⑤6オ
榊(さかき) ⑤3ウ
逆(さかさま) ⑤2オ
賢(さかしき) ⑤6ウ
盃(さかづき) ⑤5ウ
肴(さかな) ⑤5オ
境(さかひ) ⑤2オ
﨑(さき) ⑤2オ
先(さき) ⑤8ウ
咲(さく) ⑤8オ
桜(さくら) ⑤4オ
決入(さくりばみ) ⑤1オ
下(さぐる) ⑤5オ
鮭(さけ) ⑤3オ
酒(さけ) ⑤5オ
叫(さけぶ) ⑤8オ
篠(ささ) ⑤4ウ
捧(ささげ、ささぐる) ⑤8オ
咡(ささやく) ⑤7ウ
漣(さざれなみ) ⑤1オ
閣(さしをく) ⑤7ウ
鶚(さしば) ⑤3ウ
挿(さしはさむ) ⑤7オ
麾(さしまねく) ⑤7ウ
刺(さす) ⑤4ウ
貞(さだか) ⑤8オ
定(さだむ) ⑤7オ
授(さづくる) ⑤8オ
里(さと) ⑤2ウ
悟(さとる) ⑤7オ
早苗(さなへ) ⑤4ウ
核(さね) ⑤4ウ
澤(さは) ⑤1ウ
鯖(さば) ⑤3ウ
噪(さはぐ) ⑤8ウ
爽(さはやか) ⑤8オ
弱檜(さはら) ⑤4オ
障(さはる) ⑤6オ
侍(さぶらひ、さぶらう) ⑤1ウ
遮(さへぎる) ⑤6ウ
囀(さへづる) ⑤5ウ
棹(さほ) ⑤2ウ
妨(さまたぐる) ⑤7ウ
寒(さむし) ⑤1オ
醒(さむる) ⑤1オ
鮫(さめ) ⑤3ウ
鞘(さや) ⑤5ウ
清(さやか) ⑤7オ
冴(さゆる) ⑤1オ
瀑(さらす) ⑤7オ
更(さらに) ⑤6ウ
猿(さる) ⑤2ウ
生飯(さんば) ⑤5オ

し

椎(しゐ) ⑤22オ
強(しゐて) ⑤26オ
鱪(しいら) ⑤22オ
舅(しうと) ⑤20ウ
鹿(しか、しし) ②2オ⑤20オ(重複立項)
併(しかしながら) ⑤25オ
尓(しかり) ⑤24ウ
鴫(しぎ) ⑤21ウ
櫁(しきみ) ⑤22ウ
頻(しきり) ⑤24ウ
敷(しく) ⑤25ウ
繁(しげし) ⑤22オ

茂(しげる) ⑤22オ
肉(しし) ⑤21ウ
蜆(しじみ) ⑤21ウ
縮(しじむる) ⑤24オ
舌(した) ⑤21オ
随(したがふ) ⑤25オ
親(したし) ⑤25オ
認(したたむる) ⑤24オ
慕(したふ) ⑤25オ
静(しづか、しづまる) ⑤26オ
殿(しつはらひ) ⑤26オ
沈(しづむ) ⑤24オ
飾(しつろふ) ⑤24ウ
粢(しとぎ) ⑤23オ
鵐(しとと) ⑤21ウ
品(しな) ⑤23ウ
篠(しの) ⑤22オ
凌(しのぐ) ⑤26オ
荵(しのぶ) ⑤22ウ
柴(しば) ⑤20ウ
芝(しば) ⑤23オ
數(しばしば) ⑤26オ
暫(しばらく、しばし) ⑤25ウ
縛(しばる) ⑤24オ
澁(しぶ) ⑤22ウ
塩(しほ) ⑤20オ
萎(しぼむ) ⑤22オ
嶋(しま) ⑤20ウ
卜(しむる) ⑤23オ
注連(しめ) ⑤23ウ
示(しめす) ⑤25オ
湿(しめる) ⑤24オ
下(しも、した) ⑤21オ
精(しらげ) ⑤23オ
弾(しらぶる) ⑤26オ
尻(しり) ⑤21ウ
鞦(しりがひ) ⑤23ウ
退(しりぞく) ⑤25ウ
後(しりへ) ⑤21ウ
知(しる) ⑤24オ
汁(しる) ⑤24ウ
験(しるし) ⑤24ウ
記(しるす) ⑤25オ
城(しろ) ⑤20オ
白(しろし) ⑤20オ

す

巣(す) ⑥18ウ
洲(す) ⑥19オ
簀(す) ⑥19オ
酢(す) ⑥21オ
忍冬(すいかづら) ⑥21オ
末(すゑ) ⑥22オ
姿(すがた) ⑥20オ
把(すがる) ⑥23ウ
鋤(すき) ⑥21ウ
透(すき、すく) ⑥19オ
杦(すぎ) ⑥19オ
少(すくなし) ⑥24ウ
救(すくふ) ⑥24オ
噤(すくむ) ⑥23オ
健(すくよか) ⑥24ウ
過(すぐる) ⑥22ウ
菅(すげ、すが) ⑥21オ
頗(すこぶる) ⑥23ウ
双六(すごろく) ⑥21ウ
冷(すさまじ) ⑥20オ
遊(すさむ) ⑥23オ
鮨(すし) ⑥20ウ
煤(すす) ⑥19オ
鈴(すず) ⑥19ウ
錫(すず) ⑥19ウ
薄(すすき) ⑥21ウ
鱸(すずき) ⑥20ウ
生絹(すずし) ⑥21オ
涼(すずしき) ⑥19ウ
進(すすむ) ⑥23オ
勧(すすめ) ⑥23オ
雀(すずめ、すずみ) ⑥20オ
硯(すずり) ⑥21ウ
箔(すだれ) ⑥19オ
筋(すぢ) ⑥19ウ
捨(すて、すつ) ⑥23オ
既(すでに) ⑥22オ
沙(すな) ⑥19オ
直(すなを) ⑥23オ
漁(すなどる) ⑥24オ
即(すなはち) ⑥24ウ
咳嗽(すはぶき) ⑥20オ
吸(すふ) ⑥21オ
須(すべからく) ⑥23オ
皇(すべらぎ、すべらきみ) ⑥18オ
相撲(すまひ) ⑥22オ
捍(すまふ) ⑥25オ
角(すみ) ⑥18ウ
炭(すみ) ⑥18ウ
墨(すみ) ⑥18ウ
住(すみ、すむ) ⑥18オ
澄(すみ、すむ) ⑥18オ
濟(すみ、すむ) ⑥18ウ
速(すみやか) ⑥24ウ
菫(すみれ) ⑥25オ
李(すもも) ⑥21オ
居(すゆる、すはる) ⑥24オ
摺(すり、する) ⑥23ウ

せ

瀬(せ) ⑥16オ
兄弟(せうと) ⑥16ウ
關(せき) ⑥16オ

束（つかぬる）②31ウ
仕（つかふる、つかまつる）②28ウ
抓（つかむ）②29オ
捫（つかむ）②31ウ
疲（つかるる）②28ウ
月（つき）②26ウ
継目（つぎめ）②26オ
築（つく）②24ウ
築紫（つくし）②24ウ
土筆（つくづくし）②30オ
作（つくる）②24ウ
告（つぐる）②28ウ
晦（つごもり）②24オ
薏苡（つしだま）②30オ
蔦（つた）②27オ
傳（つたえ、つとふ）②27オ
拙（つたなし）②31オ
土（つち）②25オ
辻（つぢ）②24オ
恙（つつが）②27ウ
謹（つつしむ）②29オ
都々鳥（つつどり）②29ウ
皷（つづみ）②31オ
包（つつむ）②30オ
連綿（つづれ）②27ウ
夙（つと）②24オ
土産（つと）②30ウ
勤（つとめ）②29オ
繋（つなぐ）②30ウ
常（つね）②31ウ
角（つの）②30ウ
募（つのる）②27ウ
鐔（つば）②30ウ
唾（つばき）②29オ
椿（つばき）②29ウ
翼（つばさ）②29ウ

鷰（つばめ）②29ウ
兵（つはもの）②29ウ
粒（つぶ）②30オ
具（つぶさ）②31ウ
頭（つぶり）②28オ
坪（つぼ）②25ウ
垣通（つぼぐさ）②29ウ
局（つぼね）②26オ
妻（つま）②26オ
一二（つまびらか）②27オ
撮（つまむ）②29オ
詰（つまる）②26オ
罪（つみ）②32オ
積（つむ、つもる）②28オ
摘（つむ）②29オ
紬（つむぎ）②30オ
爪（つめ）②27オ
露（つゆ）②24オ
強（つよし）②31オ
頬（つら）②29オ
倩（つらつら）②28オ
連（つらなる）②28ウ
釣（つり、つる）②26オ
靏（つる）②29ウ
絃（つる）②30ウ
徒然（つれづれ）②28オ
難面（つれなき）②27オ

て

手（て）④26オ
行（てだて）④26ウ
寺（てら）④26オ
衒（てらう）④26ウ
照（てる）④26ウ

と

十（とを）①20ウ

遠（とをし）①20オ
通（とをる）①22オ
尤（とがむる）①22オ
時（とき）①20ウ
木賊（とくさ）①21オ
牀（とこ）①20オ
常世（とこよ）①20オ
処（ところ）①22ウ
年（とし）①21オ
嫁（とつぐ）①22オ
届（とづく、とどく）①21ウ
閇（とづる）①23オ
軣（とどろく）①20ウ
隣（となり）①20オ
飛（とび、とぶ）①23オ
鳶（とび）①23オ
問（とふ）①20オ
弔（とぶらふ）①20オ
泊（とまり）①20ウ
止（とまる）①20ウ
富（とむ）①21ウ
友（とも）①21オ
共（とも）①21オ
供（とも）①21オ
倫（ともがら）①21オ
乏（ともし）①22ウ
燈（ともしび）①23オ
豊（とよ）①20オ
虎（とら）①21ウ
捕（とらゆる）①21ウ
鳥（とり）①20オ
屑（とりえ）①22ウ
取（とる）①21ウ
泥（どろ）①20ウ
團栗（どんぐり）①21オ

な

名（な）　③3ウ
菜（な）　③3ウ
長（ながき、ながし）　③3オ
流（ながるる、ながれ）　③3オ
無（なき、なし）　③3オ
七（ななつ）　③3ウ
何（なに）　③3ウ

に

新（にゐ）　①15オ
苦（にがし）　①14ウ
膠（にかは）　①15オ
面炮（にきび）　①14オ
弣（にぎる）　①15オ
悪（にくむ、にらむ）　①15ウ
北（にぐる）　①16オ
尺迦牟尼仏（にくるべ）　①15オ
浊（にごる）　①16オ
西（にし）　①14オ
辛螺（にし）　①14ウ
虹（にじ）　①14オ
鯡（にしん）　①14ウ
蜷（にな）　①14ウ
庭（には）　①14オ
俄（にはか）　①15ウ
鈍（にぶし）　①14ウ
贄（にへ）　①14オ
薫（にほふ）　①15ウ
荷物（にもつ）　①15ウ
韮（にら）　①14オ
白眼（にらむ）　①15オ
煑（にる）　①14オ
似（にる）　①15オ

ぬ

鵺（ぬえ）　①26ウ
糠（ぬか）　①26ウ
額（ぬか）　①26ウ
抽（ぬきむづ）　①26ウ
抜（ぬく）　①27オ
主（ぬし）　①26オ
盗（ぬすむ）　①26オ
布（ぬの）　①26ウ
縫（ぬふ）　①26オ
沼（ぬま）　①26オ
塗（ぬる）　①26オ
温（ぬるむ）　①27オ
濡（ぬるる）　①26ウ

ね

音（ね）　③1オ
根（ね）　③2オ
願（ねがふ）　③1ウ
祝（ねぐ）　③2オ
猫（ねこ）　③1ウ
鼡（ねずみ）　③1ウ
妬（ねたむ）　③1ウ
捻（ねぢ、ねづる）　③1ウ
舐（ねぶる）　③1ウ
眠（ねぶる）　③1ウ
粘（ねやす）　③1ウ
練（ねり）　③1ウ
寝（ねる）　③1オ
懇（ねんごろ、ねもころ）　③2オ

の

野（の）　③21オ
遯（のがるる）　③22オ
鋸（のこぎり）　③21ウ
拭（のごふ）　③22ウ
残（のこる）　③22オ
熨（のし）　③21ウ
除（のぞく）　③22ウ
閲（のぞく）　③22ウ
望（のぞむ）　③22ウ
篦（のだけ）　③21オ
曰（のたまはく）　③22ウ
咽（のど）　③21オ
訇詈（ののしる）　③22オ
昇（のぼる）　③22オ
蚤（のみ）　③21オ
呑（のむ）　③22ウ
苔（のり）　③21オ
糊（のり）　③21オ
法（のり）　③21ウ
乗（のる）　③21ウ
咒（のろふ）　③22オ
暖簾（のんれん）　③21ウ

は

歯（は）　①11オ
蝿（はい）　①10ウ
鷂（はいたか）　①9ウ
墓（はか）　①13ウ
袴（はかま）　①11オ
秤（はかり）　①11オ
萩（はぎ）　①9ウ
吐（はく）　①13オ
帯（はく）　①13ウ
妖化物（ばけもの）　①10オ
箱（はこ）　①9オ
孚（はごくむ）　①13オ
鑷（はさみ）　①11ウ
橋（はし）　①7ウ
端（はし）　①7ウ
箸（はし）　①7ウ
觜（はし、くちばし）　①7ウ

榛(はしばみ)　①9ウ
始(はじめ)　①12オ
柱(はしら)　①8オ
走(はしる)　①13オ
馳(はせ)　①13ウ
畑(はた)　①8オ
幢(はた)　①10ウ
肌(はだ)　①9オ
促織(はたをり)　①10オ
裸(はだか)　①9オ
旅籠(はたご)　①10ウ
鉢(はち)　①11オ
恥(はぢ)　①11ウ
蓮(はちす)　①9ウ
初(はつ、はじめ)　①12オ
筈(はづ)　①13オ
果(はて、はつる)　①12オ
鳩(はと)　①10オ
花(はな)　①8オ
鼻(はな)　①9オ
太(はなはだ)　①13ウ
餞(はなむけ)　①11ウ
羽(はね)　①10オ
憚(はばかる)　①12オ
脛巾(はばき)　①10ウ
濱(はま)　①8オ
林(はやし)　①8オ
囃(はやす)　①13ウ
腹(はら)　①9オ
原(はら)　①11オ
孕(はらむ)　①9オ
針(はり)　①9ウ
春(はる)　①7ウ
遼(はるか)　①13オ

ひ

日(ひ)　⑥2オ
火(ひ)　⑥2オ
秀(ひいで、ひいづる)　⑥6オ
疼(ひいらく、ひららく)　⑥7ウ
冲(ひいる)　⑥7オ
東(ひがし)　⑥1オ
僻(ひがむ)　⑥6ウ
扣(ひかゆる)　⑥6ウ
日鵲(ひがら)　⑥3ウ
将(ひきゐる)　⑥8オ
延命草(ひきをこし)　⑥5オ
低(ひきく、ひきし)　⑥7オ
引(ひく)　⑥5ウ
髭(ひげ)　⑥5ウ
彦(ひこ)　⑥1ウ
拏(ひこづらふ)　⑥8オ
膝(ひざ)　⑥2ウ
提(ひさげ)　⑥5ウ
庇(ひさし)　⑥1オ
久(ひさし)　⑥7ウ
跪(ひざまづく)　⑥6オ
菱(ひし)　⑥5オ
海鹿(ひじき)　⑥4ウ
鴻(ひしくひ)　⑥3ウ
鯷(ひしこ)　⑥4ウ
聖(ひじり)　⑥2ウ
潜(ひそか)　⑥6オ
颦(ひそむ)　⑥7オ
額(ひたい)　⑥3オ
鶲(ひたき)　⑥4オ
混(ひたすら)　⑥6オ
左(ひだり)　⑥3オ
肘(ひぢ)　⑥1ウ
羊(ひつじ)　⑥1オ
人(ひと)　⑥2ウ
等(ひとし)　⑥7オ
壹(ひとつ)　⑥6オ→七(ななつ)
偏(ひとへ)　⑥2ウ
獨(ひとり)　⑥2ウ
鄙(ひな)　⑥8オ
捻(ひねる)　⑥6ウ
檜(ひのき)　⑥2オ
鶸(ひは)　⑥3ウ
枇杷(びは)　⑥4ウ
雲雀(ひばり)　⑥3ウ
響(ひびく)　⑥7ウ
隙(ひま)　⑥6ウ
姫(ひめ)　⑥2オ
莧(ひゆ)　⑥5ウ
鵯(ひよどり)　⑥4オ
開(ひらく)　⑥2オ
颺(ひらめく)　⑥7オ
干(ひる)　⑥1オ
晝(ひる)　⑥2オ
蒜(ひる)　⑥5ウ
蛇床子(ひるむしろ)　⑥4ウ
廣(ひろし)　⑥1ウ
拾(ひろふ)　⑥6ウ
弘(ひろむる)　⑥6ウ

ふ

肮(ふえ)　④12オ
笛(ふえ)　④13ウ
深(ふかし)　④15オ
蕗(ふき)　④13オ
吹(ふき、ふく)　④11オ
葺(ふく)　④15オ
含(ふくむ)　④15オ
陰嚢(ふぐり)　④12ウ
脹(ふくるる)　④15ウ
梟(ふくろう)　④12オ
耽(ふける)　④14オ
籮(ふご)　④13ウ
塞(ふさぐ)　④14ウ

五倍子（ふし）　④12ウ
節（ふし）　④13オ
伏（ふす）　④13オ
防（ふせぐ）　④14ウ
蓋（ふた）　④13ウ
札（ふだ）　④13ウ
二（ふたつ）　④12ウ→七（ななつ）
渕（ふち）　④11オ
縁（ふち）　④11オ
藤（ふぢ）　④12ウ
懐（ふところ）　④12オ
太（ふとし）　④15オ
鮒（ふな）　④12オ
舩（ふね）　④13ウ
海蘿（ふのり）　④12ウ
文（ふみ）　④11ウ
踏（ふむ）　④15オ
麓（ふもと）　④11オ
冬（ふゆ）　④11オ
鰤（ぶり）　④12オ
降（ふる）　④14オ
振（ふる）　④14オ
古（ふるし）　④13オ
簁（ふるひ）　④13ウ
觸（ふれ、ふるる）　④14ウ
筆（ふんで）　④13ウ

へ

隔（へだて）　①19ウ
諛（へつらう）　①19ウ
謙（へりくだる）　①19ウ

ほ

穂（ほ）　①16ウ
帆（ほ）　①17オ
頬（ほう）　①16ウ
鬼燈（ほうづき）　①17オ
法論味噌（ほうろみそ）　①17ウ
行器（ほかい）　①17ウ
朗（ほがら）　①19オ
鉾（ほこ）　①17ウ
侈（ほこる）　①18ウ
星（ほし）　①16ウ
干（ほす）　①18ウ
細（ほそし）　①18オ
蛍（ほたる）　①17オ
程（ほど）　①18ウ
仏（ほとけ）　①19オ
施（ほどこす）　①18オ
杜鵑（ほととぎす）　①17オ
殆（ほとんど）　①19オ
髣髴（ほのか）　①18オ
吼（ほふる）　①18ウ
誉（ほむる）　①18オ
寄生（ほや）　①17オ
洞（ほら）　①16ウ
堀（ほり）　①16ウ
耄（ほるる）　①18ウ

ま

儲（まうけ）　④1ウ
申（まうす）　④4ウ
任（まかす）　④6オ
賂（まかなふ）　④7オ
罷（まかる）　④4ウ
曲（まがる）　④2オ
槙（まき）　④2オ
蒔（まく、まき）　④1ウ
巻（まく）　④2オ
幕（まく）　④3オ
枕（まくら）　④2ウ
負（まくる）　④8オ
孫（まご）　④4ウ
誠（まこと）　④5オ
柾（まさ）　④2ウ
鉞（まさかり）　④2ウ
正（まさし）　④8オ
勝（まさる）　④6オ
呪（まじなふ）　④5オ
交（まじはる、まじる）　④5オ
猿（ましら）　④2オ
舛（ます）　④4オ
増（ます）　④6オ
又（また）　④8オ
胯（またぐ）　④4ウ
完（またし）　④7ウ
班（まだら）　④2オ
町（まち）　④1オ
松（まつ）　④2オ
先（まづ）　④8オ
全（まつたし、まつたい）　④6ウ
祭（まつり）　④6オ
政（まつりごと）　④7ウ
的（まと）　④3ウ
窓（まど）　④1オ
圓（まどかなり、まるし）　④4オ
末那板（まないた）　④3オ
眼（まなこ）　④4オ
学（まなび）　④5オ
免（まぬかる、まぬく）　④5ウ
招（まねく）　④6ウ
廻（まはる）　④1ウ
舞（まひ）　④1オ
賄賂（まひなひ）　④5オ
翳（まぶし）　④7ウ
前（まへ）　④4ウ
継母（ままはは）　④1オ
眉（まゆ）　④3ウ
檀（まゆみ）　④2ウ
迷（まよふ、まどふ）　④7オ

賓客（まらうと）　④1オ
鞠（まり）　④3ウ
稀（まれ）　④6オ
丸（まろ）　④3ウ

み

御（み）　⑤18ウ
身（み）　⑤19オ
見（み）　⑤19オ
右（みぎ）　⑤19オ
砌（みぎり）　⑤19オ
陵（みささぎ）　⑤18オ
溝（みぞ）　⑤19オ
霙（みぞれ）　⑤18オ
三（みつ）⑤18ウ→七（ななつ）
水（みづ）　⑤18ウ
南（みなみ）　⑤18オ
峯（みね）　⑤18ウ
宮（みや）　⑤18オ
京（みやこ）　⑤18オ

む

昔（むかし）　③8オ
蜈（むかで）　③7ウ
向（むかふ、むく）　③9オ
麦（むぎ）　③8オ
剥（むく）　③9ウ
報（むくふ）　③9オ
葎（むぐら）　③9ウ
むさき　③10オ
六指（むさし）　③10オ
貪（むさぼる）　③8ウ
虫（むし）　③7オ
繕（むしる）　③9ウ
席（むしろ）　③5ウ
寧（むしろ）　③8ウ
蒸（むす）　③7オ
結（むすぶ）　③8ウ
娘（むすめ）　③6オ
咽（むせぶ）　③9ウ
鞭（むち）　③9ウ
睦（むつぶ）　③8ウ
空（むなしく）　③8オ
棟（むね）　③6オ
胷（むね）　③7ウ
馬（むま）　③6オ
梅（むめ）　③7ウ
村（むら）　③5ウ
紫（むらさき）　③8オ
室（むろ）　③6オ

め

目（め）　⑤17オ
和布（め）　⑤17ウ
姪（めい）　⑤17オ
夫婦（めをと）　⑤17オ
恵（めぐむ）　⑤17ウ
巡（めぐる）　⑤17ウ
囚（めしうど）　⑤17オ
召（めす）　⑤17オ
珎（めづらし）　⑤17ウ
蓍（めど）　⑤17オ
乳母（めのと）　⑤17オ

も

藻（も）　⑥12オ
疱瘡（もがさ）　⑥10ウ
笆（もがり）　⑥9オ
艾（もぐさ）　⑥11ウ
若（もし）　⑥14オ
裾（もすそ）　⑥12オ
餅（もち）　⑥12オ
持（もち、もつ）　⑥12ウ
糯（もちい）　⑥11ウ
望月（もちづき）　⑥9オ
用（もちゆ）　⑥14ウ
鋲（もぢる）　⑥12ウ
海雲（もづく）　⑥12オ
以（もつて）　⑥12ウ
尤（もつとも、もとも）　⑥14ウ
専（もつはら、もはら）　⑥13ウ
翫（もてあそぶ）　⑥14ウ
本（もと）　⑥12オ
基（もとい）　⑥15オ
髻（もとどり）　⑥10ウ
求（もとむ）　⑥12ウ
戻（もどる）　⑥12オ
佷（もどる）　⑥14オ
最中（もなか）　⑥9ウ
物（もの）　⑥10オ
斎（ものいみ）　⑥15オ
嬾（ものうし）　⑥14オ
武士（もののふ）　⑥9ウ
樅（もみ）　⑥11ウ
楓（もみぢ）　⑥11オ
按（もむ）　⑥12ウ
木綿（もめん）　⑥12オ
股（もも）　⑥10ウ
桃（もも）　⑥11オ
百（もも）　⑥12ウ
百敷（ももしき）　⑥9オ
炎（もゆ）　⑥12オ
催（もよほす）　⑥14オ
森（もり）　⑥11オ
洩（もる）　⑥13オ
唐（もろこし）　⑥9オ
脆（もろし）　⑥13ウ
諸（もろもろ）　⑥14ウ
主水（もんど、もんどり）　⑥9ウ

や

ゆ

よ

わ

『和句解』影印・翻刻

凡例

底本に東京大学総合図書館蔵『和句解』（請求記号、D20-314。許可番号、2013-133）を用い、以下の方針により、影印並びに翻刻を収録した。

影印

一ページに見開き一丁分の写真（縮小率、約四七％）を上段に掲載し、写真の横に丁数（「オ」は表丁、「ウ」は裏丁）を記した。

翻刻

上段の影印にならい、本文影印と対照できるように翻刻を下段に配した。また、和語の語源辞書という本作品の性質を考慮し、翻刻に際しては次の方針とした。

1　「わ」部などで、「わ」を「ハ」と誤刻（たとえば、「わたくし（私）」を「ハたくし」と誤刻）している箇所については、適宜、「ハ」を「わ」に訂正した。

2　清濁は、底本のまま残した。ただし、「へりぐたる」など、濁点の位置の明らかな誤刻については、「へりくだる」などと訂正した。また、漢字に付けられた濁点は、削除した。

3　振り仮名は、貞徳の草稿にあったものではなく、出版時に筆工が新たに付加したものと考えられるが、底本のままとした。ただし、振り仮名が「〳〵」などの繰り返し記号で記されている箇所は、通常の仮名表記に改めた。

4　句読点については、底本では、句点「。」のみが使われているが、出版時に筆工が付加したものと考えられるので、読みやすさに配慮し、明らかな誤りは訂正し、適宜、私に句読点の補足・削除を施した。

5　仮名の字体は、現在の字体に改めた。

6　異体字について。

イ　見出し漢字の異体字は、可能な限り、底本の字体を残すよう努めた。

ロ　本文の漢字の異体字は、原則として、現在一般に使われている字体に改めたが、「皃」「幷」「畁」などは底本のまま残した。

7　繰り返し記号で表記されている箇所は、底本のまま残したが、平仮名一字の繰り返し記号は「ゝ」「ゞ」、片仮名一字の繰り返し記号は「ヽ」「ヾ」、仮名二字以上の繰り返し記号は「〳〵」「〴〵」、漢字の繰り返し記号は「々」に統一した。

8　本書は、貞徳の口述筆記によって作成された草稿をもとに筆工が版下を作成したものと考えられる。それゆえ、見出し漢字・本文・振り仮名の誤字・脱字・衍字が少なからずある。誤字・脱字については、その箇所の右に（　）で括って（……カ）などと正しい表現を注記した。衍字・正しい表現が推定できない箇所・意味不明の箇所などについては、その箇所の右に（ママ）と記した。

9　底本の本文には、巻数の表示がなく、巻数は版心に記されているが、翻刻では各巻の冒頭に巻数を補い、（　）で括って記した。

10　本書には今日から見て不当・不適切な表現や語句が見られるが、原文の歴史性を考慮しそのまま翻刻した。読者各位には、人権問題についての真摯な認識を持って本書を扱っていただきたい。

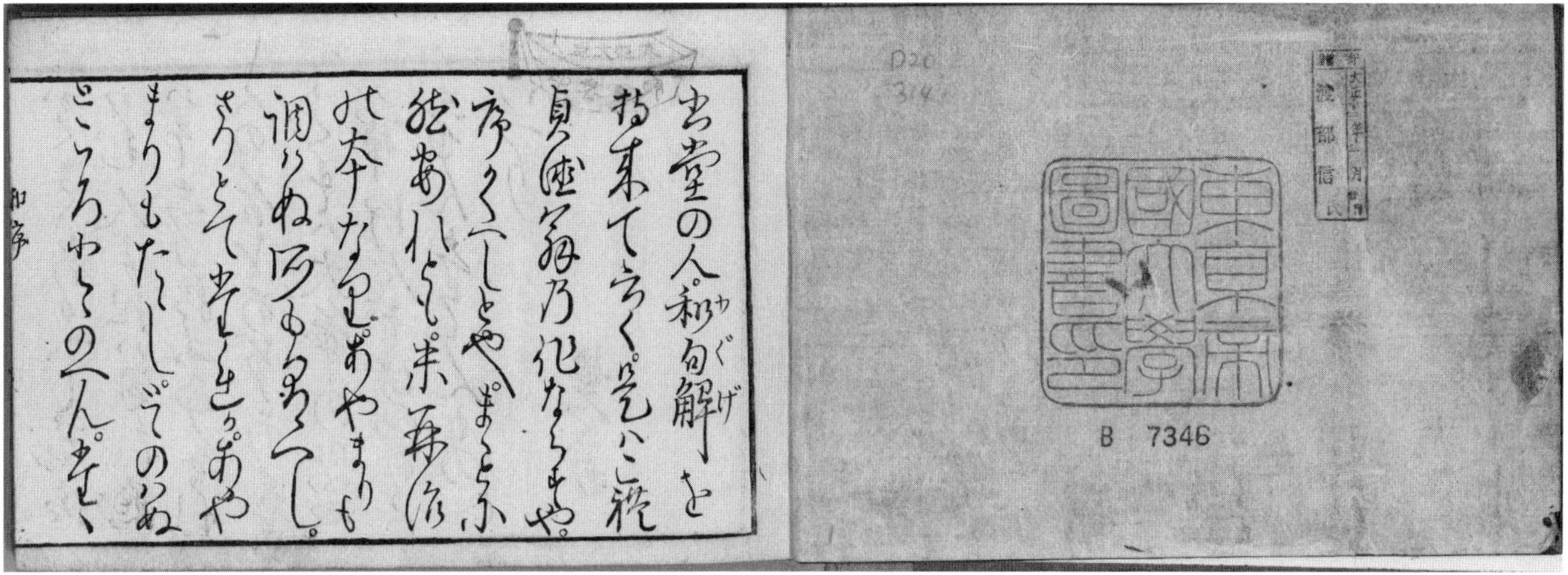

巻一　序1オ

巻一　表見返し

（巻一）

書堂の人、和句解《わぐげ》を持来て云く、是はこれ貞徳翁の作ならすや、序かくへしと也。まさに然あれとも、未再治の本なり。あやまりも調はぬ所も有へし。さりとてたれか、あやまりもたゝし、とゝのはぬところとゝのへん。たゝ

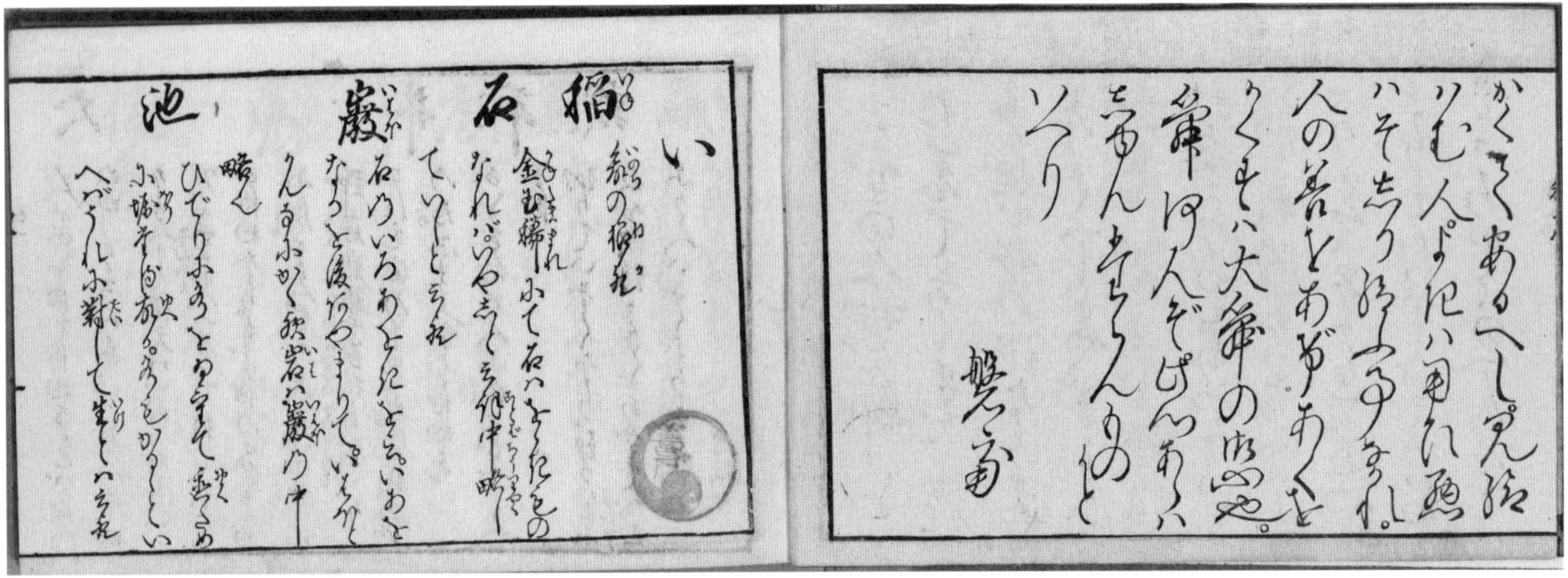

巻一　序1ウ

巻一　1オ

かくてあるへし。見給はむ人、よきは用ひ悪はそしり給ふ事なかれ。人の善をあげあくをかくすは大舜の御心也。舜何人ぞ。此心あらは、しゆんたらんものかといへり。

磐斎

い

稲《いね》　命《いのち》の根《ね》歟《か》。

石　金玉《かねたま》稀《まれ》にて、石はを〵きものなれば、いやしと云詞《ことば》、中略《ちうりやく》して、いしと云歟。

巖《いはほ》　石のいろあをきを云。いあをなるを、後あやまりて、いはほとかんなにかく歟。岩《いは》は巌《いはほ》(下カ)の中略也。

池　ひでりに水をゐけて置《おく》ために堀《ほり》たる故《ゆへ》か。水も、かる〵といへば、それに対《たい》して、生《いけ》とは云歟。

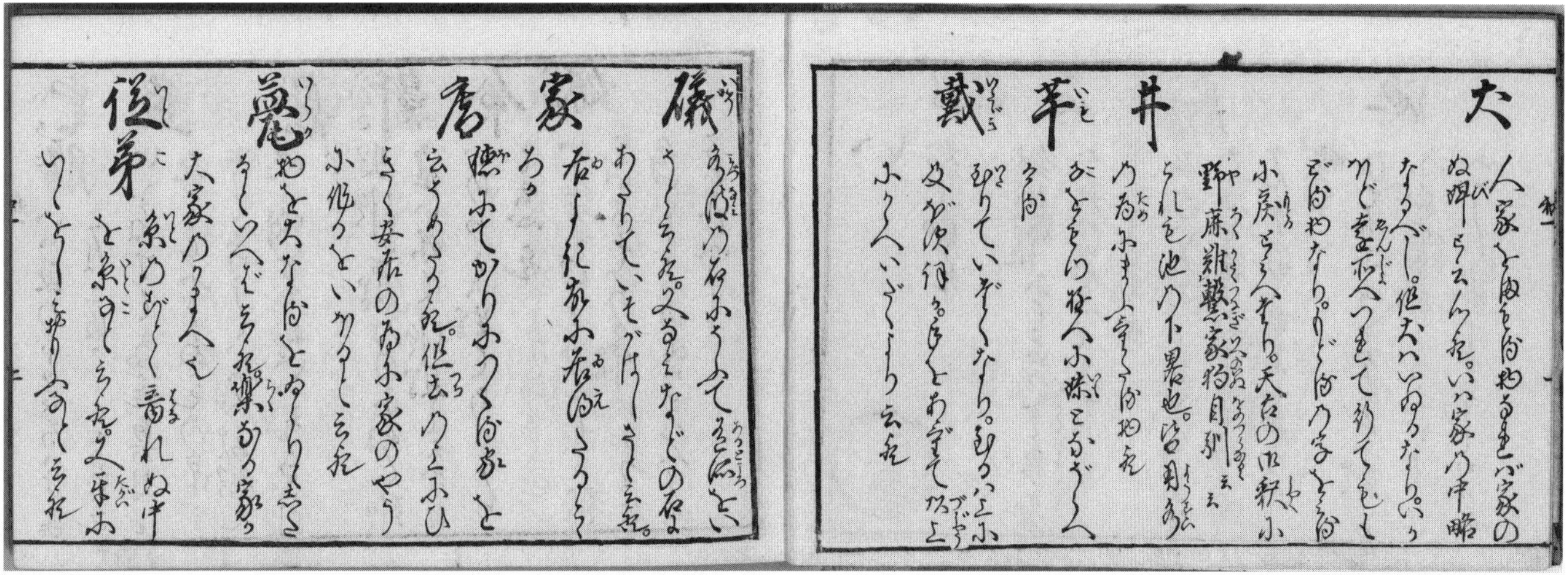

巻一　1ウ

巻一　2オ

犬　人家をまもる物なれば、家のぬ婢《び》と云心歟。いは、家の中(下カ)略なるべし。但、犬は、いぬるなり。いかほど遠《ゑん》所《じよ》へつれて行ても、もどる物なり。もどるの字をみるに、戻《もとる》とみへたり。天台の御釈《しやく》に、野《や》鹿《ろく》難《かたく》レ繋《つなぎ》　家《いへの》狗《いぬ》自《をのつからなるる》　馴　云云。

井　これも、池の下略也。皆、用水《ようすい》の為《ため》にまふけたる物歟。

芋《いも》　子《こ》をもつゆへに、妹《いも》となぞらへける。

戴《いただき》　至《いた》りていだくなり。至るは、上に及ぼす詞か。手をあげて頭《づ》上《じやう》にか丶へいだくより云歟。

礒《いそ》　水波《みずなみ》の石にそふて有所《あるところ》を、いそと云歟。又、なみなどの石にあたりていそがはしさ(きカ)と云歟。

家　居《ゐ》よき故に、居《ゐ》得《え》たるこ丶ろか。

庵　穂《ほ》にてかりにつくる家を云そめたる歟。但、土《つち》の上にひきく安居の為に家のやうに作るを、いほると云歟。

甍《いらか》　物を大なるを、ゐらりとしたるといへば云歟。楽《らく》なる家か。大家のかまへ也。

従弟《いとこ》　糸《いと》のごとく離《はな》れぬ中を、糸子《いとこ》と云歟。又、互《たがい》にいとをしみおもふ子と云歟。

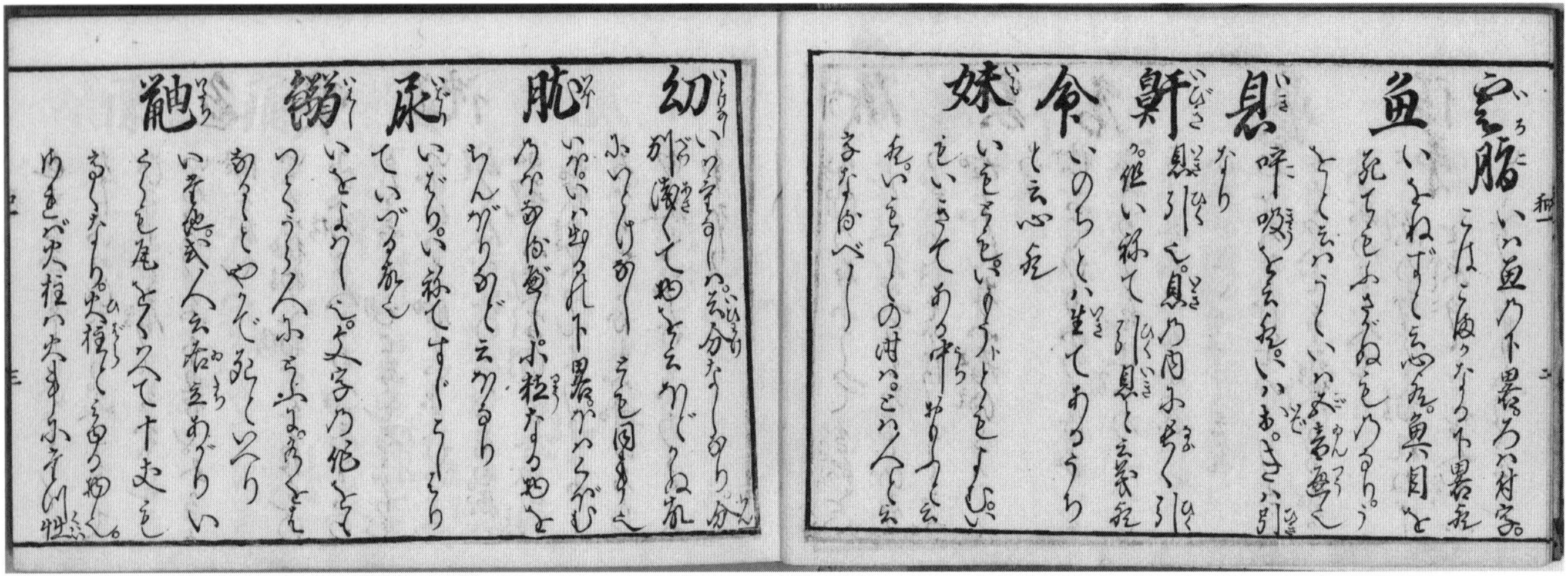

巻一　2ウ

巻一　3オ

雲脂《いろこ》　いは、魚の下略、ろは、付字。こは、こまかなる下略歟。

魚　いをねずと云心歟。魚は目を死てもふさがぬものなり。うをと云は、うといは五音通《ごゐんつう》也。

息《いき》　呼吸《こきう》を云歟。いは、出《いで》、きは、引《ひき》なり。

鼾《いびき》　息引《いきひく》也。息《いき》の内に長《なが》く引《ひく》か。但、いねて引息《ひくいき》と云義歟。

命　いのちとは、生《いき》てあるうちと云心歟。

妹《いも》　いもとも、いもうとゝもよむ。いも、いきてある中《うち》おもふと云歟。いもうとの時は、とは、人と云字なるべし。

幼《いとけなし》　いはけなしは、云分《いひわけ》なしなり。分別浅《ふんべつあさ》くて物を云ほどかぬ故に、いとけなしとも同事也。

肬《いほ》　いほ。いは、出るの下略、ほは、くぼむのほなるべし。小粒《りう》なる物を、ちんぼりなど云ほなり。

尿《いばり》　いばり。いねてすぐこしはりていづる故也。

鰯《いはし》　いをよはし也。文字の作をもつてうら人にとふに、水をはなるゝとやがて死といへり。

鼬《いたち》　いたち。或人云、居立《ゐたち》あがり、いくらも尾をくはへて、十丈も高くなり、火柱《ひばしら》とみゆる物也。されば、火柱は火事にたつ怪《くはい》

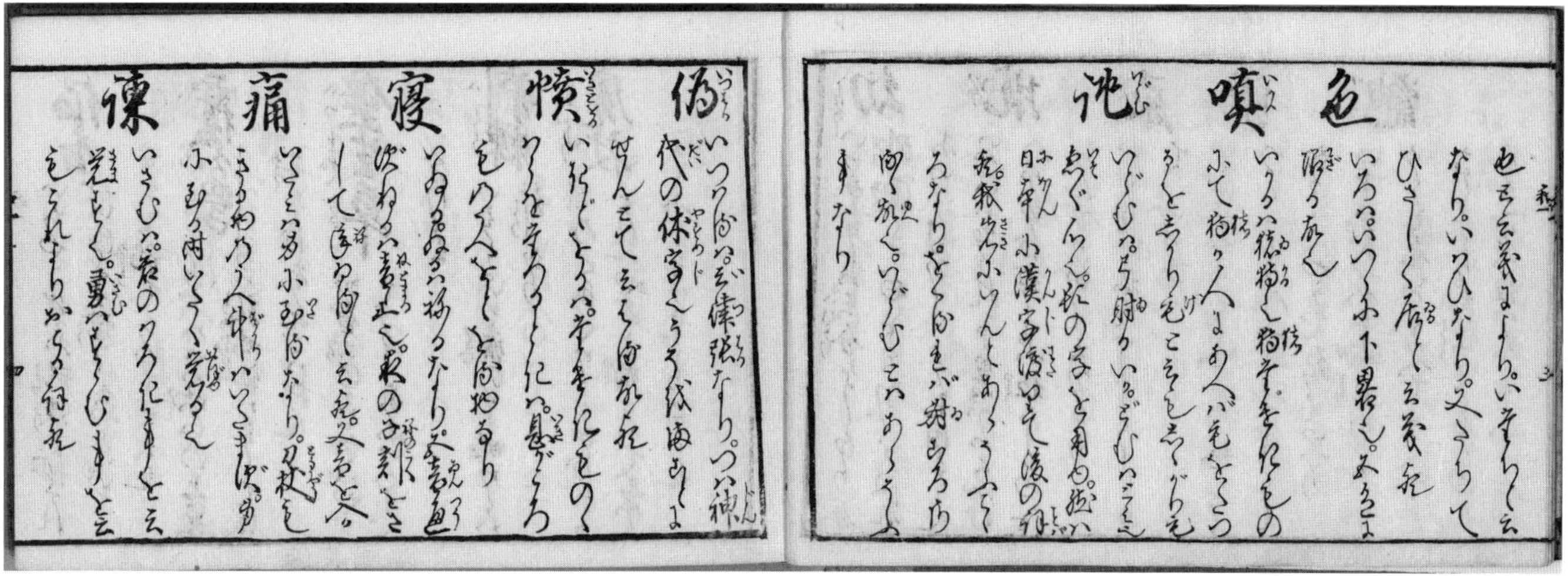

巻一　3ウ

巻一　4オ

也と云義により、いたちと云なり。いは、ひなり。又、たちてひさしく居《ゐる》と云義歟。

色　いろは、いつゝ、に(のカ)下略也。五色に限《かぎ》る故也。

嗔《いかる》　いかるは、猪狩《ゐかる》也。(猪カ)狩、たけきものにて、狩(猪カ)か人にあへば毛をたつるを、しかり毛《げ》と云も、しゝがり毛。

誂《いどむ》　いどむは、弓射《ゐ》るいか。どむは、とみ也。急《いそ》ぐ心也。頓の字を用ゆ。然は、日本《にほん》に漢字《かんじ》渡《わた》りて後の詞《ことば》歟。我先《さき》にいんとあらそふこゝろなり。をくるれば射《ゐ》ころさるゝ故《ゆへ》也。いどむとは、あらそふ事なり。

偽《いつはる》　いつはるは、云津《いつ》張《はる》なり。つは、神代《じんだい》の休字《やすめじ》也。うそをまことにせんとて云はる故歟。

憤《いきとをる》　いきどをるは、たけきものゝはらをたつるときは、息《いき》がこころものうへをとをる物なり。

寝　いぬる。ぬるは、ねるなり。五音《ゐん》通《つう》ず。ねるは、音止《ねとまる》也。夜の子刻《ねのこく》をさして、年《ね》ゐると云歟。又、音を入か。

痛　いたみは、身に至《いた》るなり。刀杖《とうじやう》も、きる物のうへ斗《ばかり》はいたまず、身に至る時、いたく覚《おぼゆ》る也。

諌　いさむは、君のわろき事を云覚《さま》す也。勇《いさむ》はすゝむ事を云も、これよりおこる詞歟。

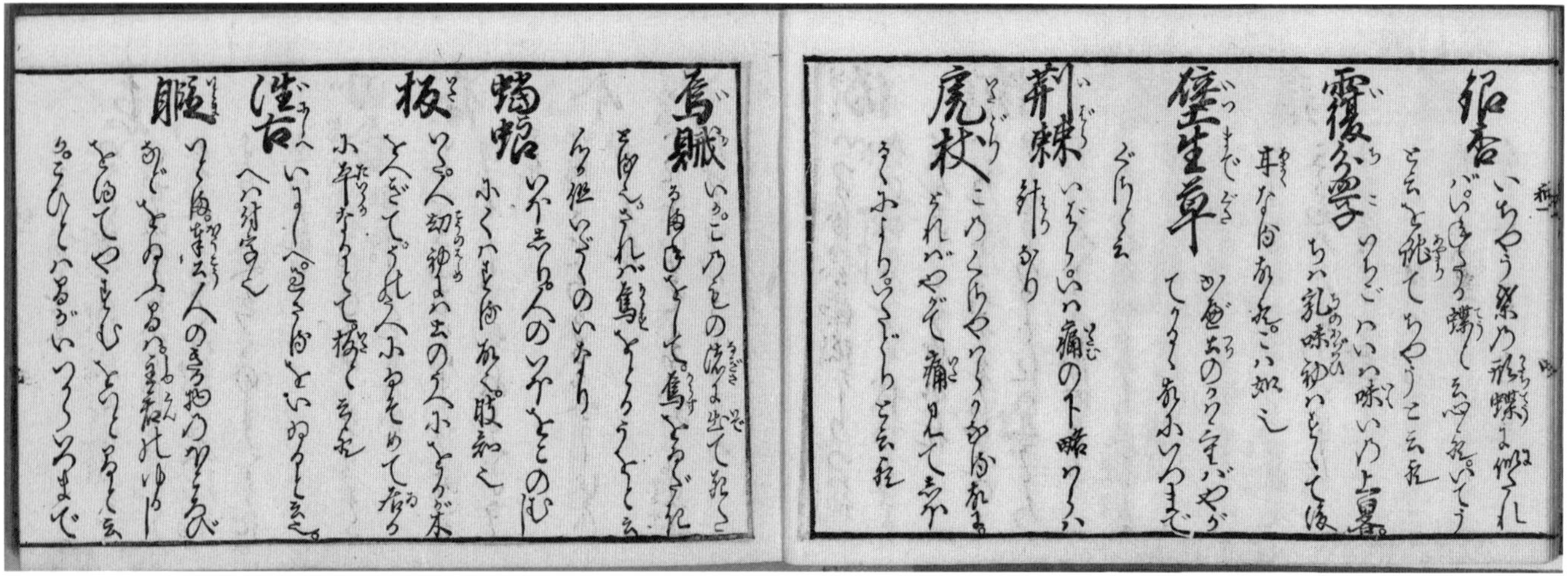

巻一　5オ　　巻一　4ウ

銀杏　いちやう。葉の形《かたち》、蝶《てう》に似《に》たれば、いねたる蝶《てう》と云心歟。いてうと云を訛《あやまり》て、ちやうと云歟。

覆盆子《いちご》　いちごは、いは、味《いし》いの上（下カ）略。ちは、乳味《ちのあぢわひ》。初はすくて後甘《あまく》なる故歟。こは、如也。

壁生草《いつまでぐさ》　かべ土《つち》のかはけばやがてかるゝ故に、いつまでぐさと云。

荊棘《いばら》　いばら。いは、痛《いたむ》の下略、はらは、針《はり》なり。

虎杖《いたどり》　このくさ、やはらかなる故に、とればやがて痛《いた》みてしほるゝにより、いたどりと云歟。

烏賊《いか》　いか。このもの、渚《なぎさ》に出《いで》て死たるまねをして、烏《からす》をゐだきとる也。されば、烏《からす》をとるうをと云心か。但、いだくのいなり。

蟷螂　いほしり。人のいほをこのむしにくはする故也。肬知也。

板《いた》　いた。人、劫初《こうのはしめ》には土のうへにをるが、木をへぎて、そのうへにゐそめて居《ゐ》るに、平《たいらか》なるとて、板《いた》と云歟。

往古《いにしへ》　いにしへ。過たるをいぬると云也。へは、付字也。

暇《いとま》　いとま。奉公《ほうこう》人の、きる物のほころびなどをぬふ間は、主君《しゆくん》のゆるしを得てやすむを、いと間と云か。このひとは、間がいつからいつまで

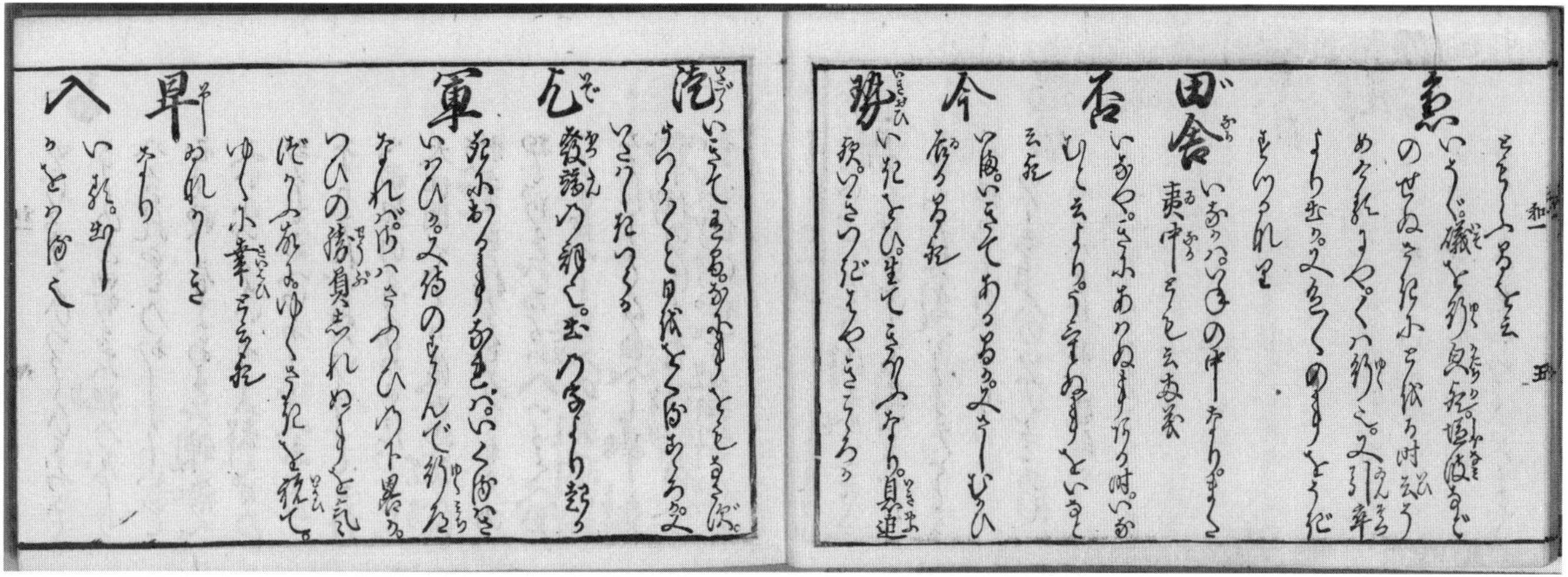

巻一 6オ

巻一 5ウ

ともらふ間を云。

急　いそぐ。磯《いそ》を行兒歟《ゆくかたちか》。塩波《しほなみ》などのせぬさきにとをる時、云《いひ》そめけるにや。くは、行《ゆく》也。又、引卒《ゐんそつ》より出か。又、色々の事をそぎすつるなり。

田舎《いなか》　いなかは、いねの中なり。また、夷中《ゐなか》とも云、両義。

否　いなや。きにあはぬ事ある時、いなむと云より、うけぬ事をいなと云歟。

今　いま。いきてある間か。又、さしむかひ居《ゐ》る間歟。

勢《いきおひ》　いきをひ。生てきほふなり。息《いき》追《おふ》歟。いきつぎはやきこゝろか。

徒《いたづら》　いきて有間、なに事をもなさず、うつら〳〵と日をゝくるこゝろか。又、いたはしきつらか。

乞《いで》　発端《ほったん》の詞也。出の字より起か。

軍　死に出る事なれば、いくるはさいはひか。又、侍のすゝんで行道《ゆくみち》なれば、さは、さふらひの下略か。つひの勝負《せうぶ》しれぬ事を気づかふ故に、ゆくさきを祝《いはひ》て、ゆくに幸《さいはひ》と云歟。

卑《いやし》　ゐなかしきなり。

入　いる。出しかをはる也。

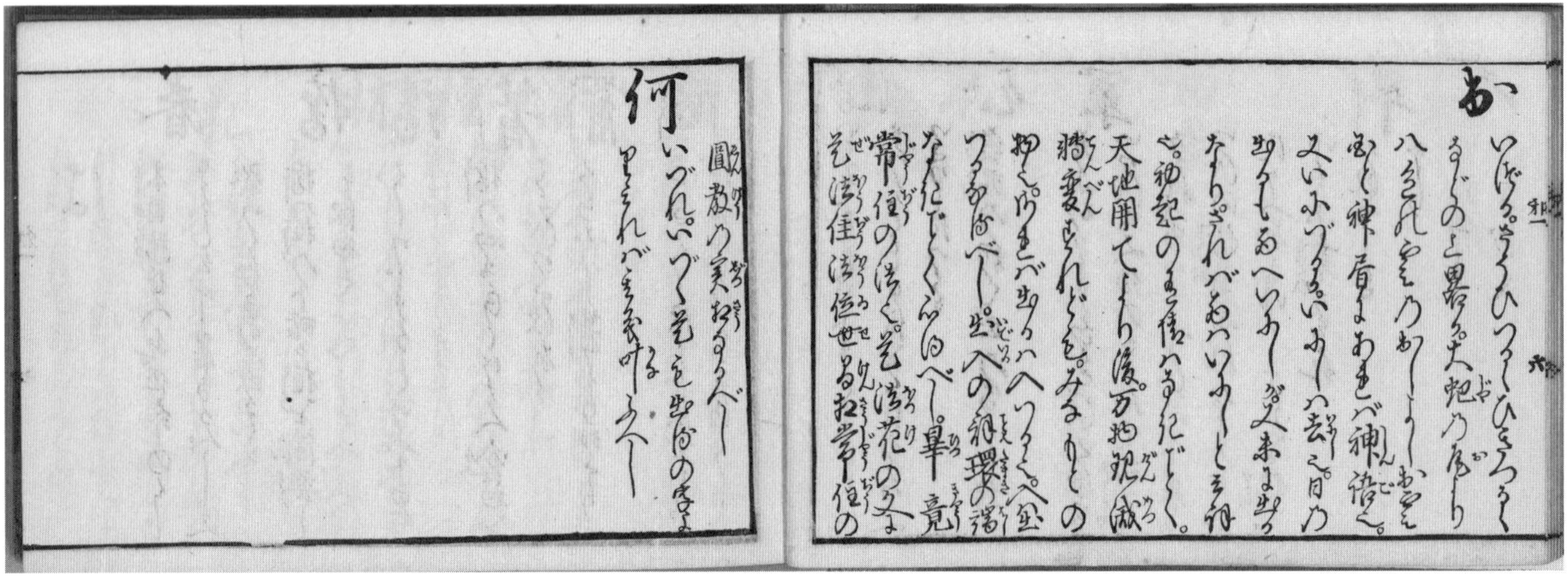

巻一　7オ

巻一　6ウ

出　いづる。さそひつる、、ひきつる、などの上略か。大蛇《じや》の尾《お》より八色の雲の出しよし出雲国と神書にあれば、神語《しんご》也。又、いにづる（ツカ）か。いにしは、去《いにし》也。日の出るも、西へいにしが、又東に出るなり。されば、西は、いにしと云詞也。初起の有情はなきごとく、天地開てより後、万物現滅転《げんめつてん》変《べん》すれども、みなもとの物也。されば、出るは入つる也。入は出つるなるべし。出入《いでいる》の詞《ことは》、環《たまき》の端《はし》なきごとく心得べし。畢竟《ひつきやう》、常住《じやうぢう》の法也。是、法花《ほつけ》の文に、是《ぜ》法住法位世間相《ほうぢうほうゐせけんさうじやう》 常住《ぢう》の円教《えんけう》の実相《じつさう》なるべし。

何　いづれ。いづく。是も、出るの字よりみれば、其義叶《かな》ふへし。

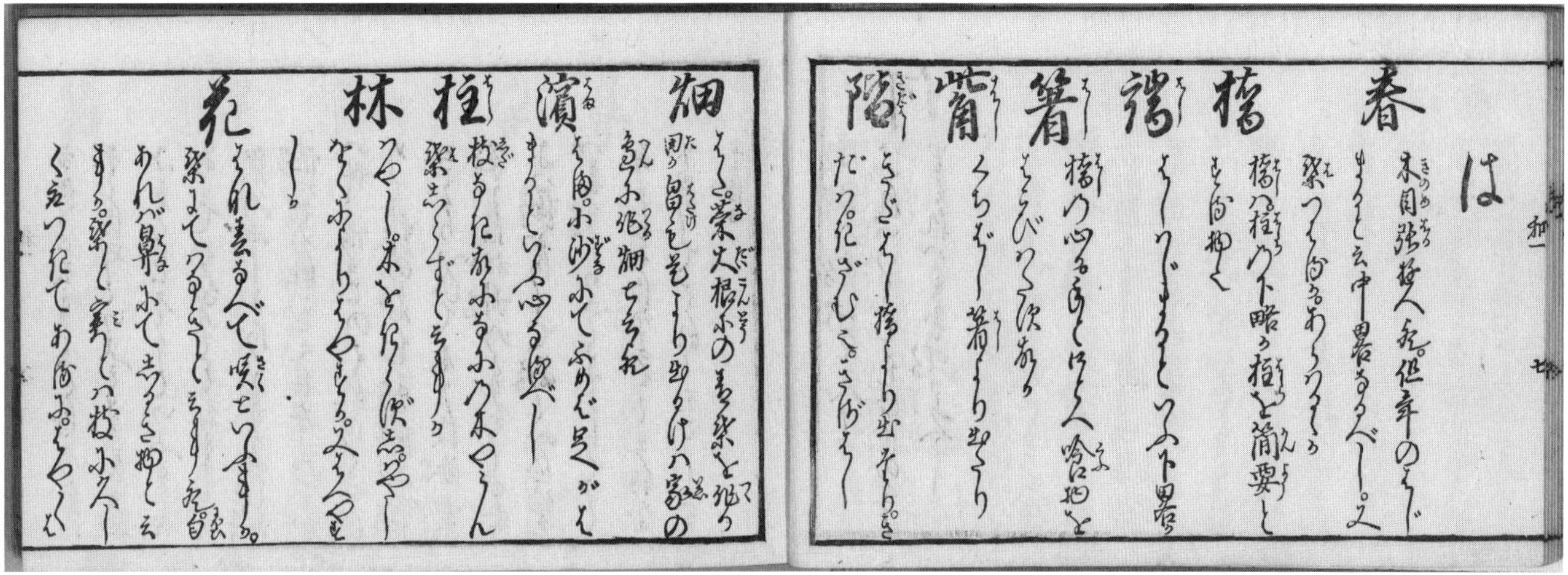

巻一　7ウ

巻一　8オ

は

春　木目《きのめ》張《はる》ゆへ歟。但、年のはじまると云中略なるべし。又、葉《は》つはるか。あらはるゝか。

橋　橋《はし》は、柱《はしら》の下略か。柱《はしら》を簡要《かんよう》とする物也。

端《はし》　はし。はじまるといふ下略か。

箸《はし》　橋《はし》の心か。手と口とへ、喰《くふ》物をはこびわたす故か。

觜《はし》　くちばし。箸《はし》より出たり。

階《きだはし》　きだはし。橋より出たり。きだは、きざむ也。きざはし。

畑　はた。菜《な》大根等《だいこんとう》の青葉を作《つく》る田《た》か。畠《はたけ》も是より出る。けは、家《いゑ》の辺《へん》に作《つくる》畑と云歟。

濵《はま》　はま。小砂《ずな》にて、ふめば足がはまるといふ心なるべし。

柱《はしら》　枝《えだ》なき故に、なにの木やらん、葉《は》しらずと云事か。

林　はやし。木をきらずし、はやしをくにより、はやすか。又、はへやすしか。

花　はな。春なべて咲《さく》といふ事か。葉にてはなきと云事歟。匂《にほひ》あれば、鼻《はな》にてしるき物と云事か。葉と実《み》とは枝に久しく取つきてあるに、はやくは

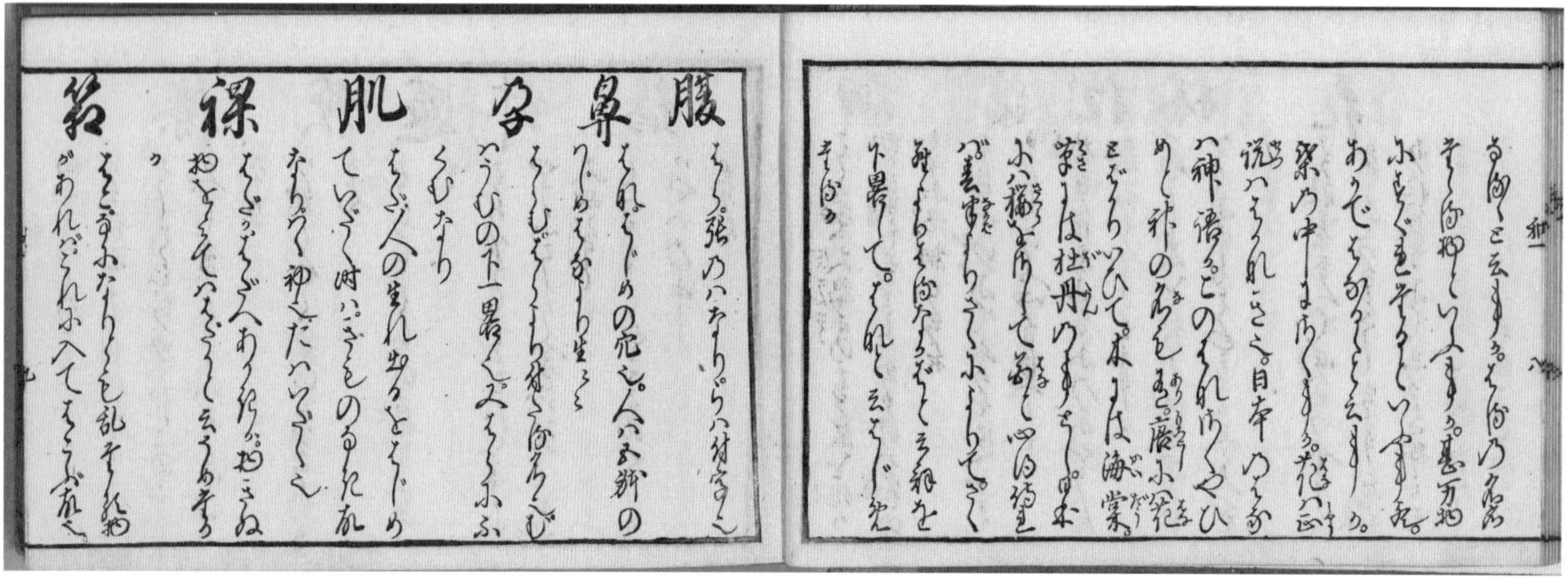

巻一　8ウ　　巻一　9オ

なる丶と云事か。はるの名、名た丶る物といふ事か。甚万物にすぐれたるといふ事歟。あかではなる丶と云事か。葉の中にさく事か。花《はな》は、正《しやう》説《せつ》は、はかなき也。日本のはなは、神語か。このはなさくやひめと神の名《な》も有《あり》。唐《もろこし》には、花《はな》とばかりいひて、木には海棠《かいだう》、草《くさ》には牡丹《ぼたん》の事とし、日本には、桜《さくら》をさして花《はな》と心得侍れば、春半《なかば》よりさくによりて、さくらより、はるなかばと云詞を下略して、はなと云はじめたるか。

腹　はら。張のはなり。らは付字也。

鼻　はな。はじめの穴也。人は、五体のはじめ、はなより生云云。

孕　はらむ。はらより付たる名也。むは、うむの下(上カ)一略也。又、はらにふくむなり。

肌　はだ。人の生れ出るをはじめていだく時は、きものなき故なり。は丶、初也。たは、いだく也。

裸　はだか。はだへあかきか。物きぬ物をみては、はだかと云そめたるか。

箱　はこ。なになりとも乱たる物があれば、これに入てはこぶ故也。

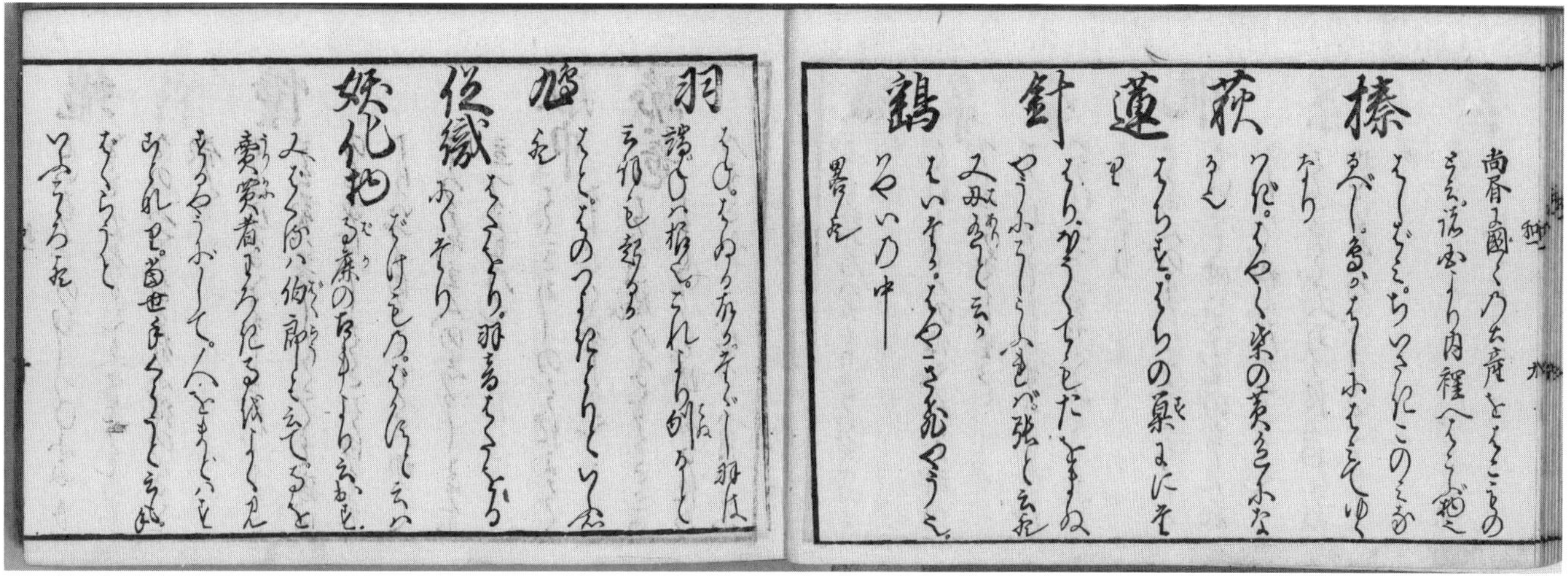

巻一 10オ

巻一 9ウ

尚書に国々の土産をはこものと云。諸国より内裡へはこぶ物也。

榛　はしばみ。ちいさきこのみなるべし。鳥がはしにはみてゆくなり。

萩　はぎ。はやく葉の黄色になる也。

蓮　はちす。はちの巣《す》ににたり。

針　はり。ほそくてもたをまぬやうにこしらふれば、張と云歟。又、刃《は》有《あり》と云か。

鶏　はいたか。はやき飛やう也。はやいの中略歟。

羽　はね。はぬる故か。たゞし、羽は、端、ねは、根也。これより刎《はぬ》ると云詞も起るか。

鳩　はと。はのつよきとりといふ心歟。

促織　はたをり。羽音、はたをるにゝたり。

妖化物　ばけもの。ばかすと云は、馬《ば》鹿《か》の古事より云出す。又、ばくるは、伯郎《ばくらう》と云て、馬を売買《うりかふ》者、わろき馬をよく見するやうにして、人をまどはすことなり。当世、手くらうと云も、手ばくらうといふこゝろ歟。

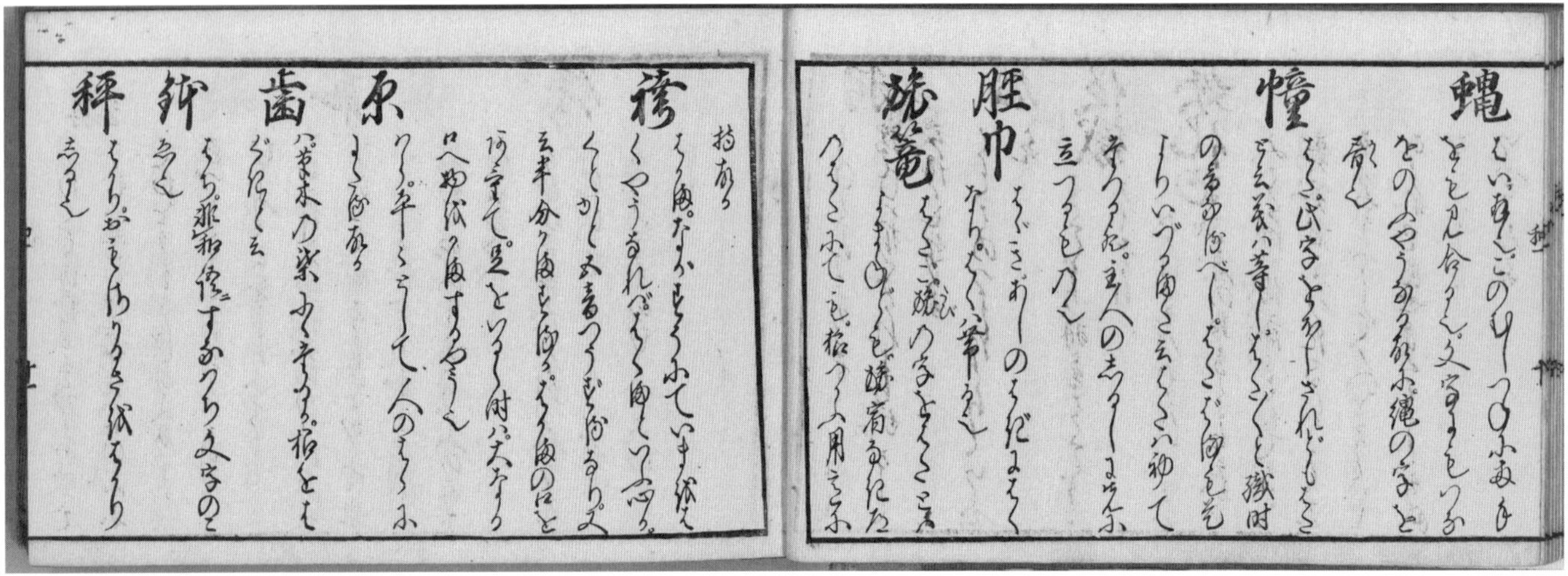

巻一 11オ　巻一 10ウ

蝿　はい。拝也。このむし、つねに両手をもみ合る也。文字にも、つなをのふやうなる故に、縄の字を書《かく》也。

幢　はた。此字をほし。されども、はたと云義は等し。はた〳〵と織時の音なるべし。はたばるも是よりいづる。また云、はたは、初てたつる歟。主人のしるしに先に立つるもの也。

脛巾　はゞき。あしのはぎにはくなり。はくは、帯る也。

旅籠　はたご。旅《たび》の字をはたとはよまねども、旅宿なき道のはたにても、粮つかふ用意に持故か。

袴　はかま。ながすそにて、いまをはくやうなれば、はくまといふ心か。くとかと五音つうずるなり。又云、半分かまするか。はかまの口をあけて足をいるゝ時は、大なる口へ物をかますするやう也。

原　はら。平々として、人のはらににたる故か。

歯　は。草木の葉にゝたるか。根をはぐきと云。

鉢　はち。非ㇾ和語ニ。すなはち、文字のこゑ也。

秤　はかり。おもさかるさをはかりしる也。

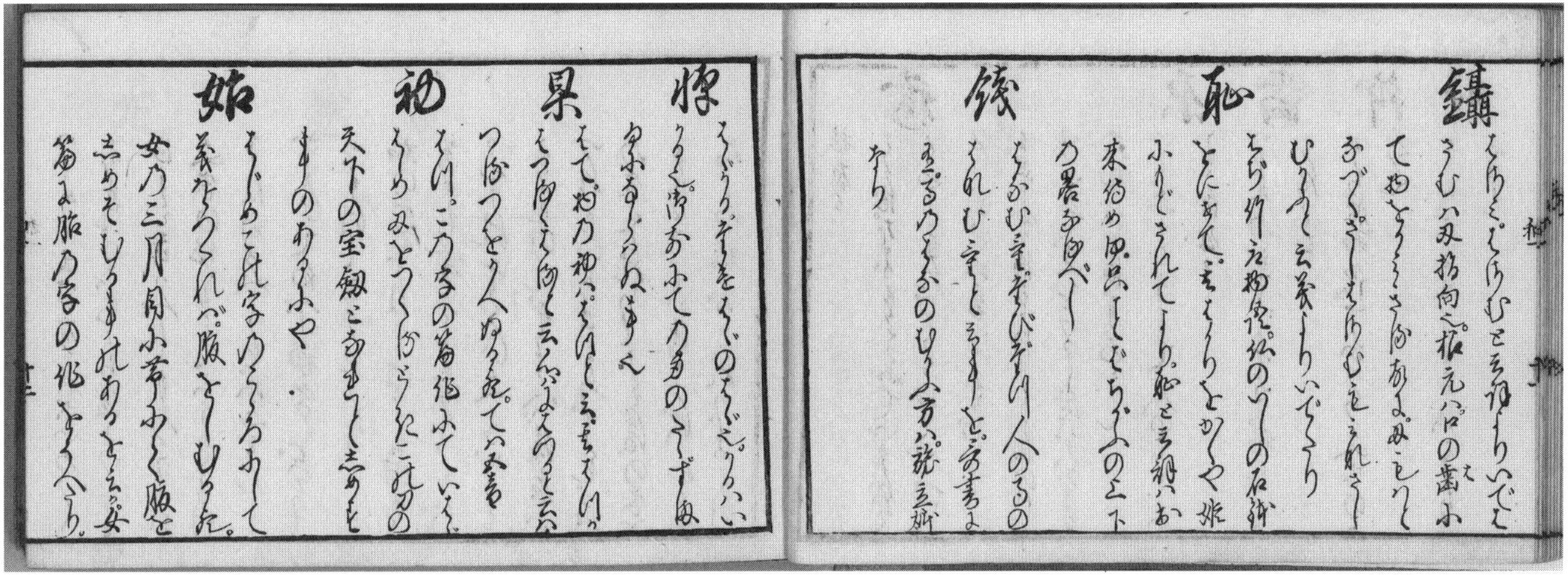

巻一　12オ

巻一　11ウ

鑷　はさみ。はさむと云詞よりいで、はさむは、刃指向也。根元は、口の歯《は》にて物をかみきる故に、刃も、はとなづく。さしはさむも、みなさしむかふと云義よりいでたり。

恥　はぢ。竹取物語、仏のいしの石鉢をにせて、其はかりをかくや姫にもどされてより、恥と云詞は出来侍、如何。只、ことばちがふの上下の略なるべし。

餞　はなむけ。たびだつ人の馬のはなむけと云事を、歌書に有。馬のはなのむかふ方は、旅立体なり。

憚　はゞかる。たけはゞのはゞ也。かるは、いかる也。御前にての身のたゝずまゐにならはぬ事也。

果　はて。はつる。物の初は、はつと云、其はつか。(をはるカ)はると云心はに、はつると云は、つる、つをかへぬるか。ては五音。

初　はつ。はしめ。この字の篇作にていはゞ、刃をつくるとき、この刀の天下の宝剣となれとしめす事のあるにや。

始　はじめ。この字のこゝろにして義をつくれば、腹をしむる歟。女の三月目に帯にて腹をしめそむる事のあるを云か。女篇に胎の字の作をそへたり。

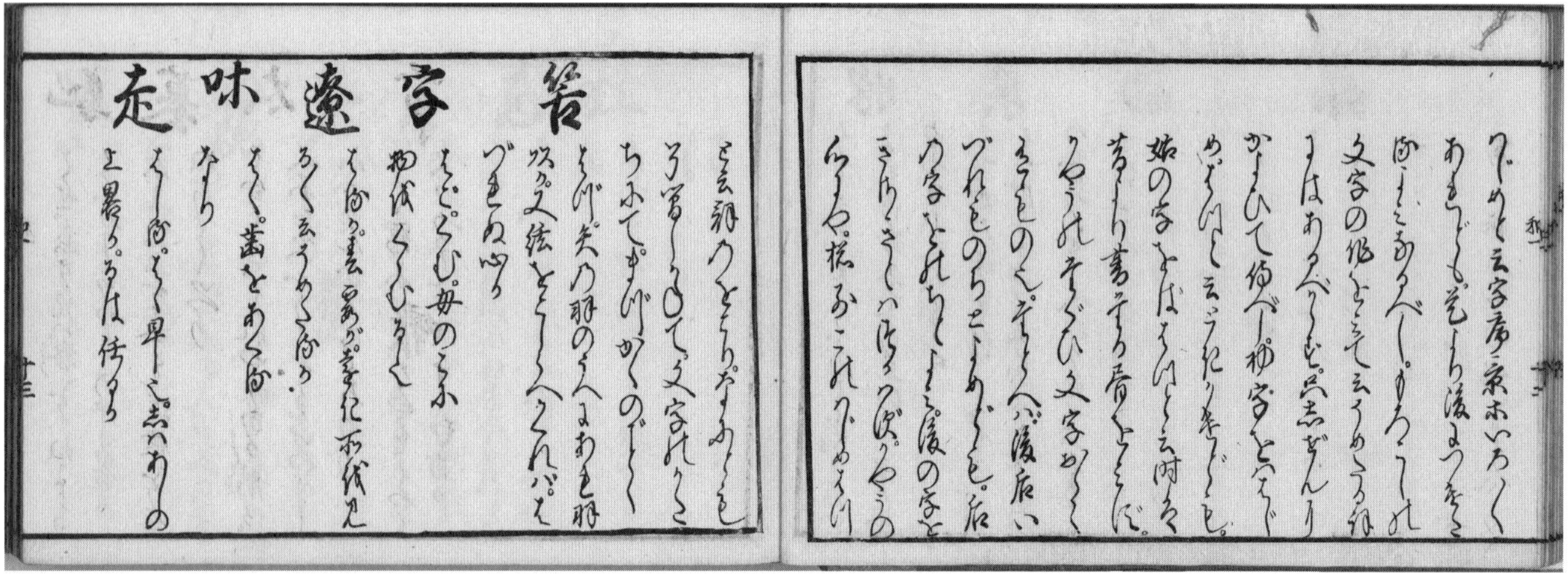
巻一 13オ　　巻一 12ウ

はじめと云字、序、最等、いろ〳〵あれども、是より後につけたるよみなるべし。もろこしの文字の作をみて云そめたる詞にはあるべからず。只しぜんにかよひて侍べし。初字をは、はじめ、はつと云ときかけども、始の字をば、はつと云時は、昔より書たる書をみず。かやうのたぐひ文字おゝく有もの也。たとへば、後、后、いづれものちとよめども、后の字をのちとよみ、後の字をきさきとはつかはず。かやうの心にや。総別、このはじめ、はつと云詞のをこり、なにとも了簡しかねて、文字のかたちにて、まづかくのごとし。

筈　はづ。矢の羽のうへにあれ（ればカ）、羽頭か。又、絃をこしらへかくれば、はづれぬ心か。

孚　はごくむ。母のこに物をくゝむる也。

遼　はるか。春霞が、遠き所を見る〳〵云そめたるか。

吐　はく。歯をあくるなり。

走　はしる。はゝ、早也。しは、あしの上略か。るは、任るか。

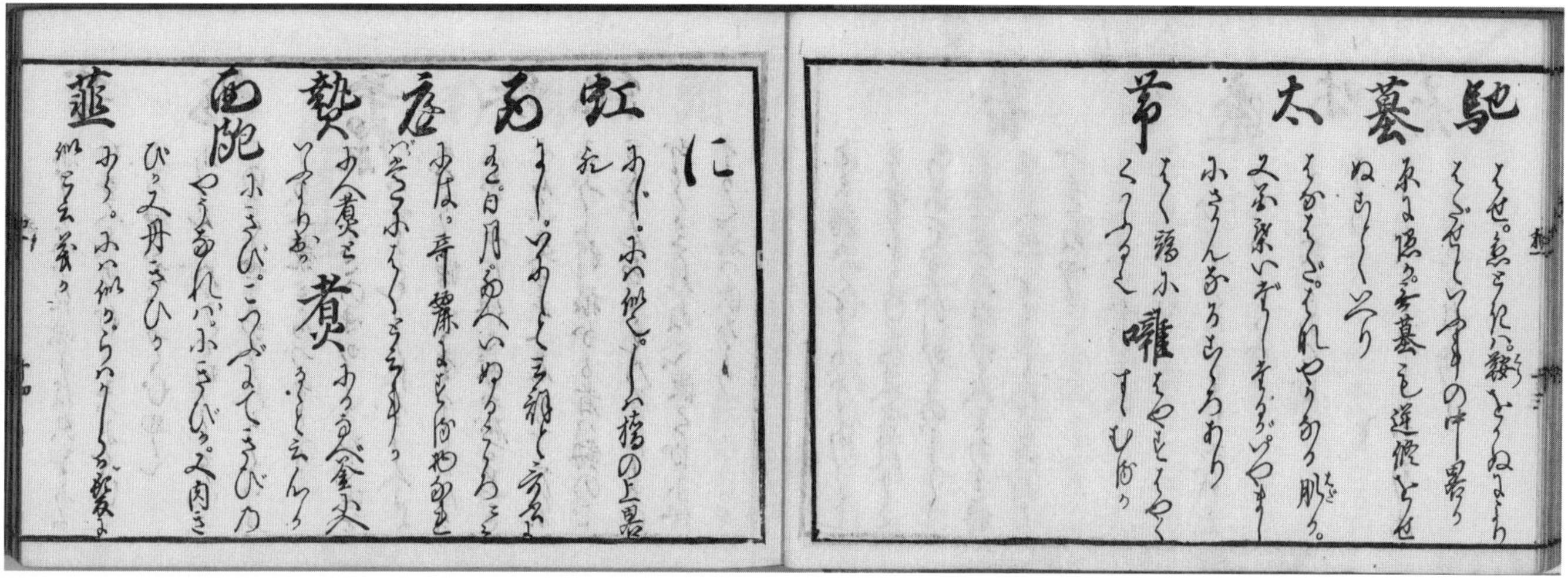

巻一 14オ

巻一 13ウ

馳　はせ。急ときは鞍《くら》をかぬにより、はだせといふ事の中略か。

墓　原に隠か。無墓も逆修をせぬことくいへり。

太　はなはだ。はなやかなる肌《はだ》か。又、花葉いだしたるが(かカ)、いやましにさかんなるこゝろあり。

帯　はく。端にくはふる也。

囃　はやす。はやくすゝむるか。

に

虹　にじ。には、似也。しは、橋の上略歟。

西　にし。いにしと云詞と歌書に有。日月、西へいぬるこゝろ云云。

庭　には。奇麗にする物なれば、常にはくと云事か。

贄　にへ。煮といふより出か。

煑　にる。なべ釜に入るゝと云心か。

面皰　にきび。こつぶにて、きびのやうなれば、にきびか。又、肉きびか。

韮　にら。には、似か。らは、かしらか。髪に似と云義か。

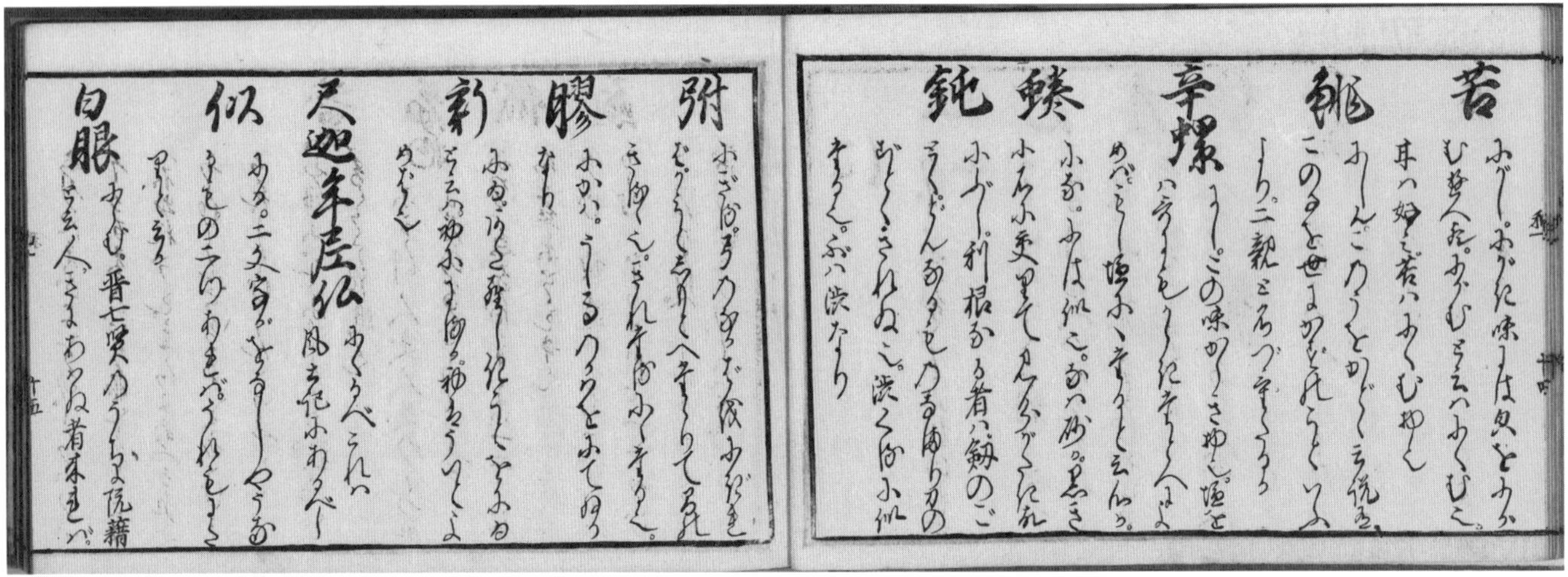

巻一 14ウ

巻一 15オ

苦　にがし。にがき味には、兇をにがむゆへ歟。にがむと云は、にくむ也。甘は好み、苦はにくむ物也。

鯡　にしん。このうを、かどゝ云説有。この子を、世にかずのこといふより、二親と名づけたるか。

辛螺　にし。この味からき物也。塩をは、歌にもからきたとへによめば、もし、塩にゝたると云心か。

蜷　にな。には、似也。なは、砂か。黒き小石に交りて見分がたき故。

鈍　にぶし。利根なる者は剣のごとく、どんなるもの、なまり刀のごとくきれぬ也。渋くるに似たる也。ぶは渋なり。

弨　にぎる。弓のなかばをにぎれば、かみとしもとへたゝりて、間のきるゝ也。きれたるにゝたる也。

膠　にかは。うし馬のかはをにてぬるなり。

新　にゐ。あたらしきことを、にゐと云は、初ににるか。初はういとよめば也。

尺迦牟尼仏　にくるべ。これは、風土記にあるべし。

似　にる。二文字が、をなしやうなるもの二つあれば、それもにたりと云か。

白眼　にらむ。晋七賢のうちに阮籍と云人、きにあはぬ者来れば

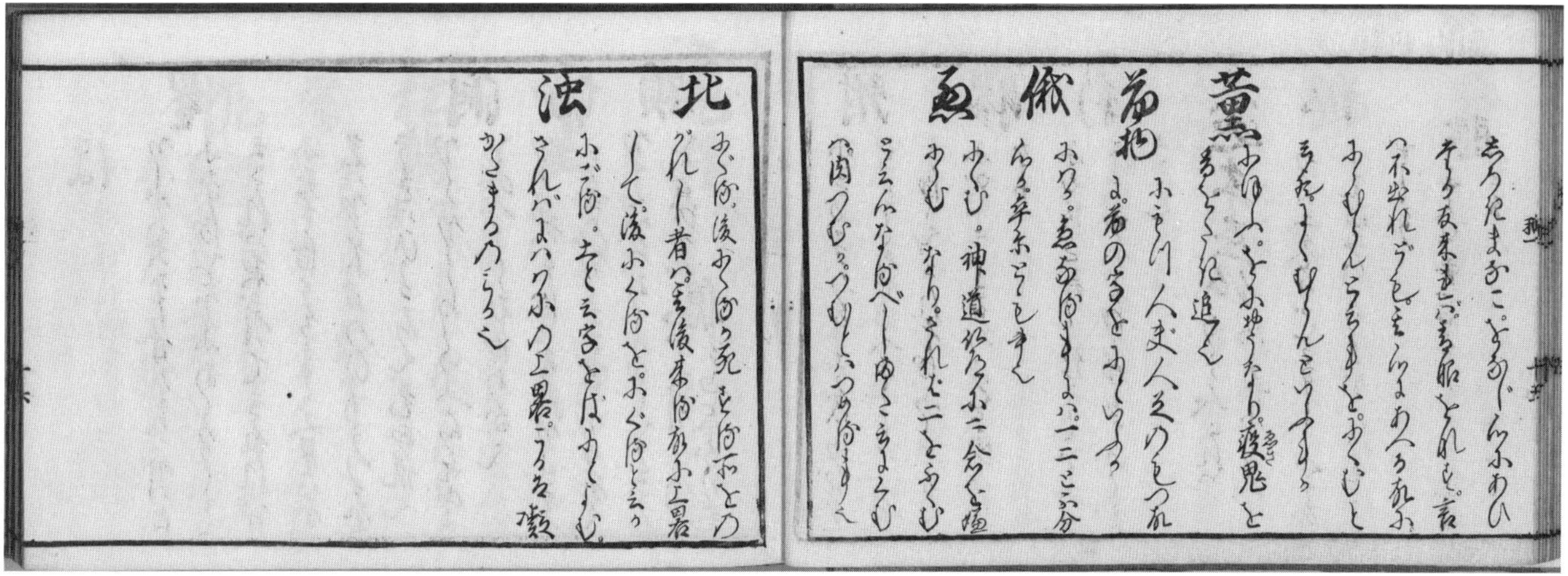

巻一 16オ　巻一 15ウ

しろきまなこ、をなじ心にあひたる友来れば青眼をなす。言は不出れども、其心にあへる故に、にらむらんと云事を、にくむと云歟。にくむらんといふ事か。

薫　にほふ。をにおうなり。疫鬼《ゑき》を香をたき追也。

荷物　にもつ。人夫人足のもつ故に、荷の字をにといふか。

俄　にはか。急なる事には、一二と不分心か。卒尓とも書也。

悪　にくむ。にらむ。神道仏道に二念を嫌なり。されば、二をふくむと云心なるべし。また云、にくむは、肉つむか。つむとは、つめる事也。

北　にぐる。後にくるか。死する所をのがれし者は其後来る故に、上略して、後にくるを、にぐると云か。

浊　にごる。土と云字を、はにとよむ。されば、には、はにの上略。こるは、凝かたまるの、こる也。

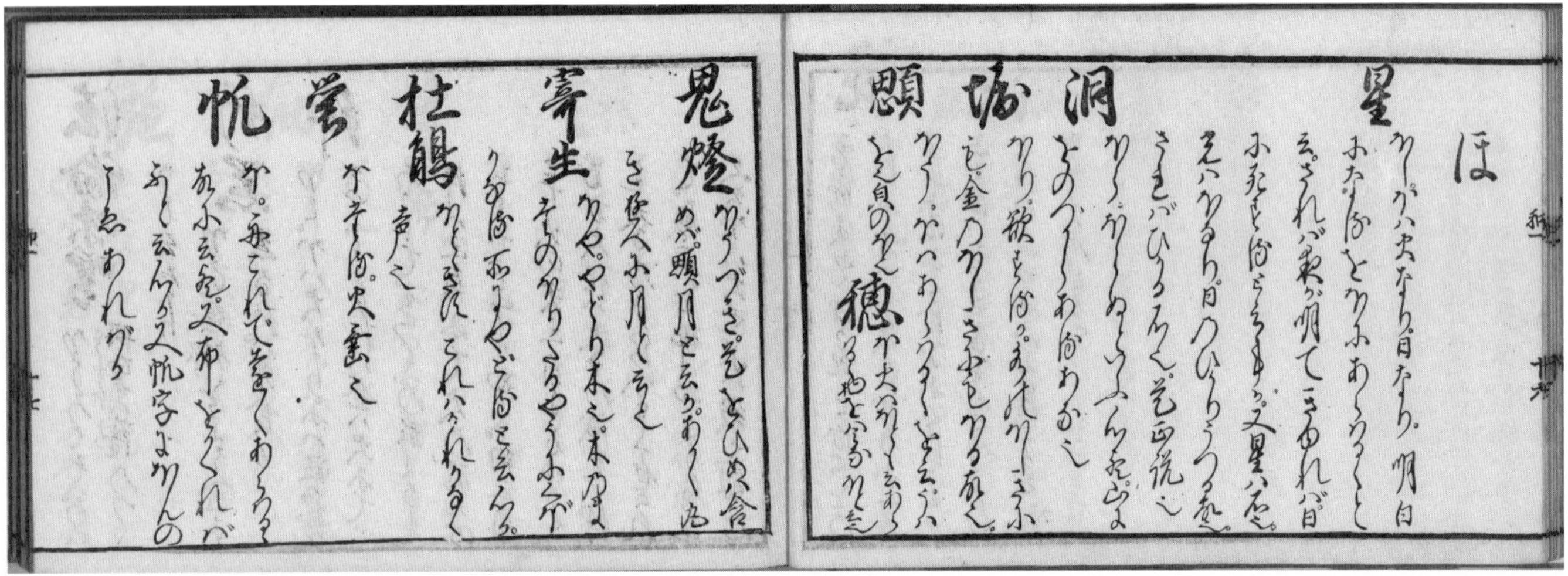

巻一 17オ

巻一 16ウ

ほ

星　ほし。ほは、火なり、日なり。明白になるを、ほにあらはる丶と云。されば、夜が明てきゆれば、日に死すると云事か。又、星は石也。光はほなり。日のひかりうつる故也。されば、ひかる石也。是正説也。

洞　ほら。ほらぬといふ心歟。山にをのづからあるあな也。

堀　ほり。欲するか。水のほしきにも、金のほしきにも、ほる故也。

顋　ほう。ほは、あらはる丶を云。うは、を也。皃のほ也。

穂　ほ。火は、ほとも云。あらはる丶物をは、みなほと云也。

鬼燈　ほうづき。是をひめは含めば、顒月と云か。あかく丸きゆへに月と云也。

寄生　ほや。やどり木也。木のまたのほりたるやうに、くぼかなる所にやどると云心か。

杜鵑　ほと丶きす。これは、かれかなく声也。

蛍　ほたる。火垂也。

帆　ほ。舟、これで遠くあらはる丶故に云歟。又、布をかくれば、ふと云心か。又、帆字にほんのこゑあればか。

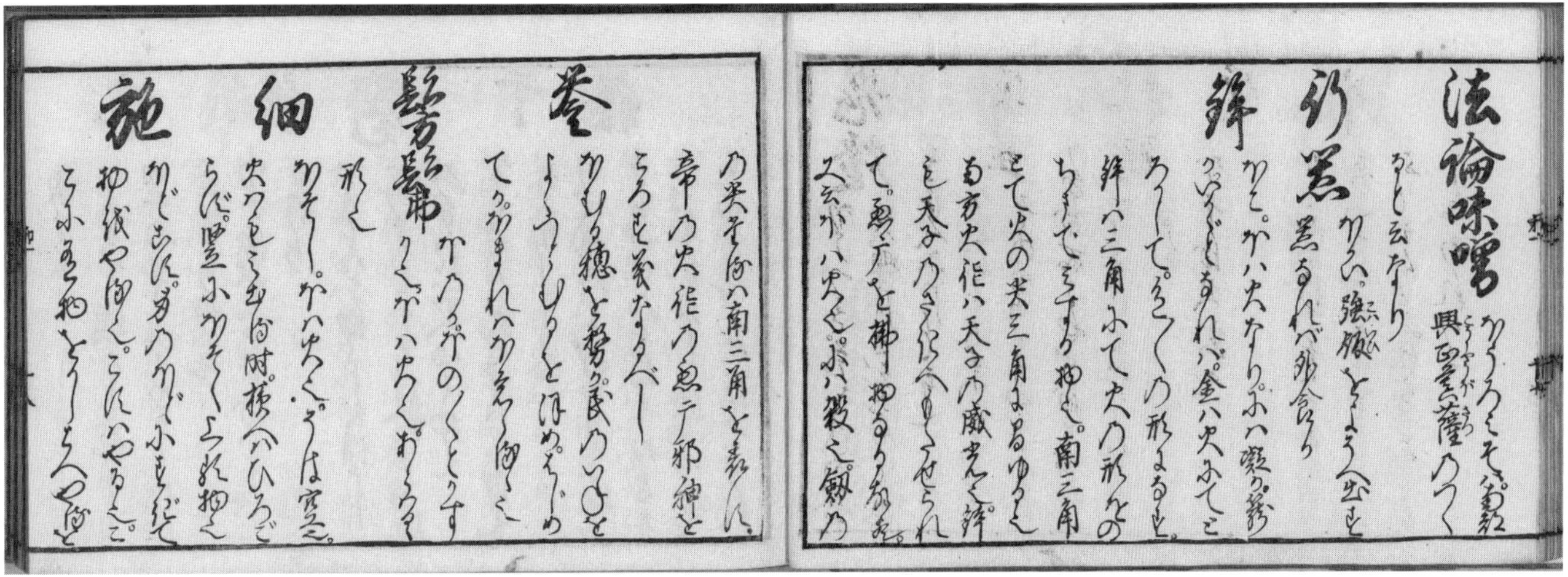

巻一18オ　巻一17ウ

法論味噌　ほうろみそは、南都 興正《こうしやう》菩薩《ぼさつ》のつくると云なり。

行器　ほかい。強飯《こはいひ》をよそへ出す器なれば、外食か。

鉾　ほこ。ほは火なり。こは、凝か、籠か。いかゞとなれば、金は火にてとろかして、色々の形になす。鉾は三角にて火の形をのちまでみする物也。南三角とて、火の尖三角に間(見カ)ゆる也。南方火徳は天子の威光也。鉾も天子のさきへもたせられて、悪魔を払物なる故歟。又云、ほは火也、こは殺也。剣の(ママ)の尖たるは、南三角を表す。帝の火徳の悪魔邪神をころす義なるべし。

誉　ほむる。穂を務か。民のいねをよくつとむるをほめはじめてか。ほまれは、ほめらるゝ也。

髣髴　ほのか。ほの〳〵とかすか也。ほは、火也。あらはる、形也。

細　ほそし。ほは、火也。そは、空也。火はもえ出る時、横へはひろごらず、竪にほそく上る物也。

施　ほどこす。身のほどにすぎて物をやる也。こすは、やる也。ここに有物をかしこへやるを、

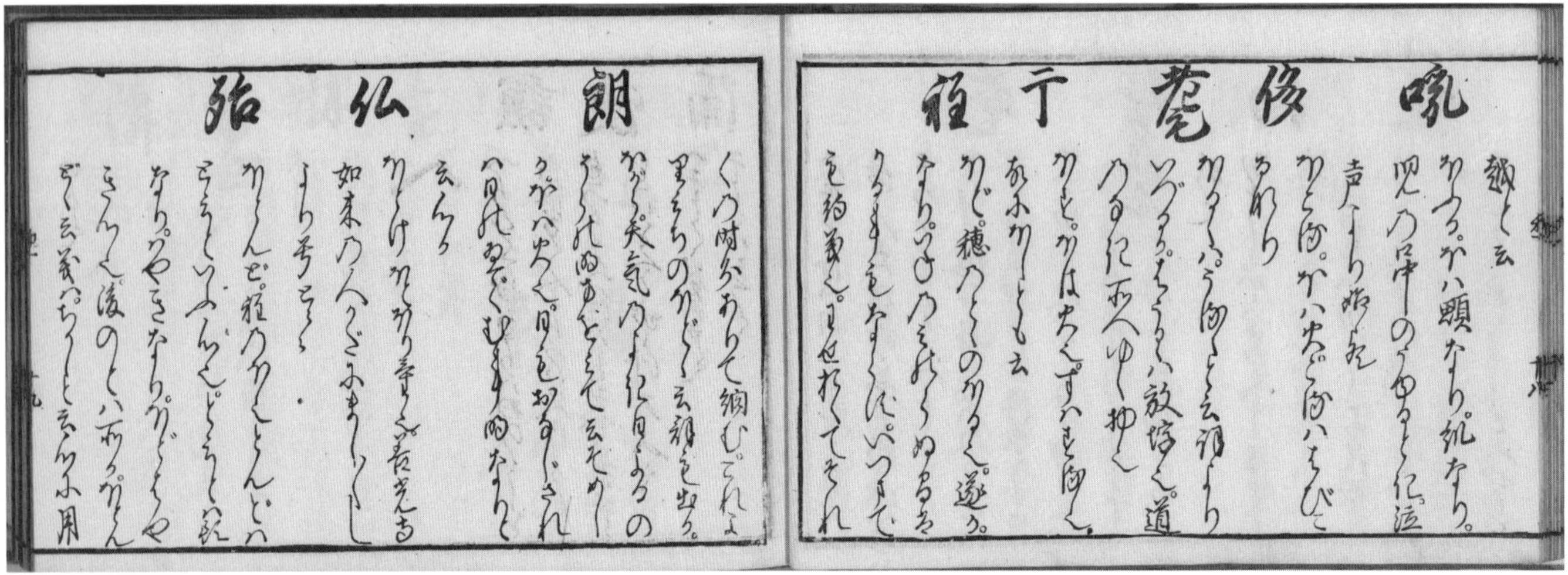

巻一 18ウ　巻一 19オ

越と云。

吼　ほふる。ほは、顋なり。飢なり。児の口中のうゆるとき、泣声より始歟。

佫　ほこる。ほは、火、こるは、はびこるなり。

耄　ほるゝは、そるゝと云詞よりいづるか。はうるゝは、放埒也。道のなき所へゆく物也。

干　ほす。ほは、火也。すは、する也。故に、ほしとも云。

程　ほど。穂のとゝのほる也。遂るなり。いねのみのらぬ間は、かる事もならず、いつまでも待義也。わせ、おくて、それ〳〵の時分ありて納む。これより、みちのほどゝ云詞も出か。

朗　ほがら。天気のよき日、よるのそらの明方をみて云そめしか。ほは、火也。日もおなじ。されは、日のゐでむ事明なりと云心か。

仏　ほとけ。ほとほりけ也。善光寺如来の人はだにまし〳〵しより号と云云。

殆　ほとんど。程のほ也。とんどは、とみといふ心也。とみとは、頓なり。はやきなり。ほどはやき心也。後のとは、所か。ほとんどゝ云義は、ちかしと云心に用

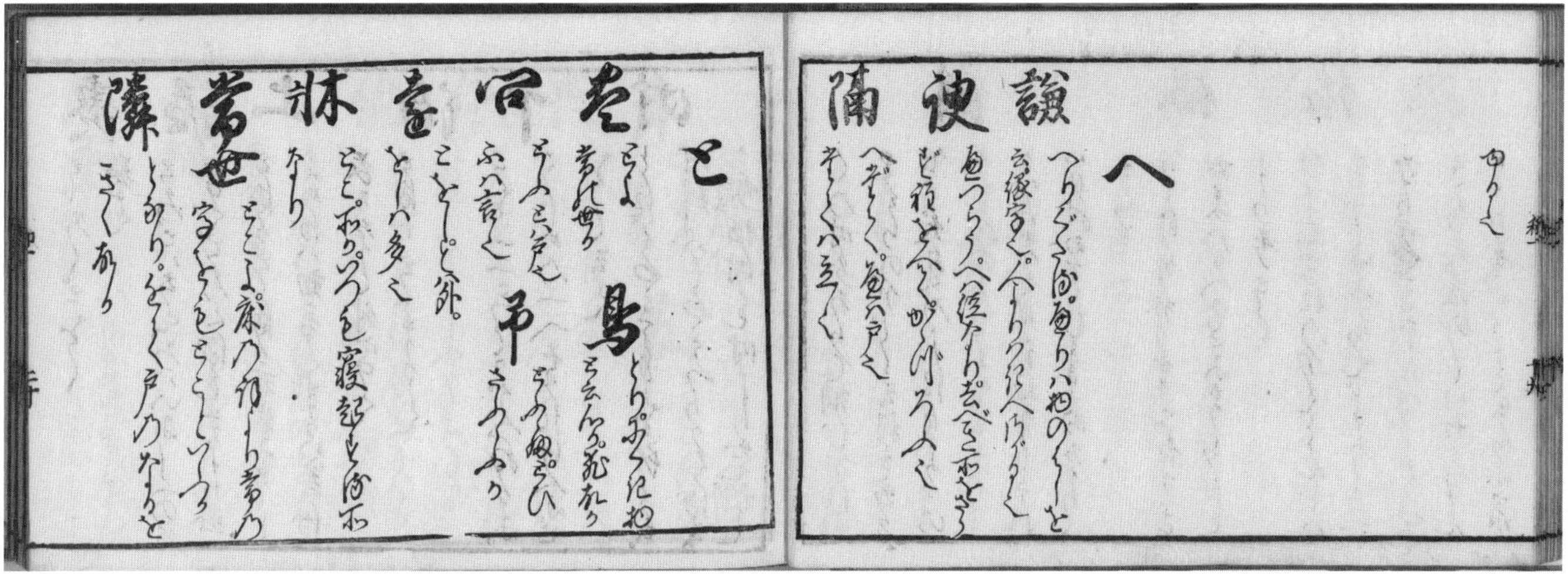

巻一 20オ

巻一 19ウ

ゆる也。

へ

謙 へりくだる。へりは、物のはしを云。縁字也。人よりわきへさがる也。

諛 へつらう。へは、経なり。去べき所をさらず、程をへてか丶づろふ也。

隔 へだて。へは、戸也。たては、立也。

と

豊 とよ。当の世か。

鳥 とりにくき物と云心か。飛故か。

問 とふ。とは、戸也。ふは、言也。

弔 とふらふ。とひさふらふか。

遠 とをし。とは、外。をしは、多也。

牀 とこ。所か。いつも寝起する所なり。

常世 とこよ。床の詞より、常の字をも、とことといふか。

隣 となり。近て戸のなるをきく故か。

巻一 20ウ

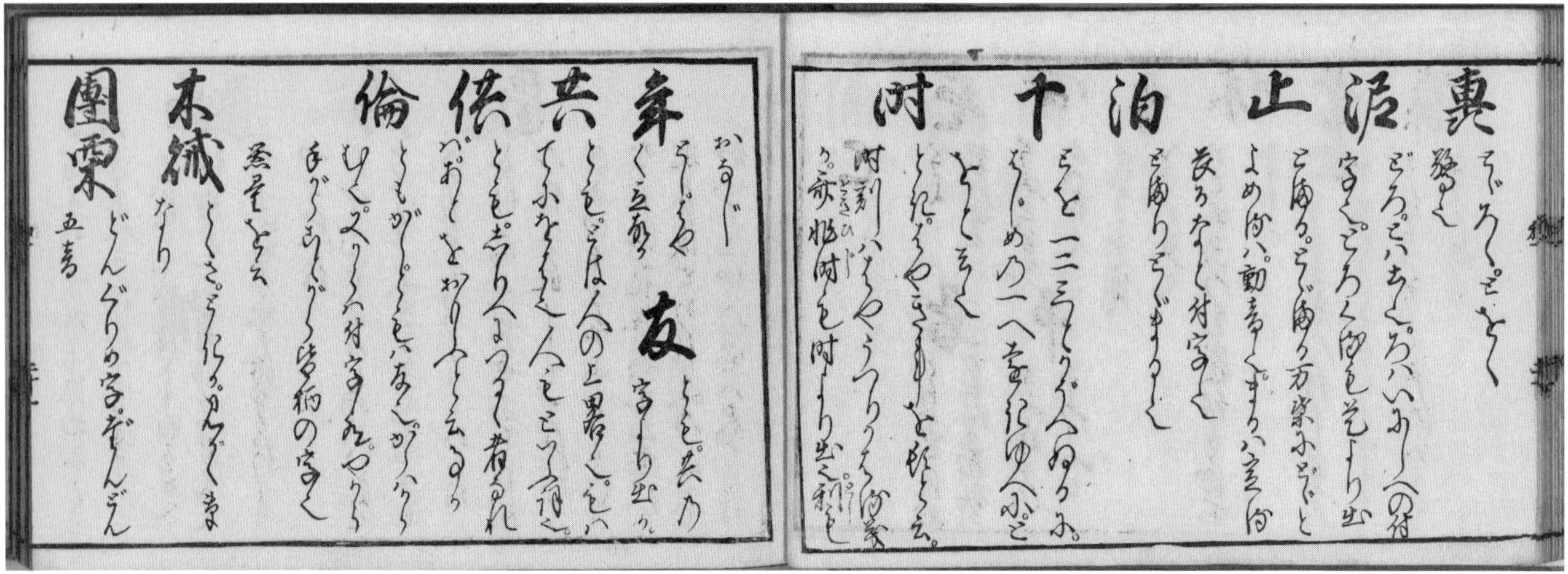

巻一 21オ

鷘　とゞろく。とをく驚也。

泥　どろ。とは、土也。ろは、いにしへの付字也。とろくるも是より出。

止　とまる。とゞまる。万葉にどゞとよめるは、動音也。まるは、定る、畏るなと付字也。

泊　とまり。とゞまる也。

十　とを。一二三とかぞへぬるに、はじめの一へ遠きゆへに、とをと云也。

時　とき。はやき事を、頓と云。時刻は、はやうつりかはる義か。斎《とき》、非《ひ》時《じ》も、時より出也。利《とし》も

おなじ。

年　とし。はやく立故か。

友　とも。共の字より出か。

共　とも。とは、人の上略也。もは、てにをは也。人もといふ詞也。

供　とも。しりへにつるゝ者なれば、あとをおもふと云事か。

倫　ともがら。ともは、友也。からは、からむ也。又、からは、付字歟。やから、手がら、ことがら、皆柄の字也。

木賊　とくさ。ときか。みがく草なり。器量を云。

團栗　どんぐりの字。だんどん五音。

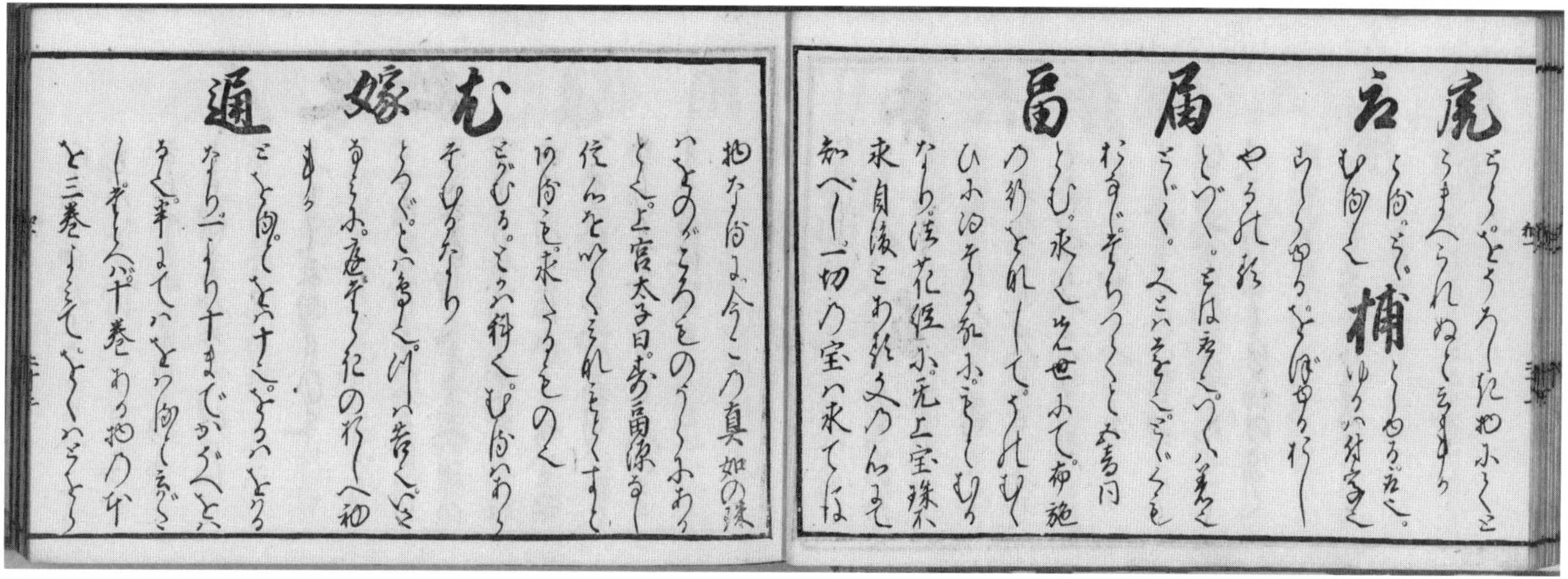

巻一　22オ

巻一　21ウ

虎　とら。をそろしき物にて、とらま
へられぬと云事か。

取　とる。とゞむる也。

捕　とらゆる。取也。ゆるは、付《(ゆカ)》字也。
こしらゆる、をぼゆる、おしやるの
類。

届　とづく。とゞく。とは取也。つく
は、着也。又、とは遠也。とゞくも
おなじ。たちつてと五音同。

富　とむ。求也。先世にて布施の行を
なして、そのむくひに得たる故に、
もとむるなり。法花経に、無上宝珠
不求自後《(得カ)》とある文の心にて知べし。
一切の宝は、求て得
物なるに、今この真如の珠は、をの
がころものうらにあると也。上宮太
子曰、寿福源なし、信心を以てみな
もとゝすとあるも、求たるもの也。

尤　とがむる。とかは、科也。むるは、
あらたむるなり。

嫁　とつぐ。とは、鳥也。つは、告也。
いさなみに、庭たゝきのおしへ初事
か。

通　とをる。とをは、十也。をるは、
をはるなり。一より十までかぞへを
はる也。半にてはをはると云がたし。
たとへば、十巻ある物の本を三巻よ
みて、をくはとをら

巻一 22ウ

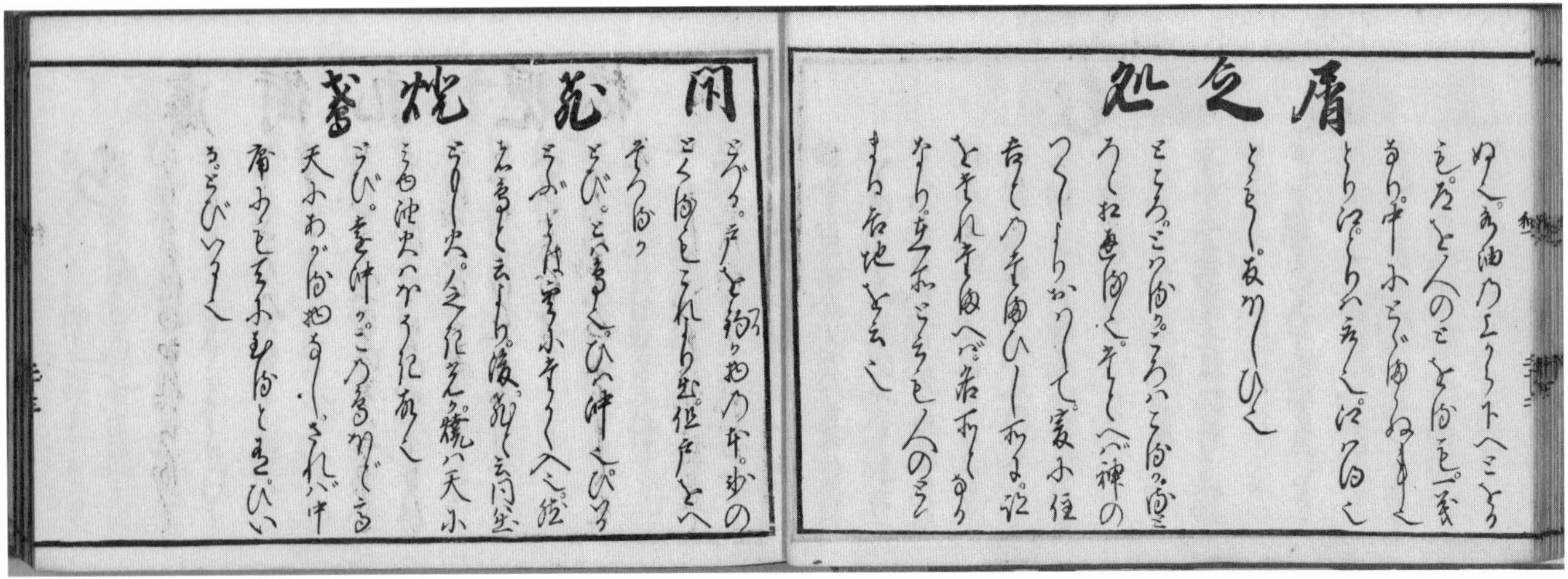

巻一 23オ

屌

ぬ也。水油の上から下へとをるも、道を人のとをるも、一義なり。中にとゞまらぬ事也。

屌　とりえ。とりは、取也。えは、得也。

乏　ともし。友ほしひ也。

処　ところ。とは、るか《(渡カ)》。ころは、こるか。るとろと相通る也。たとへば、神のつくしよりおはして、爰に住吉とのたまひし所に跡をたれたまへば、居所となるなり。在所と云も、人のとつ《(とカ)》まる居地を云也。

閅　とづる。戸を釣《つる》か。物の本、氷のとくるもこれより出。但、戸をへたつるか。

飛　とび。とぶ。とは鳥也。ひは、冲也。ひいるとは、空にたかく入也。然者、鳥と云より後、飛と云詞は出。

燈　ともし火。乏き光か。焼は天にみゆ。油火はほそき故也。

鳶　とび。遠冲か。この鳥ほど高天にあがる物なし。されば、中庸にも天に至ると有。ひいる、とびいる也。

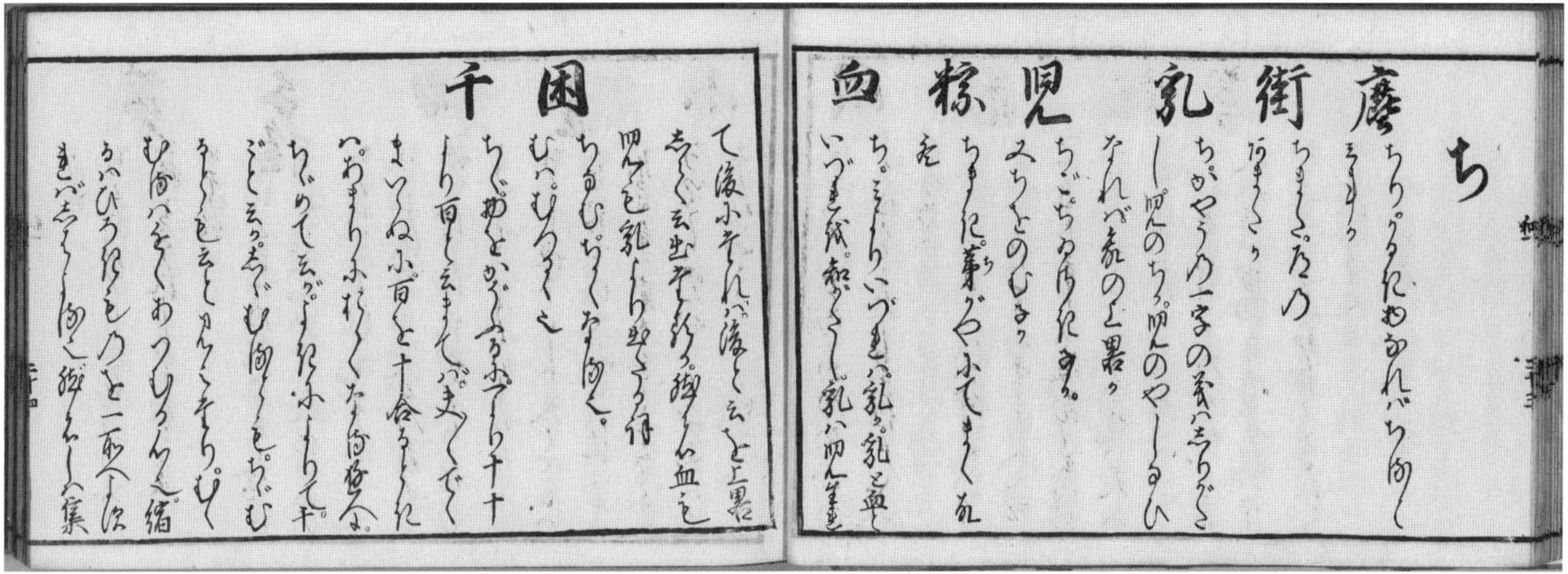

巻一 23ウ

巻一 24オ

ち

塵　ちり。かるき物なれば、ちると云事か。

街　ちまた。道のあまたか。

乳　ち。かやうの一字の義は、しりがたし。児のちか。児のやしなひなれば、命の上略か。

児　ちご。ちゐさき子か。又、ちをのむ子か。

粽　ちまき。茅《ち》がやにてまく故歟。

血　ち。みよりいづれは、乳か。乳と血といづれを知がたし。乳は児生れて後にたれば、後と云を上略して云出たるか。然者、血も児も乳より出たる詞。

困（因カ）　ちなむ。ちかくなる也。むは、むつる、也。

千　ちゞ。物をかぞふるに、一より十、十より百と云までは、夫々で、まいらぬに、百を十合るときは、あまりにおゝくなるゆへにちゞめて云がよきによりて、千々と云か。しゞむるとも、ちゞむるとも云と見えたり。縮むくむる（むつぶるカ）は、近くあつむる心也。縮るは、ひろきものを一所へよすれば、しはよる也。然者、しは集

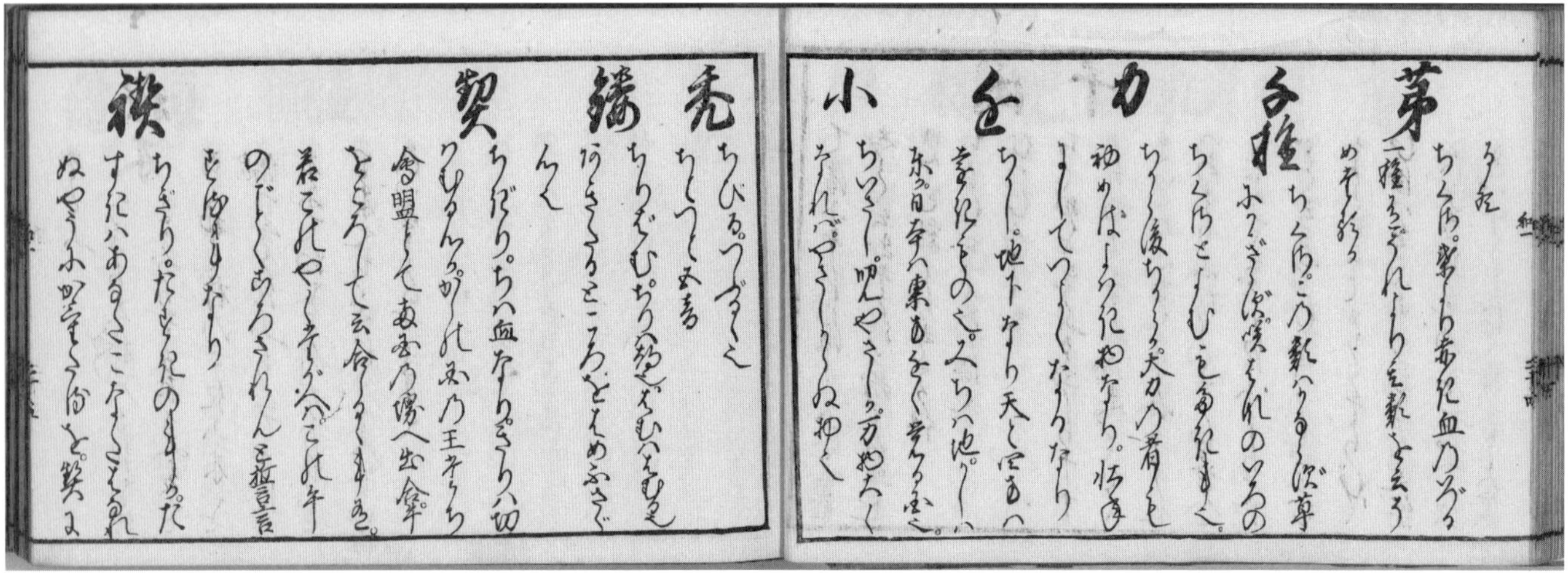
巻一 24ウ
巻一 25オ

る歟。

茅　ちくさ。葉より赤き血のいづる一種有。それより、其類を云そめたるか。

千種　ちくさ。この類はかならず草にかぎらず。咲はなのいろのちくさとよむも、多き事也。

力　ちから。後ちからか。大力の者も、初めはよはき物なり。壮年にしてつよくなるなり。

近　ちかし。地下なり。天と四方は遠きもの也。又、ちは、地、かしは、東か。日本は東方近く覚る国也。

小　ちいさし。児やさしか。万物大くなれば、やさしからぬ物也。

禿　ちびる。つぶる丶也。ちとつと五音。

鏤　ちりばむ。ちりは、散也。はむは、はむる也。あきたるところをはめふさぐ心也。

契　ちぎり。ちは、血なり。きりは、切はむる心か。からの国の王たち、会盟とて、南国の堺へ出合、牛をころして云合らる丶事有。若、このやくたがへは、この牛のごとくころされんと誓言する事なり。

褉　ちぎり。たすきの事か。たすきは、あなたこなたはなれぬやうにかけたるを、契に

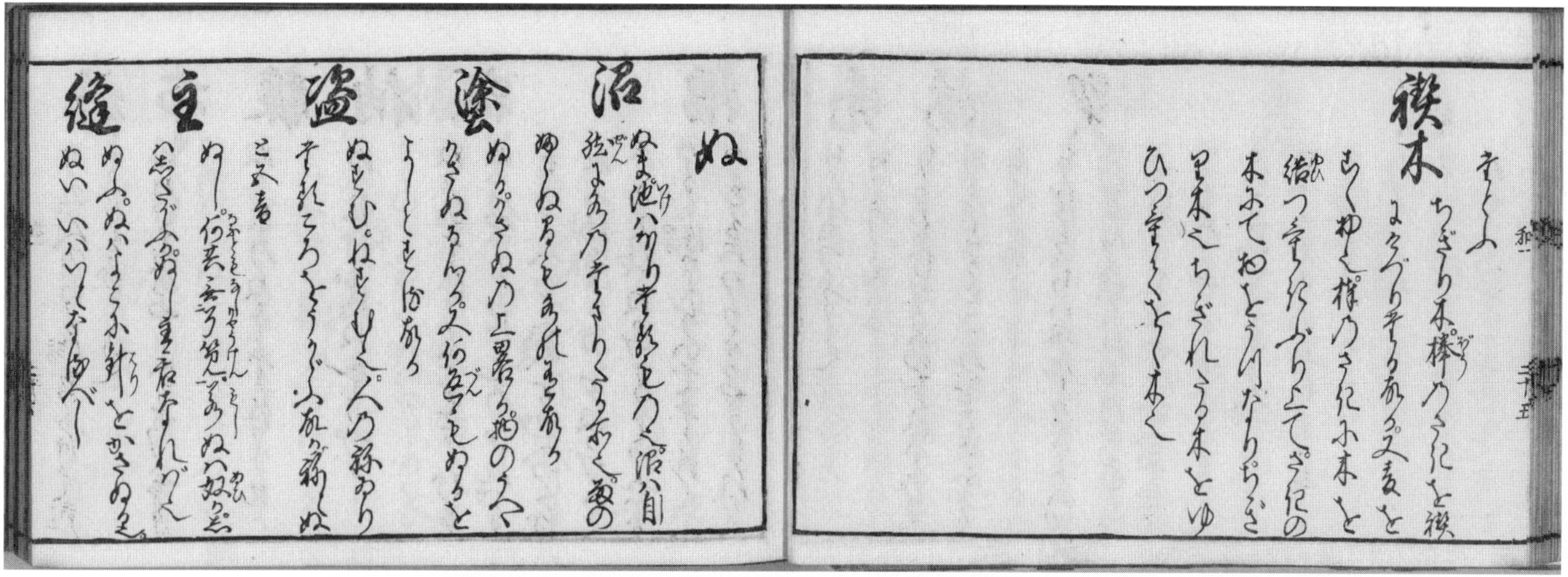

巻一 25ウ

巻一 26オ

たとふ。

楔木　ちぎり木。棒《ぼう》のさきを楔にけづりたる故か。又、麦をこく物也。棒のさきに木を結《ゆひ》つけ起ぶり《（ママ）》上て、さきの木にて物をうつなり。ちぎり木也。ちぎれたる木をゆひつけてをく木也。

ぬ

沼　ぬま。池《いけ》はほりたるもの也。沼は自然《しぜん》に水のたまりたる所也。雨のふらぬ間も水の有故か。

塗　ぬる。かさぬの上略か。物のうへゝかさぬる心か。又、何返《べん》もぬるをよしとする故か。

盗　ぬすむ。ねすむ也。人のねゐりたるころをうかゞふ故か。ねとぬと五音。

主　ぬし。何共無《なにともなし》㆓了見《りやうけん》㆒。若《もし》、ぬは、奴《ぬひ》か。しは、したがふか。ぬし主君なれば也。

縫　ぬふ。ぬい。ぬは、よこに針《はり》をかさぬる也。いは、いとなるべし。

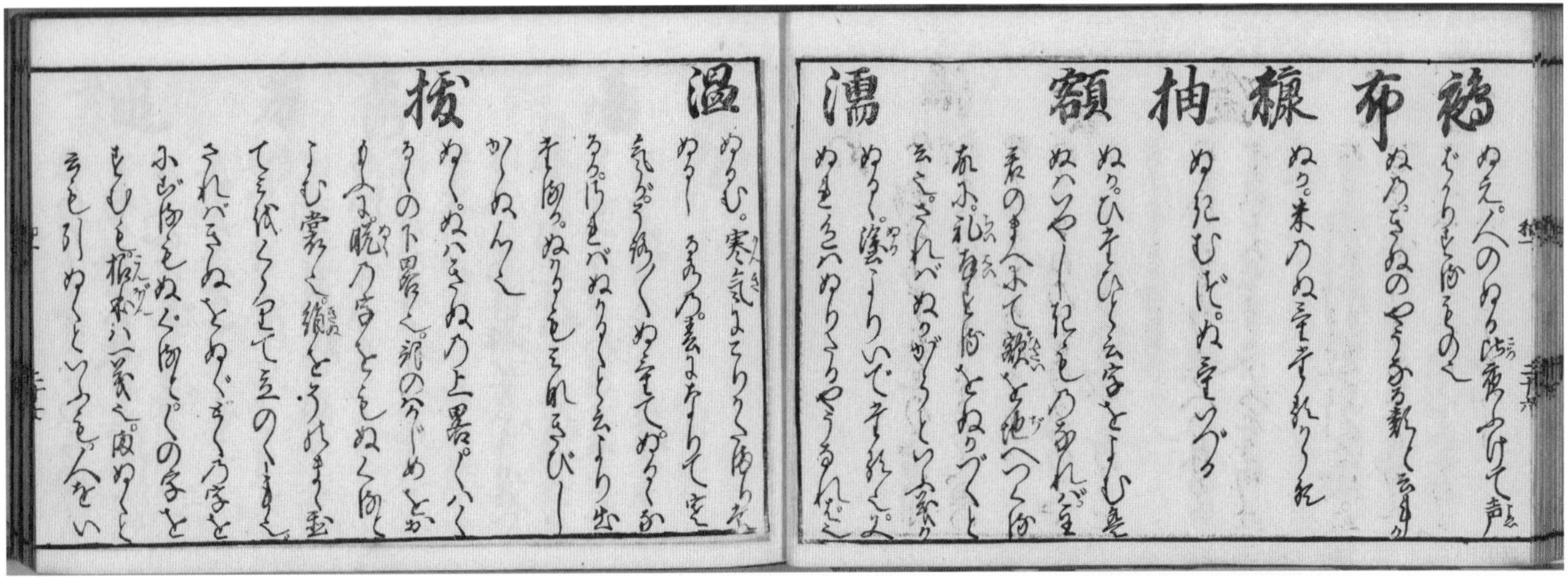

巻一 27オ

巻一 26ウ

鵺　ぬえ。人のぬる比《ころ》、夜ふけて声《こゑ》ばかりするもの也。

布　ぬの。きぬのやうなる類と云事か。

糠　ぬか。米のぬけたるから歟。

抽　ぬきむづ。ぬけいづる。

額　ぬか。ひたひと云字をよむは、奴はいやしきものなれば、主君のまへにて額《ひたい》を地《ぢ》へつくる故に、礼拝《らいはい》するをぬかづくと云也。されば、ぬかがらといふ義か。

濡　ぬる丶。塗《ぬり》よりいでたる也。又、ぬれ色はぬりたるやうなれば也。

温　ぬるむ。ぬるし。寒気《かんき》にこりかたまりたる水の、春になりて寒気がそろ〳〵ぬけて、ぬるくなるか。されば、ぬかる丶と云より出たるか。ぬかるもみなきびしからぬ心也。

抜　ぬく。ぬは、きぬの上略。くは、くる丶(くぐるカ)の下略也。詞のはかじめ(わかちめカ)をおもふに、脱《ぬく》の字をもぬくるとよむ。裳也。絹《きぬ》をそのま丶置て、みをく丶りて立のく事也。されば、きぬをぬぐと、くの字をにごるも、ぬくると、くの字をすむも、根本《こんぽん》は一義也。まぬくと云も、引ぬくといふも、人をい

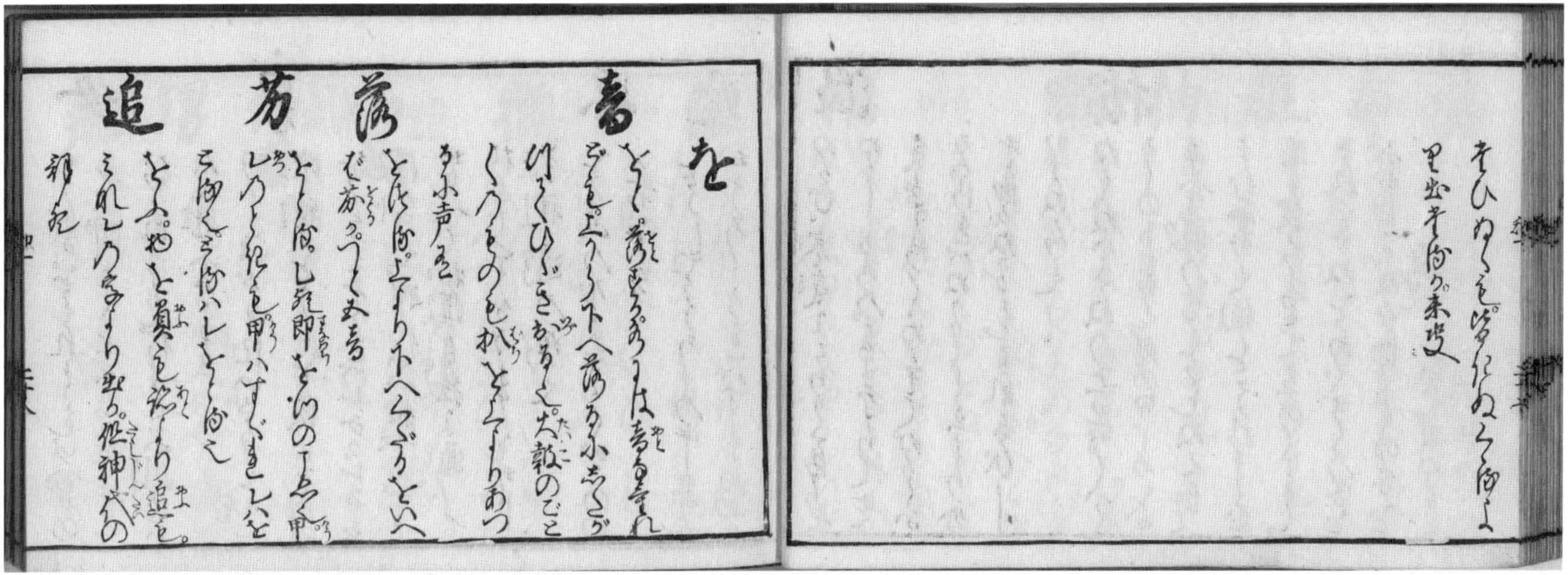

巻一 28オ

巻一 27ウ

たひぬくも、皆きぬくゝるより出たるか。未決。

を

音 をと。落《をと》すか。水には音《おと》なけれども、上から下へ落るにしたがつてひゞき出《いづ》る也。大鼓《たいこ》のごとくのものも、扒《ばち》を上よりあつるに声有。

落 をつる。上より下へくだるをいへば、劣《をとる》か。つと五音。

劣 をとる。乙歟。即《すなはち》、をつのこゑ也。甲乙《かうおつ》のときも、甲《かう》はすぐれ乙はをとる也。とるは、乙をとる也。

追 をふ。物を負《おふ》も跡《あと》より追《おふ》も、みな乙の字より出か。但《ただし》、神代《じんたい》の詞か。

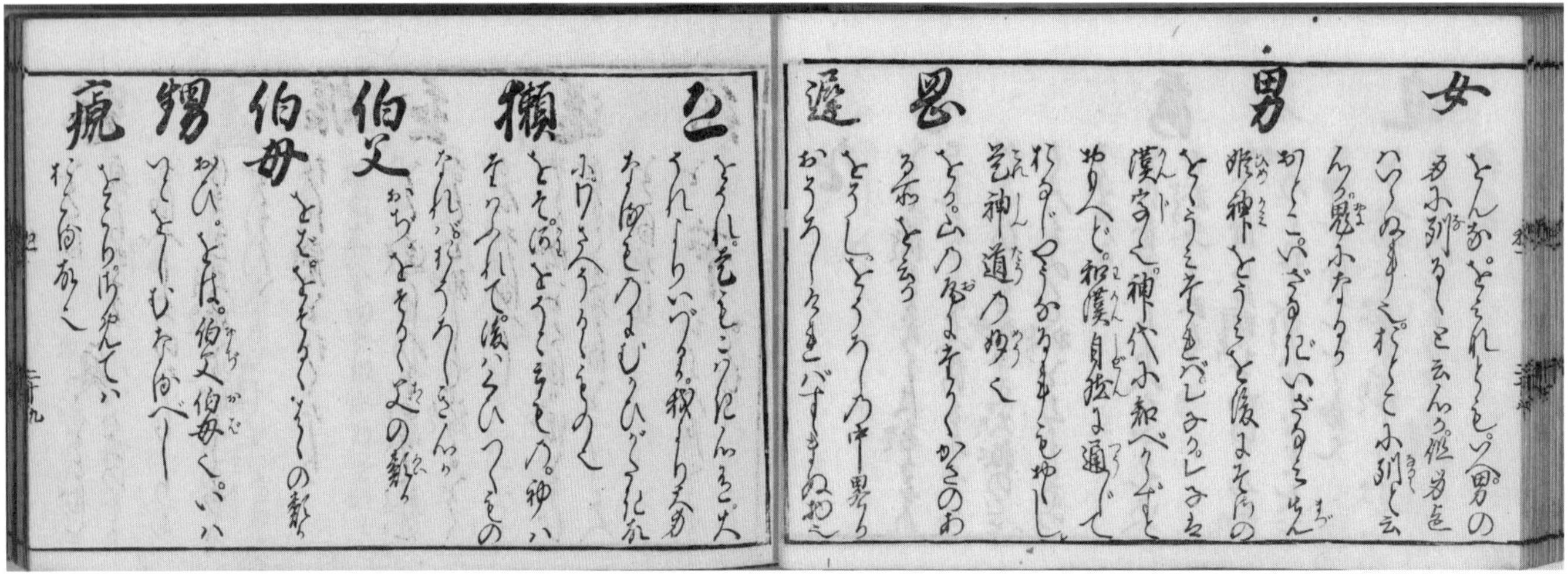

巻一 28ウ

巻一 29オ

女　をんな。をみなともいへ《（いへばカ）》、男の身に馴《な》るゝと云心か。但、身迄はいらぬ事也。おとこに馴《なるる》と云心か。鬼《おに》になるか。

男　おとこ。いざなぎ、いざなみ、先《まづ》、姫神《ひめかみ》をうみを《（ママ）》後にそさのをゝうみたれば、乙子か。乙子は漢字《かんじ》也。神代に知べからずとおもへど、和漢自然《わかんしぜん》に通《つう》じて、おなじやうなる事もおゝし。是《これ》、神道《しんたう》の妙《めう》也。

岡　をか。山の尾《お》にたかくかさのある所を云か。

遅　をそし。をそろしの中略か。おそろしければすゝまぬ物也。

恐　をそれ。是もこはき心有。大それよりいづるか。我より大身なるものにむかひがたき故に、わきへそるゝもの也。

獺　をそ。河《かわ》をそと云もの、初はたはふれて、後はくひつくものなれば、おそろしき心か。

伯父　おぢ。をそるゝ父《ちち》の類《るい》か。

伯母　をば。をそるゝはゝの類か。

甥　おひ。をは、伯父伯母《おぢおば》也。いは、いとをしむなるべし。

瘧　をこり。さめてはおこる故也。

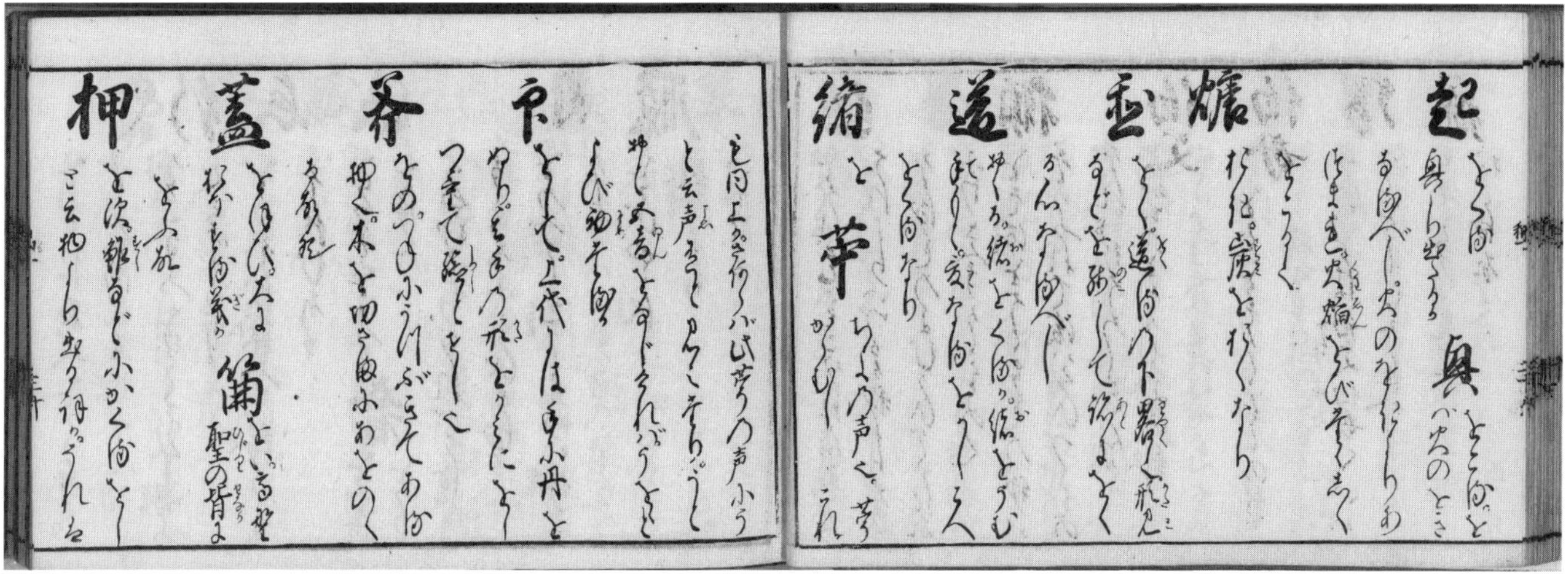

巻一 29ウ　巻一 30オ

起　をくる。興より出たるか。
興　をこる。をは、火のをきなるべし。火のをきよりあつまれ（ればカ）、火焔《くわゑん》をびた丶しくをこる也。

煻　おき。炭《すみ》をおくなり。

置　をく。送《をく》るの下略《りやく》也。形見《かたみ》などを残《のこ》して、跡《あと》にをくる心なるべし。

送　おくる。緒《お》をくるか。緒《お》をうむ手《て》もと、爰《ここ》なるをかしこへをくるなり。

緒・苧　を。　ちよの声也。苧、からむし。これ
も同上か。さあらば、此苧の声に、うと云声《こゑ》有と見えたり。うとおと五音《ゐん》をなじければ、うを丶とよび初《そめ》たるか。

印　をして。上代には手に丹をぬり、其手の形《かた》をかみにをしつけて験《しるし》とせし也。

斧　をの。つねにうつぶきてある物也。木を切さまに、あをのくる故歟。

蓋　をほひ。大におほする義《ぎ》か。
笛　をい。高野聖《ひじり》の背《せなか》にをふ故。

押　をす。鮓《すし》などにかくる、をしと云物より出る詞か。それ（さカ）は、

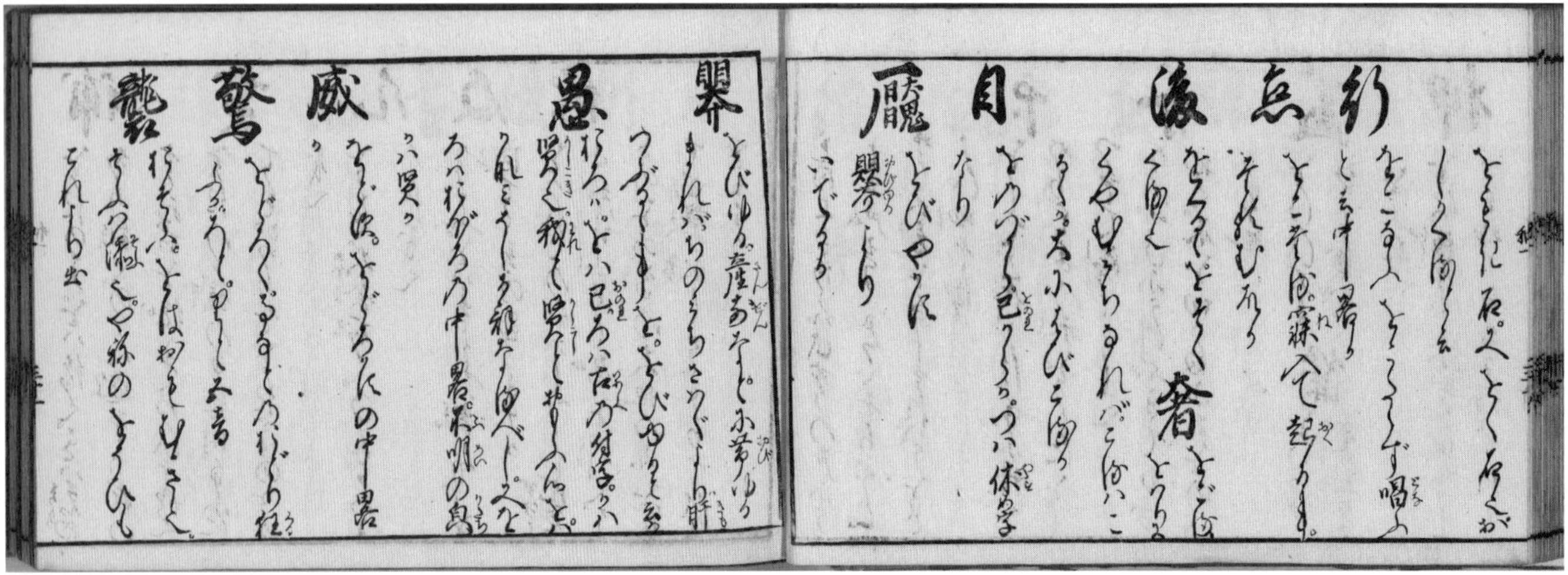

巻一 30ウ

巻一 31オ

をもき石、又、をく石也。おしかくると云。

行　をこなふ。をこたらず唱《とな》ふと云中略か。

怠　をこたる。寝《ね》入て、起《おく》る事たるむ故か。

後　をくるゝ。をそくくる也。

奢　をごる。をはりにくやむみちなれば、こるは、こるゝか。大にはびこるか。

自　をのづから。己《をのれ》からか。つは、休《やす》め字なり。

魘　をびやかす。畀《おびゆる》よりいでるか。

畀　をびゆる。産前《さんぜん》などに、帯《おび》ゆるまれば、ちのみちさはぐより、肝《きも》つぶるゝ事を、をびゆると云か。

愚　おろか。をは、己《おのれ》、ろは、古《いにしへ》の付字。かは、賢《かしこき》也。我《われ》と賢《かしこし》とおもふ心を、はかなみそしる詞なるべし。又、をろは、おぼろの中略。不明《ぶめい》の皃《かたち》。かは、賢か。

威　をどす。をどろかすの中略か。

驚　をどろく。馬などのおどり狂《くる》ふか。ろとりと五音。

襲　おそふ。をは、おもむき也。そふは、添《そふ》也。やねのをそひも、これより出。

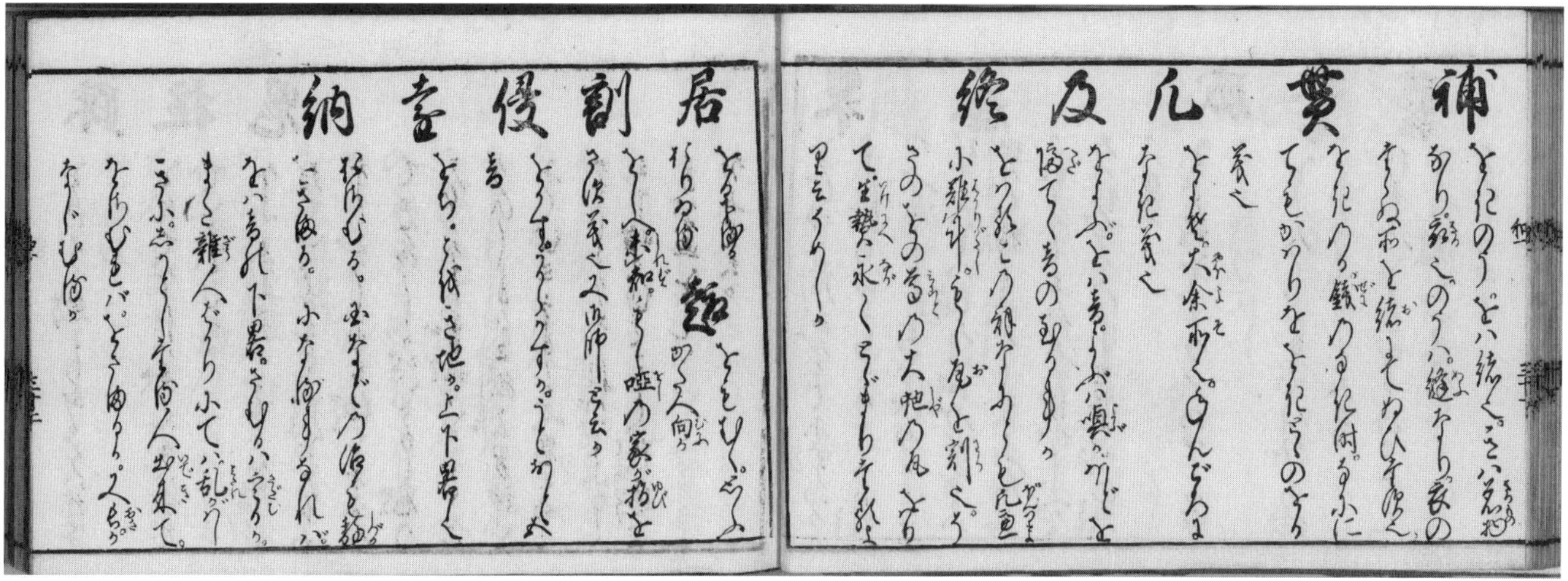

巻一 31ウ

巻一 32オ

補　をきのう。をは、緒也。きは、着《きる》物《もの》なり。衣《きぬ》也。のうは、縫《ぬふ》なり。衣のたらぬ所を緒《お》にてぬひたす也。

貫　をきのる。銭《ぜに》のなき時、なににてもかはりををき、と、のをる義也。

凡　をよそ。大余所《おほよそ》也。ねんごろになき義也。

及　をよぶ。をは音、よぶは喚《よぶ》か。ほどを隔《へだ》て、音の至る事か。

終　をはる。この詞、なにとも凡慮《ぼんりよ》に難《はかりがたし》ㇾ計。もし、尾《お》を割《わる》也。そさのをの尊《みこと》の大蛇《じや》の尾をわりて、生贄《いけにへ》永《なが》くとゞまりたるより云そめしか。

居　をる。下るか。おりゐる。

趣　をもむく。思ふかたへ向《むかふ》か。

訓　をしへ。未《しれ》ㇾ知《ず》。もし、啞《をし》の家が指《ゆび》をさす義也。又、御師と云か。

侵　をかす。うからかすか。うとおと五音。

遠　をち。とをき地か。上下略也。

納　おさむる。をさまる。国などの治も静《しづか》になる事なれば、をは、音の下略。さむるは、定《さだむ》るか。また、雑人《ざう》ばかりにては乱《みだれ》がはしきに、しかとしたる人出来《いでき》てをさむれば、をさまるか。又、長《おさ》かなじむるか。

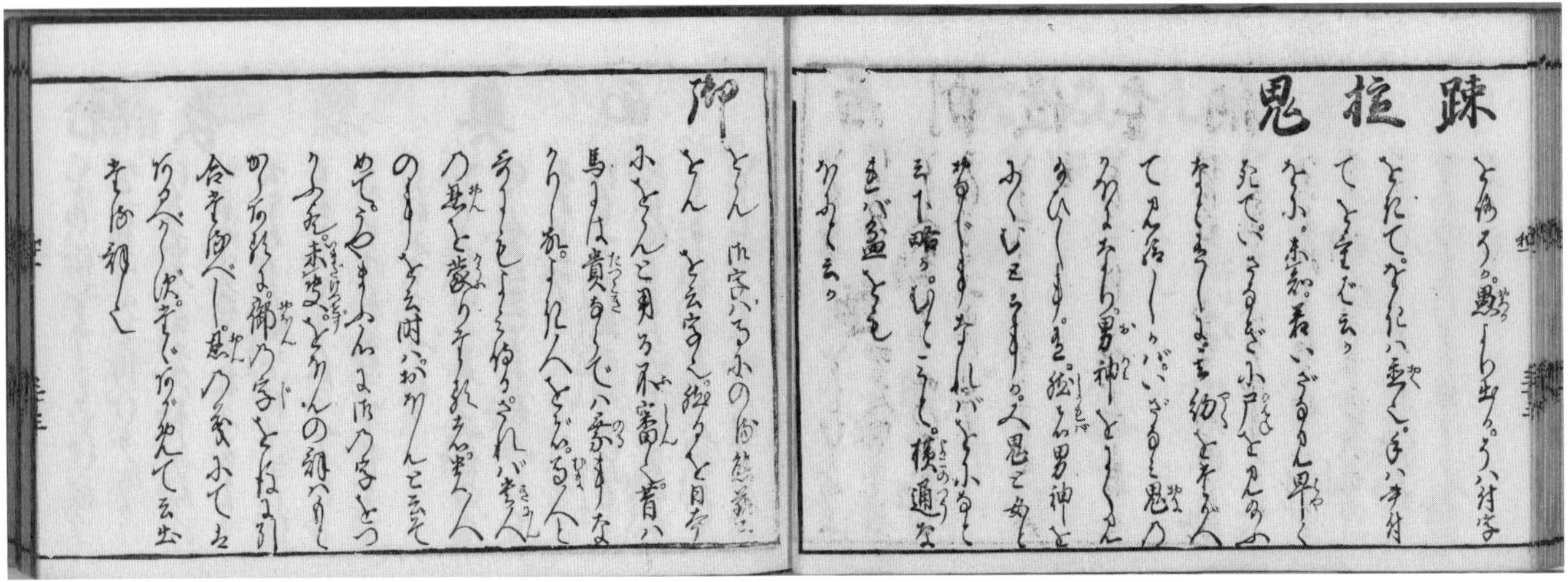

巻一　33オ

巻一　32ウ

蹂　をろそか。愚《おろか》より出か。そは付字。

掟　をきて。をきは、置《おく》也。手は、書付てをけば云か。

鬼　をに。未ㇾ知。若、いざなみ早《はや》く死て、いさなぎに戸《かはね》を見給ふなと有しに、其約《やく》をたがへて見給しかば、いざなみ、鬼《おに》のかほになり、男《お》神《かみ》をにくみ給ひし事有。然者《しかれば》、男神をにくむと云事か。又、鬼と女とおなじ事なれば、をになと云下略か。む（にカ）とみと横通《よこのつう》なれば、盆をもほにと云か。

御　をゝん。をん。御字は馬にのる態芸を云字也。然るを、日本にをゝんと用る、不審《ふしん》也。昔は、馬には貴《たつとき》ならでは乗《のる》事なかりし故、よき人をば、馬《むま》人《にん》と歌にもよみ侍る。されば、貴《き》人の恩《おん》を蒙《かうふ》りたる者、貴人の事を云時は、おほんと云そめて、うやまふ心に御の字をつかふ歟。未ㇾ決《いまだけつせず》。をほんの詞はもとからあるに、御《おほん》の字《じ》を後に引合たるべし。恩《おん》の義にてはあるべからず。たゞあがめて云出たる詞也。

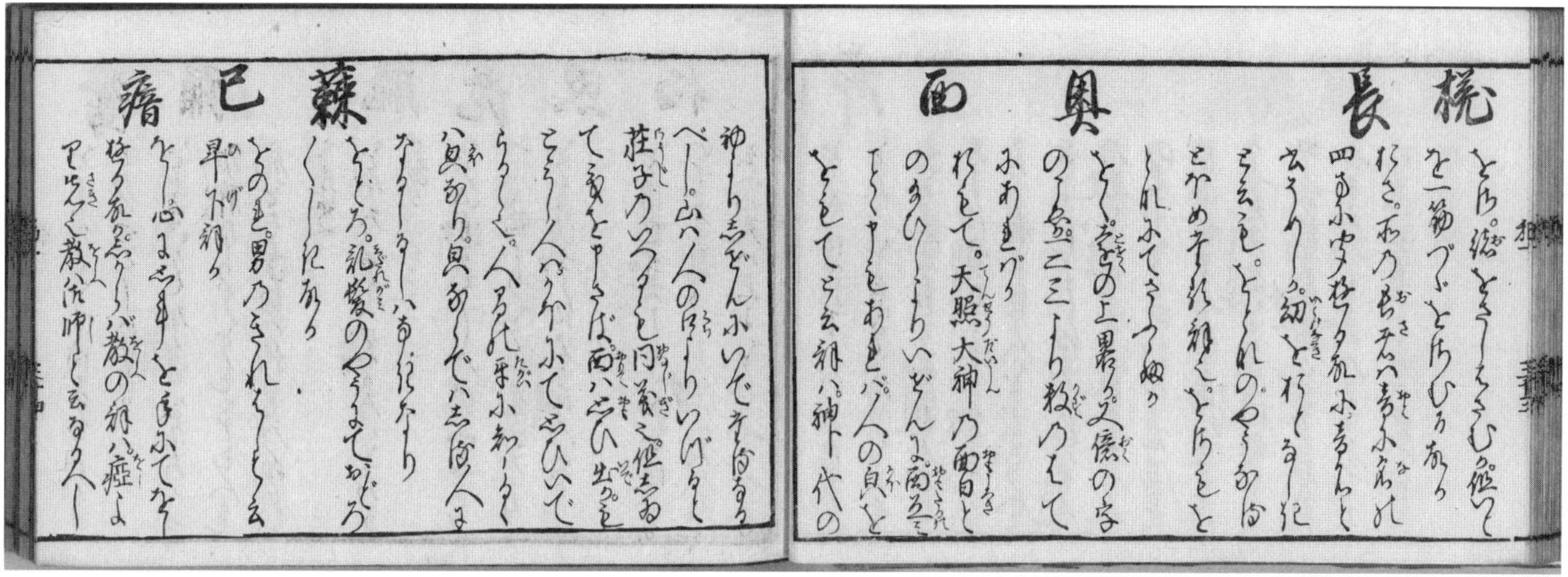

巻一 34オ　　巻一 33ウ

椀（筅カ）をさ。緒《お》をさしはさむか。但、いとを一篇づ（つカ）ゞをさむる故か。

長　おさ。所の長者《おさ》は、音《おと》に名《な》の四方に聞ゆる故に、音名と書そめしか。幼《いとけなき》を、おとなしきと云も、をとなのやうなるとほめたる詞也。をさも、をとなにてさふらふか。

奥　をく。遠《とをく》の上略か。又、億《おく》の字のこゑか。一二三より数《かず》のはてにあればか。

面　おもて。天照大神《てんせうだいしん》の面白《おもしろき》との給ひしよりいぜんに、面足《おもたるの》みこと丶申もあれば、人の皃《かほ》ををもてと云詞は、神代の初よりしぜんにいでたるなるべし。山は人の口《くち》よりいづると荘子《さうじ》のいへるも同義《おなじぎ》也。但、しゐて義を申さば、面《おもて》は、思《おも》ひ出《いで》か。もとみし人は、かほにて思ひいでらる丶也。人間の互《たがい》に知らる丶は皃《かほ》なり。皃ならではしる人になるしるしはなきなり。

蕀　をどろ。乱髪《みだれがみ》のやうにておどろ〳〵しき故か。

己　をのれ。男のきれはしと云卑下《ひげ》詞か。

瘖　をし。心に思事を手にてをしゆる故か。しからば、教《をしへ》の詞は、瘂《をし》より先《さき》也。教《をしへ》は、御師《し》と云なるへし。

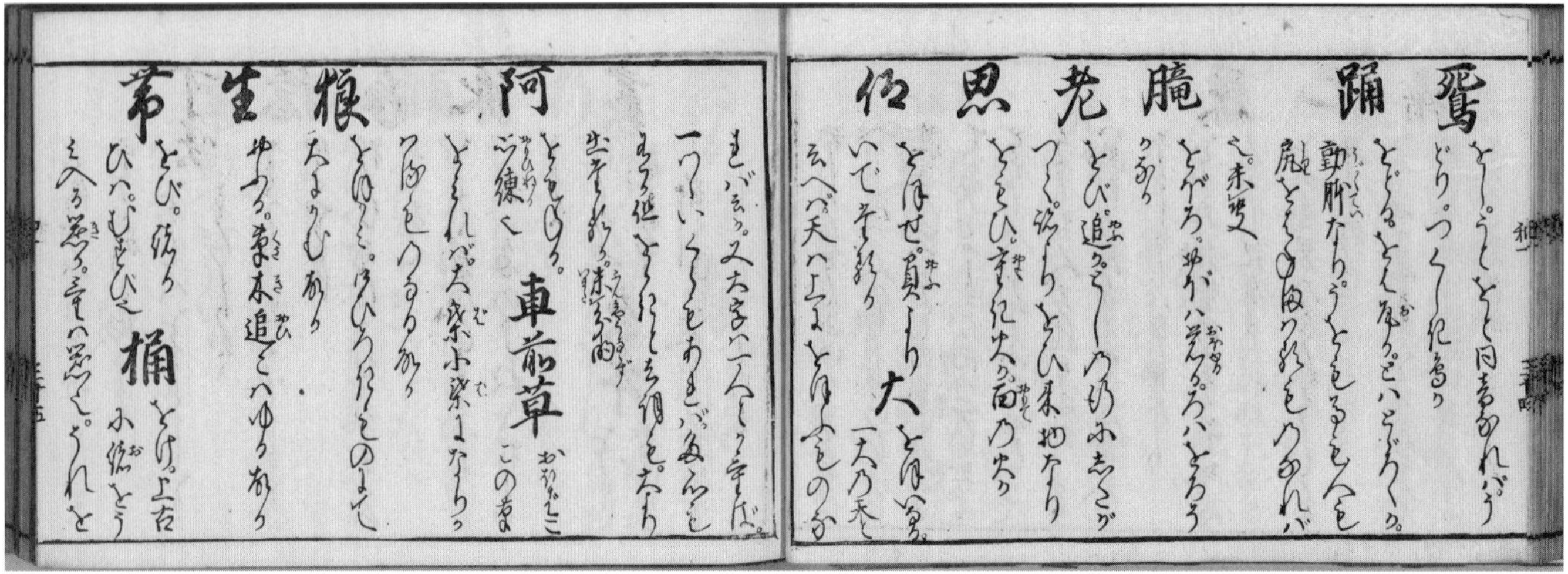

巻一　34ウ

巻一　35オ

鴛　をしどり。うとをと同音なれば、うつくしき鳥か。

踊　をどる。をは、尾《お》か。とは、とゞろくか。動体《うごくてい》なり。うをも馬も人も尻《しり》をはねまはるものなれば也。未ﾚ決。

朧　をぼろ。おぼは、覚《おほゆる》か。ろは、をろそかなり。

老　をび《（ヒカ）》。追《おふ》か。としの行にしたがつて、跡よりをひ来物なり。

思　をもひ。重《おも》き火か。面《おもて》の火か。

仰　をほせ。負《おふ》よりいでたるか。

大　をほいなる。一大の天と云へば、天は上にをほふものなれば云か。又、大字は一人とかけば、一つ、いくらもあれば、多心も有か。但、をゝきと云詞も、大より出たるか。未ﾚ分明《いまたふんみやうならず》。

阿　をもねる。思練《おもひねる》也。

車前草　おほばこ。この草をみれば、大葉《ば》小葉《ば》になりかはるものなる故か。

狼　をほかみ。口ひろきものにて、大にかむ故か。

生　おふる。草木《くさき》追《おひ》々はゆる故か。

帯　をび。緒か。ひは、むすび也。

桶　をけ。上古に、緒《お》をうみ入る器《き》か。けは、器也。それを

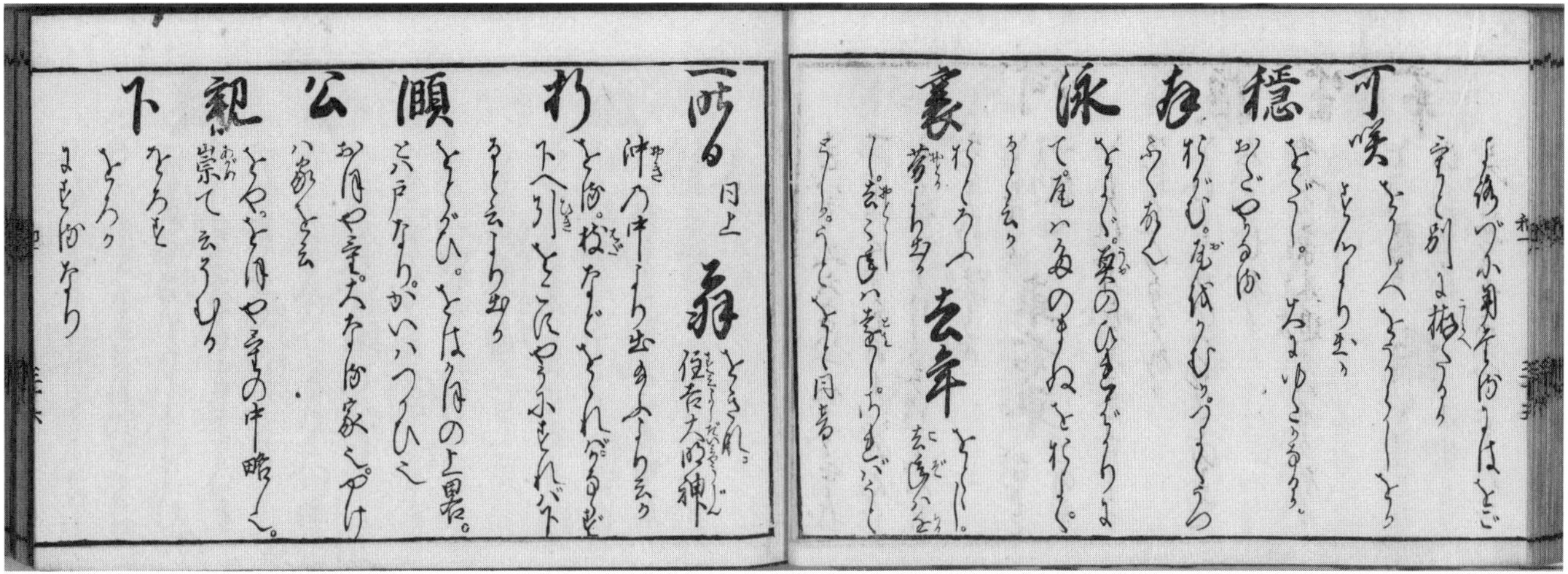

巻一　35ウ

よろづに用たるには、をごけと別に拵《こしらへ》たるか。

可咲　をかし。人をうからかしをかす心より出か。

穏　をだし。大にゆたかなるか。おだやかなる。

拝　おがむ。尾《お》をかむか。つよくうつふく故也。

泳　をよぐ。魚《うお》の、ひればかりにて尾はたのまぬを、およくると云か。

衰　おとろふ。劣《おとる》より出か。

去年（ママ）　をとゝし。去年《こぞ》は近《ちか》し。去々年《おととし》は遠《とを》し。されば、うととしか。うとをと同音。

巻一　36オ

一昨日　同上。

翁　をきな。住吉大明神《すみよしだいみやうじん》、沖《おき》の中より出給ふより云か。

折　をる。枝《えだ》などをゝれば、かならず下へ引《ひき》（とカ）をこすやうにすれば、下ると云より出か。

頤　をとがひ。をは、かほの上略。とは、戸なり。かいは、つかひ也。

公　おほやけ。大なる家也。やけは、家を云。

親　をや。をほやけの中略也。崇《あがめ》て云そむる。

下　をろす。をろかにするなり。

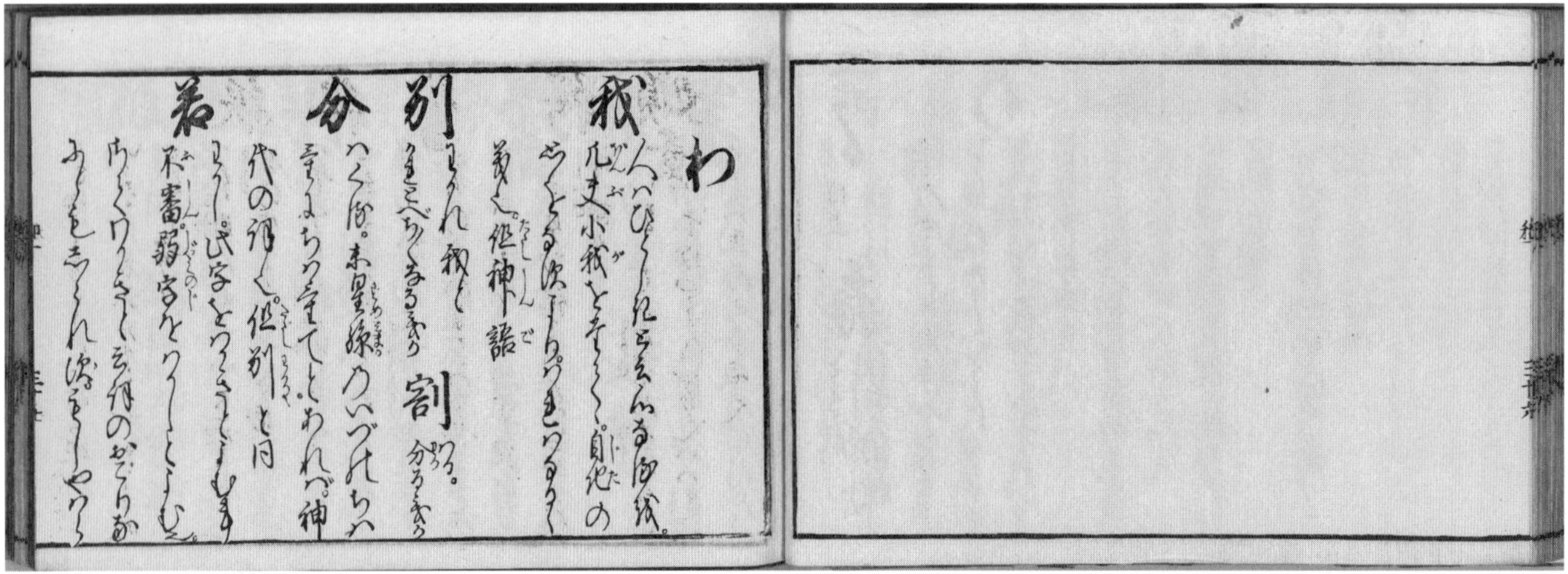

巻一 37オ　巻一 36ウ

わ

我　人は、ひとしきと云心なるを、凡《ぼん》夫《ぶ》小我《が》をたてゝ、自他《じた》の思をなすより、われはなるゝ義也。但《ただし》、神語《しんご》。

別　わかれ。我とかれとべち〳〵なる義か。

割　わる。分《わか》る義か。

分　わくる。天皇孫《すめみま》のいづのちわけにちわけてとあれば、神代の詞也。但《ただし》、別《わかるる》と同。

若　わかし。此字を、わかきとよむ事、不審《ふしん》。弱字《じやくのじ》を、わかしとよむ也。さて、わかきと云詞のおこり、なにともしられず。もし、やはら

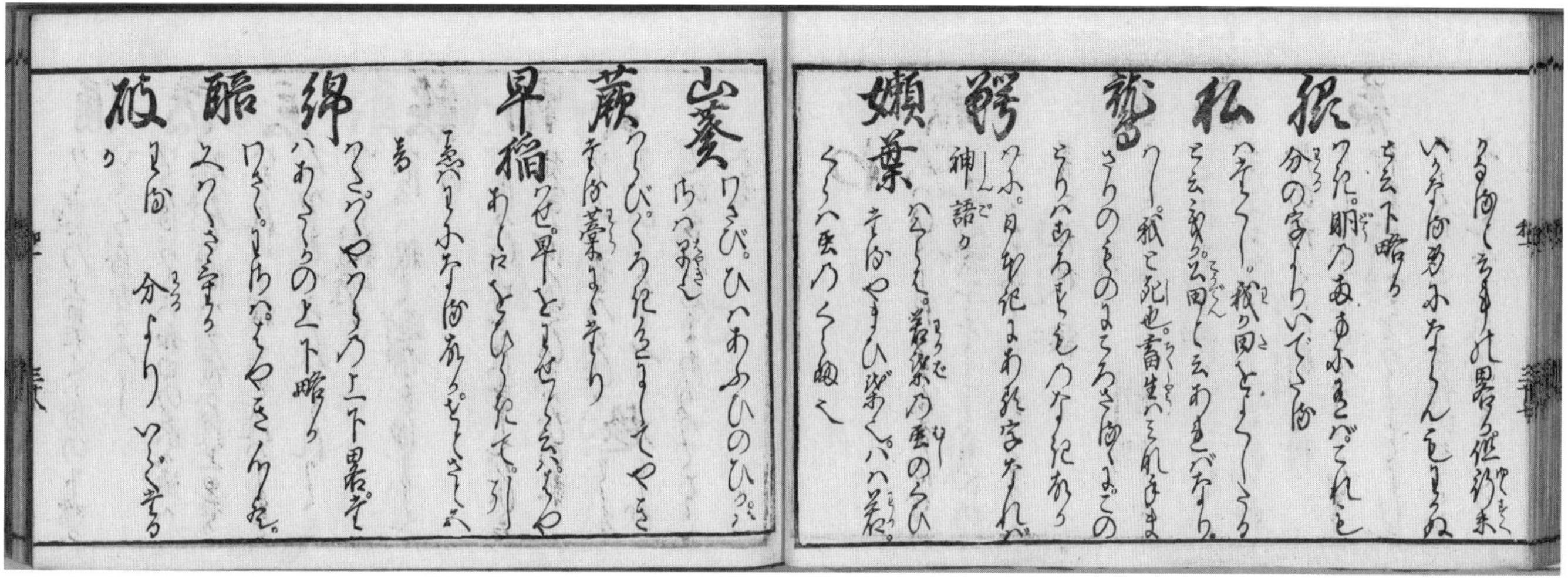

巻一　38オ

巻一　37ウ

かなると云事の略か。但、行末《ゆくすへ》いかなる身にならんもわかぬと云下略か。

脇　わき。胴《どう》の両方に有ば、これも分《わくる》の字よりいでたる。

私　わたくし。我か田《た》をよくしたると云義か。公田《こうでん》と云あればなり。

鷲　わし。我と死《し》也。畜生《ちくしやう》はみな手まさりのものにころさるゝに、このとりは、ころすものなき故か。

鰐　わに。日本記にある字なれば神語《しんご》か。

嬾葉　わくらは。若葉《わかば》の虫《むし》のくひたるやまひ葉也。わは、若《わか》、くらは、虫のくらふ也。

山葵　わさび。ひは、あふひのひか。わさは、早《はやき》也。

蕨　わらび。くろき色にして、やきたる藁《わら》にゝたり。

早稲　わせ。早をわせと云は、はやあと口をひらきて引こゑは、わになる故か。せとさと五音。

綿　わた。わゝ、やはらの上下略。たは、あたゝかの上下略か。

醅　わさゝ。わさは、はやき心歟。又、わくさけか。

破　わる。分《わくる》よりいでたるか。

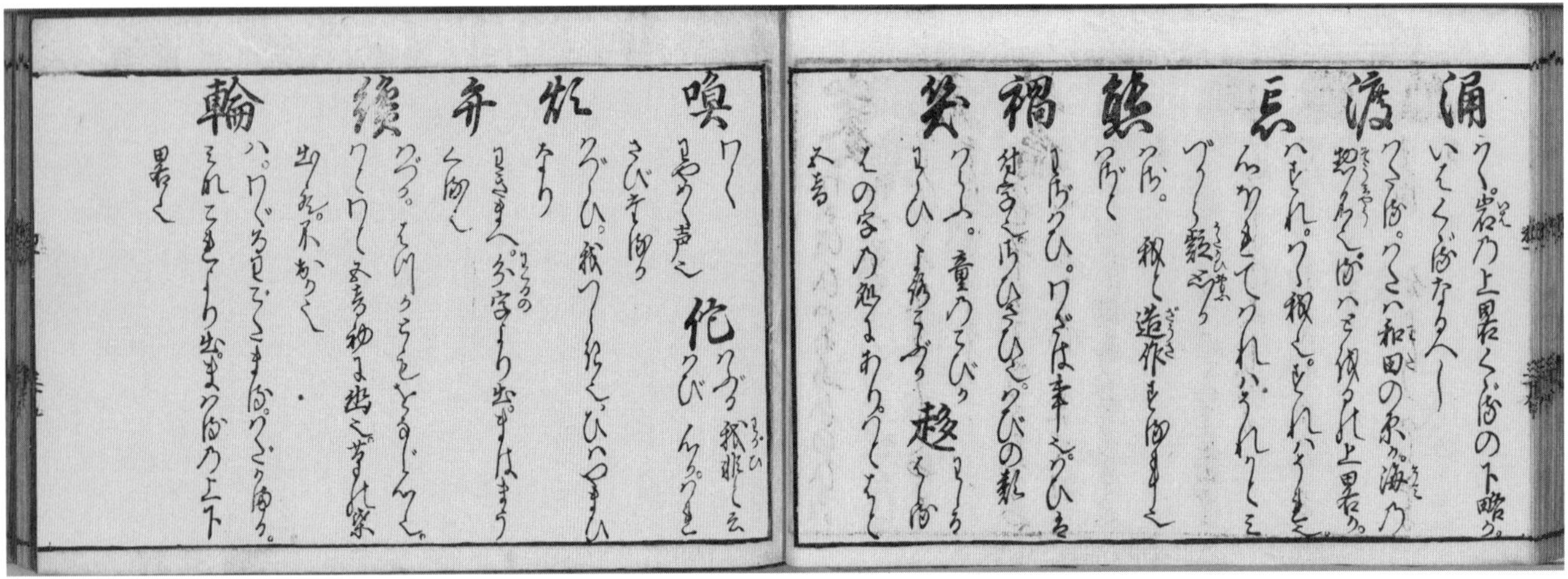

巻一　38ウ

巻一　39オ

涌　わく。岩《いは》の上略、く〻るの下略か。いはく〻るなるへし。

渡　わたる。わたは、和田《わた》の原か。海《うみ》の惣名《そうみやう》也。るは、とをるの上略か。

忘　わすれ。わ、、我也。すれは、それ也。心ほれて、われはそれかとみづから疑思《うたかひおもふ》か。

態　わざ。わざと。我と造作《ざうさ》する事也。

禍　わざはひ。わざは、事也。はひは、付字也。さひさひ也。わびの類。

笑　わらふ。わらひ。童のこびか、よろこぶか。

趁　わしる。はしる。はの字の処にあり。わとはと五音（ママ）。

喚　わく。わやめく声也。

侘　わぶる。わび。我非《わがひ》と云心か。われさびたるか。

煩　わづらひ。我つらき也。ひは、やまひなり。

弁　わきまへ。分《わくるの》字より出。まは、まうくる也。

纔　わづか。はつかとも、をなじ心也。はとわと五音（ママ）。初に幽也。草の葉出歟、不出か也。

輪　わ。わぐる、わごたまる、わだかまる、みなこれより出。まはるの上下略也。

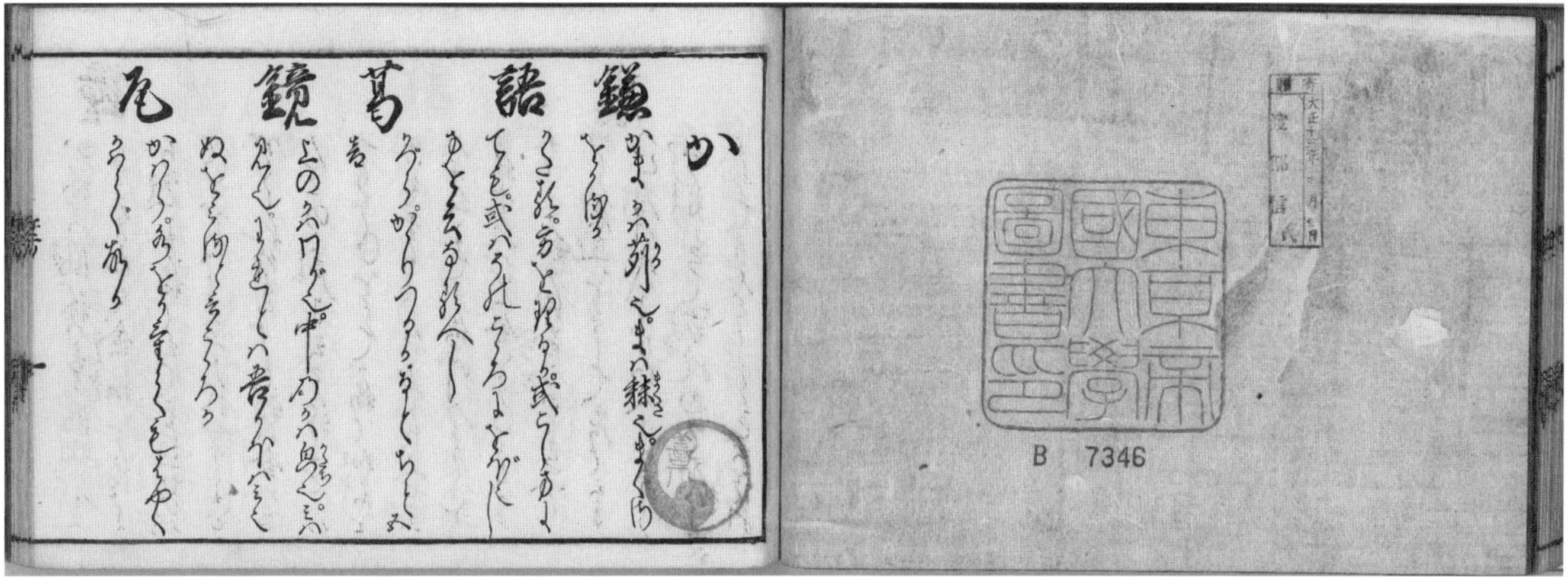

巻二　表見返し

巻二　1オ

（巻二）

か

鎌　かま。かは、苅《かる》也。まは、秣《まくさ》也。まくさをかるか。

語　かたる。方を理るか。或こし方にても、或はそのこゝろにをぼえし方を云なるへし。

葛　かづら。かゝりつるか。るとちと《（らカ）》五音。

鏡　上のかは、わが也。中のかは、皃《かたち》也。みは見也。われとは吾かほはみえぬをみると云こゝろか。

瓦　かはら。水をかけてもはやくかはらぐ故か。

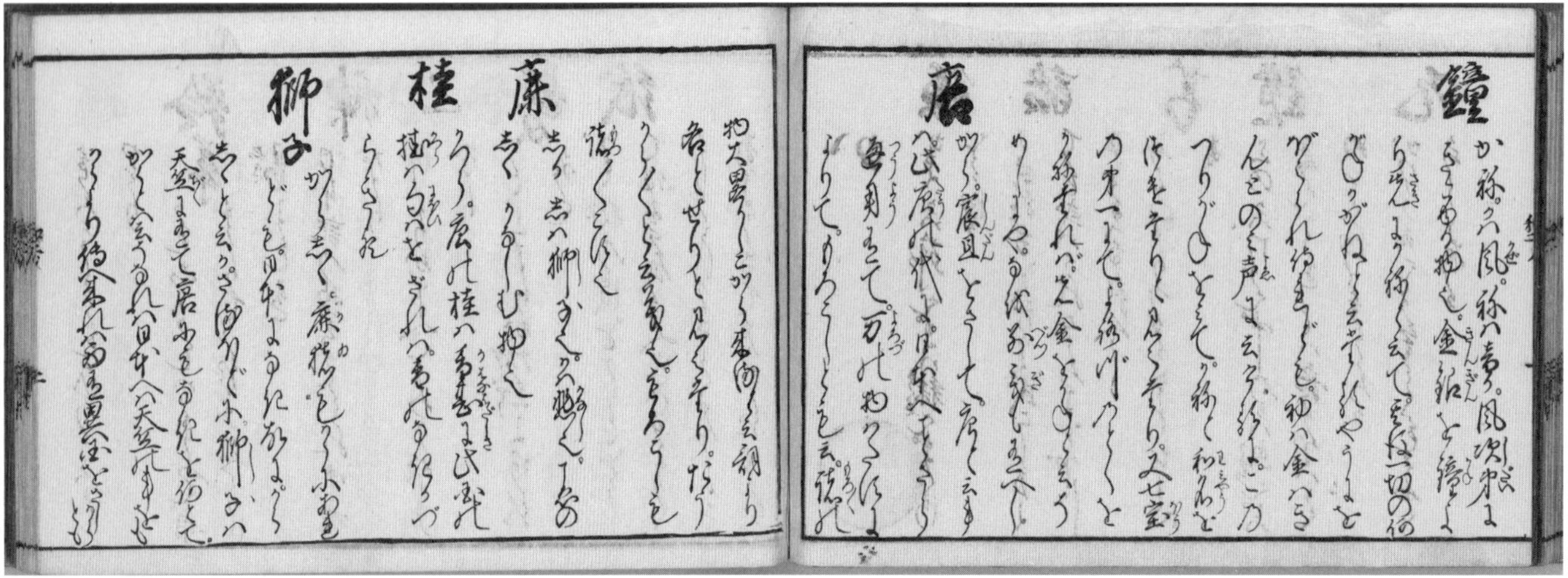

巻二　1ウ

巻二　2オ

鐘　かね。かは、風《かぜ》。ねは、音か。風次《し》第《だい》にきこゆる物也。金《きん》銀《ぎん》を鐘《かね》より先《さき》にかねと云て、其後一切の何がねかがねと云たるやうにをぼえられ侍れども、初は金はきんとのみ声《こゑ》に云けるに、このつりがねをみて、かねと和《わ》名《みやう》をつけたりと見えたり。又、七宝《ほう》の第一にて、よろづのとくをかねたれば、先金をかねと云そめしにや。なを別《べつ》義《ぎ》も有へし。

唐　から。震《しん》旦《だん》をさして唐と云事は、此唐《たう》の代に、日本へことさら通《つう》用《よう》有て、万《よろづ》の物わたるによりて、もろこしとも云。諸《もろもろ》の物、大略かしこから来ると云詞より名とせりと見えたり。たうからくと云義也。もろこしも諸《もろ》々こす也。

鹿　しか。し丶。しは、獅《し》子《し》也。かは、悲《かな》し也。こゑのかなしむ物也。

桂　かつら。唐の桂は香《か》甚《はなはだしき》に、此国の桂《かつら》は匂《にほ》ひせざれは、香のなきがつらき歟。

獅子　からし丶。鹿《か》猪《ゐ》も、からにあれども日本になき故に、からし丶と云か。さるほどに、獅《し》子《し》は、天竺《ぢく》に有て唐にもなきを、何とてからとは云そ。なれは、日本へは天竺の事をも、からより伝へ来れは、西有異国をさし、からとも、

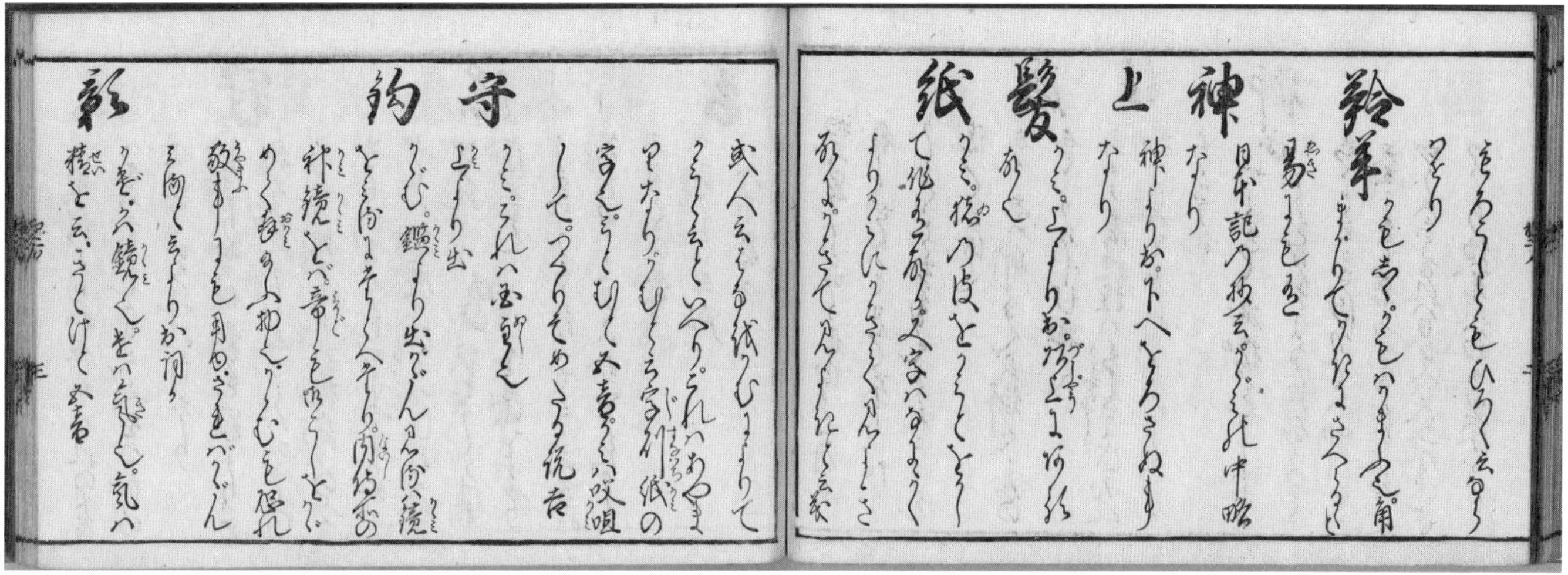

巻二　2ウ

巻二　3オ

もろこしとも、ひろく云ならはせり。

羚羊　かもしゝ。かもは、かまふ也。角まがりてかきにさへらる、と、易《えき》にも有。

神　日本記の抄云、かゞみの中略なり。

上　神より出。下へをろさぬ事なり。

髪　かみ。上より出。頭上《づじやう》にある故也。

紙　かみ。猪《ろ》（楮カ）の皮をかみとを（ろカ）かして作有故か。又、字はなに、かくより、かみにかきて見よき故に、かきて見よきと云義。

或人云、はなをかむによりて、かみと云といへり。これは、あやまりなり。かむと云字、則《すなはち》紙《かみ》の字《じ》也。みとむと五音。かみは咬咀《かみ》してつくりそめたる説吉。

守　かみ。これは、国主《ぬし》也。上《かみ》より出。

鈎　かゞむ。鑑《かかみ》より出。かゞん見るは、鏡《かかみ》をみるにたとへたり。内侍所《ないし》の神《かみ》鏡《かかみ》をば、帝《みかど》も御こしをかゞめて拝《おかみ》給ふ物也。かゝむも恐れ敬《うやまふ》事にも用ゆ。されば、かゞんみると云より出詞か。

影　かげ。かは、鏡《かかみ》也。けは、気《き》也。気は精《せい》を云。きとけと五音。

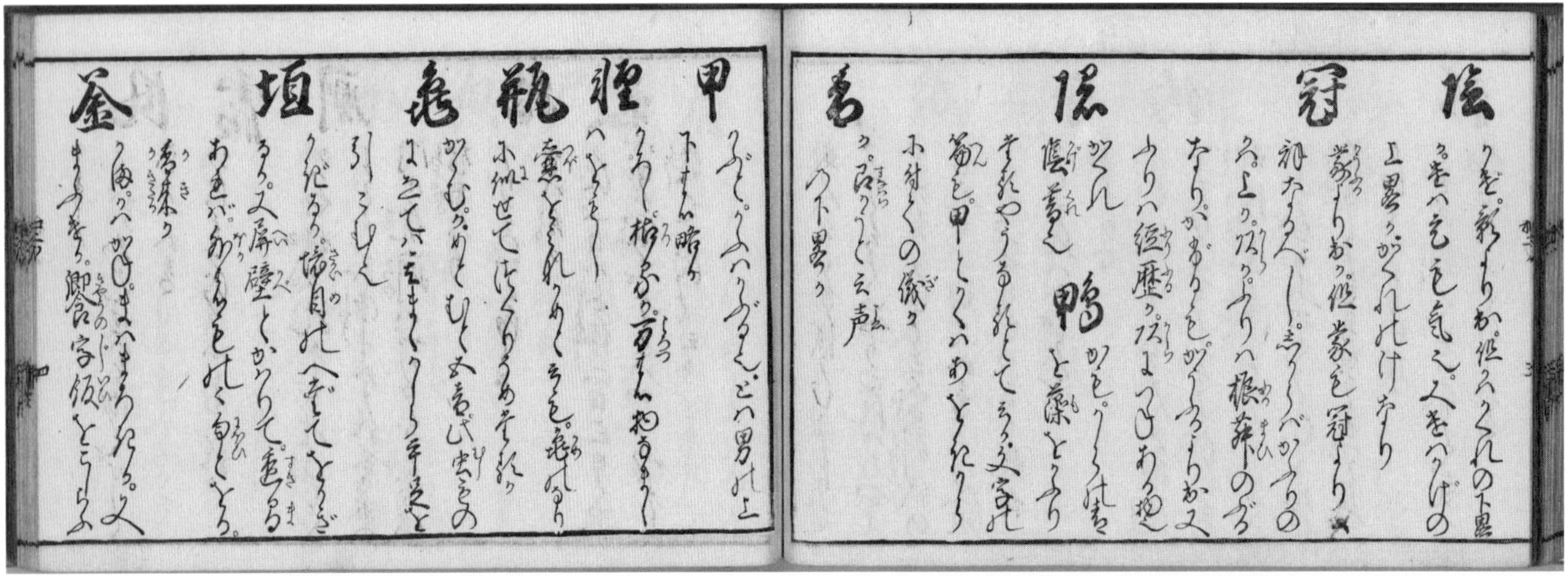

巻二　3ウ

巻二　4オ

陰　かげ。影より出。但、かは、かくれの下略か。けは、是も気也。又、けは、かげの上略か。かくれのけなり。

冠　蒙《かうふる》より出か。但、蒙も冠より云詞なるべし。しからば、かふりのか（ふカ）は、上か、頭《かしら》か。ふりは、振舞《ふるまひ》のぶるなり。かぶるも、かうふるより出。又、ふりは、経歴《ふりふる》か。頭《かしら》につねある物也。

隠　かくれ。陰暮《かげくれ》也。

鴨　かも。かしらの青を藻《も》をかふりたるやうなるとて云か。文字の篇《へん》も甲とかくは、あをきかしらに付くの儀《ぎ》か。

香　か。即《すなはち》、かうと云声《こゑ》の下略か。

甲　かぶと。かふは、かぶる也。とは、男の上下の略か。

軽　かろし。枯《かる》るか。万《よろつ》の物、なましはをもし。

瓶　壺《つぼ》をみなかめと云も、亀《かめ》のなりに似《に》せてつくりそめたるか。

亀　かゝむか。めとむと五音。此虫《むし》、ものに恐ては、其まゝかしら手足を引こむ也。

垣　かぎるか。境目《さかいめ》のへだてをかぎるか。又、屏壁《へいかべ》とかはりて透間《すきま》あれば、外《ほか》のもの、匂《にほひ》とをる。香来《かきたる》か。

釜　かま。かは、かね。まは、まろきか。又、まふけか。饗字飯《きやうのじいひ》をこしらふ

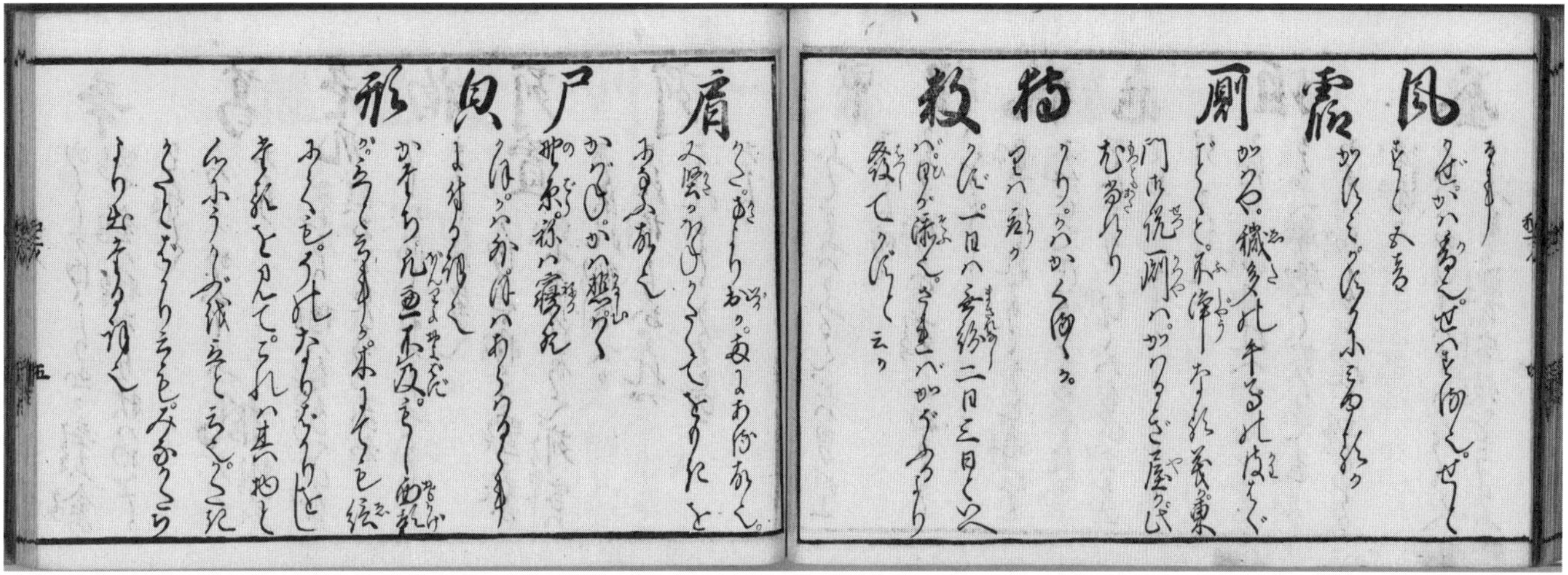

巻二　5オ　　巻二　4ウ

る事。

風　かぜ。かは、香《か》也。せは、する也。せとすと五音。

霞　かすみ。かすかにみゆるか。

厠　かはや。穢多《あた》の牛馬の皮《かわ》はぐごとくと、不浄《ふじやう》なる義か。東門御説《せつ》、厠《かはや》は、かは(わカ)るぎ(きカ)屋《や》か。此尤《もつとも》当《あた》れり。

狩　かり。かは、かくる、か。りは、取《とり》か。

数　かず。一日は無紛《まきれなし》。二日三日といへば、日《ひ》が添《そふ》也。されば、かぞふるより発《はつし》て、かずと云か。

肩　かた。方《かた》より出《いづる》か。両にある故也。又、堅《かた》か。ほねかたくて、をもきをになふ故也。

尸　かばね。かは、悲《かなしむ》。は、、野原《のばら》。ねは、寝《ねる》歟。

皃　かほ。かは、外。ほは、あらはる、事に付る詞也。

形　かたち。凡慮不レ及《ほんりよおよばず》。もし、面影《おもかげ》が立と云事か。木にても絵《ゑ》にても、そのなりばかりをしたるを見て、これは其物と心にうかぶを立と云也。かたき、かたとばかり云も、みなかたちより出たる詞也。

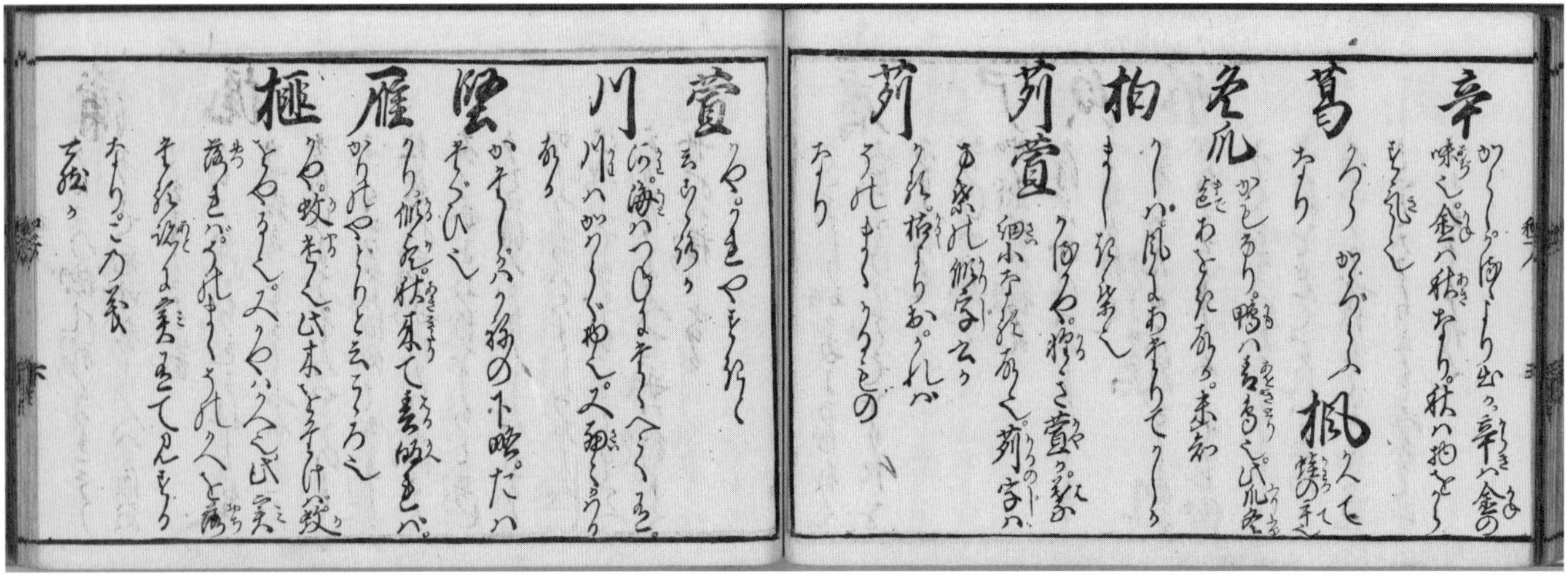

巻二　5ウ

巻二　6オ

辛　からし。かるゝより出か。辛《からき》は、金《かね》の味《あぢ》也。金《かね》は秋《あき》なり。秋は物をからす気《き》也。

葛　かづら。かゝづらふなり。

楓　かへて。蛙《かはつ》の手《て》也。

冬瓜　かもふり。鴨《かも》は青鳥《あをきとり》也。此瓜《ふり》、冬迄《ふゆまで》あをき故か。未レ知。

柏　かしは。風にあたりて、かしかましき葉也。

苅萱　かるかや。軽《かる》き萱《かや》か。葉《は》、細《さい》小なる故也。苅字《かるのじ》は万葉の仮字《かりじ》書か。

苅　かる。枯《かるる》より出。かればそのまゝかるゝものなり。

萱　かや。かれやすきと云こゝろか。

川　河《かわ》。海《うみ》は、つねにたゝへて有、川《かわ》は、かはらぐ物也。又、再《さい》々かはる故か。

堅　かたし。かは、かねの下略。たは、たぐひ也。

雁　かり。仮歟《かりか》。秋来《あききたり》て春帰《はるかへ》れば、かりのやどりと云こゝろ也。

榧　かや。蚊《か》遣《やる》也。此木をたけば、蚊をやる也。又、かやは、かへ也。此実落《みおつ》れば、そのまゝそのかへを落《おち》たる跡《あと》に実《み》有て見するなり。この義可然か。

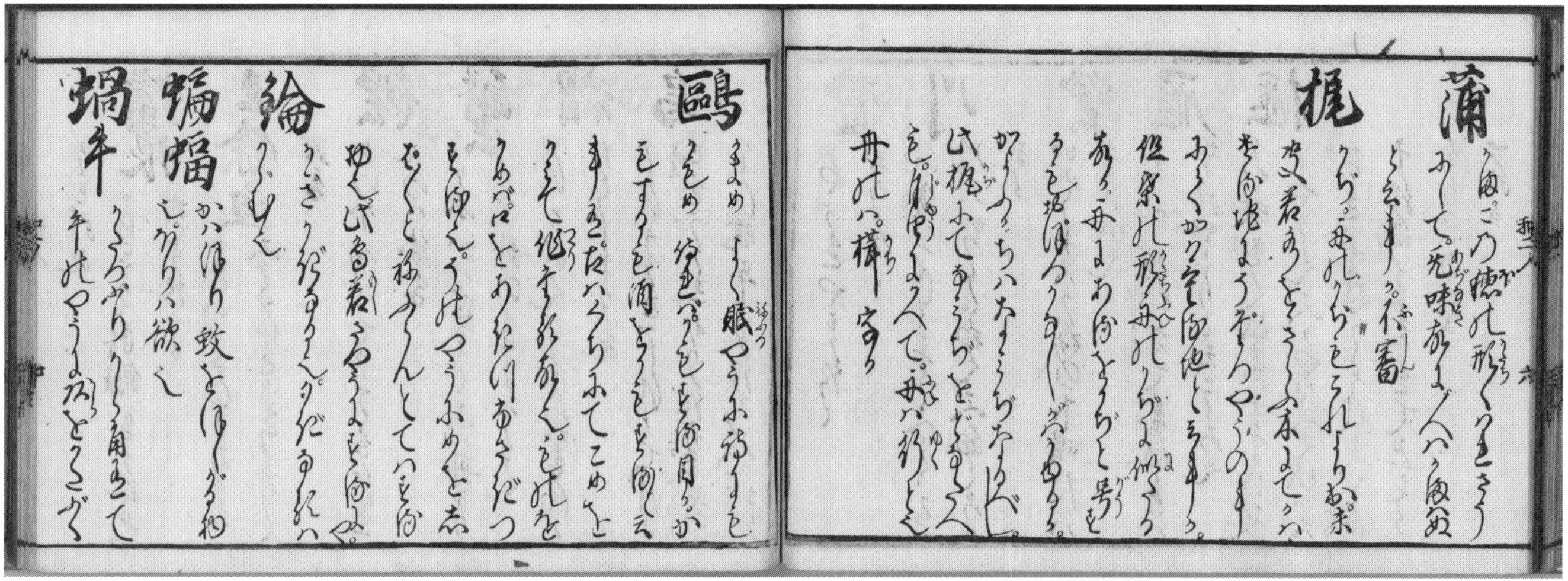

巻二　7オ

巻二　6ウ

蒲　かま。この穂《ほ》の形《かたち》、くはれさうにして無味《あぢなき》故に、人はかまはぬと云事か。不審《ふしん》。

梶　かぢ。舟のかぢもこれより出。未決。若、水をきらふ木にて、かはける地にそだつやうの事にて、かはける地と云事か。但、葉の形《かたち》、舟《ふね》のかぢに似《に》たる故か。舟にあるをかぢと号《がう》するも、おぼつかなし。かは、かゆるか、かよふか。ちは、なみぢなるべし。此梶《かぢ》にて、なみぢをどなたへも自由《じゆう》にかへて舟《ふね》は行《ゆく》と也。舟のは、楫《かぢ》字か。

鷗　かまめ。かもめ。よく眠《ねぶる》やうに詩にも侍れば、かもする目か。かもするも、酒をかもすると云事有。古はくちにてこめをかみて作《つくり》たる故也。ものをかめば、口をあきつふさぎつする也。そのやうに、めをしば〱とねふらんとてはする物也。此鳥、若《もし》さやうにするにや。

鑰　かぎ。かぎなる也。かぎなるは、かゞむ也。

蝙蝠　かはほり。蚊をほしがる物也。ほりは、欲也。

蝸牛　かたつぶり。かしら角有て、牛のやうに頭《かしら》をかたぶく

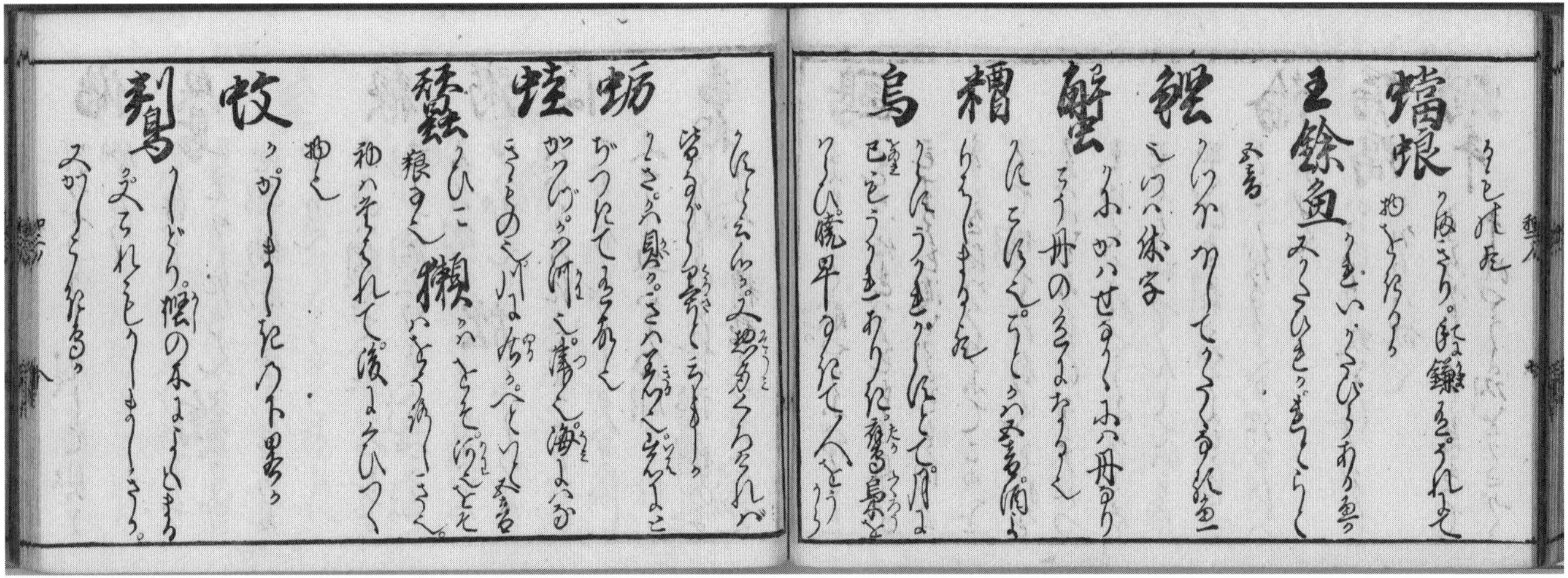

巻二　8オ

巻二　7ウ

るもの歟。

蟷螂　かまきり。手鎌《てにかま》有。それにて物をきるか。

王餘魚　かれい。かたびらある魚か。又、かたひれか。れとらと五音。

鰹　かつほ。ほしてかたくなる魚也。つは休字。

蟹　かに。かは、せなか、ゝ。には、丹なり。こう、丹の色になる也。

糟　かす。こす也。ことかは五音。酒よりはじまる歟。

烏　からす。うかれがらすとて、月に己《をのれ》もうかれありき、鷹《たか》梟《ふくろう》をわらひ、暁早なきて人をうからかすと云心か。又、惣身《そうみ》くろければ、皆ながら墨《くろき(すみカ)》と云事か。

蛎　かき。かは、貝《かい》か。きは、着《きる》也。岩《いは》にとぢつきて有故也。

蛙　かはづ。かは、河《かわ》也。津《つ》也。海《うみ》にはなきもの也。川に居《ゐる》か。へ《(えカ)》といと五音。

蠶　かひこ。粮子也。

獺　かはをそ。河《かわ》也。をそは、をそろしき也。初はたはれて、後にくひつく物也。

蚊　か。かしましきの下略か。

鴷　かしどり。樫《かし》の木によくとまるか。又、これもかしましきか。又、かしこき鳥か。

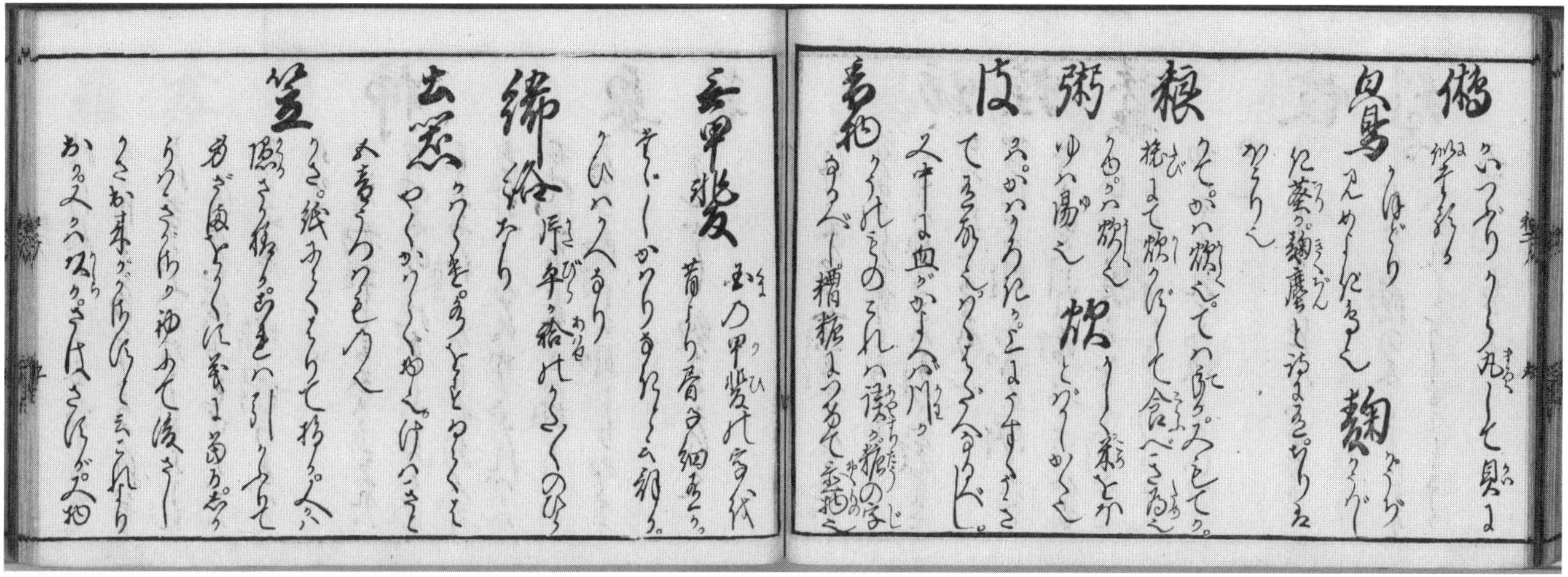

巻二　8ウ

巻二　9オ

鵃　かいつぶり。かしら丸《まろく》して貝《かい》に似《に》たるか。

兒鳥　かほどり。見めよき鳥也。

麴　かうぢ。かうばしき塵か。麴塵《きくぢん》と詩に有。ちりは、ほこり也。

粮　かて。かは、炊《かしく》也。ては、手《て》か。又、もてか。旅《たび》にて炊《かし》かずして食《くらふ》べき為《ため》也。

粥　かゆ。かは、炊《かしく》也。ゆは、湯《ゆ》也。

炊　かしく。米《こめ》をほとばかしかく也。

皮　かは。かは、かろきか。上にうすくうきて有故也。は、、はだへなるべし。又、中に血がかよへば、川《かわ》か。

香物　かうのもの。これは誤《あやまり》か。糟糖(糠カ)にて置物《おくもの》也。糖(糠カ)《たう》の字《じ》なるべし。

無甲斐　国《くに》の甲斐《かひ》の字を昔より書子細有か。たゞし、かはりなきと云詞か。かひは、かへなり。

絺綌　片平《かたびら》か。袷《あはせ》のかた〲のひらなり。

土器　かはらけ。水をすゐてはやくかはらぐ物也。けは、きと五音。うつはもの也。

笠　かさ。紙にてはりて指か。又、かは、隠《かくる》、さは、様か。これは、引かふりて身ざまをかくす義に当る。しからば、きがさか初にて、後さしかさ出来が(かカ)。かさすと云、これより出か。又、かは、頭《かしら》か。さは、さすが(かカ)。

又、物

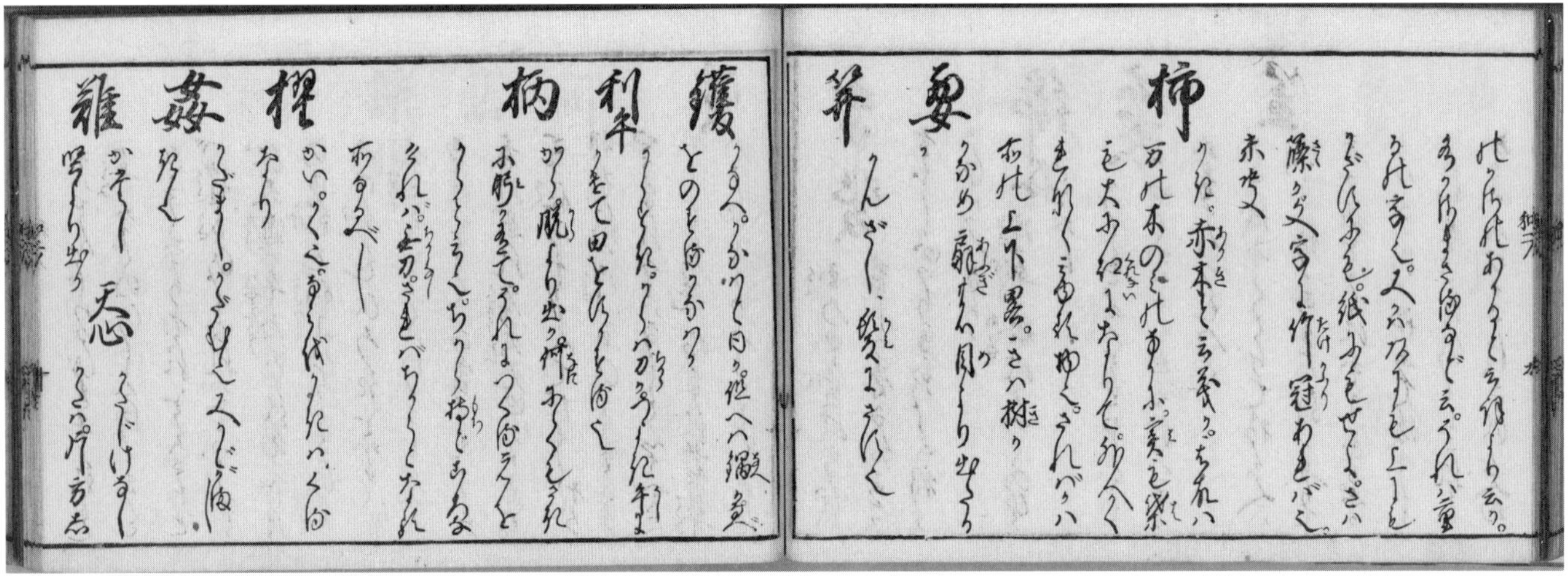

巻二　10オ

巻二　9ウ

のかさのあかると云詞より云か。水かさまさるなど云、それは、重るの字也。又、かは、頭にも、上にも、かざすにも、紙にもせよ、さは、篠《ささ》か。文字に竹冠《たけかふり》あれば也。未決。

柿　かき。赤木《あかき》と云義か。其故は、万の木のみのなかに、実《み》も葉《は》も大に紅《くれない》になりて、外へかくれなくみゆる物也。されば、かは、赤の上下略。きは、樹《き》か。

要　かなめ。扇《あふぎ》の目《め》より出たるか。

笄　かんざし。髪《かみ》にさす也。

鑊　かなへ。かなわと同か。但、へは、鍋《なべ》か。なべをのするかなわか。

犂　からすき。からは、力《ちから》か。つよき牛《うし》にかけて田をすかする也。

柄　から。脱《から》より出か。何《なに》にても、さきに躬《み》か有て、それにつくる衣をからと云也。ちから、持《もち》どころなければ、無力《ちからなし》。されば、ちからとなる所なるべし。

櫂　かい。かく也。なみをかきわくるなり。

姦　かだまし。かだむ也。又、かじがましき也。

難　かたし。堅より出か。

忝　かたじけなし。かたは、片方、し

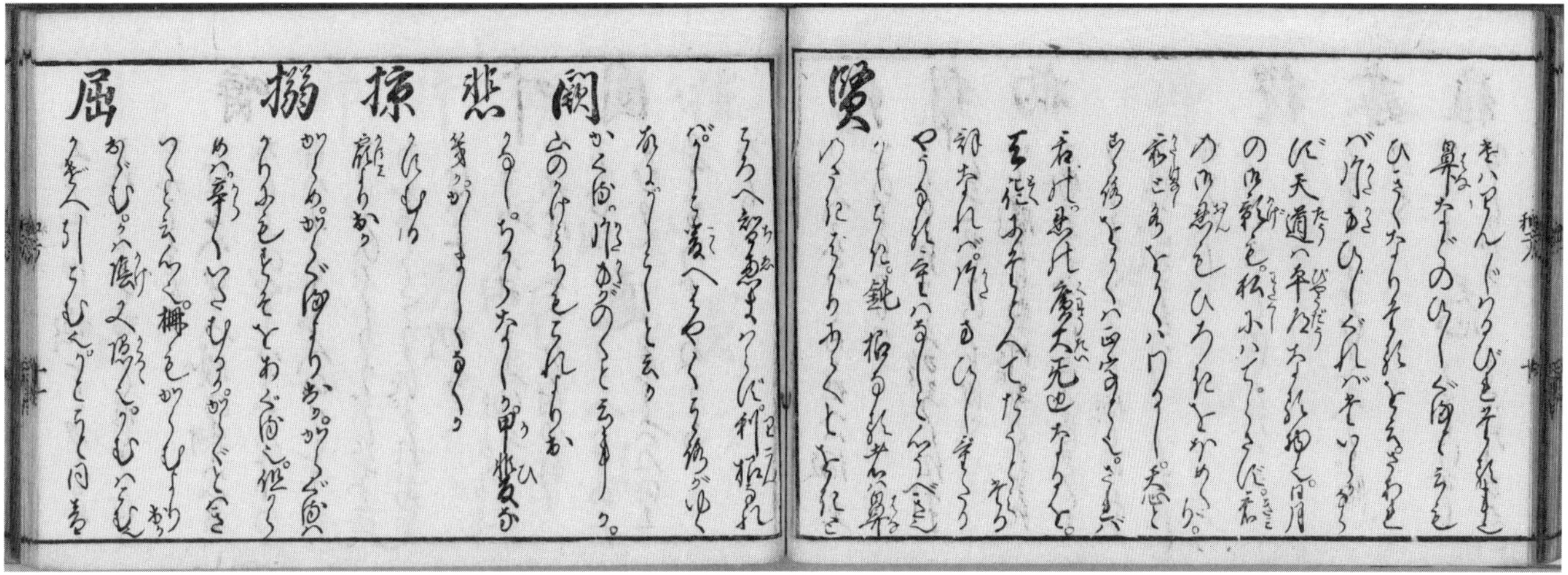

巻二 10ウ

巻二 11オ

けは、りんじわるびれたる事也。鼻《はな》などのひしぐると云も、ひきくなりたるを云。さあれば、片方《かたかた》ひしぐれば、たいらかならず。天道《たう》は平等《びやうだう》なる物也。日月の御影《かげ》も、私《わたくし》にはてらさず。君《きみ》の御恩《おん》も、ひろきをほめたり。忝《かたじけなし》と水をかくはわるし。忝とこゝろをかくは正字と也。されば、君の恩の広大《くわうたい》無辺なるを、天徳《とく》にたとへてたうとみたる詞なれば、片方《かた》ひしげたるやうなるけはなしと心うべき也。

賢　かしこき。鈍根なる者は、鼻《はな》のさきばかりにて、とをきところへ智恵《ちゑ》まはらず。利根《りこん》なれば、かしこ爰《ここ》へはやくこゝろがゆく故に、かしこしと云か。

闕　かくる。片方《かたかた》がのくと云事か。山のかけみちもこれより出。

悲　かなし。ちからなしか。甲斐《かひ》なきか。かしましくなくか。

掠　かすむる。霞《かすみ》より出か。

搦　からめ。からぐるより出か。からぐるは、かりにもすそをあぐる也。但、からめは、辛《から》くいたむるか。からぐ(くカ)とは、きつくと云心也。柵もからむより出か。

屈　かゞむ。かは、陰《かげ》。又、隠《かくるる》也。かむは、こむ也。かげへ引こむ也。かとこと同音。

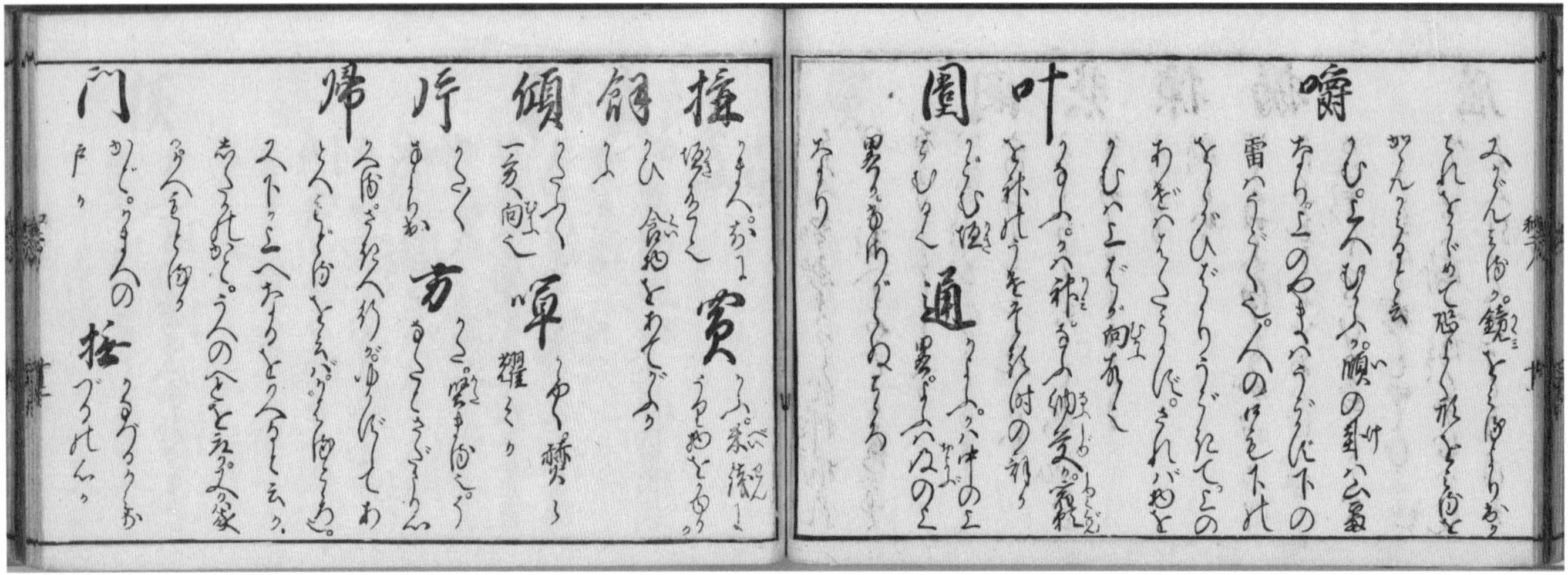

巻二 12オ　巻二 11ウ

又、かゞんみるか。鏡《かがみ》をみるより出か。これ（しカ）をかゞめて恐よく形をみるを、かんかみると云。

嚼　かむ。上へむかふか。頤《い》の卦《け》は山雷なり。上のやまはうごかず、下の雷はうごく也。人の口も下のをとがひばかりうごきて、上のあげははたらかず。されば、物をかむは上ばが向《むかふ》故也。

叶　かなふ。かは、神《かみ》。なふ、納受《なふじゅ》か。宿願《しゅくぐはん》を神のうけたる時の詞か。

圍　かごむ。垣《かき》こむる也。

通　かよふ。かは、中の上略。よふは、及《およぶ》の上略か。ふさがらぬこゝろなり。

構　かまへ。前に垣《かき》有也。

買　かふ。米銭《べいせん》にうり物をかゆるか。

飼　かひ。かふ。食《くい》物をあてがふか。

傾　かたふく。一方へ向《むかふ》也。

暉　かゞやく。赫々耀々か。

片　かた〳〵。方より出。

方　かた。堅《かた》まる也。そなたとさだまる心。

帰　かへる。さきへ行が、ゆかずしてあとへもどるを云ば、かはるこゝろ也。又、下か上へなるをかへると云。したかのかと、うへのへとを取か。又、かは、家か。かへもとるか。

門　かど。かまへの戸か。

撫　かなづる。かみなづるの心か。

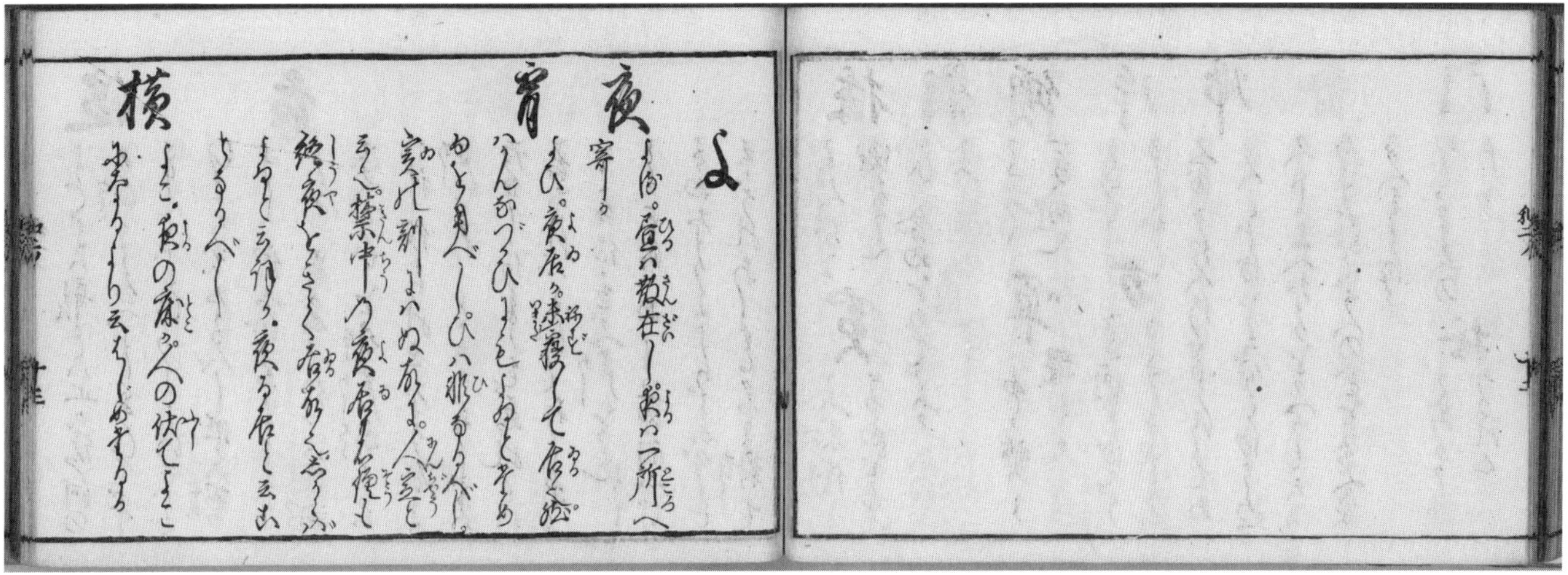

巻二13オ

巻二12ウ

よ

夜　よる。昼《ひる》は散在《さんざい》し、夜は一所《ところ》へ寄か。

宵　よひ。夜居《よゐ》か。未《いまた》レ寝《ねず》して居《ゐる》也。然は、かんなづかひにも、よゐとためゐを用べし。ひは非《ひ》なるべし。亥《ゐ》の刻にいぬ故に、人定《にんぢやう》と云也。禁中《きんちう》の夜居《よゐ》の僧《そう》も、終夜《しうや》をきて居《ゐる》故也。しからば、よゐと云詞か。夜る居と云ことなるべし。

横　よこ。夜《よる》の床《とこ》か。人の伏《ふし》てよこになるより云はじめたるか。

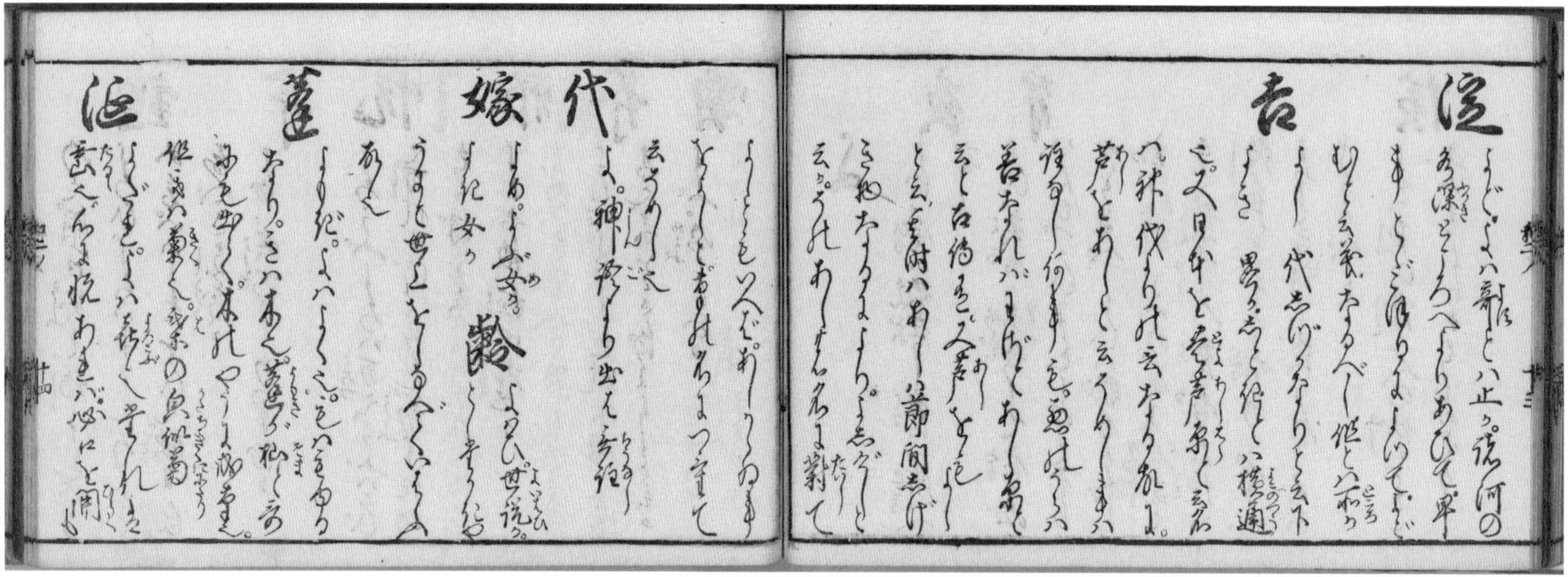

巻二 13ウ

巻二 14オ

淀

よど。よは、寄《よす》、とは、止か。諸河の水深《ふかき》ところへよりあひて、早事とゞこほるによつて、よどむと云義なるべし。但、とは、所《ところ》か。

吉

よし。よき。代しげるなりと云下略か。しときとは、横通《よこのつう》也。又、日本を豊芦原《とよあしはら》と云名は、神代よりの言なる故に、芦《あし》をあしと云そめし事は註なし。何事も、悪のうらは善なれば、わざとあし原と云と古伝有。又、芦《あし》をもよしと云。其時は、あしは節間しげき物なるにより、よしげしと云か。そのあしの名に対《たいし》て、よしともいへば、あしからぬ事をよしと、草の名につけて云そめし也。

代

よ。神語《しんご》より出は、無註《ちうなし》。

嫁

よめ。よぶ女《め》か。よき女か。

齢

よはひ。世祝《よいはひ》か。としたかきやうにと、世上をしなべていはふ故也。

蓬

よもぎ。よは、よく也。もは、もゆるなり。きは、木也。蓬《よもき》が杣《そま》と歌にも出て、木のやうに成草也。但、きは、菊《きく》也。葉の皃《かたち》、似菊《きくにたり》。

涎

よだれ。よは、喜《よろこぶ》也。たれは、垂《たるる》也。心に悦あれば、必口を開《ひらく》も

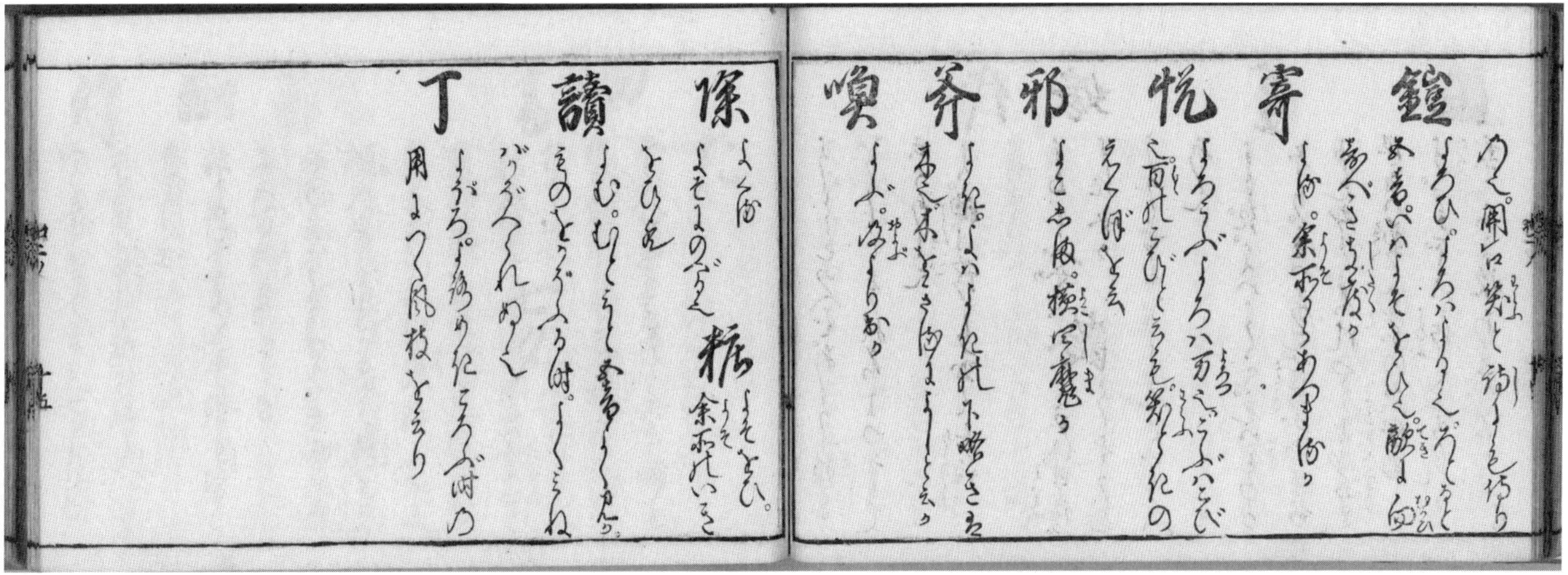

巻二 15オ

巻二 14ウ

の也。開レ口笑《わらふ》と詩《し》にも侍り。

鎧　よろひ。よろは、よる也。ろとると五音。いは、よそをひ也。敵《てき》に向《むかひ》寄べき支度《したく》か。

寄　よる。余所《よそ》からあつまるか。

悦　よろこぶ。よろは、万《よろつ》也。こぶは、こび也。百《もも》のこびと云も、笑《わらふ》ときのえくぼを云。

邪　よこしま。横四魔《よこしま》か。

斧　よき。よは、よきの下略、きは、木也。木をきるによしと云か。

喚　よぶ。及《およぶ》より出か。

除　よくる。よそにのべる也。

粧　よそをひ。余所《よそ》のいきをひ歟。

讀　よむ。むとみと五音。よく見か。ものをかぞふる時、よくみねば、かぞへられぬ也。

丁　よぼろ。よろめきころぶ時の用につく風枝を云《(かカ)》り。

巻二 16オ

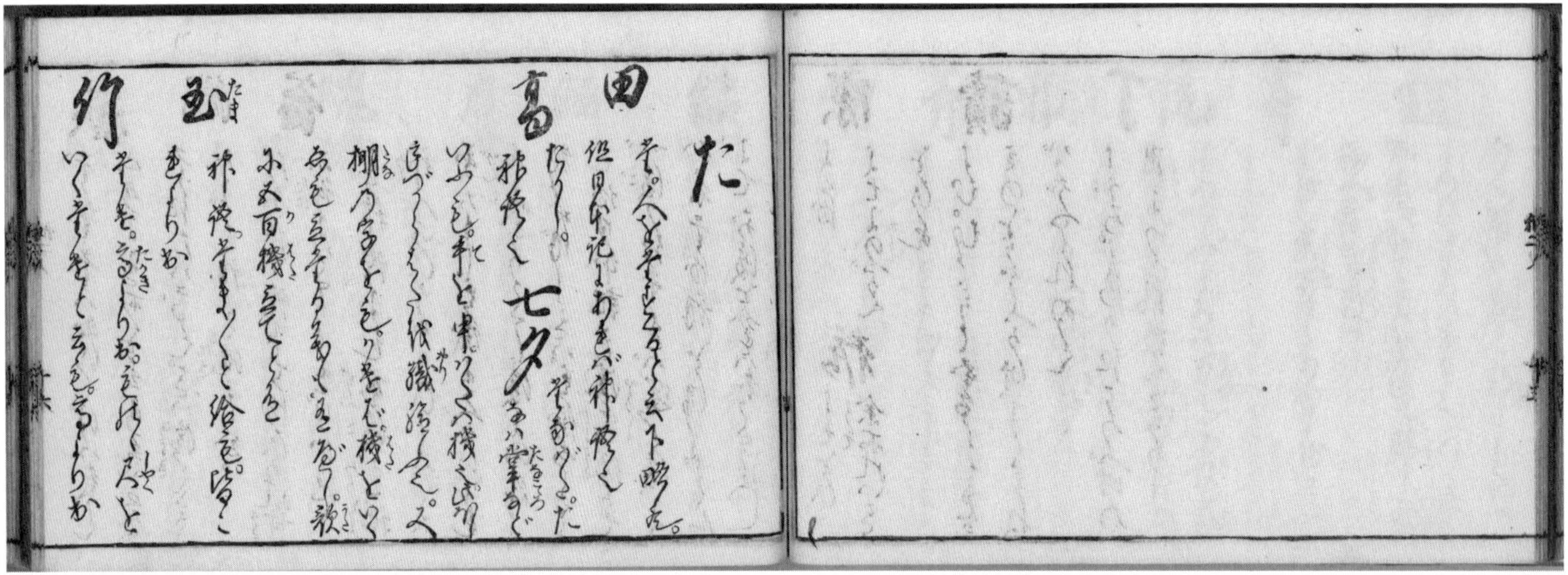

巻二 15ウ

た

田　た。人をたすくると云下略歟。但、日本記にあれば神語也。

高　たかし。神語也。

七夕　たなばた。たなは、掌《たなごころ》などいふも、手《て》を申。はたは、機也。此ほし手づからはたを織《おり》給ふ也。又、棚《たな》の字をもかけば、機《はた》をいくゑも立たる義も有べし。歌《うた》に五百《（おカ）か》機《はた》立てと有。

玉《たま》　神語。たま〳〵と、給も、皆これより出。

竹　たけ。高《たかき》より出。ものゝ尺《しやく》をいくたけと云も、高より出。

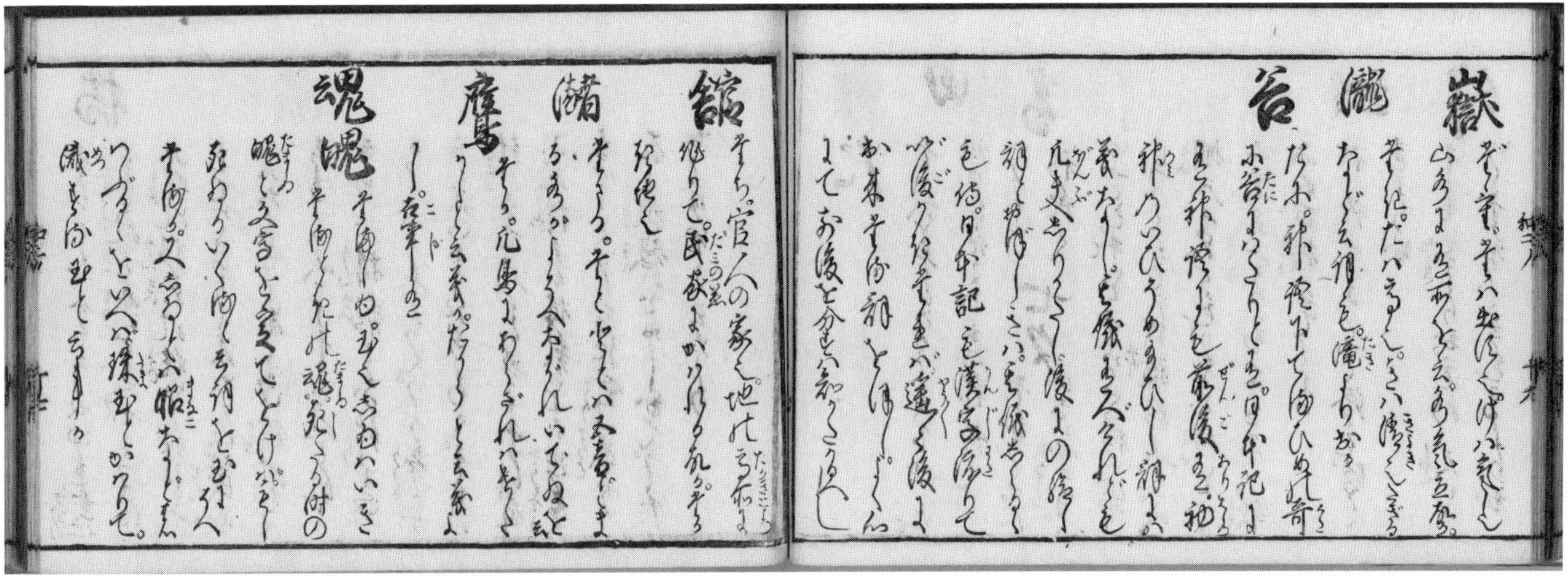

巻二 16ウ

巻二 17オ

嶽　だけ。たは、出す也。けは、気也。山水に有所を云。水気立故か。

瀧　たき。たは、高也。きは、清《きよき》也。たぎるなど云詞も、滝《たき》より出か。

谷　たに。神語。下てるひめの歌《うた》に、谷《たに》にわたりと有。日本記に有神語にも、前後《ぜんご》有《あり》。初《はしめ》、神《かみ》のいひそめ給ひし詞には義なし。其儀有べけれども、凡夫《ぼんぶ》しりかたし。後にの給ひし詞とおぼしきは、其儀しらるゝも侍。日本記も漢字《かんじ》渡《わた》りて以後《いご》かきたれば、遥々《やうやう》後に出来たる詞をほし。よく心にて前後を分すは、知がたかるへし。

舘　たち。官人の家也。地の高所《たかきところ》に作りて、民家《たみのいゑ》にかはれる故か。たかき地也。

瀦　たまる。たと、ととは、五音。とまる水がよそへながれいでぬを云。

鷹　たか。凡鳥にあらざれは、けたかしと云義か。たからと云義よし。古《こ》事《じ》有。

魂魄　たましゐ。玉也。しゐは、いきたるときの魂《たましゐ》、死《しし》たる時の魄《たましゐ》と文字を定てをけば、もし死ぬるいくると云詞を玉にそへたるか。又、しゐとは、眼《まなこ》などのつぶるゝをいへば、珠《たま》玉とかはりて、滅《めつ》する玉と云事か。

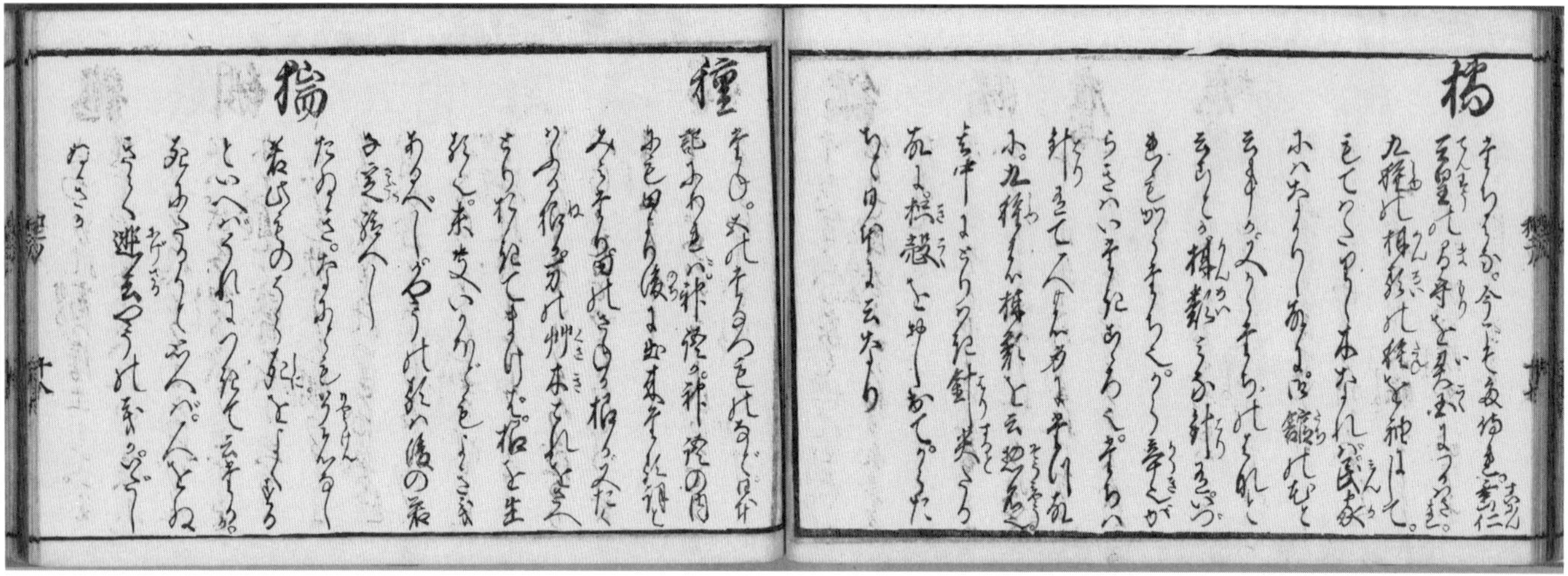

巻二　18オ

巻二　17ウ

橘　たちはな。今こそ多侍れ。垂仁天《すいにんてん》皇《のう》の、間守《まもり》を異国《いこく》につかはされ、九種《しゅ》の柑類《かんるい》の種《たね》を袖にして、もてわたりし木なれば、民家《みんか》にはなかりし故に、御館《たち》の花と云事か。又、からたちのはなと云ことか。柑類《かんるい》みな針《はり》有。いづれもからたち也。から、辛《からき》也。からきは、いたきこゝろ也。たちは、針《はり》有て人の身にたつ故に、九種《しゅ》の柑類を云惣名《そうみやう》 也。其中に、とりわき針尖《はりすると》たる故に、枳殻《きこく》をおし出て、からたちと日本に云なり。

種　たね。五のたなつものなど日本記にあれば、神語か。神語の内にも田より後《のち》に出来たる詞とみえたり。田のさねか、根か。又、たくはふる根《ね》か。万の草木《くさき》、これをさへとりおきてまけば、根を生る也。未決。いかほどもよき義あるべし。かやうの類は後の君子定《さだめ》 給へし。

猯　たぬき。なにとも了見《りやうけん》なし。若、此もの、そら死《しに》をよくするといへば、それにつきて云たるか。死にたるかと心へば、人をぬきて逃去《にげさる》やうの義か。いだしぬきか。

巻二 18ウ

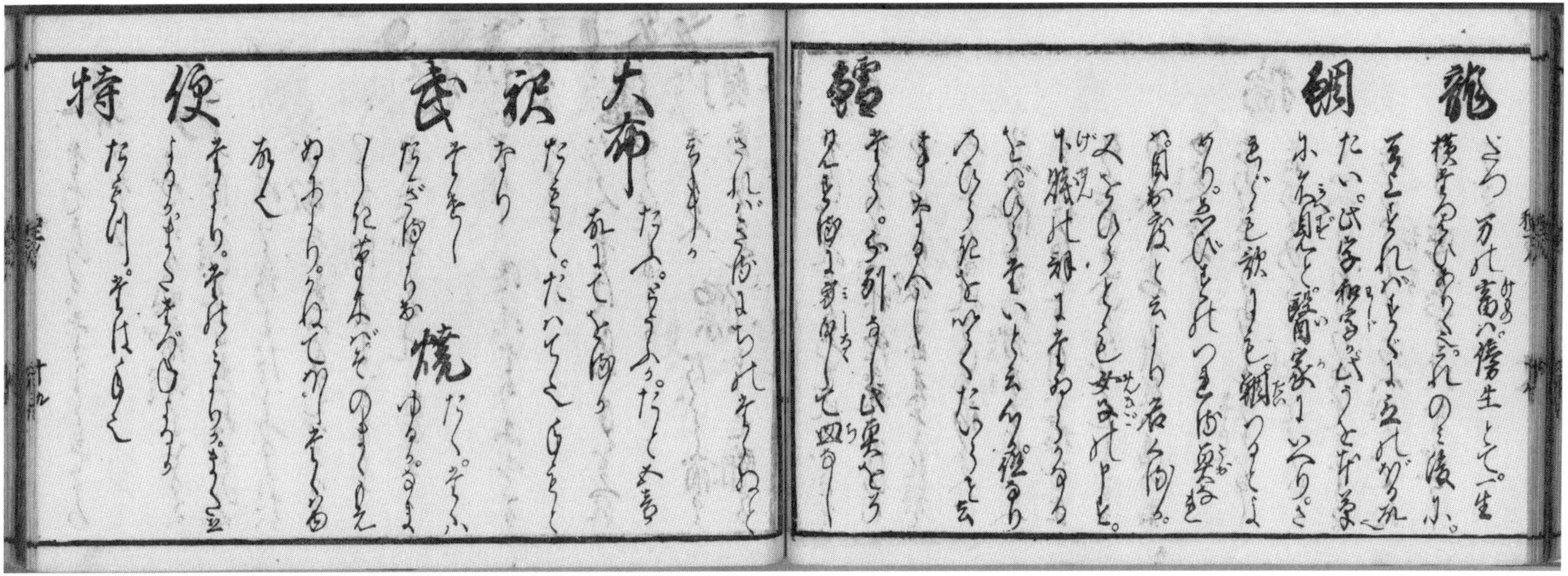

巻二 19オ

龍　たつ。万の畜《けもの》は、傍生とて、一生横たへはひありく也。これのみ後に天上すれば、すぐに立のぼる故也。

鯛　たい。此字和字《わじ》か。此うを、本草に不見《みへず》と、医家《いか》にいへり。されども、歌にも、鯛《たい》つるとよめり。ゑびすのつれる魚《うお》なれは、目出度と云より名くるか。又、をひらとも女子《おんなご》の申す。下賤《げせん》の詞に、たゐらかなるをば、ひらたいと云心か。但、なりのひらきを以て、たいらと云事なるへし。

鱈　たら。分別なし。此魚を了見するに、身白《みしろく》して血《ち》なし。

されば、きるにちのたらぬと云事か。

大布　たふ。とうふか。たと五音。故(藤カ)にてをるか。

袂　たもと。たは、て也。手もとなり。

武　たけし。たぎるより出。

焼　たく。たくはゆるか。なましき草木ば(はカ)、そのまゝ、もえぬにより、かねてほしたくはゆ故也。

便　たより。たのみよりか。また、立よるか。また、たづねよるか。

持　たもつ。たは、手也。

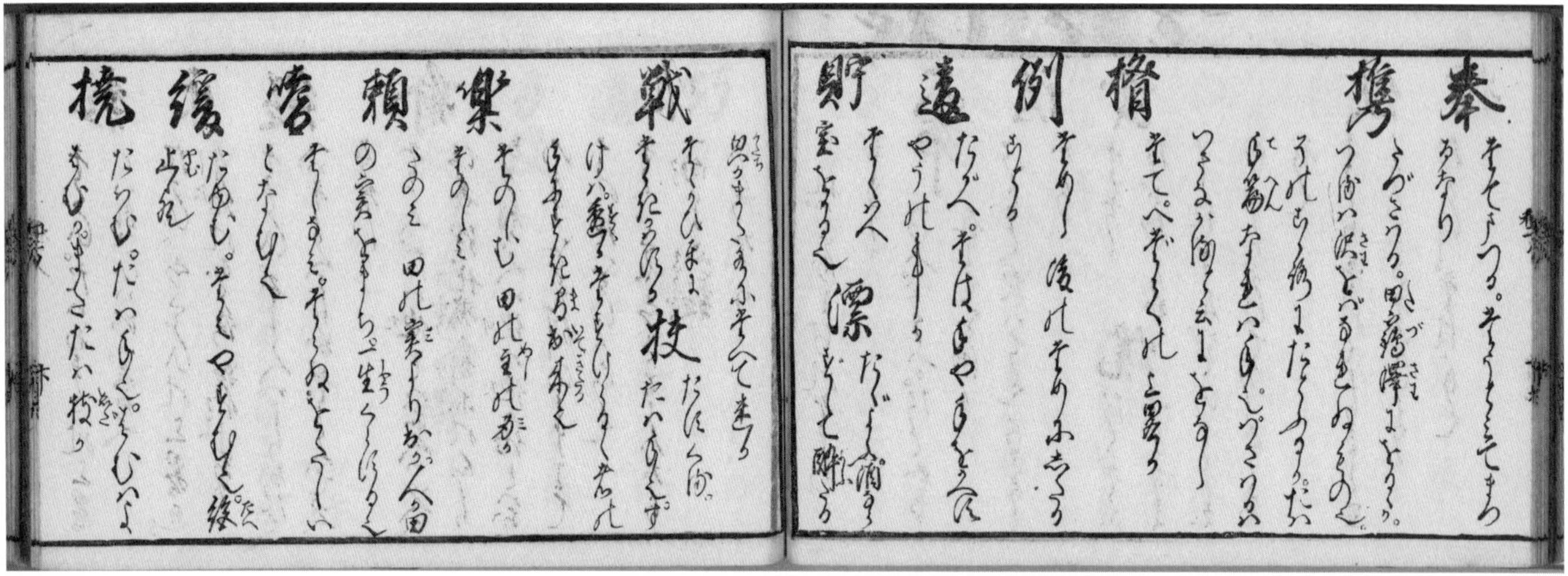

巻二　20オ

巻二　19ウ

奉　たてまつる。たうとみてまつるなり。

携　たづさはる。田《た》鶴《づ》沢《さわ》にをる、か。つるは、沢《さわ》をば(はカ)なれぬもの也。そのこゝろにたとふるか。たは、手《て》篇《へん》なれは、手也。つさはるは、つさなはる(つなさはるカ)と云にをなし。

楯　たて。へだての上略か。

例　ためし。後のためにしたることか。

違　たがへ。たは、手也。手をかへすやうの事か。

貯　たくはへ。宝をか(加カ)る也。

漂　たゞよふ。酒ならずして酔《よふ》たる

戦　たゝかひ。互にたゝきかはすか。兒《かたち》か。また、水にたたへて迷か。

扶　たすくる。たは、手也。すけは、透《すく》か。たすけらるゝ者の手にすき間《ま》出来《いできたる》也。

楽　たのしむ。たのしみ。田の主《ぬし》の身《み》か。

頼　たのみ。田の実《み》より出か。人か田の実をまち、一生《しやう》くらする也。

嗜　たしなみ。たらぬを、たしいとなむ也。

緩　たゆむ。たえやすむ也。絶止《たへやむ》歟。

撓　たはむ。たは、手也。はむは、よはむか。また、たは、枝《えだ》か。

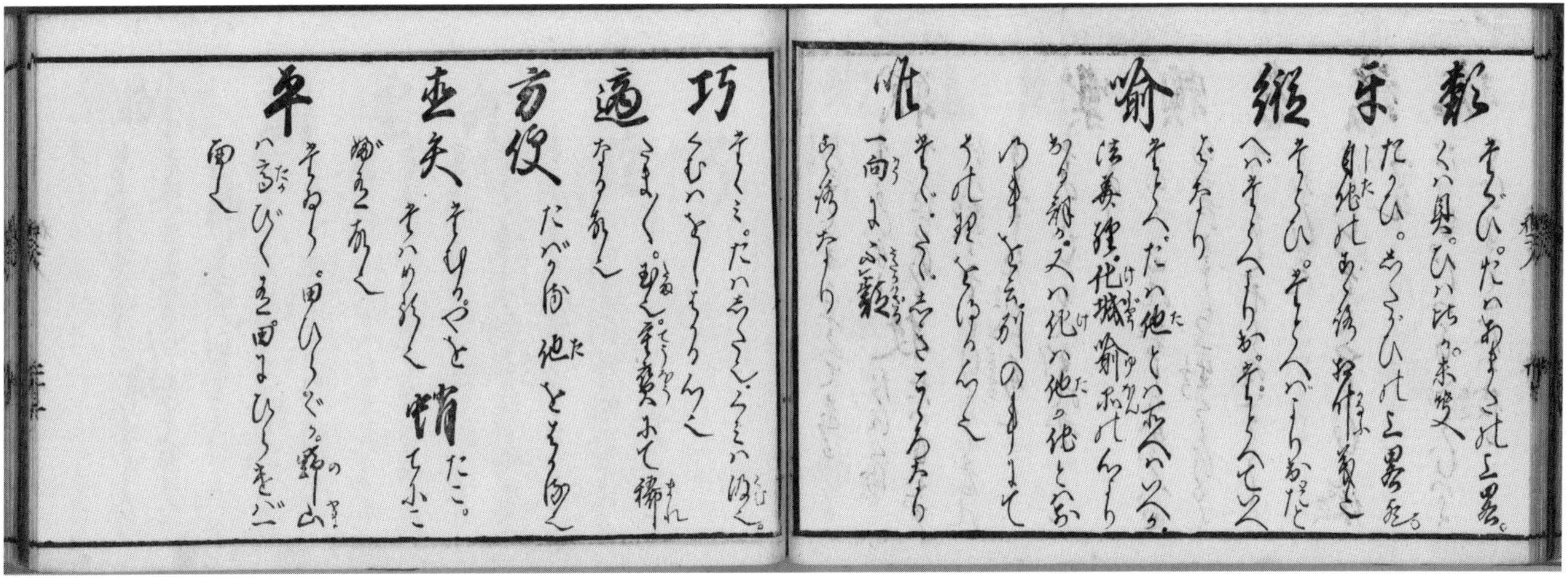

巻二 21オ

巻二 20ウ

類　たぐひ。たは、あまたの上略。くは、具。ひは、比か。未決。

互　たかひ。したがひの上略歟。自他《した》のこゝろ相叶《かなふ》義也。

縦　たとひ。たとへばより出。たとへば、たとへより出。たとへていへばなり。

喩　たとへ。たは、他《た》、とは、所、へは、いへか。法華経化城喩品《けじやうゆほん》の心より出る詞か。又は、化《け》は他《た》か。他とは別の事を云。別の事にてその理を得る心也。

唯　たゞ。たゞしきこゝろなり。一向《かう》に不レ疑《うたかはざる》こゝろなり。

巧　たくみ。たは、した也。くみは、汲《くむ》也。くむは、をしはかる心也。

適　たま〱。玉《たま》也。重宝《てうほう》にて稀《まれ》なる故也。

方便　たばかる。他《た》をはかる也。

直矢　たむる。やをたはめる也。

鮹　たこ。てにこぶ有故也。

平　たゐ（ひカ）ら。田ひらぐか。野山《のやま》は高《たか》びく有。田にひらけば一面也。

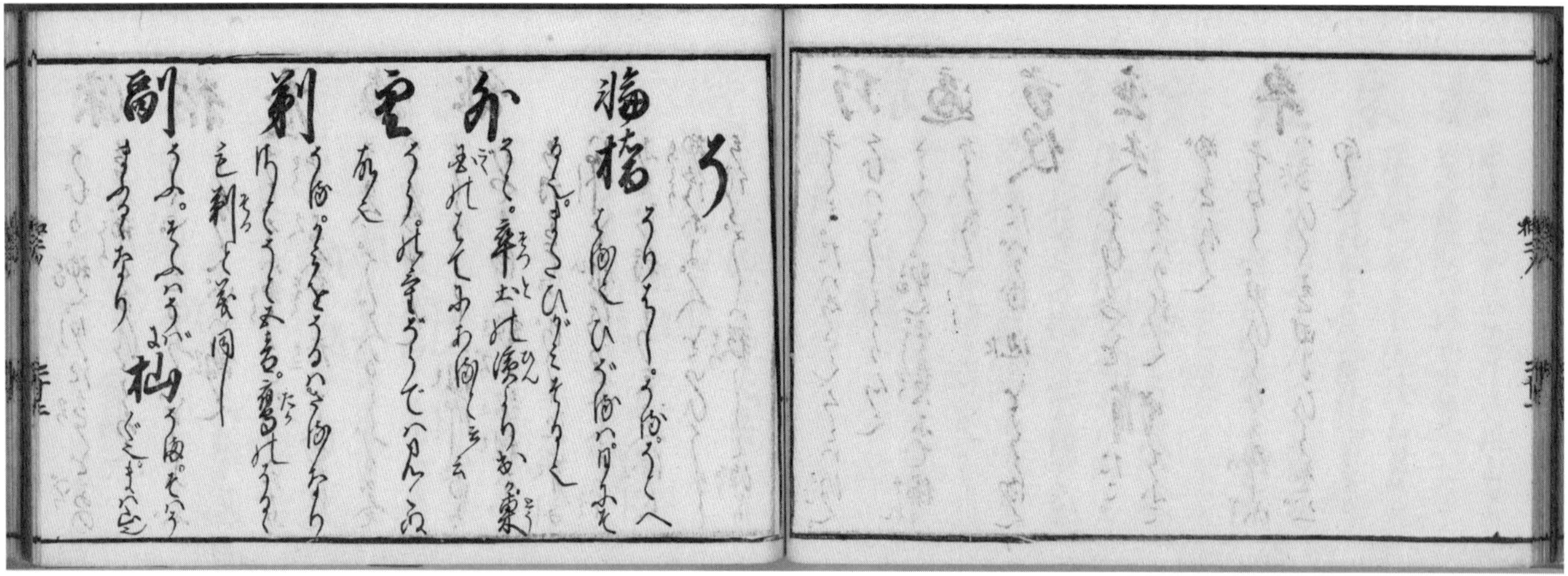

巻二 22オ

巻二 21ウ

そ

輪橋　そりはし。そる、そとへはる也。ひぞるは、日にそる也。また、ひがみそる也。

外　そと。卒土《そつと》の浜《ひん》より出か。東国《とうごく》のはてにあると云云。

空　そら。のけぞらでは見えぬ故也。

剃　そる。かみをそるは、さるなり。さとそと五音。鷹《たか》のそるゝも剃《そる》と義同し。

副　そふ。そふは、そばにまふるゝなり。

杣　そま。そは、そぐ也。まは、山也。

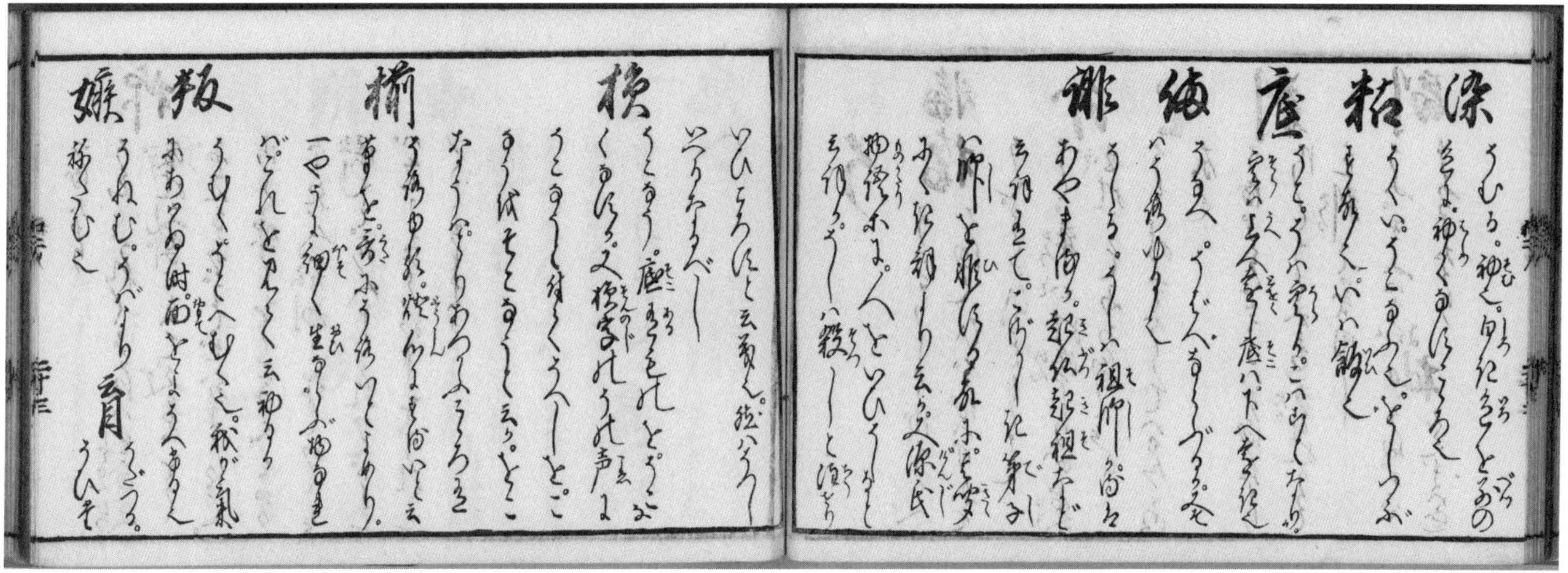
巻二 22ウ
巻二 23オ

染　そむる。初《そむ》也。白《しろ》き色《いろ》を別《べつ》の色に初《はじめ》てなすこゝろ也。

粘　そくい。そこなふ也。をしつぶす故也。いは、飯《いひ》也。

底　そこ。そは、空《そら》か。こは、ことなりか。空《そら》は上《うへ》へ遠《とをく》し、底《そこ》は下へ遠き也。

備　そなへ。そばへならぶるか。又、そは、そろゆる也。

誹　そしる。そしは、祖師《そし》か。るは、あやまるか。起仏起祖《きぶつきそ》（超仏越祖カ）など云詞有て、こざかしき弟子《でし》は師《し》を非《ひ》する故に、其聞《きき》にくき詞より云か。又、源氏物《げんじもの》語《たり》等に、人をいひそしると云詞か。そしは殺《そつ》しと注《ちう》せり。いひころすと云義也。然は、そつしいへるなるべし。

損　そこなう。底有《そこある》ものを、そこなくなすか。又、損字《そんのじ》のその声《こゑ》に、そこ（をカ）なうと付てそへし。をこなうをそこなうと云か。をこなうは、とりあつかふこゝろ有。

揃　そろゆる。灯心《とうしん》にするいと云草を、歌《うた》にそろいとよめり。一やうに細《ほそ》く生《おひ》ならぶ物なれば、これを見て云初るか。

叛　そむく。そとへむく也。我が気にあはぬ時、面《おもて》をよそへふる也。

嫉　そねむ。そばよりねたむ也。

育　そだつる。そひた

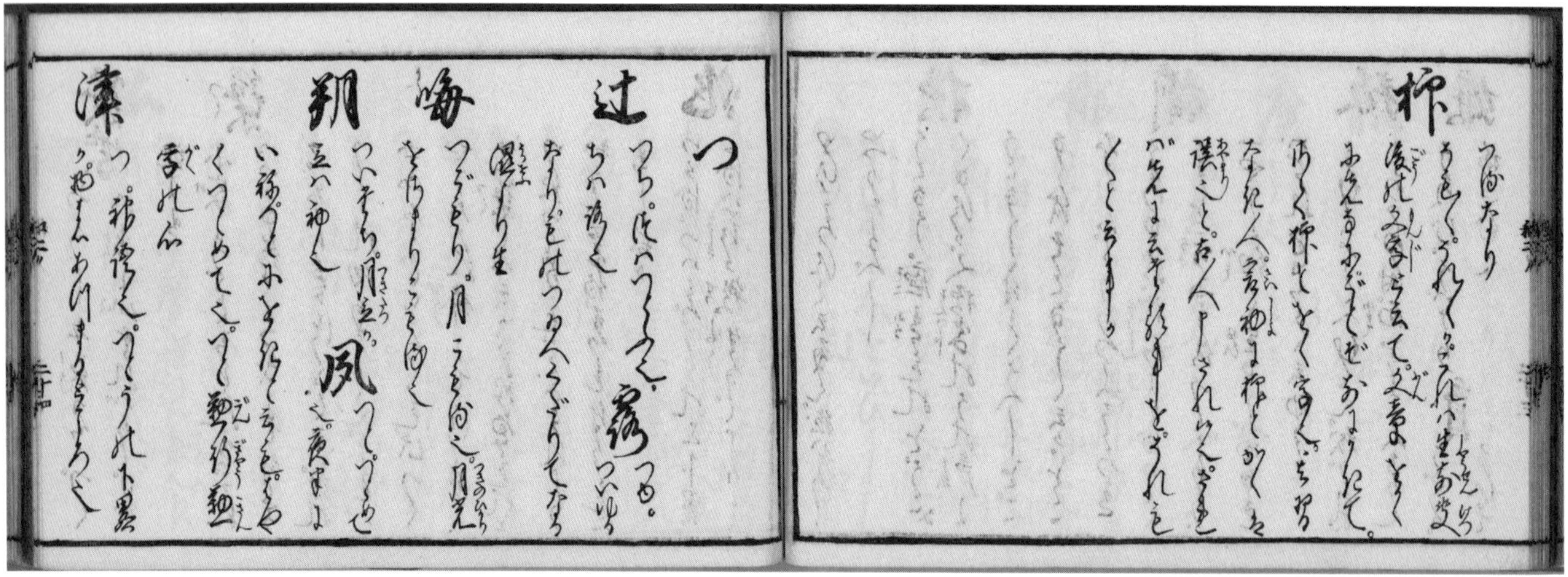

巻二 24オ　巻二 23ウ

抑　つるなり。
そも〳〵。それ〳〵か。これは生前決後《しやうぜんけつごう》(決前生後カ)の文字《もんじ》と云て、文《ぶん》章をかくに先なにごとぞ前にかきて、さて抑とをく字也。其習なき人、最初《さいしよ》に抑とかくは誤《あやまり》也と、古人申され候也。されば、先に云たる事を、それも〳〵と云事か。

つ

辻　つち。つは、つとふ也。ちは、路也。

露　つゆ。ついゆるなり。ものつゐへくだりてなる湿《うるをふ》(うるをひカ)より生。

晦　つごもり。月こもる也。月光《つきのひかり》をさまりこもる也。

朔　ついたち。月立《つきたつ》か。立は初也。

夙　つと。つとめて也。夜半にいね、つとにをきと云も、はやくつとめて也。つと、勤行勤学《ごんぎやうきんがく》の心。

津　つ。神語也。つとうの下略か。物のあつまるところ也。

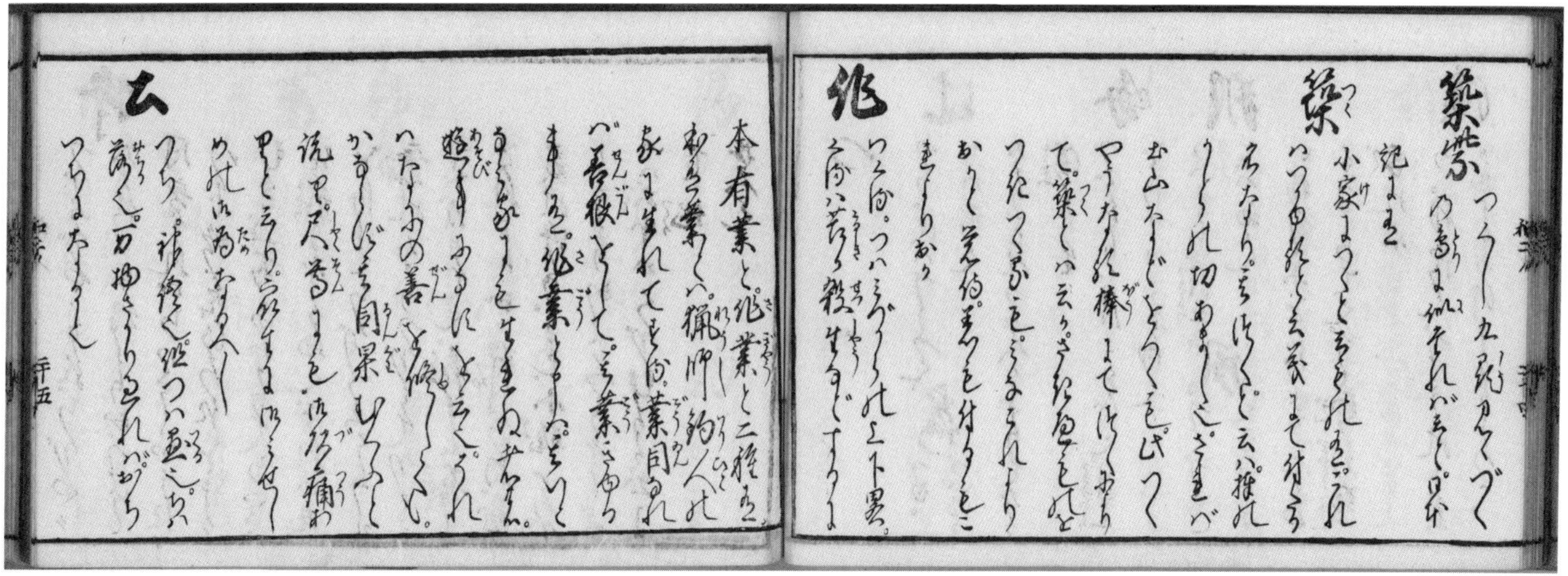

巻二 24ウ

巻二 25オ

築紫　つくし。九州《しう》み、づくの鳥《とり》に似《に》たれば云と、日本記に有。

築《つく》　小家《け》につくと云もの有。これはつかゆると云義にて付たる名なり。其つくと云は、棒のかしらの切あまし也。されば土山などをつくも、此つくやうなる棒《ぼう》にてつくによりて、築《つく》とは云か。さきへものをつきつくるも、みなこれより出かと覚侍。着も付るもこれより出か。

作　つくる。つは、みづからの上下略。くるは、苦《くるしき》か。殺生《せつしやう》などするに、

本有業と、作業《さぎやう》と二種有。本有業とは、猟師《れうし》釣人《つりひと》の家に生れてする業因《ごうゐん》なれば、善根《せんごん》をして其業《ごう》きゆる事有。作《さ》業《ごう》と申は、其いとなみ家にも生れぬ者の遊事《あそび》になすを云也。それは、なにの善《ぜん》を修《しゆ》してもかならず其因果《ゐんぐわ》むくふと説り。尺尊《しやくそん》にも御頭痛《づつう》ありと云り。衆生に御みせしめの御為《ため》なるへし。

土　つち。神語也。但、つは、尽《つくる》也。ちは、落《おちる》也。万物さかり過ればおち、つちになる也。

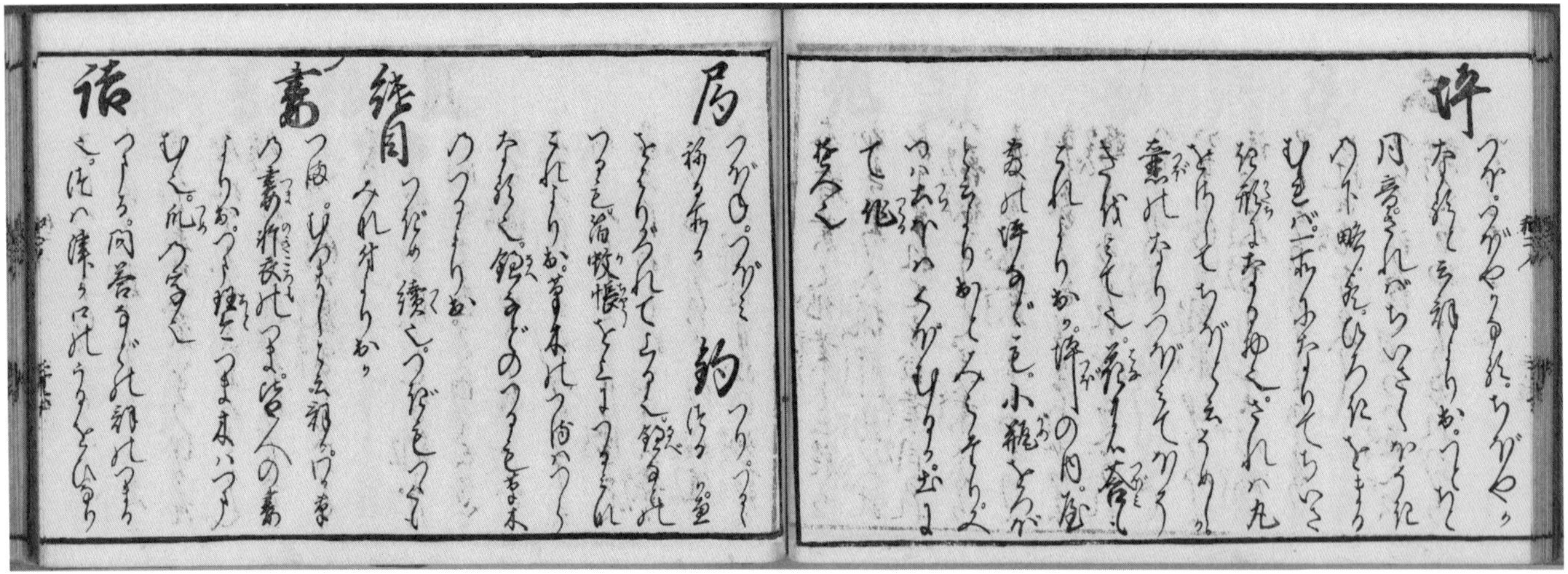
巻二　26オ
巻二　25ウ

坪　つほ。つぼやかなる、ちぼやかなると云詞より出。つとちと同音。されば、ちいさくほそきの下略歟。ひろきをまるむれば、一所になりてちいさき形《かたち》になる物也。されば、丸をさしてちぼと云そめしか。壺《つぼ》のなり、つぼみてほそきをみて也。花《はな》の莟《つぼみ》もこれより出か。坪《つぼ》の内、屋敷の坪なども、小瓶《がめ》をつぼと云より出とみえたり。又、つは土《つち》、ほは、くぼむるか。土にて作《つくる》ゆへ也。

局　つぼね。つぼみねる所か。

釣　つり。つる。つるゝか。魚をはりがつれて上る也。鍋《なべ》などのつるも、箱蚊帳《かちやう》を上につる、みなこれより出。草木のつるは、つらなる也。鍋《なべ》などのつるも草木のつるより出。

継目　つぎめ。続《つく》也。つぎも、つぐも、みな付より出か。

妻　つま。むつましと云詞か。わか草の妻《つま》、軒《のき》、衣《ころも》のつま、皆、人の妻より出。つま琴《こと》、つま木は、つまむ也。爪《つめ》の字也。

詰　つまる。問答などの詞のつまる也。つは、津か。口のうるをひなり。

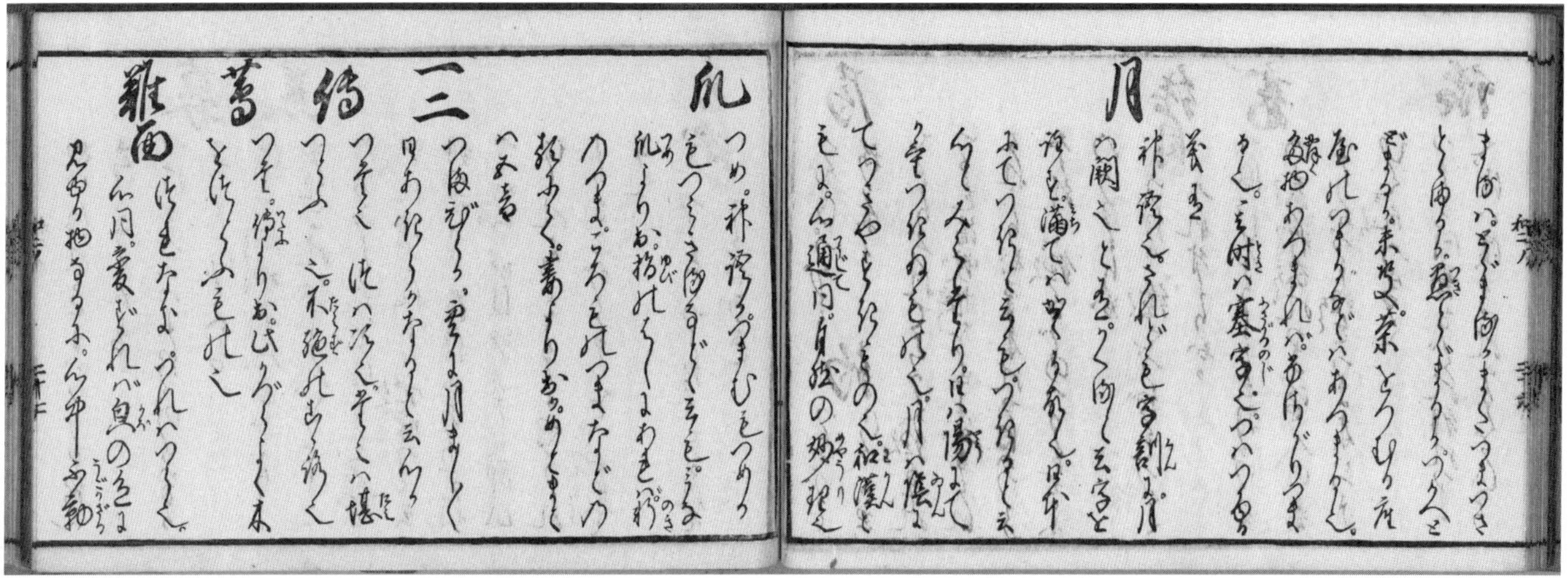

巻二 27オ　　巻二 26ウ

まるは、とゞまるか。また、つまつきと、まるか。尽《つき》とゞまるか。つかへとどまるか。未決。茶をつむる、座屋のつまるなどは、あつまる也。多《おほく》物あつまれば、ふさがりつまる也。其時《とき》は、塞字《ふさがるのじ》也。つは、つかゆる義有。

月　神語也。されども、字訓《くん》（註カ）に、月は闕也と有。かくると云字を註す。満《みち》てはかくる故也。日本にてつきと云も、つきると云心とみえたり。日は陽《やう》にてかけつきぬもの也。月は陰《いん》にてつきやすきもの也。和漢《わかん》ともに心通《つうじて》同。自然の妙理《みやうり》也。

爪　つめ。神語か。つまむも、つめるも、つみきるなど、云も、みな爪《つめ》より出。指《ゆび》のはしにあれば、軒《のき》のつま、ころものつまなどの類にて、妻より出か。めとまとは五音。

一二　つまびらか。雲に月まし〳〵、日（月カ）あきらかなると云心か。

傳　つたえ。つとふ。つは、次也。たえは、堪《たえ》也。不絶《たえず》のこゝろ也。

蔦　つた。伝《つたふ》より出。此かづら、よく木をつとふもの也。

難面　つれなき。つれは、つら也。心同。変ずれば皃《かほ》の色に見ゆる物なるに、心中不動《うごかざる》

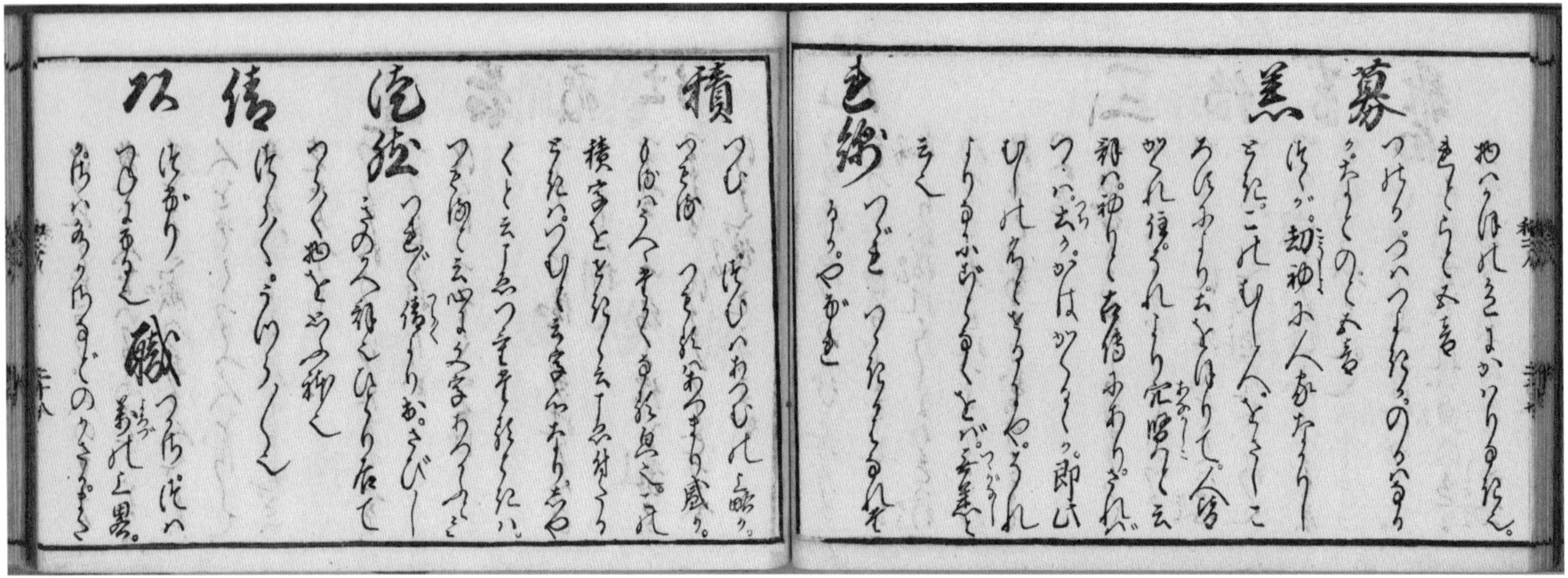

巻二　28オ

巻二　27ウ

物は、かほの色にかはりなき也。れとらと五音。

募　つのる。つは、つよきか。のるは、なるか。なとのと五音。

恙　つゝが。劫初《こうしょ》に人家なかりしとき、このむし人をさしころすにより、土をほりて、人皆かくれ住。それより穴賢《あなかしこ》と云詞は、初り《(るカ)》と古伝にあり。されば、つは、土《つち》か。かは、かくるゝか。即、此むしの名とせるにや。それよりなにごとなくをば、無恙《つつがなし》と云也。

連綿《(ママ)》　つゞれ。つゝきかはなれたるか。やぶれ。

積　つむ。つもる。つむは、あつむの上略か。つもるは、あつまり盛か。もるは、うへゝたかくなる皃也。この積字をせきと云こゑ付たるときは、つむと云字心なり。しやくと云こゑつけたるときは、つもると云心に文字あつかふと云云。

徒然　つれ〴〵。倩《つらつら》より出。さびしきのかへ詞也。ひとり居てつら〳〵物を思ふ体也。

倩　つら〳〵。うつら〳〵也。

頭　つぶり。つねにふる也。

職　つかさ。つは、万《よろづ》の上略。かさは、水かさなどのかさか。また、

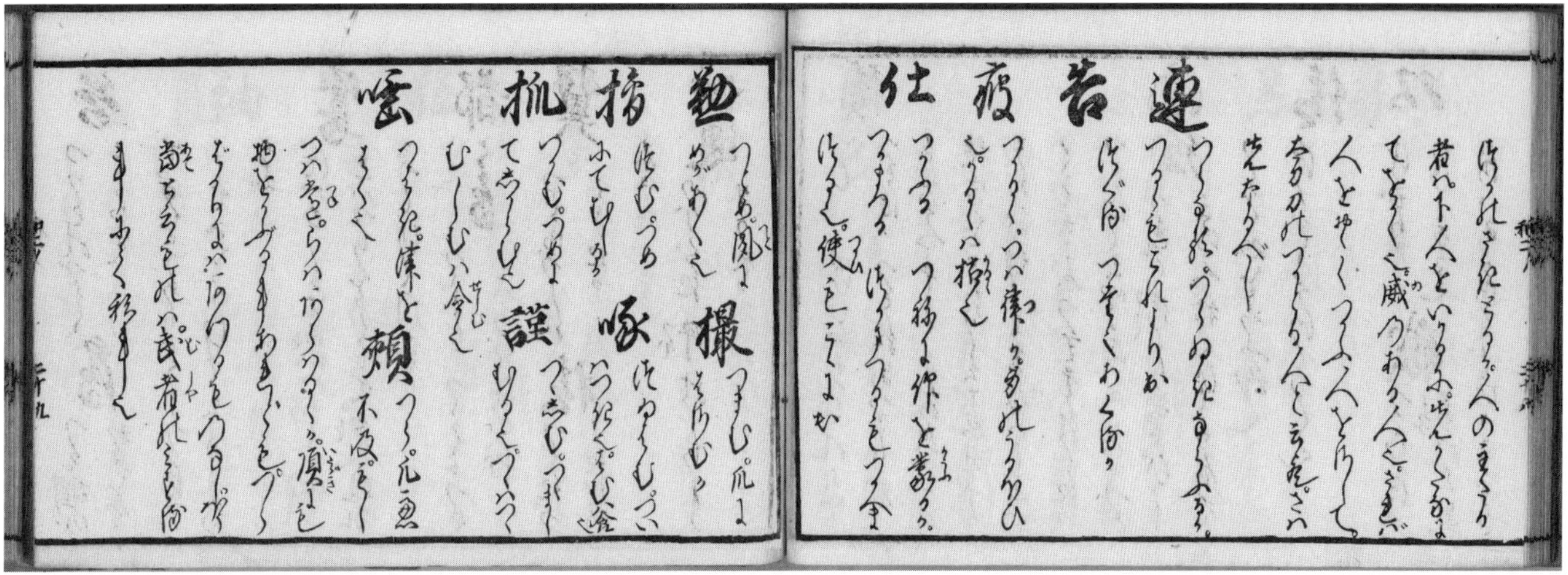

巻二 29オ

巻二 28ウ

つかのさきとるか。人の主たる者は、下人をいかるに、先かたなにてをかく也。威《ゐ》のある人也。されば、人をおゝくつかふ人をさして、太刀、刀のつかとる人と云歟。さは先なるべし。

連　つらなる。つらぬきならふるか。つるゝも、これより出。

告　つぐる。つたえあくるか。

疲　つかるゝ。つは、津《つ》か。身のうるほひ也。かるゝは枯《かるる》也。

仕　つかふる。つかまつる。つねに仰を蒙《かうふ》るか。つかまつるも、つかへまつる也。使《つかひ》もこゝに出。

懃　つとめ。夙《つと》にめがあく也。

撮　つまむ。爪にはさむか。

摘　つむ。つめにてむしるか。

啄　つゐはむ。ついは、つき也。はむは、食也。

抓　つかむ。つめにてしからむ也。

謹　つゝしむ。つゝましむる也。つゝは、つゝむ。しむは、令《せしむ》也。

唾　つばき。津をはく也。

頬　つら。凡慮不及。もし、つは、常《つね》、らは、あらはるゝか。頂《いただき》にも物をかぶる事あれども、つらばかりにはあつるものなし。ほう当《あて》と云ものは、武者《むしゃ》のみする事にて珍事也。

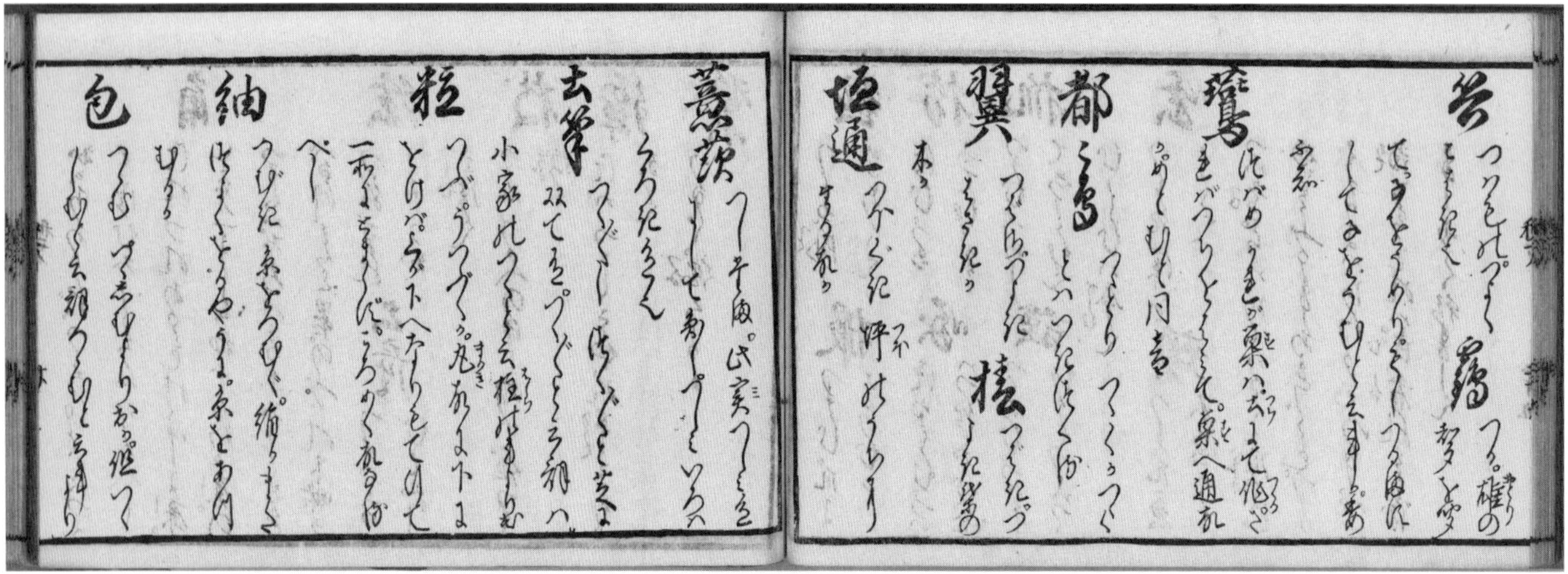

巻二　29ウ

巻二　30オ

兵　つはもの。つよくこはき也。

霸　つる。雄《おとり》の声を聞て、子をうめり。もし、つるまずして子をうむと云事か。委不知。

鷰　つばめ。かれが巣《す》は土《つち》にて作《つくる》。されば、つちをはみて、巣《す》へ通故か。めとむと同音。

都々鳥　つゝとり。つゝくか。つゝくとは、つきつくる。

翼　つばさ。つよきはさきか。

椿　つばき。つよき葉の木か。

垣通　つほ（さカ）ぐき。坪《つほ》のうちに生る故か。

薏茨（苡カ）　つしたま。此実《み》、つしみ色にして円し。つしみいろは、くろき色也。

土筆　つく〴〵し。つく〴〵と芝に双て有。つく〴〵と云詞は、小家のつくと云柱《はしら》の事より出。

粒　つぶ。うつぶくか。丸《まろき》故に、下にをけば、上が下へなりもて行て一所にとまらず、ころめく故なるべし。

紬　つむぎ。糸をつむぐ絹か。また、つよくをるやうに、糸をあつむるか。

包　つゝむ。つゝしむより出か。但、つゝしむと云詞、つゝむと云事より

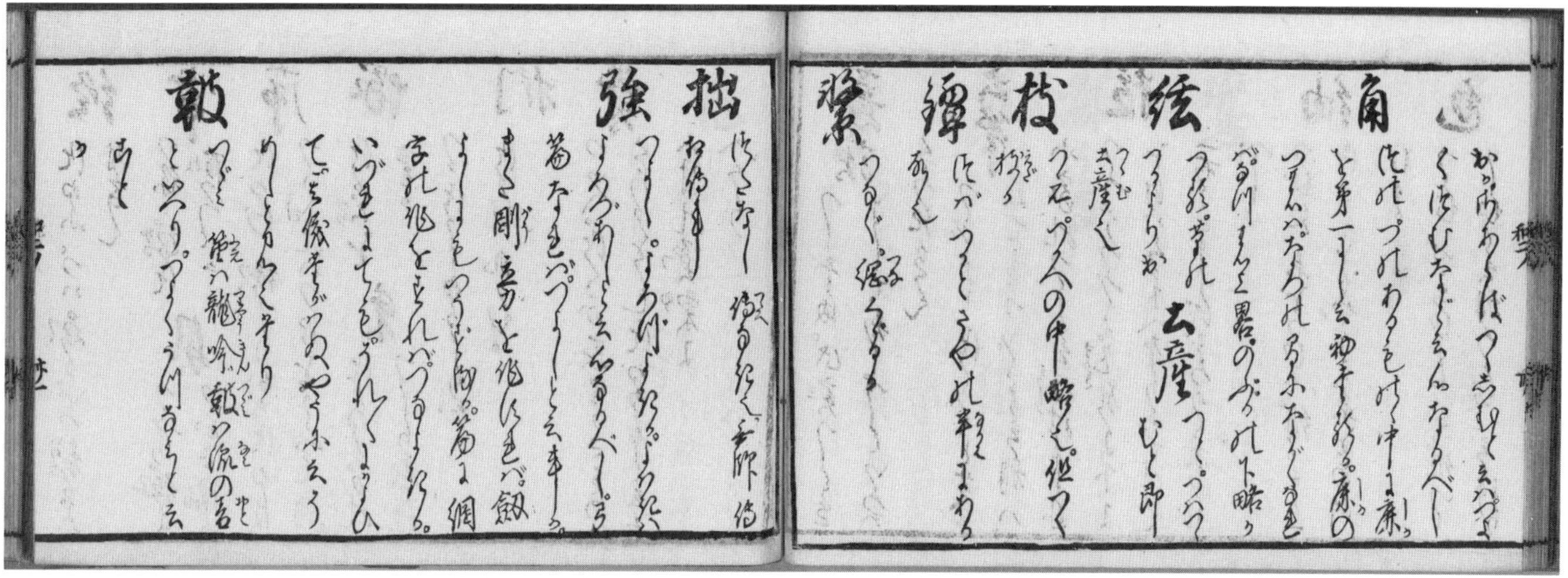

巻二 30ウ

巻二 31オ

出か。さあらば、つゝしむと云は、
つよくつむなど云心なるべし。

角　つの。つのあるもの、中に鹿《しか》を第
一にし云初たるか。鹿《しか》のつのは、な
つの間にながくなれば、なつの上略、
のぶるの下略か。

紘　つる。草のつるより出。

土産《(とさんカ)》　つと。つは、つゝむ。と、即、
土産《つゝむ》也。

杖　つえ。つかへの中略也。但、つく
枝《えだ》か。

鐔　つば。つかとさやの半《なかは》にある故也。

繋　つなぐ。綱《つな》くゞるか。

拙　つたなし。伝《つたへ》なき也。無師伝相伝
事。

強　つよし。よろづよきか。よはきは、
よろづあしと云心なるべし。弓篇な
れば、つよしと云事か。また剛《がう》旁を
作すれば、剣よしにもつうずるか。
篇に綱字の作をすれば、つなよきか。
いづれにても、それ〳〵にかよひて、
其儀たがはぬやうに云そめしと見え
たり。

鼓　つゞみ。笛《ふえ》は龍吟《りやうきん》、鼓《つゞみ》は浪《なみ》の音《おと》と
いへり。つよくうつなみと云ことか。

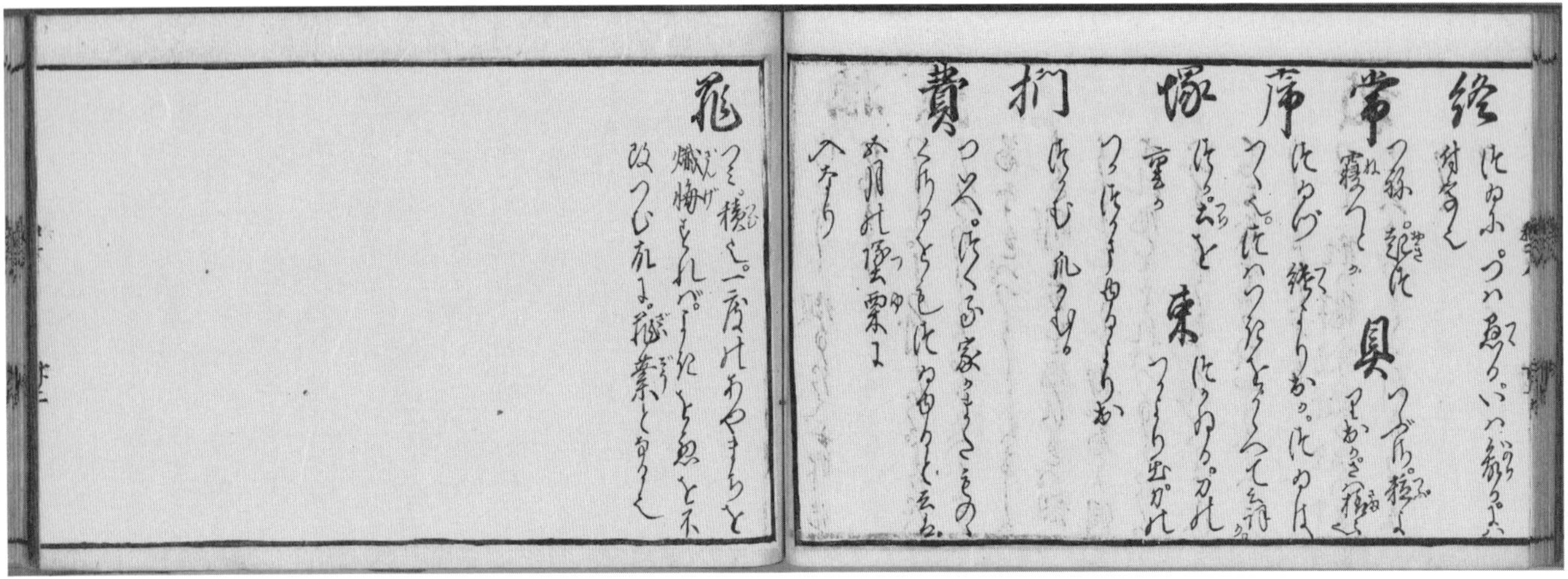

巻二　32オ

巻二　31ウ

終　つゐに。つは、尽《つく》か。いは、命《いのち》か。には、付字也。

常　つね。起《おき》つ寝《ね》つとか。

具　つぶさ。粒《つぶ》より出か。さは、様々《さま》也。

序　つゐづ。継《つぐ》より出か。つゐは、つく也。つは、つきをか、へて云詞か。

塚　つか。土《つち》を重か。

束　つかぬる。刀のつかより出。刀のつか、つかまゆるより出。

摑　つかむ。爪かむか。

費　ついへ。つくる家か。また、もの、くさるをも、つゐゆると云は、五月の墜栗《つゆ》に入なり。

罪　つみ。積《つむ》也。一度のあやまちを懺《さん》悔《げ》すればよきを、悪を不改つむ故に、罪業《ざいごう》となる也。

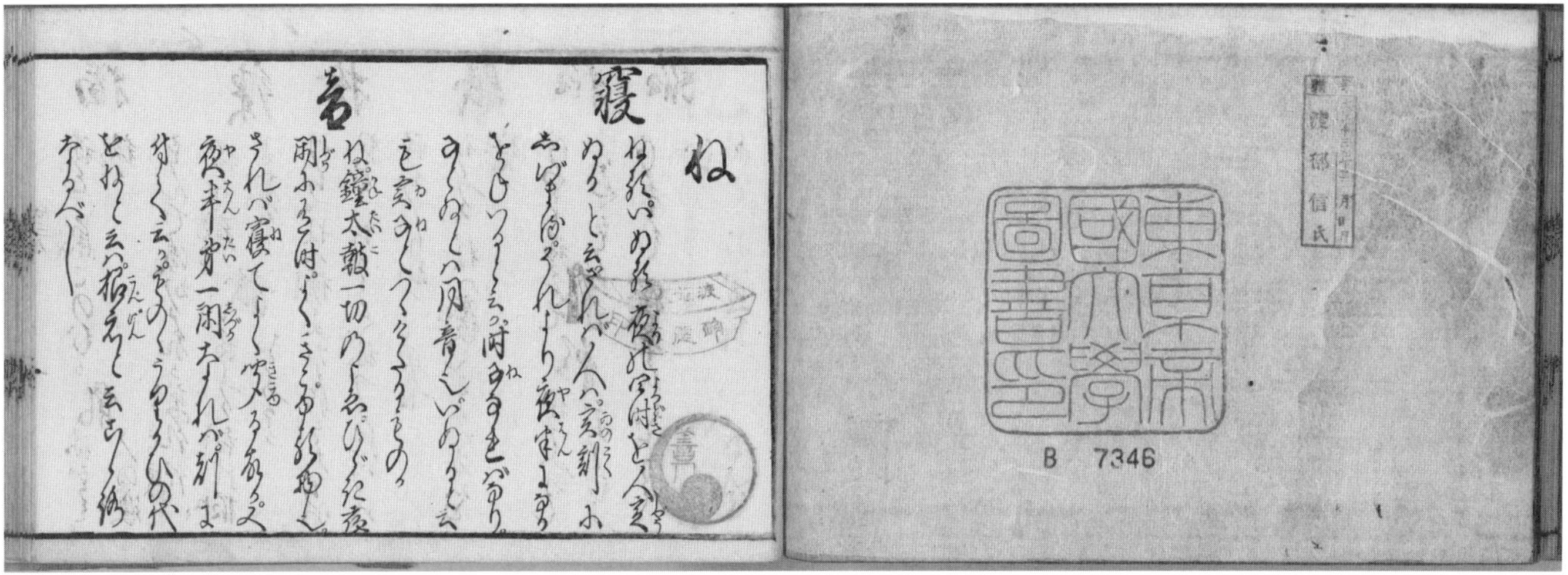

巻三　表見返し

巻三　1オ

（巻三）

ね

寝　ねる。いぬる。夜《よる》の四時《よつどき》を、人定《じやう》ぬると云。されば、人は、亥刻《ゐのこく》にしづまる。それより夜半《やはん》になるを、ねいると云か。時、子《ね》なればなり。ねとぬとは同音也。いぬると云も、亥子《ゐね》とつゝけたるものか。

音　ね。鐘太鼓《かねたいこ》一切のこゑひゞき、夜閑《しづか》に有時、よくきこゆる物也。されば、寝《ね》てよく聞《きこゆ》る故か。又、夜半第《やはんたい》一閑《しづか》なれば、刻に付て云か。ものゝうりかひの代をねと云は、根元《こんげん》と云こゝろなるべし。

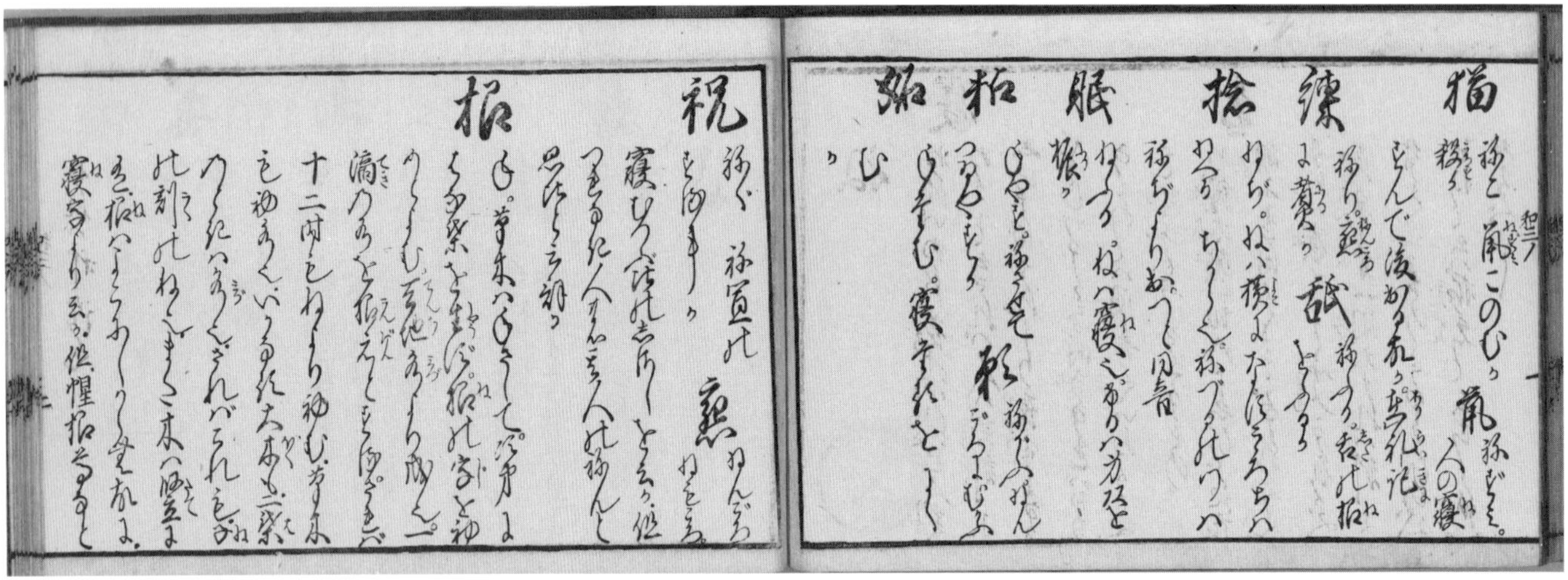

巻三　1ウ

巻三　2オ

猫　ねこ。鼡《ねずみ》このむか、殺《ころす》か。

鼡　ねずみ。人の寝《ね》すんで後出る故か。在《あり》レ礼記《らいきに》。

練　ねり。懇《ねんころ》に煮《にる》か。

舐　ねふる。舌《した》の根《ね》をふるか。

捻　ねぢ。ねつる。ねは、横《よこ》になすこゝろ、ちは、ちから也。ねづるのつは、ねぢより出。つと同音。

眠　ねふる。ねは、寝《ね》也。ふるは、身頭を振《ふる》か。

粘　ねやす。ねさせてつゐやすか。

願　ねがふ。ねんごろにむかふ。

姡　ねたむ。寝たるをにくむか。

祝　ねぐ。祢宜のする事か。

懇　ねんごろ。ねもころ。寝むつぶ比の志さしを云か。但、つれなき人の其人のねんと思比と云詞か。

根　ね。草木は、ねさして、次第にはな葉を生《しやう》ず。根《ね》の字《じ》を初めとよむ。天地《てんち》、水《みづ》より成也。一滴《てき》の水を根元《こんげん》とする。されば、十二時も、ねより初む。草木も初水也。いかなる大木《ぼく》も、二葉《は》のときは水《みづ》也。されば、これも子《ね》の刻《こく》のね也。また、木は竪《たて》に有。根《ね》はよこにしからむ故に、寝《ね》字より云か。但、惶根尊なと

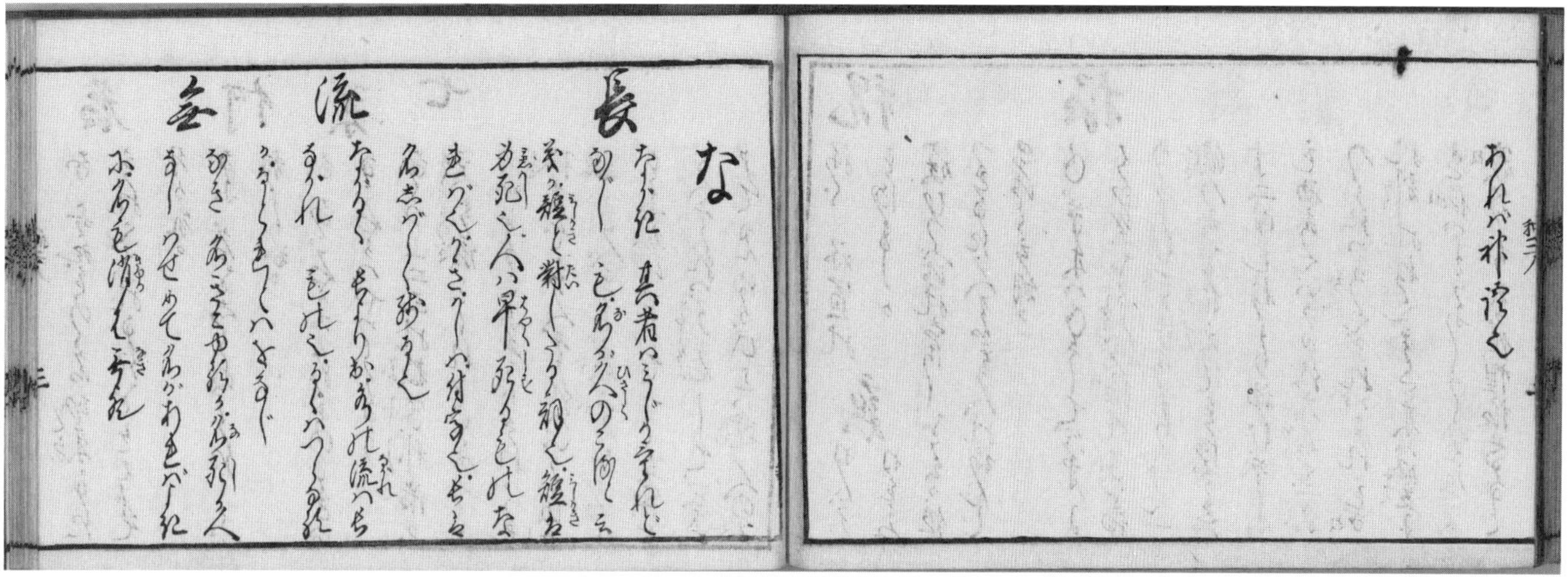

巻三 2ウ

巻三 3オ

あれば神語也。

な

長 ながき。ながし。其者はみじかけれども、名《な》が久《ひさしく》のこると云義か。短《みしかき》と対《たい》したる詞也。短《みしかき》は身死《みしかし》也。人は早死《はやくしす》るものなれば也。かき、かしは、付字也。長は、名しばらく残る也。

流 ながる丶。ながれ。長より出。水の流《ながれ》は長もの也。る丶は、つらなるか。るとれとはをなじ。

無 なき。なし。名きこゆる（きゆるカ）か。名死《なし》か。人はせめて名があればよきに、名も消《きゆる》は無《なき》歟。

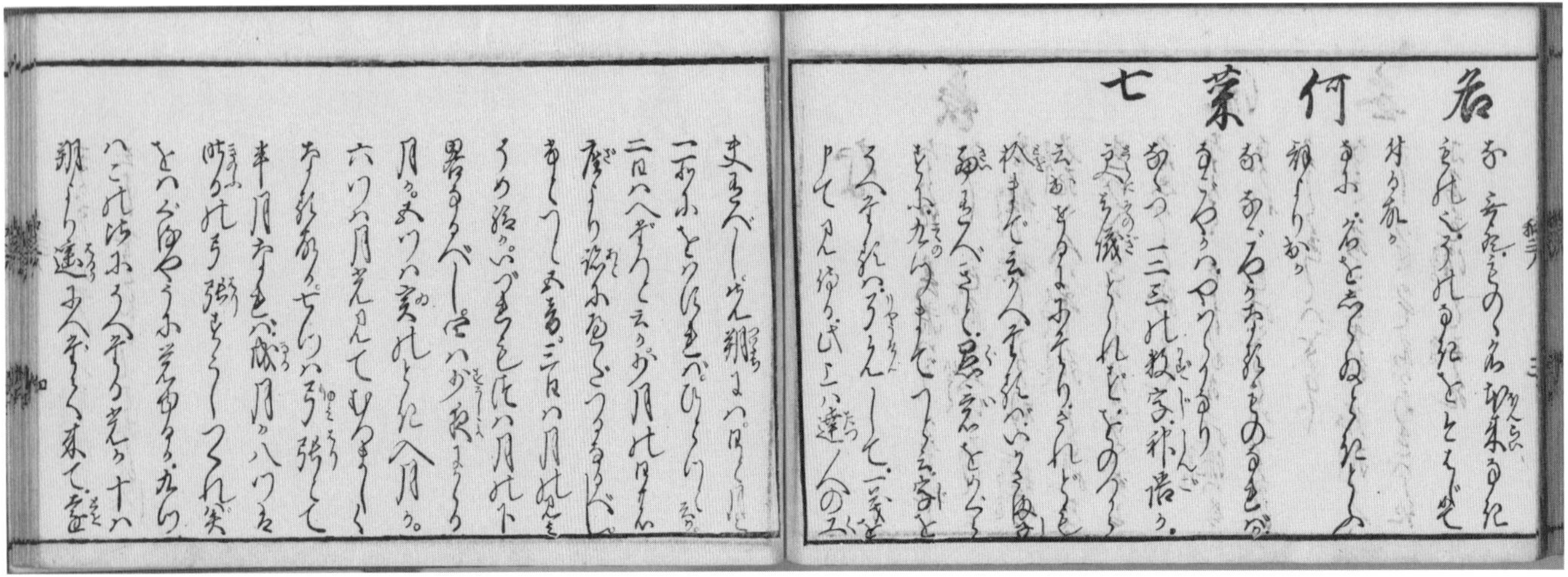

巻三　3ウ

巻三　4オ

名　な。無歟。もの丶名、本来《ほんらい》なきもの也。そのなきを、今はじめて付る故か。

何　なに。名をしらぬとき、とふ詞より出か。

菜　な。なごやかなるものなればか。なごやかは、やはらかなり。

七　な丶つ。一二三の数字《かずじ》、神語《しんご》か。更其儀《さらにそのぎ》とられず。をのづから云出せるに丶たり。されども、拾《とを》まで云かへたるば《(はカ)》いかさま子細《しさい》有べきと、愚意《ぐい》をめぐらすに、九《ここの》つまで、つと云字《じ》をそへたるは、了見《りやうけん》して、一義を申て見侍る。此上は達《たつ》人の工《く》夫有べし。先、朔《ついたち》には、日と月と一所にをはすれば、ひとつと云か。二日《(つカ)》は、へだつと云か。少月の日の座《ざ》より跡《あと》にへだつるなるべし。ふとへと五音。三日《(つカ)》は、月の見えそめ給か。いづれも、つは、月の下略なるべし。四は、少夜《すこしよ》にか丶る月か。五つは、亥《ゐ》のとき入月か。六つは、月光見てむつましくなる故か。七つは、弓張《ゆみはり》とて半月なれば、成《なる》月か。八つは、昨日《きのふ》の弓張《はり》すこしつくれば、矢をわぐるやうに覚ゆるか。九つは、この比にそへたる光か。十は、朔より遥《はるか》にへだて来て、遠《とを》

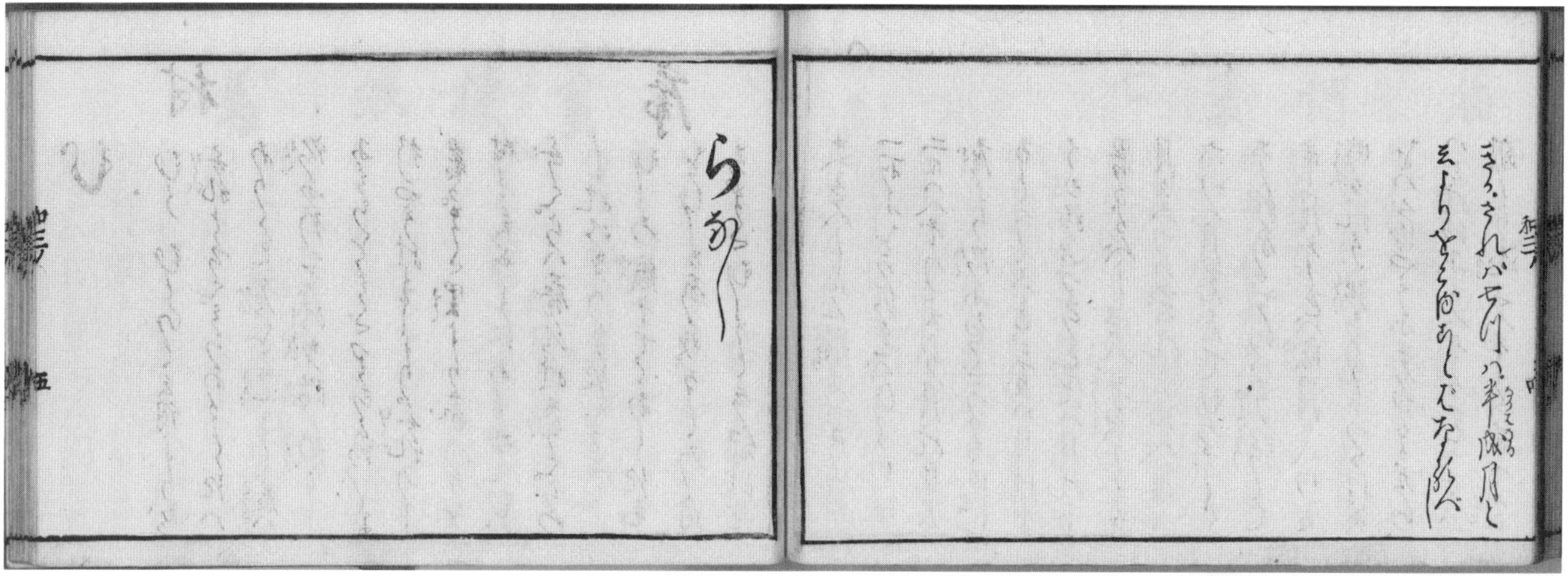

巻三　4ウ

きか。されば、七つは、半成月《なかはなる》と云
よりをこることばなるべし。

ら

なし。

巻三　5オ

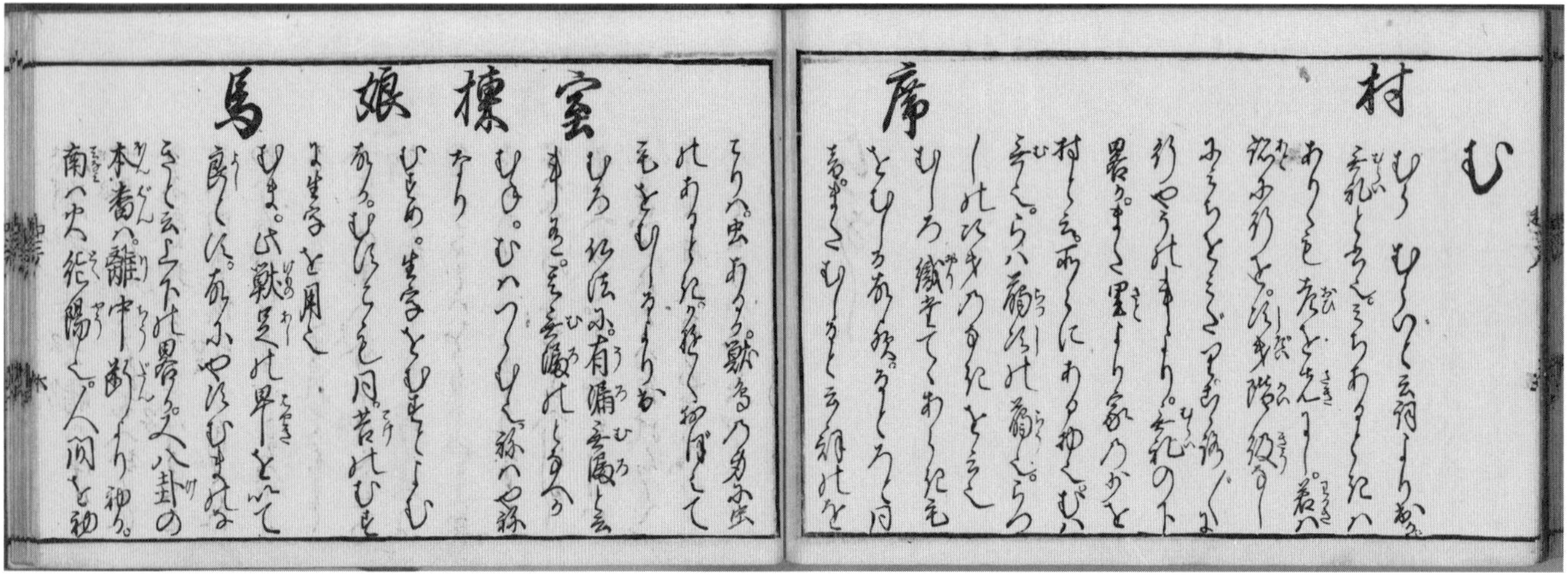

巻三　6オ　　巻三　5ウ

む

村　むら。むらいと云詞より出か。無《む》礼《らい》と書也。みちあるときは、ありくも老《おひ》を先《さき》にし若《わかき》は跡《あと》に行を、次第階《しだいかい》級《きう》なしに、みちをみだりこゝろぐ〳〵に行やうの事より、無礼《むらい》の下略か。また、里《さと》より家の少を村と云。所々にある物也。むは、無《む》也。らは、藹《らつ》次《し》の藹《らう》也。らつしの次第のなきを云也。

席　むしろ。織《おり》たてゝ、あらき毛をむしる故歟。るとろと同音。また、むしると云詞のをこりは、虫あるか。獣鳥の身に虫のあるとき、かゆくおぼえて毛をむしるより出。

室　むろ。仏法に、有漏《うろ》無漏《むろ》と云事有。其無漏《むろ》のとなへか。

棟　むね。むは、つゝむ也。ねは、やねなり。

娘　むすめ。生字をむすとよむ故か。むすこも同。苔《こけ》のむすに、生字を用也。

馬　むま。此獣《けもの》、足《あし》の早《はやき》を以て良《よし》とす。故に、やすむまのなきと云上下の略か。又、八卦《け》の本番《ほんばん》は離《り》中断《ちうだん》より初る。南《みなみ》は火徳陽《とくやう》也。人間を初

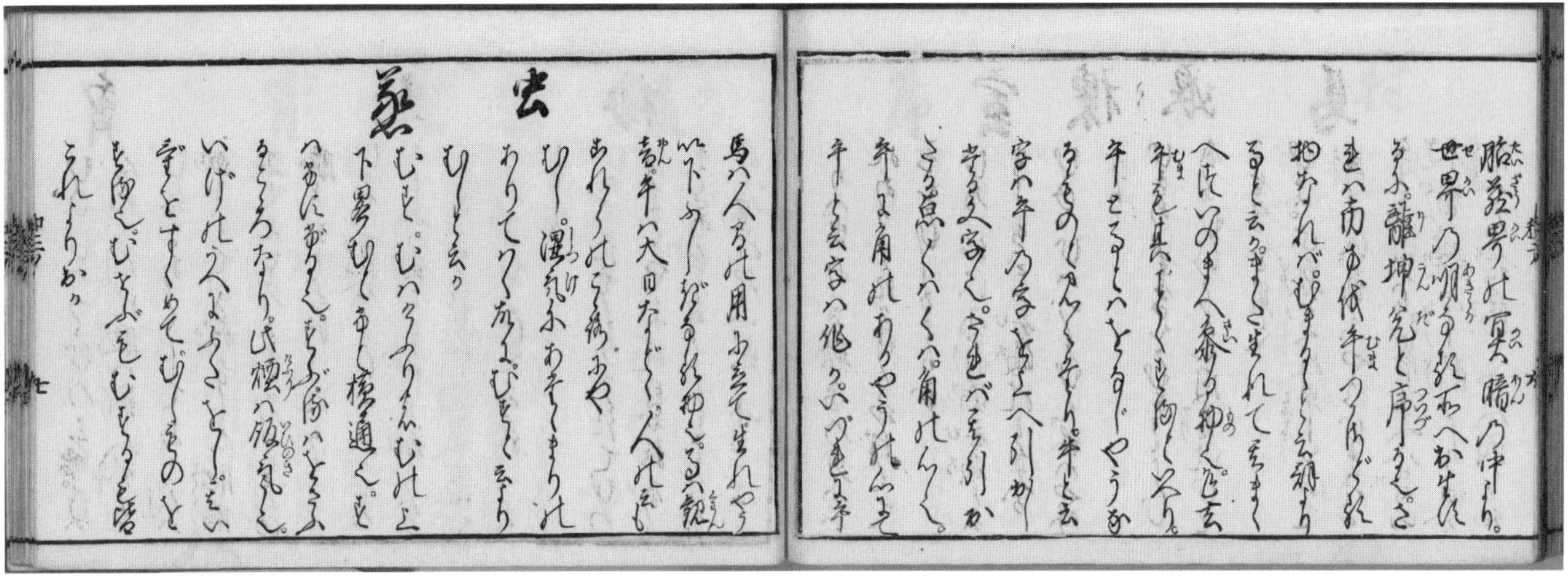

巻三　6ウ

巻三　7オ

胎蔵界《たいざうかい》の冥暗《めいあん》の中より、世《せ》界《かい》の明《あきらか》なる所へ出生するに、離《り》坤兌《こんだ》と序《ついづ》る也。されは、南方を午《むま》つかさどる物なれば、むまるゝと云詞より馬と云か。また、生れて其まゝへついのまへ参《まい》る物《もの》也。逃去午《むま》も其ごとくするといへり。牛と馬とは、をなじやうなるものと見えたり。牛と云字は、午の字を上へ引出したる文字也。されば、其引出たる点くはくは、角の心也。午に角のあるやうの心にて、牛と云字は作か。いづれに牛

馬は人間の用に立て、生れやう以下ふしぎなる物也。馬は観音《くわんおん》、牛は大日など、人の云も、これらのこゝろにや。

虫　むし。湿気《しつけ》にあたゝまりのありてわく故に、むすと云よりむしと云か。

蒸　むす。むは、けふりのむの上下略。むとふと横通也。すは、ふすぶる也。すぶるは、をさふるこゝろなり。此煙《けふり》は、飯気《いひのき》也。いげのうへにふたをし、其いげをすくめて、むしものをする也。むせぶも、むするも、皆これより出か。

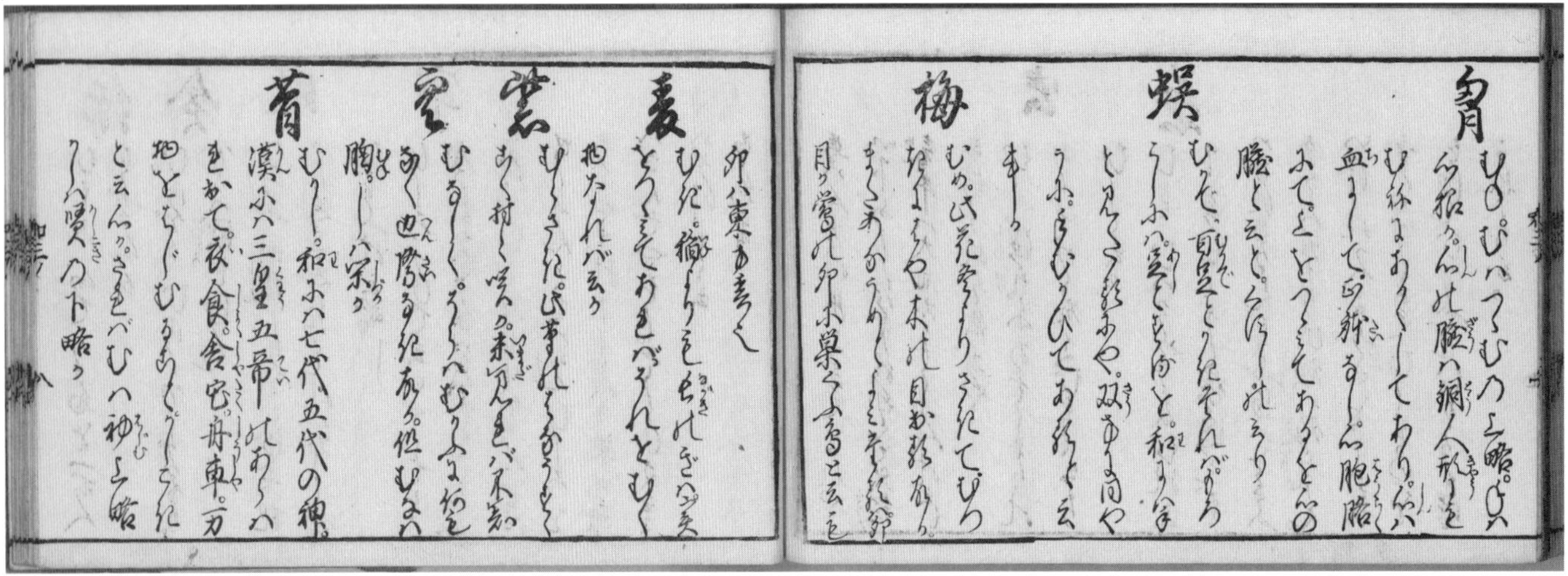

巻三　7ウ

巻三　8オ

胷　むね。むは、つゝむの上略。ねは、心根か。心《しん》の臓《ざう》は銅《とう》人形《きやう》にもむねにあかくしてあり。心《しん》は血《ち》にして、正体《たい》なし。心胞胳《はうらく》にて、上をつゝみてあるを心の臓と云と、くすしの云り。

蜈　むかで。百足《むかで》とかきたれば、もろこしには足《あし》とするを、和《わ》には手と見たるにや。双《さう》方に同やうに、手むかひてあると云事か。

梅　むめ。此花、冬よりさきて、むつきにはや木の目出る故か。また、あなうめとよみたるは、卯目か。鶯の卯に巣くふ鳥と云も、

卯は東方春也。

麦　むぎ。稲《いね》よりも長《ながき》。のぎは、実をつゝみてあれば、それをむく物なれば云か。

紫　むらさき。此草のはな、うすくこく村々と咲か。未《いまだ》レ見れば不レ知。

空　むなしく。そらはむかふに何もなく辺際《へんさい》なき故か。但、むなは、胸《むね》、しは、閑《しつか》か。

昔　むかし。和《わ》には七代五代の神、漢《かん》には三皇《くわう》五帝《てい》のあらはれ出て、衣《い》食《しよく》、舎宅《しやたく》、舟車《しうしや》、万物をはじむること、かしこきと云心か。されば、むは、初《はじむ》上略、かしは、賢《かしこき》の下略か。

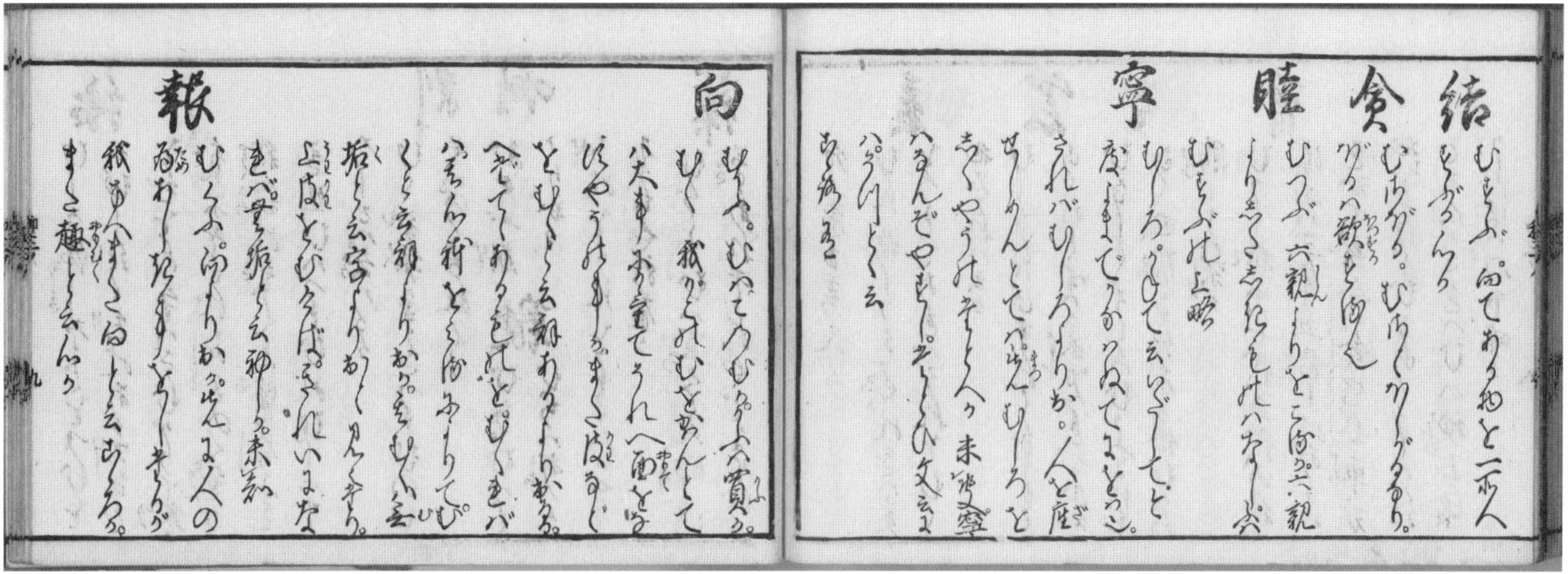

巻三　8ウ

巻三　9オ

結　むすぶ。向てある物を一所へすぶる心か。

貪　むさぼる。むさとほしがるなり。ぼるは欲《ほつする（ママ）》する也。

睦　むつぶ。六親《しん》よりをこるか。六親よりしたしきものはなし。ふは、むすぶの上略。

寧　むしろ。かねて云いだして、今度よまでかなはぬ、てにをは也。されば、むしろより出。人を座《ざ》せしめんとては、先《まつ》、むしろをしくやうのたとへか。未レ決。寧は、なんぞ、やすし。たとひ文云（言カ）には、そつと、云こゝろ有。

向　むかふ。むく。むは、このむか。かふは、買《かふ》か。我がこのむをかはんとては、大事にかけてそれへ面《おもて》をなすやうの事か。また、皮《かわ》などをむくと云詞あるより出るか。へだて、あるものを、むくれば（ママ）は、其心体をみるによりて、むくと云詞より出か。其むくは、無垢《むく》と云字より出と見えたり。上皮《うわかわ》をむけばきれいになれば、無垢と云初しか。未レ知。

報　むくふ。向より出か。先に人の為《ため》あしき事をしたるが、我方へまた向と云こゝろか。また趣《おもむく》と云心か。

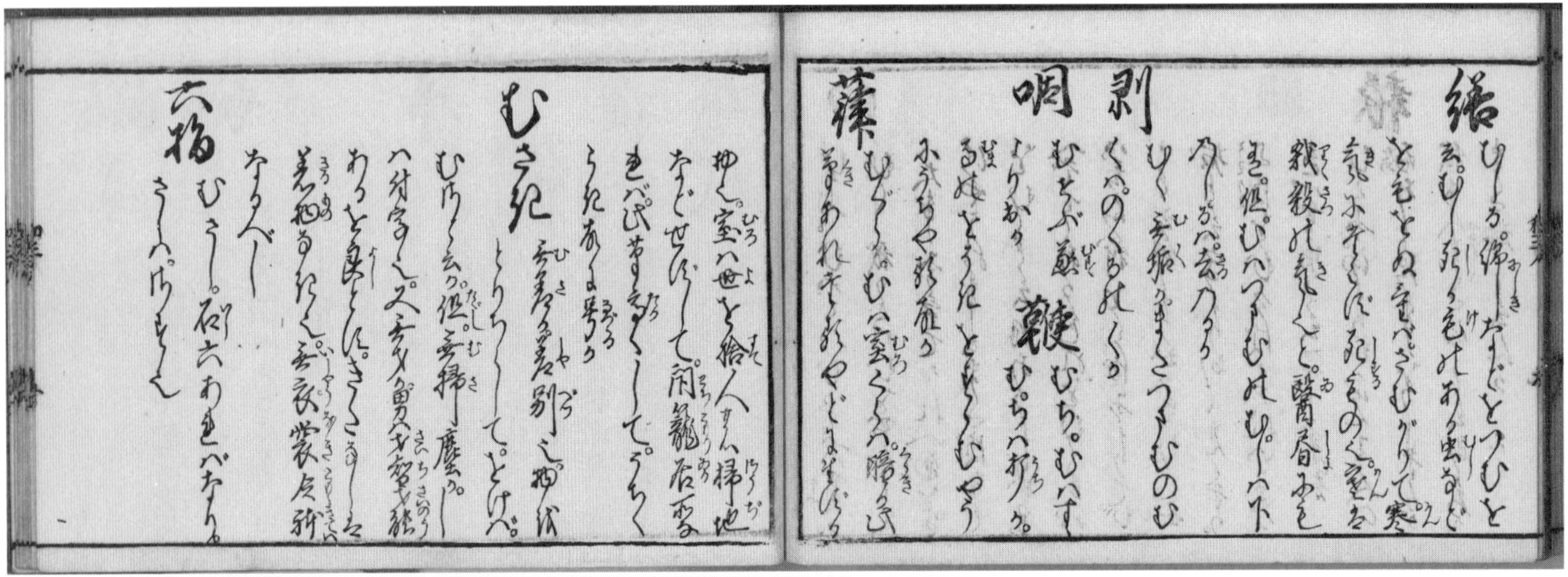

巻三　9ウ

巻三　10オ

繕　むしる。錦《にしき》(綿カ)などをつむを云。むし死《し》(しするカ)か。毛《け》のある虫《むし》などを、毛をぬけば、さむがりて、寒気《かんき》にたえず死《しする》もの也。寒《かん》は戮殺《りくさつ》の気《き》也と、医書《ゐしよ》にも有。但、むは、つまむのむ、しは、下のし、るは、去《さる》のるか。

剥　むく。無垢《むく》か。また、つまむのむ。くは、のくるのくか。

咽　むせぶ。蒸《むす》より出か。

鞭　むち。むは、すゝむ、ちは打《うち》か。馬《むま》のをそきをすゝむやうにうちやる故か。

葎　むぐら。むは、室《むろ》、くらは、暗《くらき》か。此草《くさ》、あれたるやどに生ずる物也。室《むろ》は、世《よ》を捨《すて》人の掃地《さうぢ》などせずして、閉籠居《とちこもりゐる》所なれば、此草高《たか》くして、うちくらき故に号《なづく》か。

むさき　無差《むさ》か。差別《しやべつ》也。物をとりちらしてをけば、むさと云か。但《ただし》、無《む》掃《さ》塵か。しは、付字也。又、無才か。男は　才智《さいち》才能《さいのう》あるを良《よし》とす。きたなしは、着物《きるもの》なき也。無衣装《いしやうなき》乏《とも》しき体《てい》なるべし。

六指　むさし。石《いし》六あればなり。さしは、さす也。

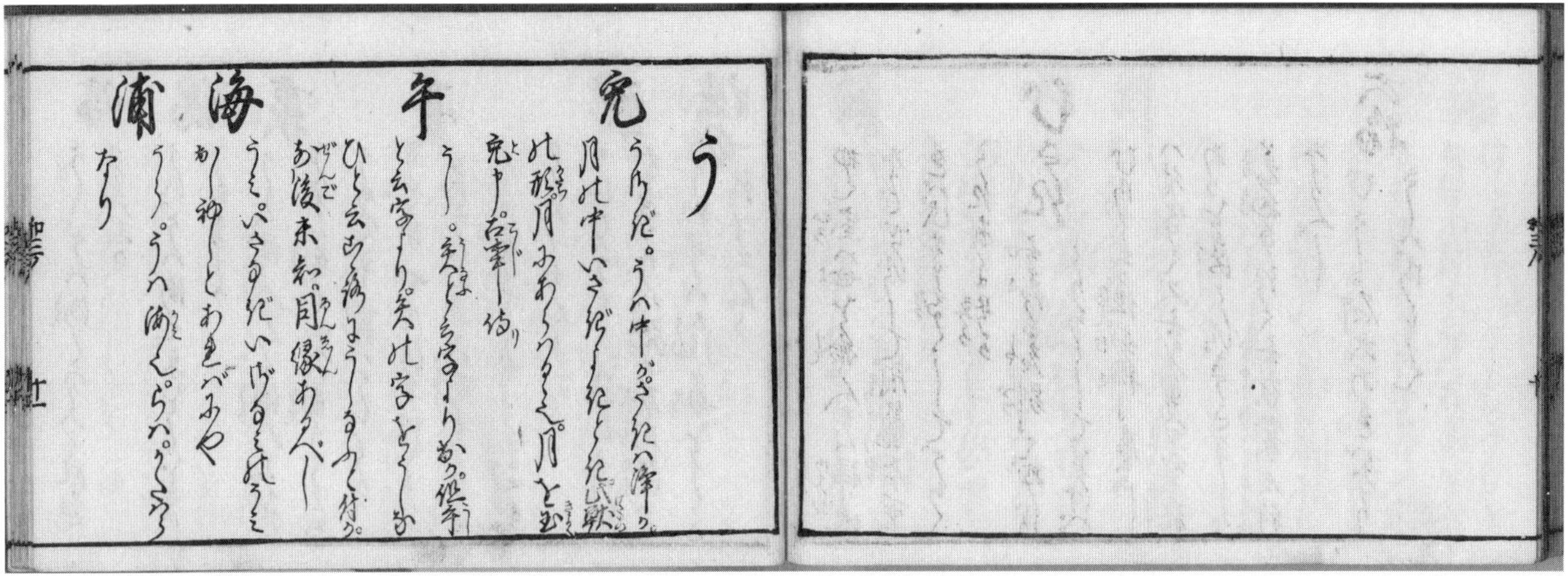

巻三　11オ

巻三　10ウ

う

兎　うさぎ。うは、中が《(かカ)》。さきは、浄か。月の中いさぎよきとき、此獣《けたもの》の形《かたち》、月にあらはる、也。月を玉《きよく》兎《と》、古事《こじ》侍り。

牛　うし。失《うしなふ》と云字より出か。但、牛《うし》と云字より、失の字を、うしなひと云こゝろに、うしなふと付か。前後《ぜんご》未知。因縁《ゐんゑん》あるべし。

海　うみ。いさなぎ、いざなみのうみ出し初しとあればにや。

浦　うら。うは、海《うみ》也。らは、かたはらなり。

巻三　12オ

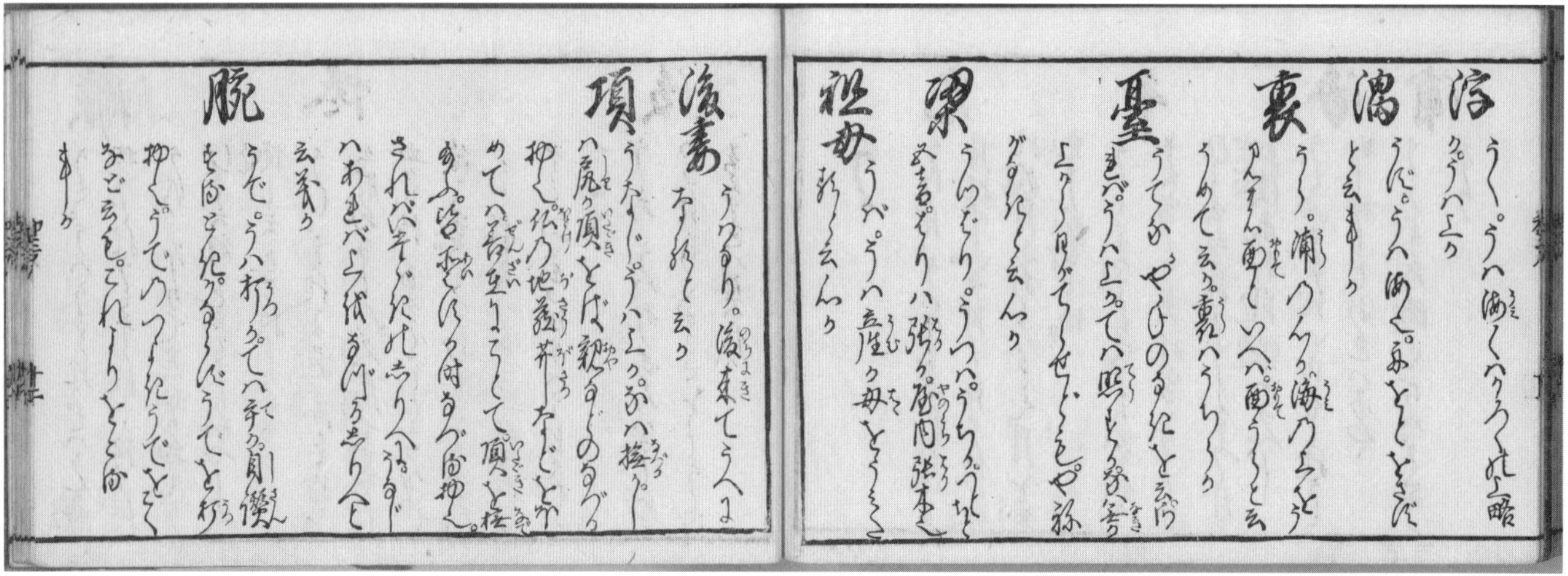

巻三　11ウ

浮　うく。うは、海《うみ》、くは、かろくの上略か。うは上か。

渦　うず。うは、海也。舟をとをさずと云事か。

裏　うら。浦《うら》の心か。海《うみ》の上をうみの面《おもて》といへば、面《おもて》うらと云そめて云か。裏《うら》はうちらか。

臺　うてな。やねのなきを云。されば、うは、上か。ては、照《てら》すか。なは、無《なき》か。上から日がてらせども、やねがなきと云心か。

梁　うつばり。うつは、うちか。つとちと五音。はりは、張《はる》か。屋内張《やのうちはる》木也。

祖母　うば。うは、産《うむ》か。母《はは》をうみたると云心か。

後妻　うはなり。後来《のちにき》てうへになると云か。

項　うなじ。うは、上か。なは、撫《なづる》か。しは、尻《しり》か。頂《いただき》をば、親《おや》などのなづる物也。仏《ほとけ》の地《ぢ》蔵井《さうぼさつ》などをほめては、善在《ぜんざい》（なれカ）にことて、頂《いただき》を撫《なで》給ふ。皆、愛《あい》する時なづる物也。されば、いたゞきのしりへに、うなじはあれば、上をなづるしりへと云義か。

腕　うで。うは、打《うつ》か。ては、手《て》か。自讃《しさん》するとき、かならずうでを打《うつ》物也。うでのつよき、うでをこくなど云も、これよりをこる事か。

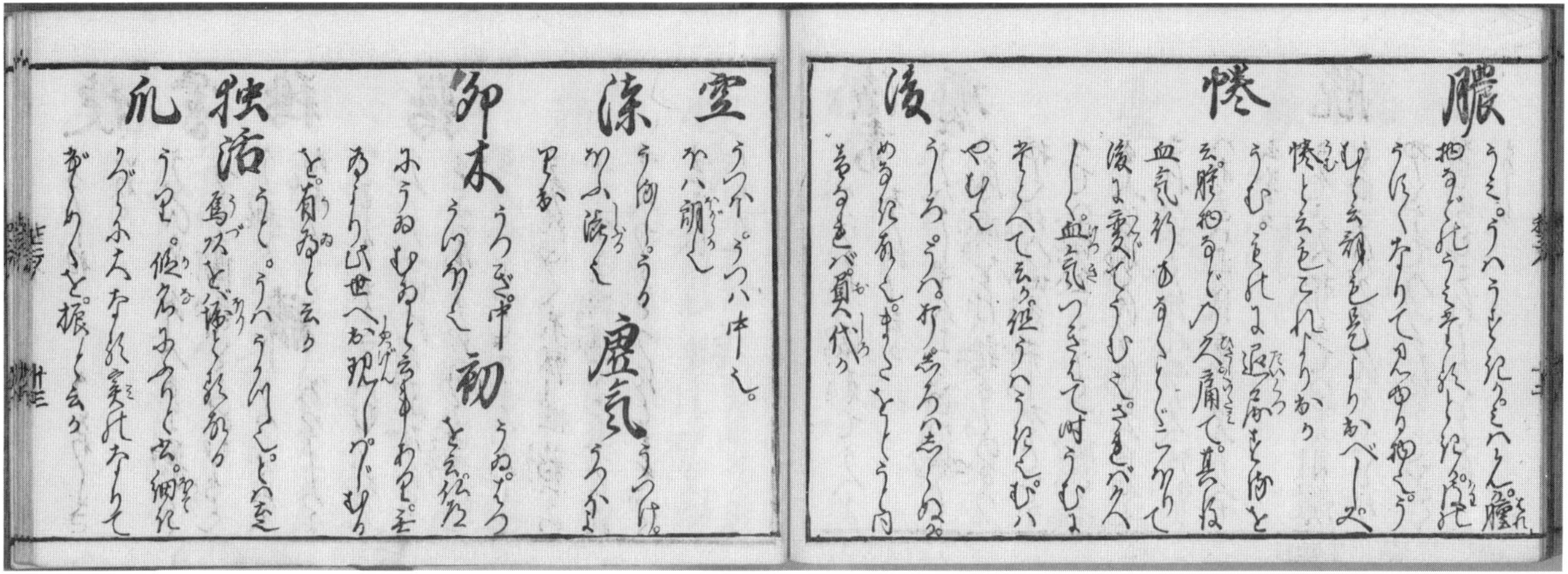

巻三 12ウ

巻三 13オ

膿　うみ。うは、うすきか。みは、見か。腫《はれ》物などのうみたるときか（はカ）、皮《かわ》のうすくなりて見ゆる物也。うむと云詞も是より出べし。又、惓《うむ》と云もこれより出か。

惓　うむ。ものに退屈《たいくつ》するを云。腫物などの久痛《ひさしくいたみ》て、其皮血気行方なくとゞこほりて、後に変《へんじ》てうむ也。されば、久しく血気《けつき》つきはて（はてるカ）時うむにたとへて云か。但、うは、うき也。むは、やむ也。

後　うしろ。うは、打、しろは、しらぬか。めなき故也。また、をとうと同音なれば、負代《おしろ》か。

空　うつほ。うつは、中也。ほは、朗《ほがらか》也。

漆　うるし。うるほふ渋《しぶる》也。

虚気　うつけ。うつほより出。

卯木　うつぎ。中うつほ也。

初　うゐ。はつを云。仏道にうゐむゐと云事あり。無為より此世へ出現《しゅつげん》しはじむるを、有為《うゐ》と云か。

独活　うと。うは、うかつ也。とは、土也。烏頭《うづ》をば堀《ほり》とる故か。

瓜　うり。仮名《かな》に、ふりと書。細《ほそ》きかづらに大なる実《み》のなりてぶらめくを、振と云か。

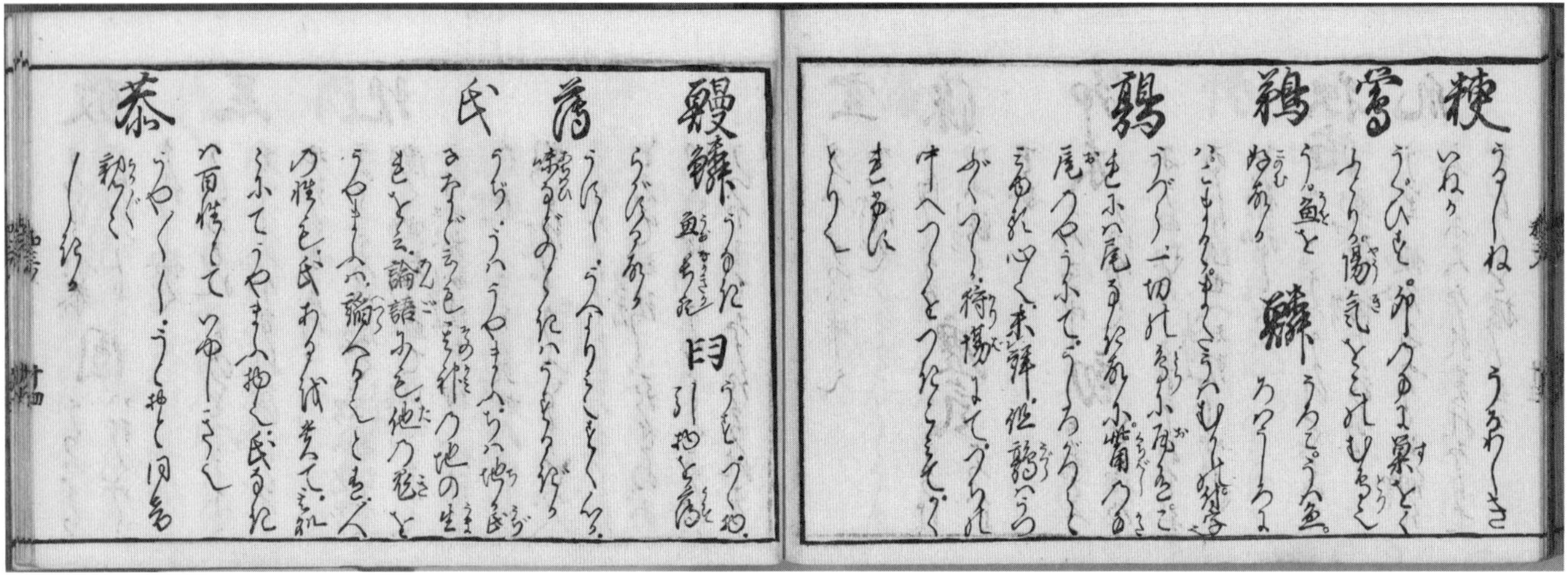

巻三　14オ　　巻三　13ウ

粳　うるしね。うるはしきいねか。

鶯　うぐひす。卯の方に巣《す》をくふとりか。陽気《やうき》をこのむ鳥《とり》也。

鵜　う。魚《うを》を好《このむ》故か。

鱗　うろこ。うは、魚、ろは、うしろ、こは、こまかゝ。また、うは《（ろカ）》、むかしの付字也。

鶉　うづら。一切の鳥《とり》に尾《お》有。これは尾なき故に、觜《くちばし》の方《かた》、尾《お》のやうにて、うしろがつらとみゆる心也。未レ詳。但、鶉《うづら》は、うつぶくつらか。狩場《かりば》にて、つちの中へつらをつきこみて、かくれふすとり也。

鰻鱺　うなぎ。魚長鰍《うおながきか》。

臼　うす。つく物、引物を薄《うす》らがする故か。

薄　うすし。うへよりみえすく心か。味《あぢはひ》などのときは、うすらぎか。

氏　うぢ。うは、うやまふ。ちは、地《ち》か。氏《うぢ》子など云も、其神《そのかみ》の地《ち》の生《うま》れを云。論語《ろんご》にも、他《た》の鬼《き》をうやまふは諂《へつら》へる也と有。人の性も、氏あるを貴て、其処々にてうやまふ物也。氏なきは百性とて、いやしき也。

恭　うやうやし。うとおと同音。親々《ちかぢか》しきか。

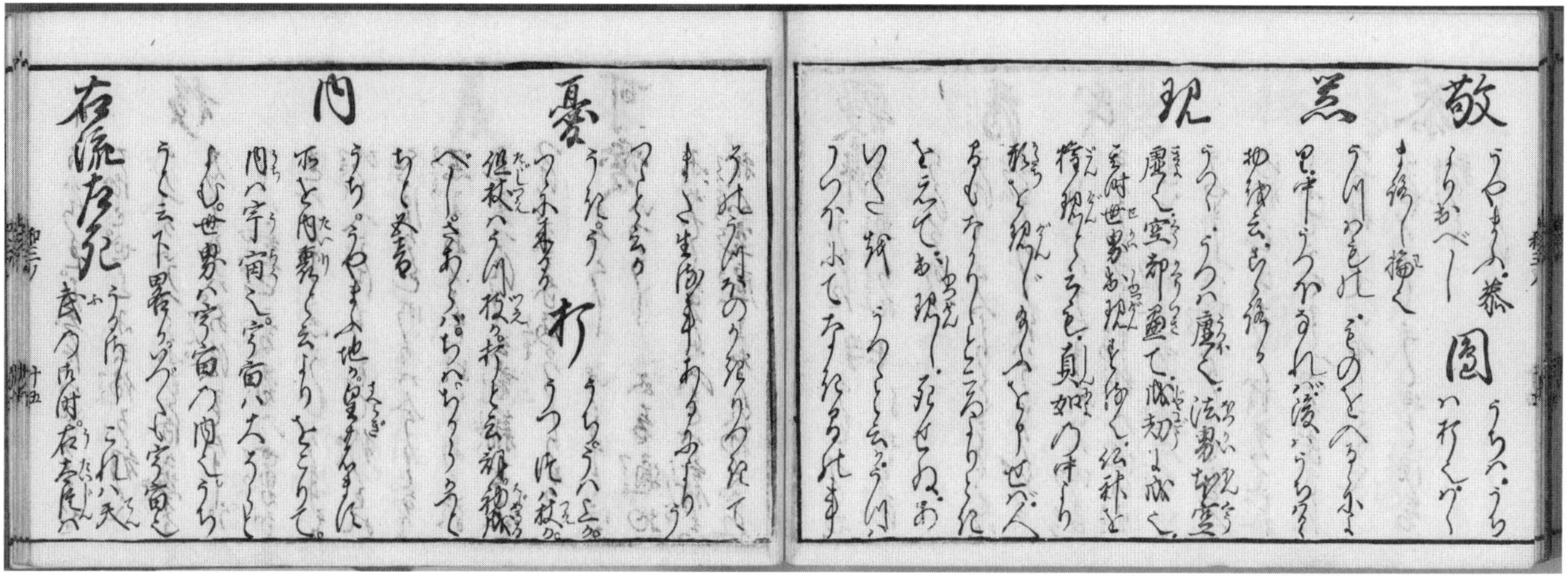

巻三　15オ　　巻三　14ウ

敬　うやまふ。恭より出べし。

團　うちは。うちは、打也。は丶、まろし輪《わ》也。

器　うつはもの。ものを入る丶により、中うつほなれば、後はうちわる丶物を云こ丶ろか。

現　うつ丶。うつは、虚《うつほ》也。法界本空《ほつかいほんくう》虚《きよ》也。空却尽《くうかへりつき》て、成功《じやうごう》に成也。其時、世《せ》界出現《かいしゆつげん》する也。仏神を権現《ごんげん》と云も、真如《しんによ》の中より形《かたち》を現《げん》じ給ふを申せば、人間もなかりしところより、ときをえて出現《しゆつげん》し、死せぬあいたを、うつ丶と云か。うつは、うつほにて、なき間の事。そのうつほのかぎりつきて、また生る事あるにより、うつ丶と云か。

憂　うき。うつ丶に来るか。

打　うち。うつ。うは、上か。つは、杖《つえ》か。但《ただし》、杖《つえ》は、うつ枝《(えカ)つえ》か。打と云詞、初成《はじめなる》べし。さあらば、ちは、ちからか。つとちと五音。

内　うち。うやまふ地か。皇《すへらぎ》のます所を内裏《たいり》と云よりをこりて、内《うち》は、宇《う》宙《ちう》也。宇宙は、大そらとよむ。世界は宇宙の内也。うちうと云下略か。いづくも宇宙也。

右流左死　うるさし。これは天武《てんふ》の御時、右《う》大臣《だいじん》は

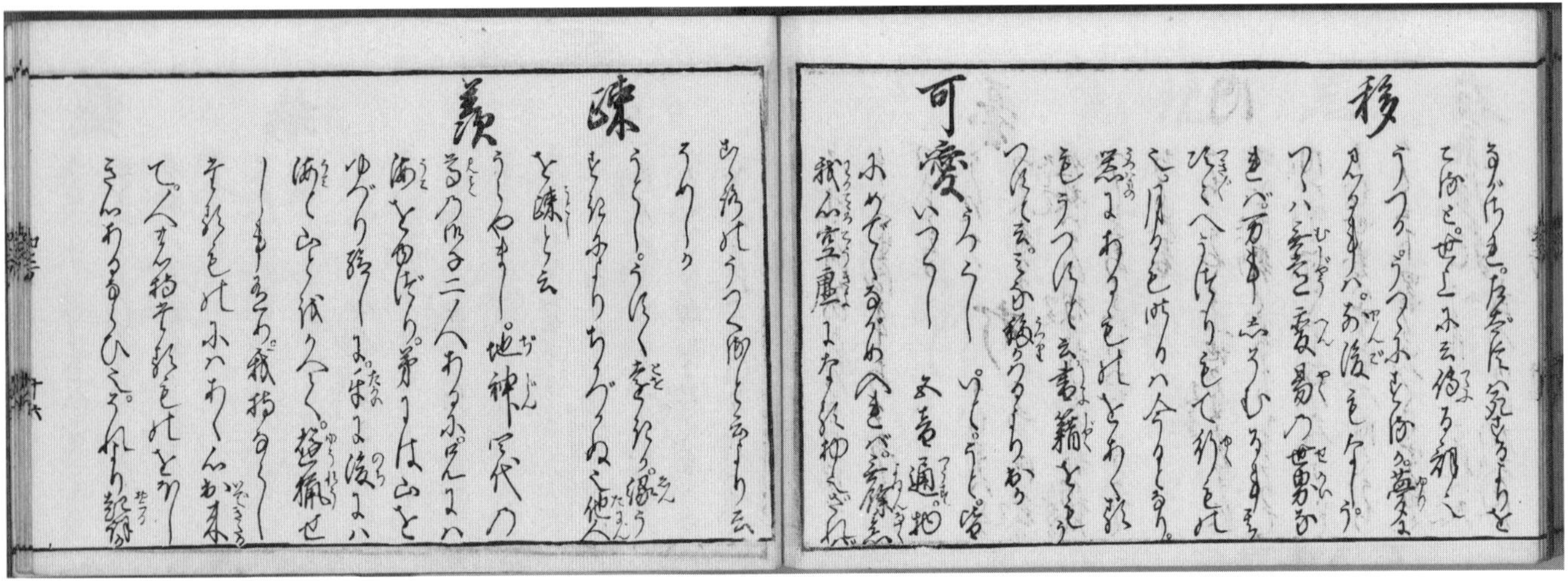

巻三 16オ　巻三 15ウ

ながされ左大臣は死するよりをこると、世上に云伝《つたふ》る詞也。

移　うつる。うつゝにするか。夢《ゆめ》に見る事は、前後《せんご》もなし。うつゝは、無《む》常《じやう》変易《へんやく》の世界《せかい》なれば、万事しそむる事共次々《つきつぎ》へうつりもて行《ゆく》もの也。月日も昨日は今日となり、器《うつはもの》にあるものをあくるも、うつすと云。書《しよ》籍《じやく》をも、うつすと云。みな移《うつり》かはるより出か。

可愛　うつくし。いつくし。いと、うと、皆、五音通《つうず》。物にめでゝながめ入れば、無余念《よねんなく》、我心空虚《わかこころくうきよ》になる物也。されば、こゝろのうつくると云より云そめしか。

疎　うとし。うすく遠《とを》きか。縁《えん》うすきによりちかづかぬ也。他人《たにん》を疎《うとし》と云。

羨　うらやまし。地神《ちじん》四代の尊《みこと》の御子二人あるに、兄には海をゆづり弟には山をゆづり給しに、互《たかい》に後《のち》には海《うみ》と山とをかへて遊猟《ゆうれう》せし事有り。我持ならしたるものにはあく心出来《いできたり》て、人の持たるものをほしき心あるならひ也。それより起《おこる》詞か。

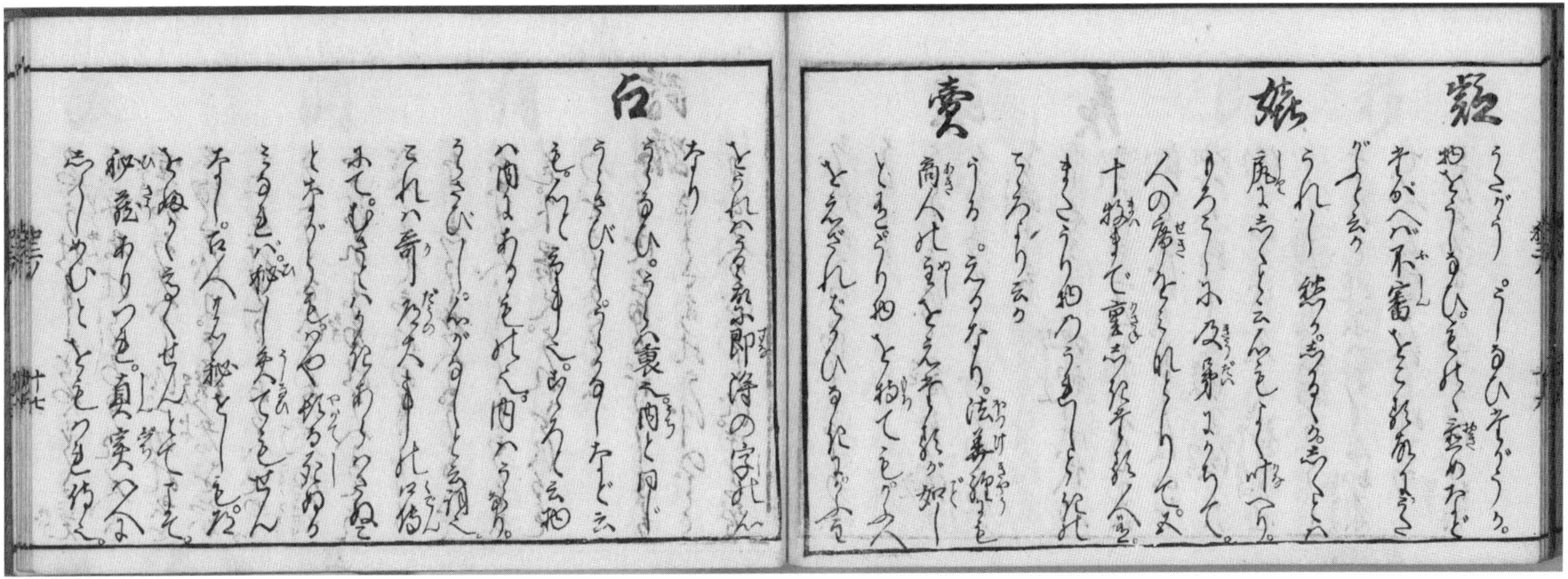

巻三 17オ　巻三 16ウ

疑　うたがう。うしなひたがうか。物をうしなひ、もの、置《おき》めなどたがへば、不審《ふしん》をこる故に、うたがふと云か。

嬉　うれし。愁《(がカ)》かしかる、か。しくとは、尻《しり》にしくと云心もよく叶《かな》へり。もろこしに及第《きうだい》にかちて人の席《せき》をみなとりて五十枚《まい》まで重《かさね》しきたる人有。また、うり物のうれしときのこゝろより云か。

賣　うる。えるなり。法華経《ほつけきやう》にも、商《あき》人の主《ぬし》をえたるが如《ごと》しと有。うり物を持《もち》ても、かふ人をえざればかひなきに、かふ主をうれはうる、故に、即《すな》《(すなはちカ)》、得の字《し》の心なり。

占　うらなひ。うらは、裏也。内《うち》と同じ。うらさびし、うらかなしなど云も、心と云事也。こゝろと云物は内にあるもの也。内はうらなり。うらさびし、心がなしと云詞也。これは、歌道《かだう》大事の口伝《くでん》にて、むさとはかきあらはさぬことながらも、はや頓而《やがて》死《し》ぬるみなれば、秘《ひ》し失《うしなひ》てもせんなし。古人の秘せしも、道をふかく高くせんとてこそ、秘蔵《ひさう》ありつれ。真《しん》実《じち》は人にしらしめむとをもはれ侍也。

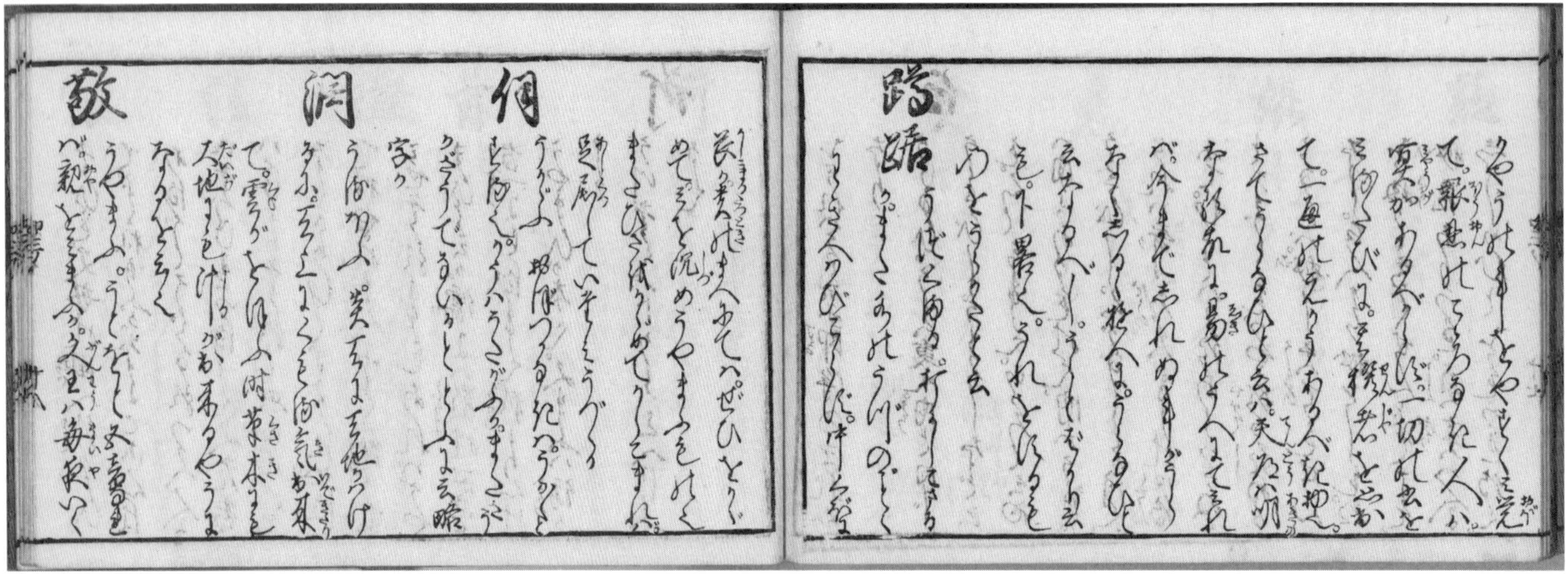

巻三　17ウ　　巻三　18オ

かやうの事をやすくみ覚《おぼ》(おぼへカ)て、報恩《ほうおん》のこゝろなき人は、冥加《みやうが》あるべからず。一切の書をみるたびに、其撰者《せんじや》を思出て、一遍のえかうあるべき物也。さて、うらなひと云は、天道《てんとう》は明《あきらか》なる故に、易《えき》のうへにてみれば、今までしれぬ事がうらなくしるゝ、ゆへに、うらなひと云なるべし。うらとばかり云も、下略也。それをするものを、うらかたと云。

蹲踞　うづくまる。打かしこまるか。また、水のうづのごとく、わきへはびこらず、中くぼに

畏《かしこまる》か。貴《たつとき》のまへにては、ぜひ(せいカ)をかゞめて、みを沈《しづ》めうやまふもの也。また、ひざをかゞめてかしこまれば、足屈《あしくつ》していたみうづくか。

伺　うかゞふ。おぼつかなきは、うかく\とする也。かうは、うたがふか。また、さうかさうでないかととふに云略字か。

潤　うるほふ。炎天に天地かはけるに、天上にくもる気出来《きいできたり》て、雲《くも》がをほふ時、草木《くさき》にも大地《だいぢ》にも汁《しる》が出来るやうになるを云也。

敬　うやまふ。うとをと五音なれば、親《おや》をみまふか。文王《ぶんわう》は、毎夜《まいや》いく

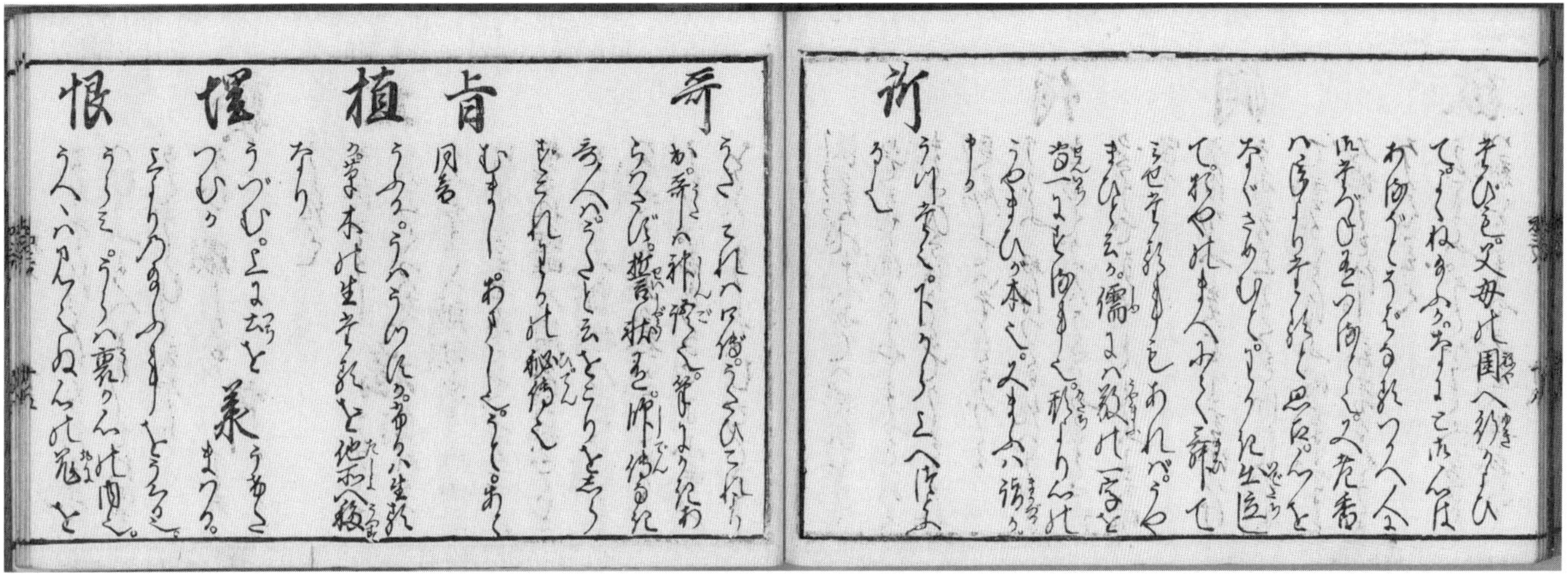
巻三 19オ
巻三 18ウ

たびも父母の閨《ねや》へ行《ゆき》かよひて、よくね給ふか、なにと御心はあるぞと、そばなるつかへ人に御たづね有つると也。又、老 香（老莱子カ）は、年よりたると思召、心をなぐさめむと、わかき出《いで》立《たち》して、おやのまへにて舞《まひ》てみせたる事もあれば、うやまひと云か。儒《しゅ》には、敬《うやまふ》の一字を専一《せんいち》にする事也。形《かたち》より心のうやまひが本也。又、まふは諂《まうづる》か、申か。

訴　うつたえ。下から上へつとふる也。

哥　うた。これは、口伝。うたひ、これより出。歌《うた》は、神語《しんご》也。筆にかきあらはさず。誓状《せいじやう》有。師伝《しでん》なき歌人は、うたと云をこりをしらず。これ、わかの秘伝《ひでん》也。

旨　むまし。あまし也。うとあと同音。

植　うふる。うは、うつすか。ふるは、生るか。草木の生たるを他所《たしよ》へ移《うつす》なり。

埋　うづむ。上に土《つち》をつむか。

承　うけたまはる。上よりの給ふ事をうくる也。

恨　うらみ。うらは、裏《うら》か。心の内也。うへ丶は見えぬ心の鬼《おに》を

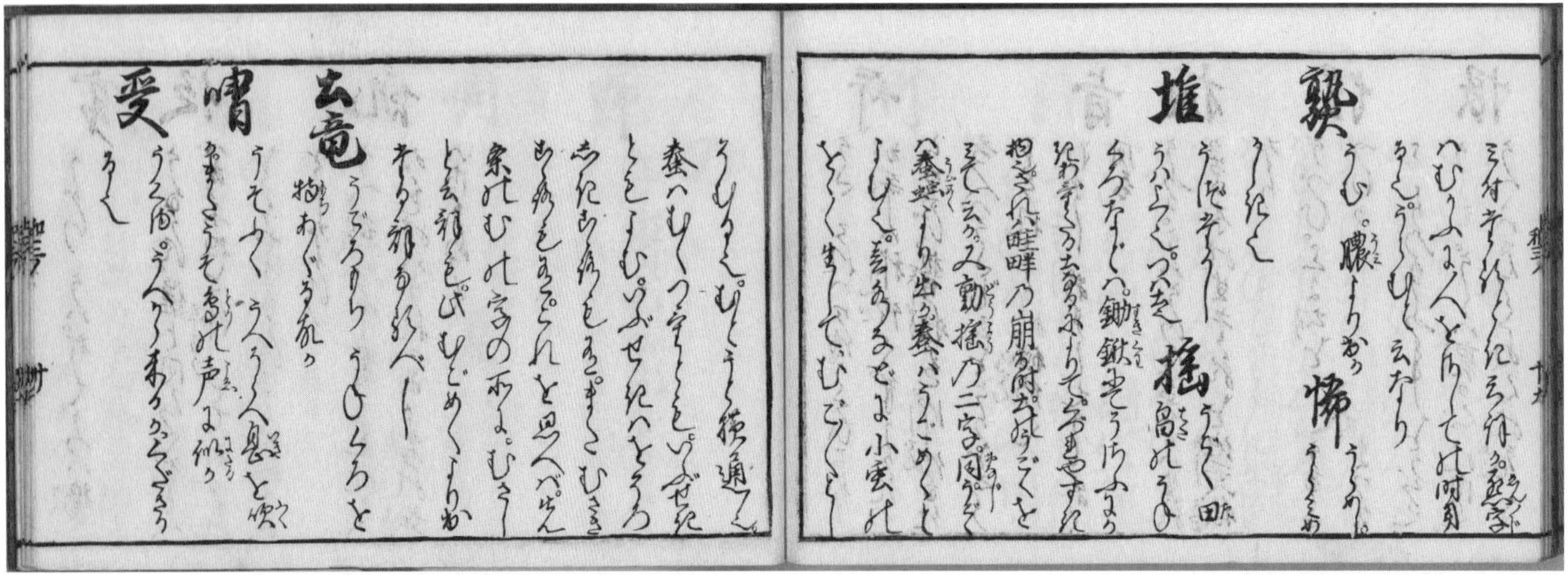

巻三 19ウ

巻三 20オ

み付たるとき云詞か。怨字《ゑんのじ》は、むかふに人をさしての時用る也。うらむと云なり。

勬　うむ。膿《うみ》より出か。

悕　うらめし。うらみめかしき也。

堆　うづたかし。うは上也。つは土也。

揺　うごく。田畠《たはた》のうねくろなどは、鋤鍬《すきくわ》にてそさふにかきあげたる土なるによりて、くづれやすき物也。されば畦畔の崩る時、土のうごくをみて云か。又、動揺《どうよう》の二字、同《おなじ》。うごくは蠢《うごめく》より出か。蠢は、うごめくとよむ也。春水などに小虫のをゝく生して、むご〱としそむる也。むとうと横通也。蠢は、むくつけとも、いぶせきともよむ。いぶせきは、をそろしきこゝろも有、また、むさきこゝろも有。これを思へば、先条のむの字の所に、むさしと云詞も、此むごめくより出たる詞なるべし。

土竜　うごろもち。うねくろを持《もち》あぐる故か。

嘯　うそふく。うへそらへ、息《いき》を吹《ふく》か。また、うそ鳥《とり》の声《こゑ》に似《にたる》か。

受　うくる。うへから来るか。くださるる也。

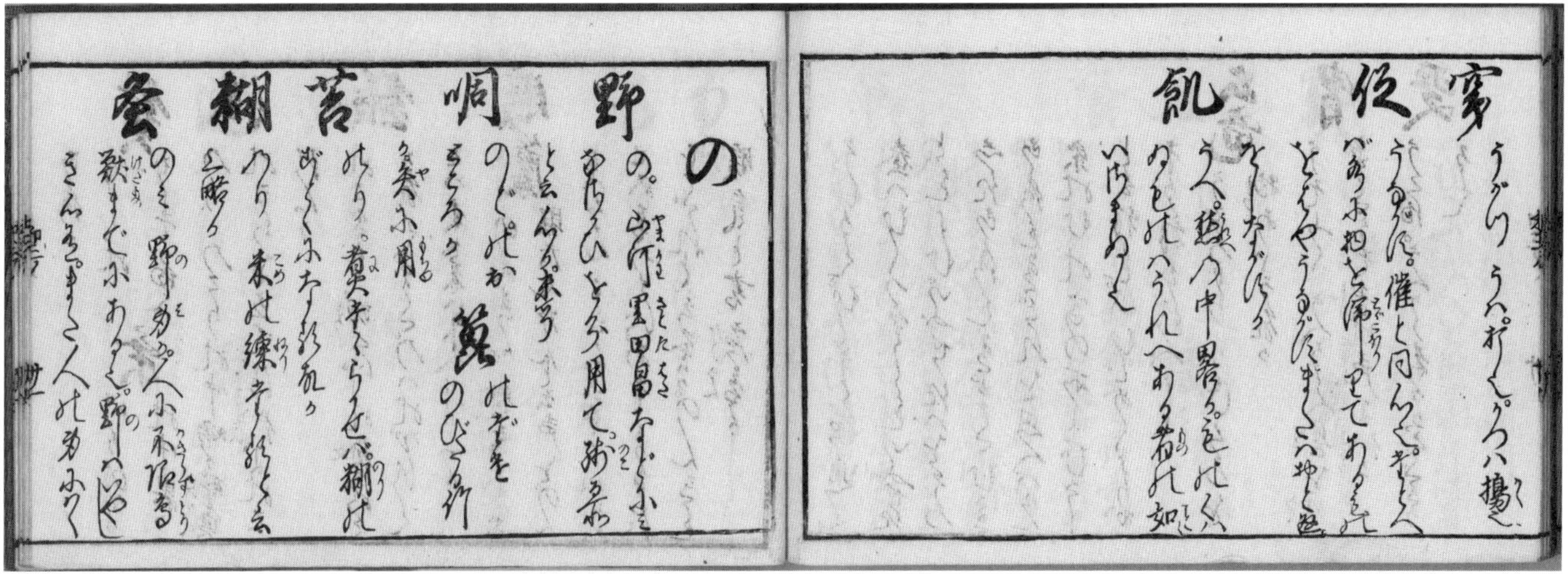
巻三 20ウ　　巻三 21オ

穿　うがつ。うは、打也。かつは搗《かく》也。

促　うながす。催と同心也。たとへば、水に物を滞《とどこほり》（ママ）りてあるものを、はやうながす。または、おと通、をしながすか。

飢　うへ。愁《うれへ》の中略か。ものくはぬものは、うれへある者《もの》の如《ごとく》いさまぬ也。

の

野　の。山河里田《やまかわさとた》畠《はた》などに、みなさかひを分用て、残《のこ》る所と云心か。未レ了。

咽　のど。の出（ママ）ところか。

篦　のだけ。のびたる竹か。矢《や》に用《もちゆ》。

苔　のり。煮《に》たゝらかせば、糊《のり》のごとくになる故か。

糊　のり。米《こめ》の練《ねり》たると云上略か。

蚤　のみ。野身《のみ》か。人に不限《かぎらず》、鳥獣《とりけだもの》までにある也。野《の》はいやしき心有。また、人の身にわく

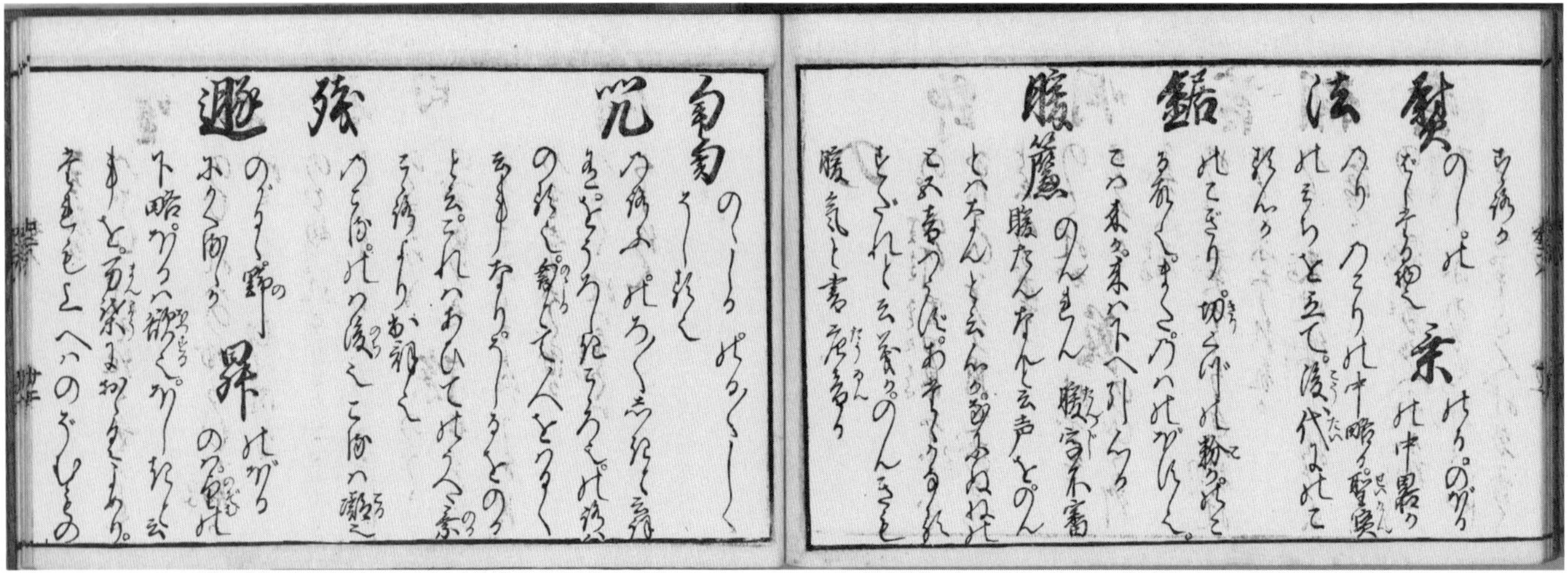
巻三　22オ
巻三　21ウ

こゝろか。
熨　のし。のばしたる物也。
乗　のる。のぼるの中略か。
法　のり。のこりの中略か。聖賢《せいけん》のみちを立て、後代《こうたい》にのこる心か。
鋸　のこぎり。切《きり》くづの粉《こ》かのこる故也。また、のは、のぼす也。こは、来か。来は下へ引心か。
暖簾　のんれん。暖字《たんじ》、不審。暖、たん、なんと云声を、のんとは、なんと云心か。なにぬねのと五音つうず。あたゝかなるすだれと云義か。のんきも、暖気と書。唐音《たうゐん》か。
訇訇　のゝしる。のろ〳〵しくそしる也。
咒　のろふ。のろ〳〵しきと云詞有。をそろしきこゝろ也。のろは、のる也。訇《ののしる》とて人をわるく云事なり。そしるをのると云。これは、あひてのうへゝ乗《のる》こゝろより出詞也。
残　のこる。のは、後《のち》也。こるは、凝《こる》也。
遯　のがるゝ。野《の》にかくるゝか。
昇　のぼる。のは、望《のぞむ》の下略。ほるは、欲《ほつする》也。ほしきと云事を、万葉《まんよう》におゝくよめり。たれも上へはのぞむもの

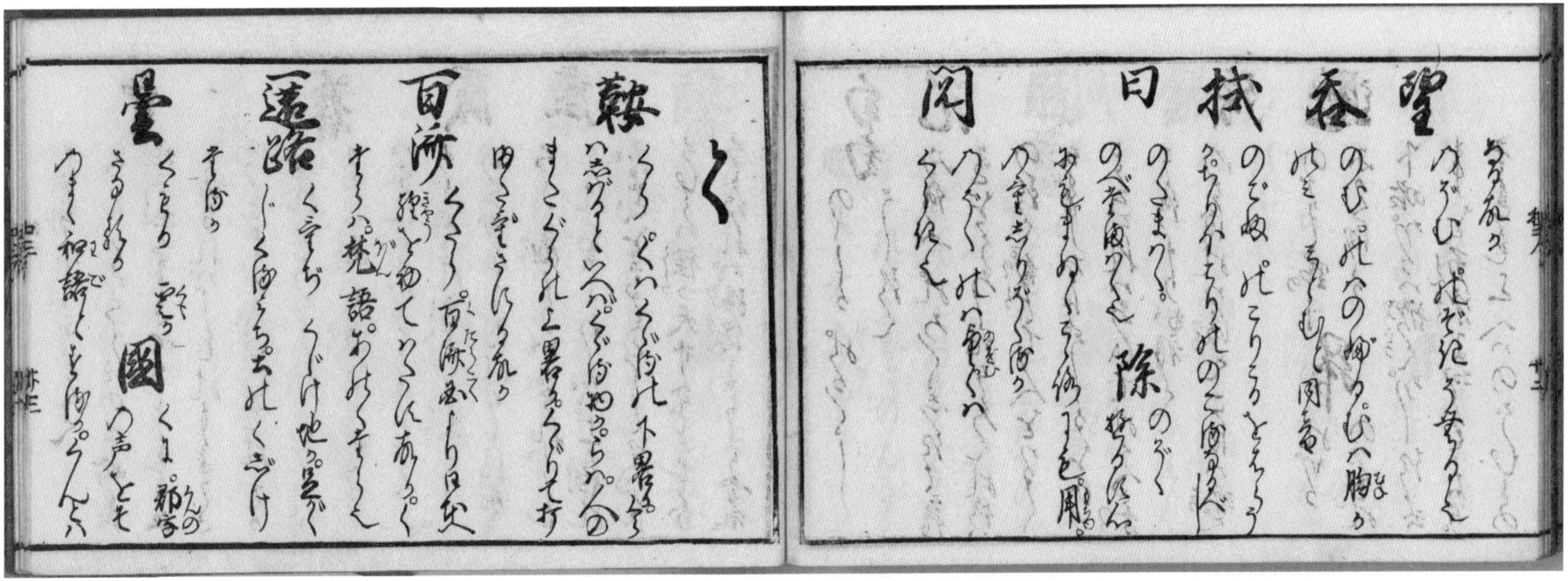

巻三　23オ

巻三　22ウ

なる故か。

望　のぞむ。のぞきそむる也。

呑　のむ。のみ。のは、のぶる。むは、胸《むね》か。みとむと同音。

拭　のごふ。のこりたるをはらうか。ちりほこりの、のこるなるべし。

曰　のたまはく。のべたまはく也。

除　のぞく。ゆるす心にも、まぬくこゝろにも用《もちゆ》。のけしりぞくるか。

閲　のぞく。の（のぞカ）は、望《のぞむ》、くは、くらき也。

く

鞍　くら。くは、くゞるの下略か。くらは、しばるといへば、くゞる物か。くらは、人のまたぐらの上略か。くゞりて打またげさする故か。

百済　くたら。百済国《くたらこく》より日本へ経《きやう》を初てわたす故か。くたらは、梵《ぼん》語。あのくたら也。

匿路　くけぢ。くじけ地か。足がくじくるみち。土のくじけたるか。

曇　くもる。雲《くも》かさなるか。

國　くに。郡字《くんの》の声をそのまゝ和語《わご》とするか。くんとは、

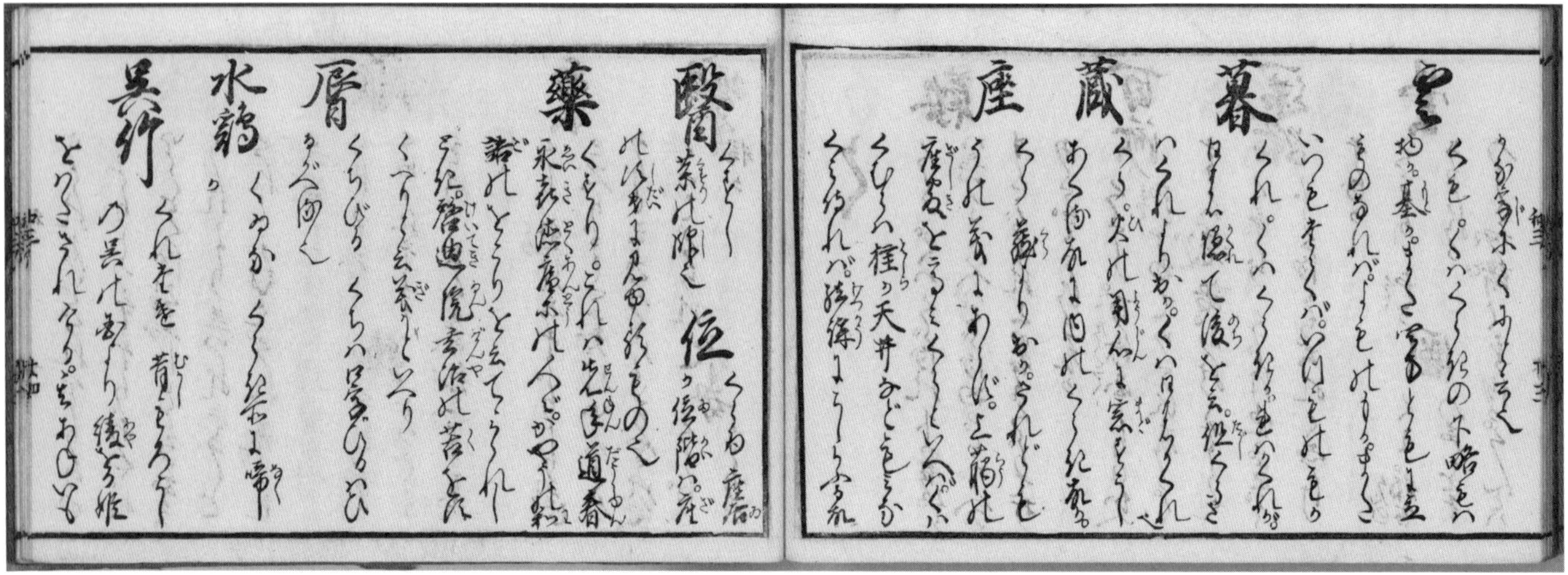

巻三　24オ　　巻三　23ウ

かな字《じ》にくにと云也。

雲　くも。くは、くらきの下略、もは、物か、基《もと》か。また、四方ともに立ものなれば、よものもか。また、いつもたてば、いつものもか。

暮　くれ。くは、くらきか。れは、かくれが（かカ）。日の隠《かくれ》て後《のち》を云。但《ただし》、くらきは、くれより出か。くは、日のかくれ也。

蔵　くら。火《ひ》の用心《ようじん》に窓《まど》すこしあくる故に、内のくらき故か。

座　くら。蔵《くら》より出か。されども、その義にあらず。上﨟《らう》の座敷《ざしき》を高みくらといへば、くは、くむ、らは、柱《はしら》か。天井などもみなくみ侍れば、結《けつ》構《かう》にこしらふる故。

醫　くすし。薬の師《くすりし》也。

位　くらゐ。座居《ゐ》か。位階《ゐかい》は、座《ざ》の次《し》第《だい》に見ゆるもの也。

薬　くすり。これは、先年《せんねん》、道春《だうしゅん》、永《えい》喜《き》、徳庵等《とくあんとう》の人々、かやうの和語《わご》のをこりを云てみられしとき、啓迪院《けいてきゐん》玄治《げんや》の苦《く》をすくへりと云義《ぎ》かといへり。

脣　くちびる。くちは、口字。ひるは、ひるがへる也。

水鶏　くゐな。くらき所に啼《なく》か。

呉竹　くれたけ。昔《むかし》、もろこしの呉の国より、綾《あや》をる姫をわたされける。其あねいも

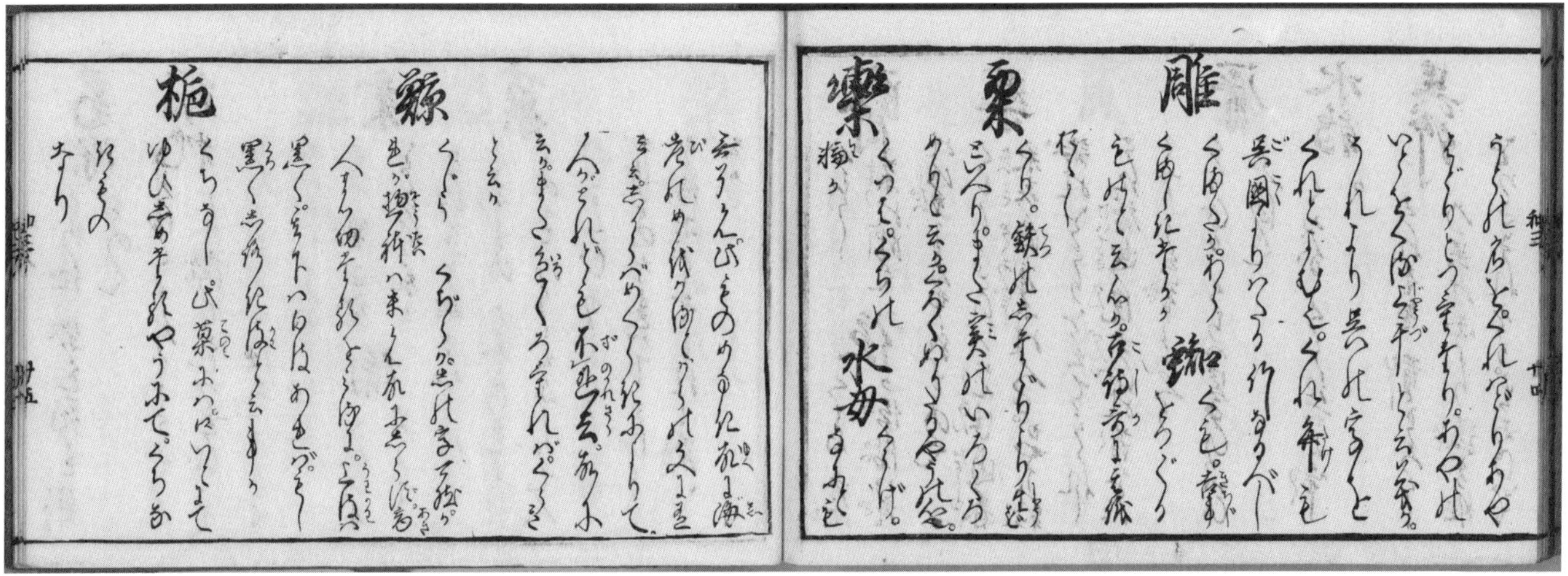

巻三　25オ

巻三　24ウ

うとの名を、くれはどり、あやはどりとつけたり。あやのいとをくる上手《じやうづ》と云義か。それより、呉の字をくれとよむ也。くれ竹《たけ》も呉国《ごこく》よりわたる竹なるべし。

雕　くまたか。あらくましきたかか。

蜘　くも。吉事《きちじ》をつぐるものと云心か。古詩歌《こしか》に其儀お丶し。

栗　くり。鉄《てつ》のしたゞりより生《しやう》ずといへり。また、実《み》のいろくろめりと云か。くろくぬりたるやうの心也。

欒(轡カ)　くつは。くちの輪《わ》か。

水母　くらげ。なにとも無了見。此もの、めなき故《ゆへ》に海老《えび》のめをかると、からの文に有云云。しからば、めくらきにによりて、人がとれども不《ず》レ逃去《のかれさら》。故に云か。また、色《いろ》くろければ、くらきと云か。

鯨　くじら。くぢらか。しの字可然。かれが惣体《そうたい》は、未見故にしらず。商《あき》人の切たるをみるに、上皮《うわかわ》は黒く、其下は白皮あれば、もし黒《くろ》くしろき皮《かわ》と云事か。

梔　くちなし。此菓《このみ》には、口いとにてゆひしめたるやうにて、くちなきものなり。

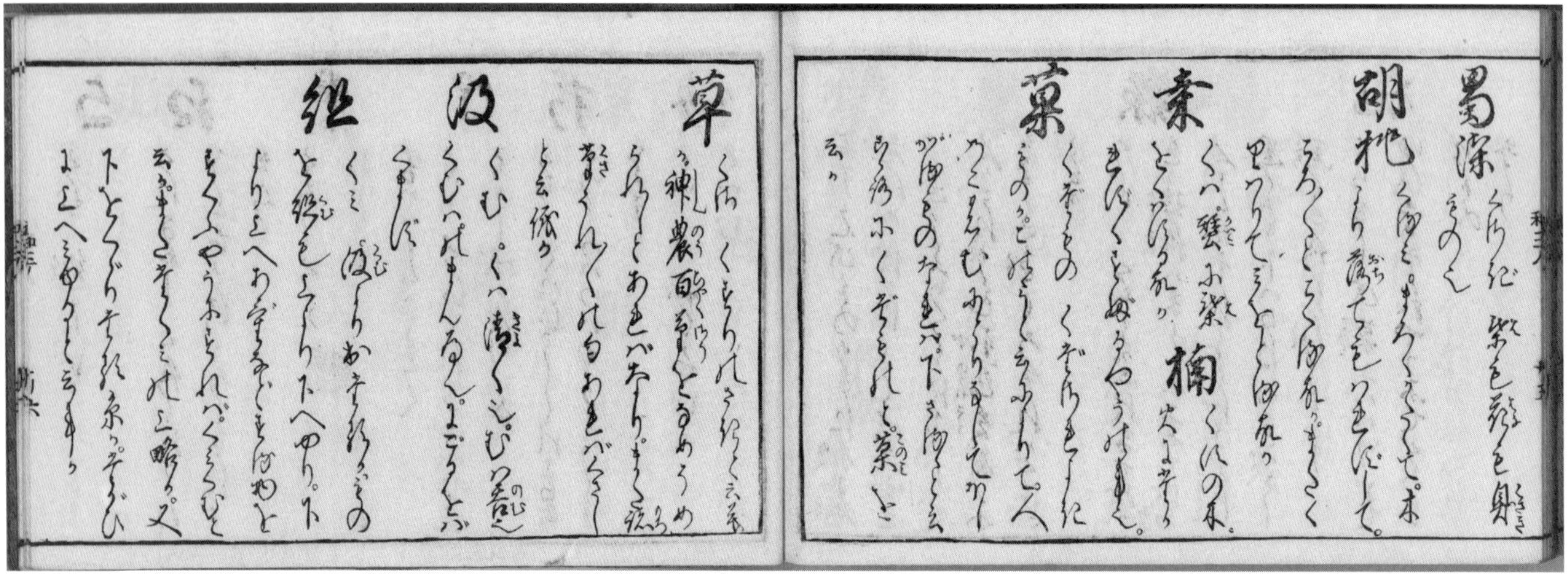

巻三　25ウ

巻三　26オ

蜀漆　くさぎ。葉《は》も花《はな》も臭《くさき》もの也。

胡桃　くるみ。まろくかたくて、木より落《おち》てもわれずして、ころ〳〵とこくる故か。また、くりわりてみをとる故か。

桒　くは。蚕《かいこ》に葉《は》をくはする故か。

楠　くすの木。火にたかれず、くすぶるやうの事也。

菓　くだもの。くだされよきものか。このみと云によりて、人のこのむにとりなしてほしがるものなれば、下さるゝと云こゝろにくだものと、菓《このみ》を云か。

草　くさ。くすりのさきと云義か。神《しん》農百草《のうひやくさう》をなめそめられしとあればなり。また、諸草《もろくさ》それ〳〵の匂あれば、くさしと云儀か。

汲　くむ。くは、清《きよ》く也。むは、呑《のむ》也。くむは、のまん為也。にごるをばくまず。

組　くみ。汲《くむ》より出たるか。ものを組《くむ》も上より下へやり、下より上へあげなどする。物をすくふやうにすれば、くみくむと云か。また、たくみの上略か。又、下をくゞりたる糸か、たがひに上へみゆると云事か。

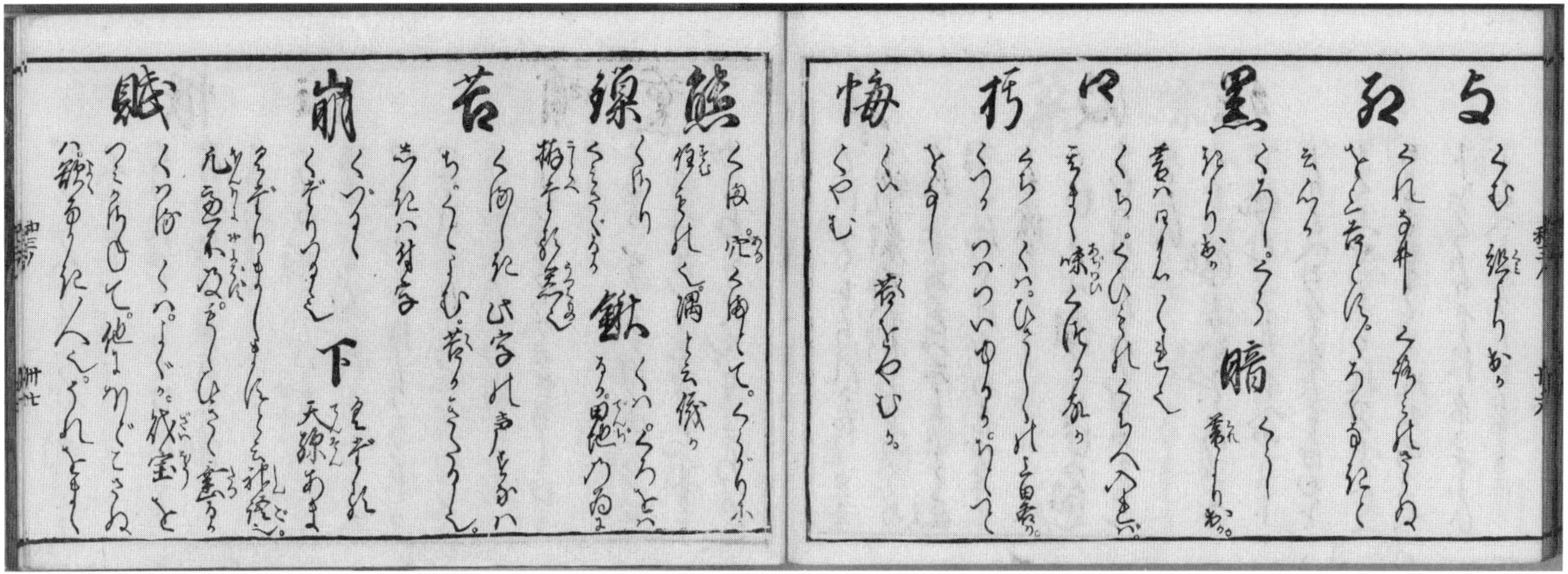

巻三 27オ

巻三 26ウ

与　くむ。組《くみ》より出か。

紅　くれなゐ。くろみのさらぬを上吉とす。くろくなきと云心か。

黒　くろし。くらきより出か。

暗　くらし。暮《くれ》より出か。暮は日のくれなり。

口　くち。くひものくちへ入れば、其まゝ味《あぢはひ》くつる故か。

朽　くち。くつる。くは、ひさしくの上略か。つは、ついゆるか。ちとつとをなし。

悔　くい。くやむ。苦《く》をやむか。

熊　くま。穴《あな》くまとて、くらがりに住《すむ》もの也。隅と云儀か。

鏁　くさり。くみさぐるか。

鍬　くは。くろをはるか。田地《でんぢ》の為に拵《こしらへ》たる器《うつはもの》也。

苦　くるしき。此字の声、すなはち、くとよむ。苦《く》かきたる也。しきは付字。

崩　くづる、。くだりつる、也。

下　くだる。天孫《てんそん》あまくだりましますと云神語《しんご》也。凡慮不及《ほんりよおよばず》。もし、ひきく垂《たる》るか。

賦　くばる。くは、よぐ《（くカ）》か。財宝《ざいほう》をつみかさねて、他にほどこさぬは、欲《よく》ふかき人也。それをまく

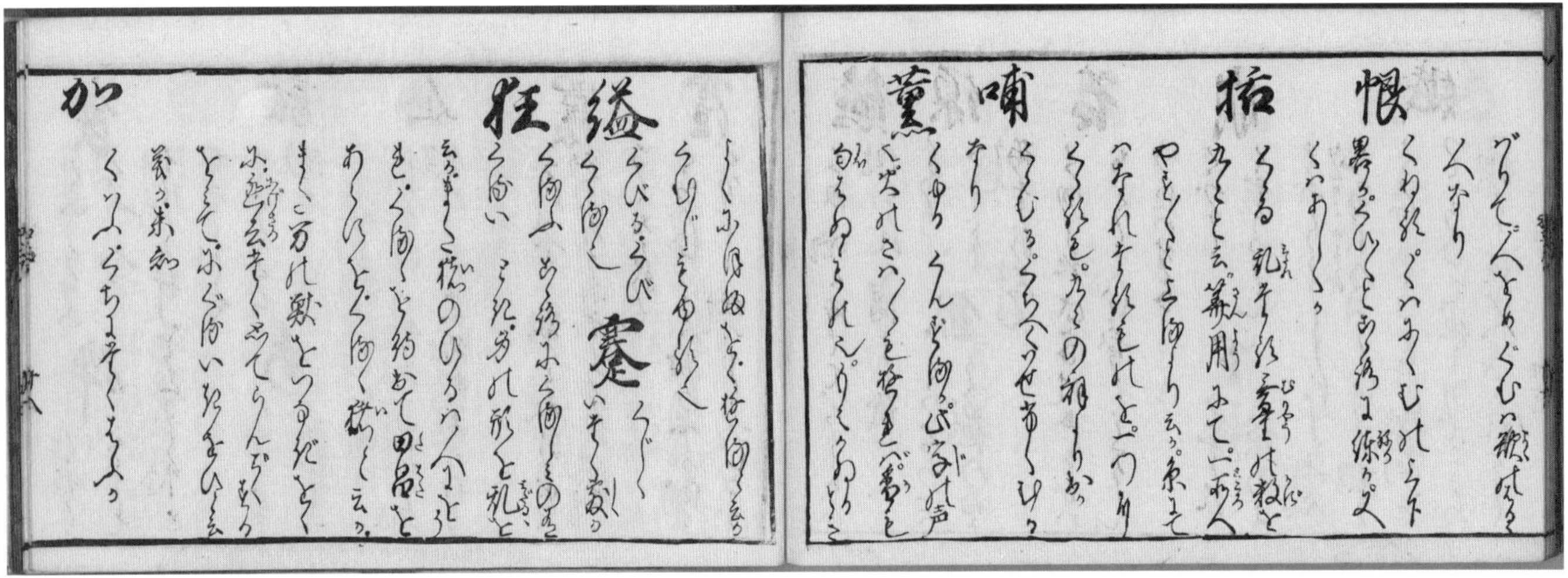

巻三　28オ　　巻三　27ウ

ばりて、人をめぐむは、欲《よく》のはる、人なり。

恨　くねる。くは、にくむの上下略か。くひ〳〵とこゝろに練《ねる》か。又、くは、あしくか。

括　くゝる。乱《みたれ》たる無量《むりやう》の数《かず》を九々と云。算用《さんよう》にて、一所《ところ》へやす〳〵と上るより云か。糸にてはなれたるものを一つにくゝるも、九々の詞より出か。

哺　くゝむる。くちへくはせ、ふくむるなり。

薫　くゆる。くんずるか。此字《じ》の声也。火のさは〳〵もゆれば、香《か》も匂《にほ》はぬもの也。もえかぬるときよくにほふを、くゆると云か。くむ（んカ）じもゆる也。

縊　くびる。くびくゝる也。

蹇　くじく。いたく敷《しく》か。

狂　くるふ。くるい。こゝろにくるしみの有とき、身の形を乱《みだるる》を云か。また、猪《い》の、ひるは人にをそれ、くるゝを待出て田畠《たはた》をあらすを、くるゝ猪《い》と云か。また、万の獣をつなぎをくに、逃去《にげさり》たく思てらんごくするをみて、にぐるいきをひと云義か。未知。

加　くはふ。くちにたくはふか。

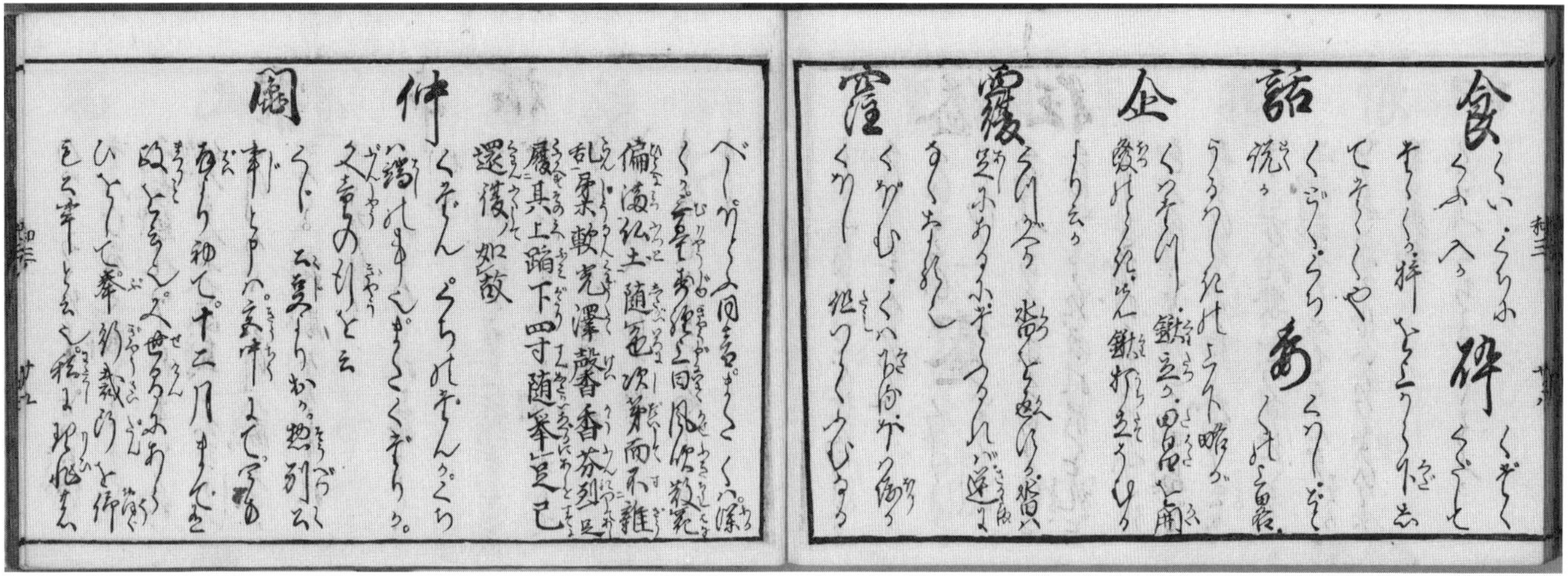

巻三　29オ

巻三　28ウ

食　くい。くふ。くちに入か。

砕　くだく。くだしてた丶くか。杵を上から下《くだ》してた丶く也。

話　くどく。くち説《とく》か。

委　くはし。ど（とカ）丶くの上略、うるはしきの上下略か。

企　くはたつ。鍬立《くわたつ》か。田畠《たはた》を開発《かいはつ》のとき、先、鍬打立《くわうちたて》そむるより云か。

覆　くつがへる。沓《くつ》を返《かへ》する。沓は足《あし》にあるに、たふるれば、逆《さかさま》になくなる也。

窪　くぼむ。くほし。くは、下《くた》る、ほは、堀《ほり》か。但《たたし》、つよくふむなるべし。ほとふ同音。また、くは、深《ふか》くか。無量寿経《むりやうじゆきやう》上《じやう》曰《にいわく》、風吹散レ花《かせふきちらしはな》偏《ひとへにみつ》満二仏土《ふつと》一、随《したがいいろにし》レ色次第《だいしてす》而不二雑《ざう》一乱《らん》一、柔軟《じうなん》光沢《くわうたく》馨香《けいかう》芬烈《ふんれつして》、足履《あしくつかへす》二其上《そのうへ》踏下《ふみくだり》四寸《すん》一、随《したかい》レ挙《あぐるに》レ足《あしを》已《すでに》還《くはん》復《ふくして》如レ故。

件　くだん。くちのだんか。くちは端《はし》の事也。また、くだりか。文章《ぶんしやう》の行《ぎやう》を云。

鬮　くじ。公事《くじ》より出か。惣別《そうべつ》、公事《くじ》と申は、宮中《きうちう》にて四方拝《ばい》より初て十二月まで有政《まつりこと》を云也。又、世間《せけん》にあらそひをして、奉行裁断《ぶぎやうさいだん》を仰《おほぐ》も、公事と云也。私《わたくし》に理非《りひ》の

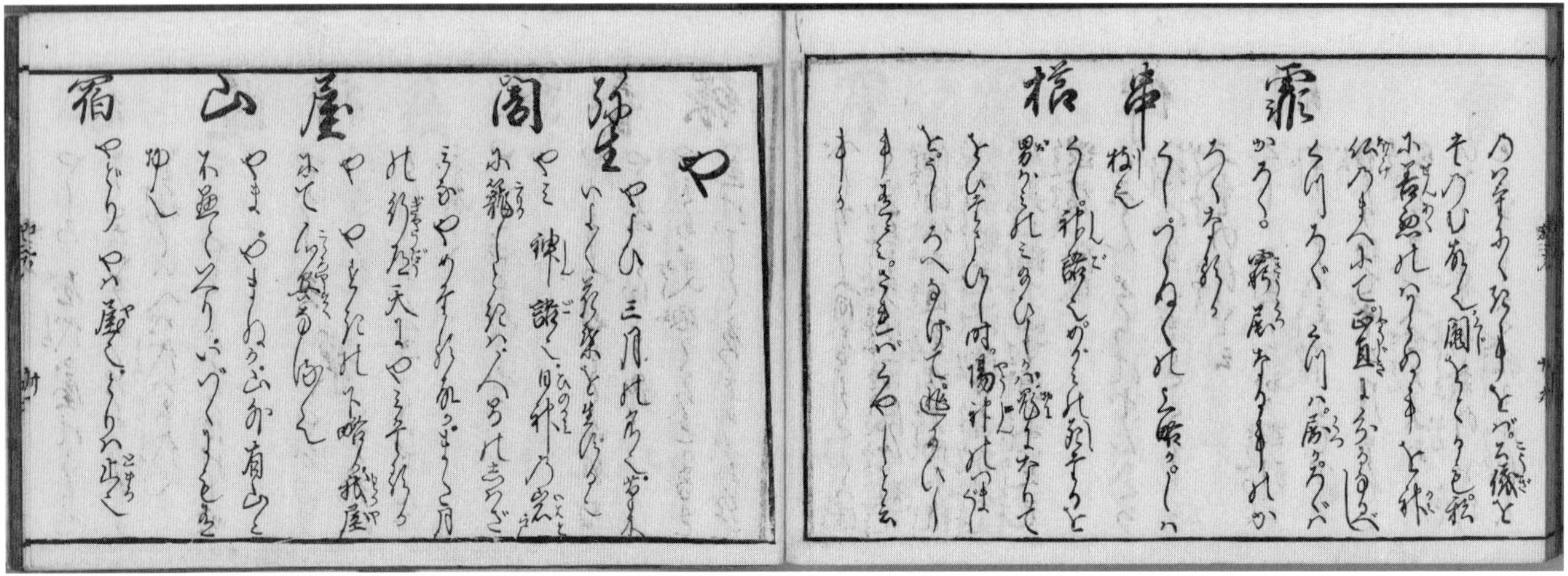

巻三 30オ　　巻三 29ウ

の《（ママ）》わけにくき事をば、公儀《こうぎ》をたのむ故也。鬮《くじ》をとるも、私に善悪《せんあく》のわからぬ事を神仏《かみほとけ》のまへにて正直《しやうじき》に分るなるべし。

窕　くつろぐ。くつは、屈《くつ》か。ろぐは、かろく。窮屈《きうくつ》なる事のかろくなるか。

串　くし。つらぬくの上略か。しは枝《し》也。

櫛　くし。神語《しんご》也。めがみの死《しし》たるを男《お》がみのみ給ひしかば、鬼《おに》になりてをひたまひし時、陽神《やうじん》（湯津カ）のつまぐしをうしろへなげて逃給ひし事有云云。されば、くやしと云事か。

や

弥生　やよひ。三月の名也。草木いよ〳〵花葉を生ずる也。

闇　やみ。神語《しんご》也。日神《ひのかみ》の岩戸《いはと》に籠《こもり》しときは、人間のしはざみなやめたる故か。また、月の行道《ぎやうだう》天にやみたるか。

屋　や。やすきの下略か。我屋《わがや》にて心《こころ》安《やすく》なる也。

山　やま。やまぬか。山外有山而不尽といへり。いづくにも有物也。

宿　やどり。やは、屋《や》也。とりは、止《とまり》也。

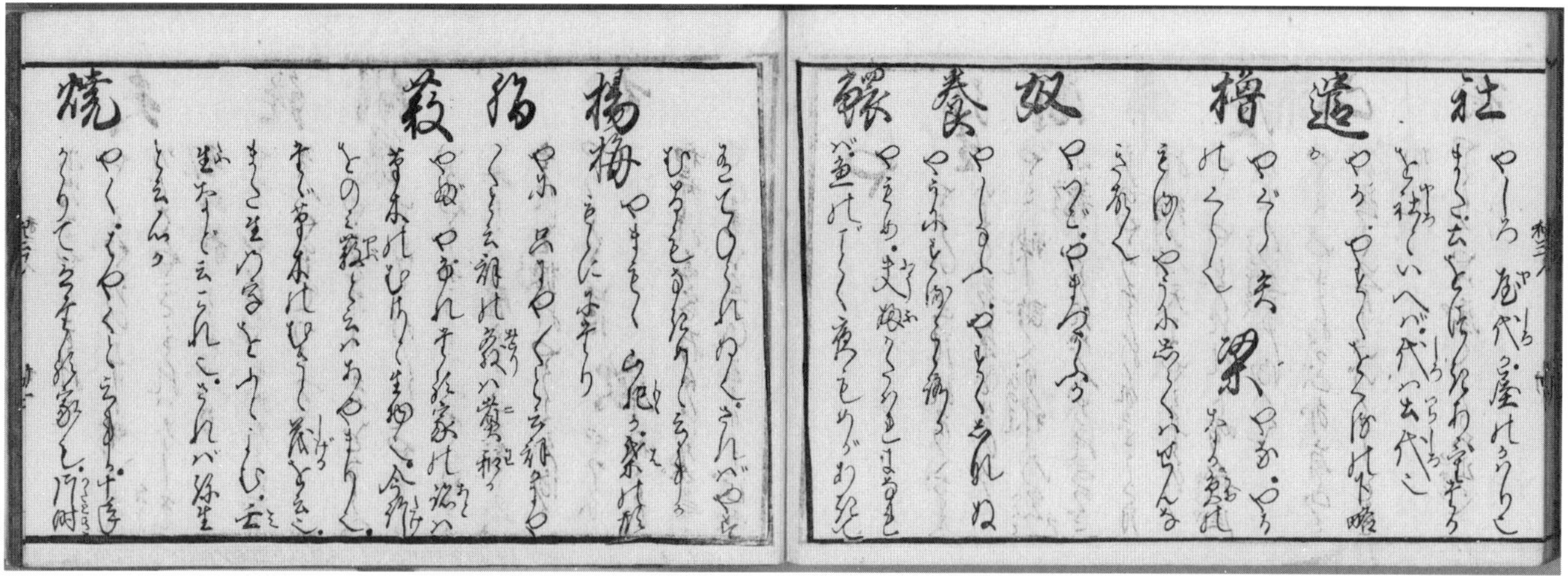
巻三 30ウ

巻三 31オ

社　やしろ。屋代《やしろ》か。屋のかはり也。また、土をつきあげたるを社《やしろ》といへば、代《しろ》は、土代《つちしろ》也。

遣　やる。やすくをくるの下(中カ)略か。

櫓　やぐら。矢のくら也。

梁　やな。やるなか。魚《うお》のもる、やうにしては、せんなき故也。

奴　やつご。やまづ(ずつカ)、かふか。

養　やしなふ。やすくしなぬやうにするこゝろか。

鰥　やもめ。夫婦《ふうふ》かたわれになれば、魚のごとく、夜もめがあきて有てねられぬ也。されば、やすむ間もなきめと云事か。

揚梅　やまもゝ。山桃《もも》か。葉《は》の形、もゝににたり。

脂　やに。只にや〳〵と云詞か。にや〳〵と云詞の発《おこり》は、煮和《にわ》か。

藪　やぶ。やぶれたる家の跡《あと》は、草木のむさと生物也。今、竹《たけ》をのみ藪《やぶ》と云はあやまり也。たゞ草木のむさと茂《しげる》を云也。また、生の字をふとよむ。壬生《みふ》など云これ也。されば、弥生と云心か。

焼　やく。はやくと云事か。十年かゝりて立たる家も、片時《かたとき》

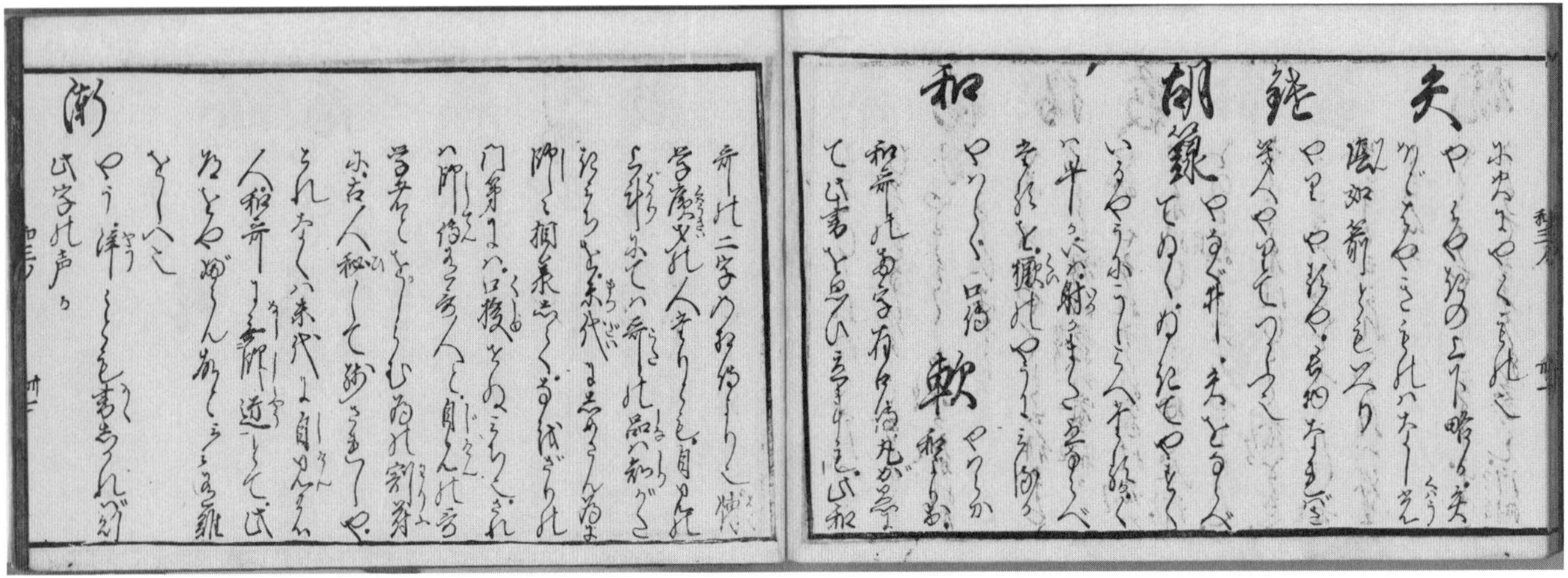

巻三　32オ　　巻三　31ウ

に火にやくもの也。

矢　や。はやきの上下略か。矢ほどはやきものはなし。光陰《くはういん》如箭ともいへり。

鑓　やり。やる也。長物なれば、さきへやりてつかふ也。

胡簶　やなぐゐ。矢をならべてぬく。ぬきてやすくいるやうにこしらへたるか。くは、早か。いは、射《いる》か。また、立ならべたるを、橛《くい》のやうにみるか。

和　やはらぐ。口伝。

軟　やはらか。和より出。和歌の両字、有口伝。丸が愚にて此書を思ひ立事も、此和歌の二字の相伝より也。博《はく》学広才《くはうさい》の人たりとも、自見の上斗《ばかり》にては歌《うた》の品《しな》は知《しり》がたきみちを、末代《まつだい》にしめさん為に師《し》々相承して、なをざりの門弟には、口授《くじゅ》せぬみち也。されは、師伝《してん》有歌人と自見《じけん》の歌学者とをしらむ為の割符《わりふ》に、古人秘《ひ》して残されしや。これなくは、末代に、自見《しけん》の人、和歌に無《なし》二師匠《ししやう》一とて此道をやぶらん故と云云。有難をしへ也。

漸　やう《（やうやうカ）》。洋々《やう》とも書《かく》。しかれば、則、此字の声か。

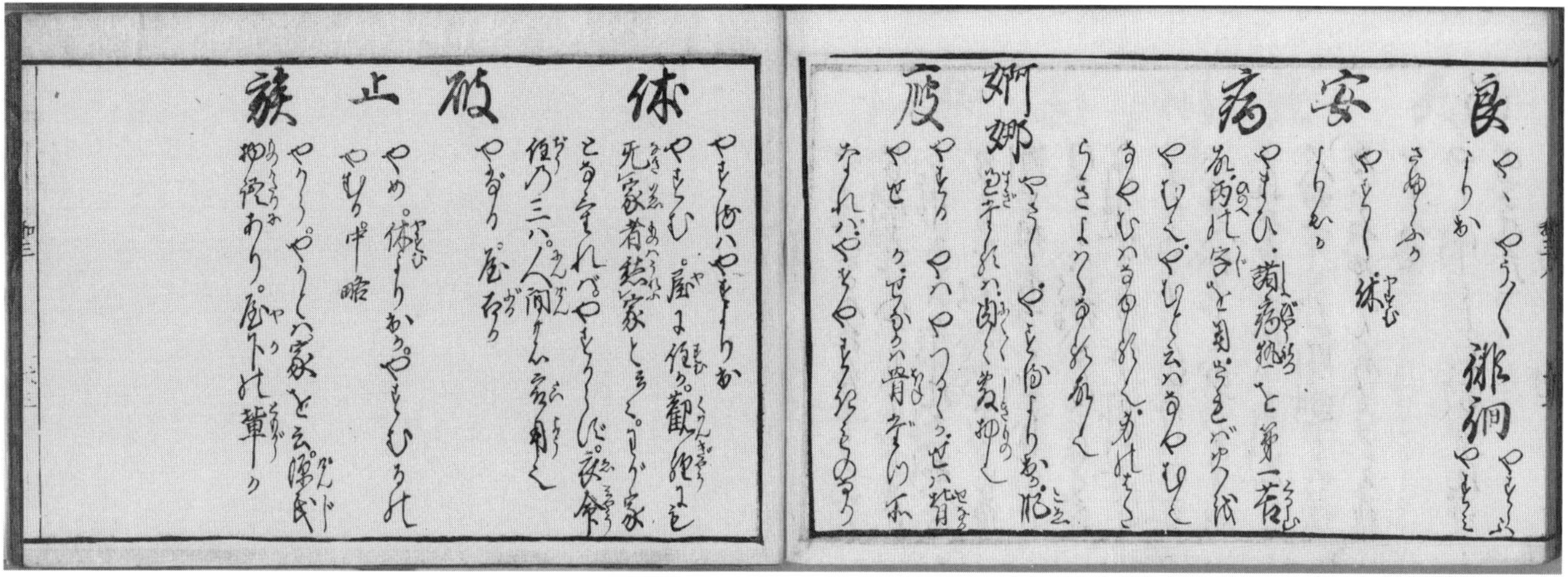

巻三 33オ　巻三 32ウ

良　やゝ。やう〱より出。

徘徊　やすらふ。やすみさふらふか。

安　やすし。休《やすむ》より出か。

病　やまひ。諸病《しよびやう》、熱《ねつ》を第一苦《くるしむ》故、丙の字《ひのへじ》を用。されば、火をやむ也。やむと云は、なやむ也。なやむは、なゆる也。身のはたらき、よはくなる故也。

婀娜　やさし。やするより出か。肥過《こゑすぎ》たるは、肉々敷物《にくにくしきもの》也。

痩　やする。やせ。やは、やつるゝか。せは、背《せなか》か。せなかは骨《ほね》だつ所なればやせやすきものなり。

やするは、やすより出。

休　やすむ。屋《や》に住《すむ》か。観経《くはんぎやう》にも、無《なき》レ家者《いゑものは》愁《うれふ》レ家と云云。わが家となければ、やすからず。衣命住《ゑみやうぢう》の三は、人間《にんげん》の最用《さいよう》也。

破　やぶる。屋古《ぶる》か。

止　やめ。やむる。休《やすむ》より出か。やすむるの中略。

族　やから。やかとは、家を云。源氏《げんじ》物語《ものかたりに》あり。屋下《やか》の輩《ともがら》か。

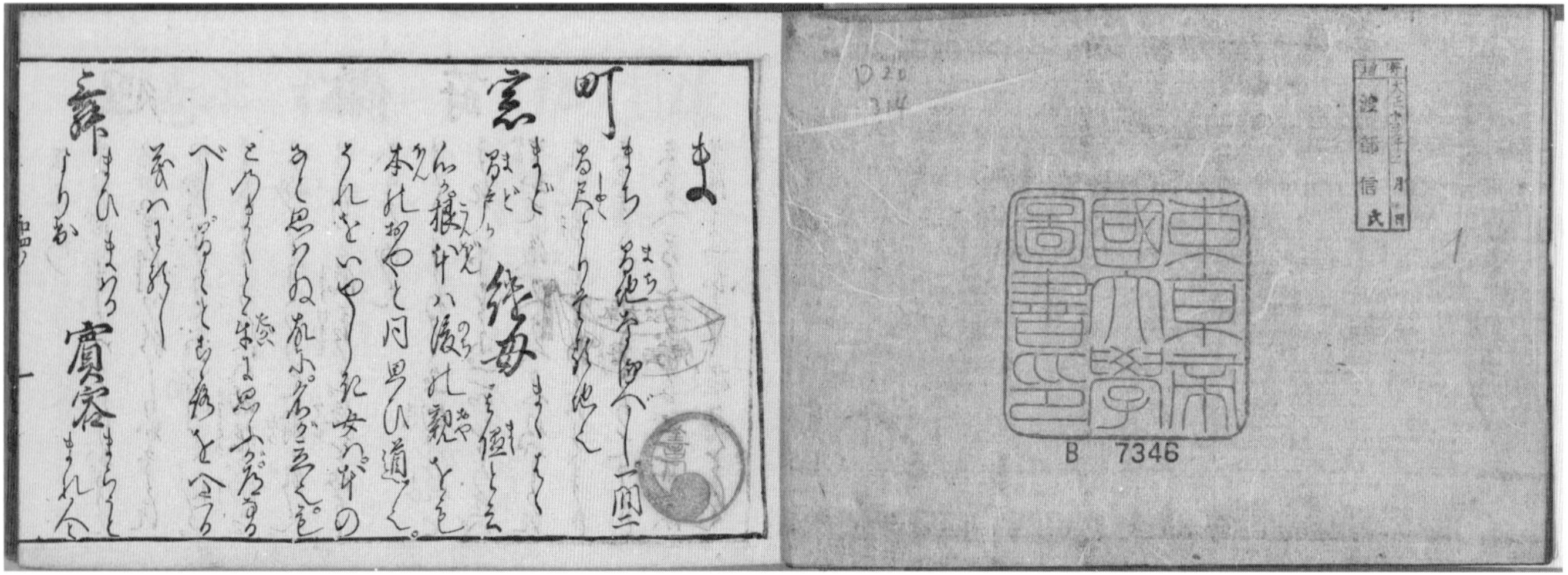

巻四　表見返し

巻四　1オ

（巻四）

ま

町　まち。間地《まち》なるべし。一間二間尺《しやく》とりたる地也。

窓　まど。間戸《まど》か。

継母　まゝはゝ。其儘《まま》と云心か。根本《こんぽん》は後《のち》の親《おや》をも本《ほん》のおやと同思ひ（ふカ）道也。それを、いやしき女は、本の子と思はぬ故に、名が立也。もとのまゝと互《たがい》に思ふが道なるべし。間々とこゝろをへたつる義はわるし。

舞　まひ。まはるより出。

賓客　まらうと。まれ人と

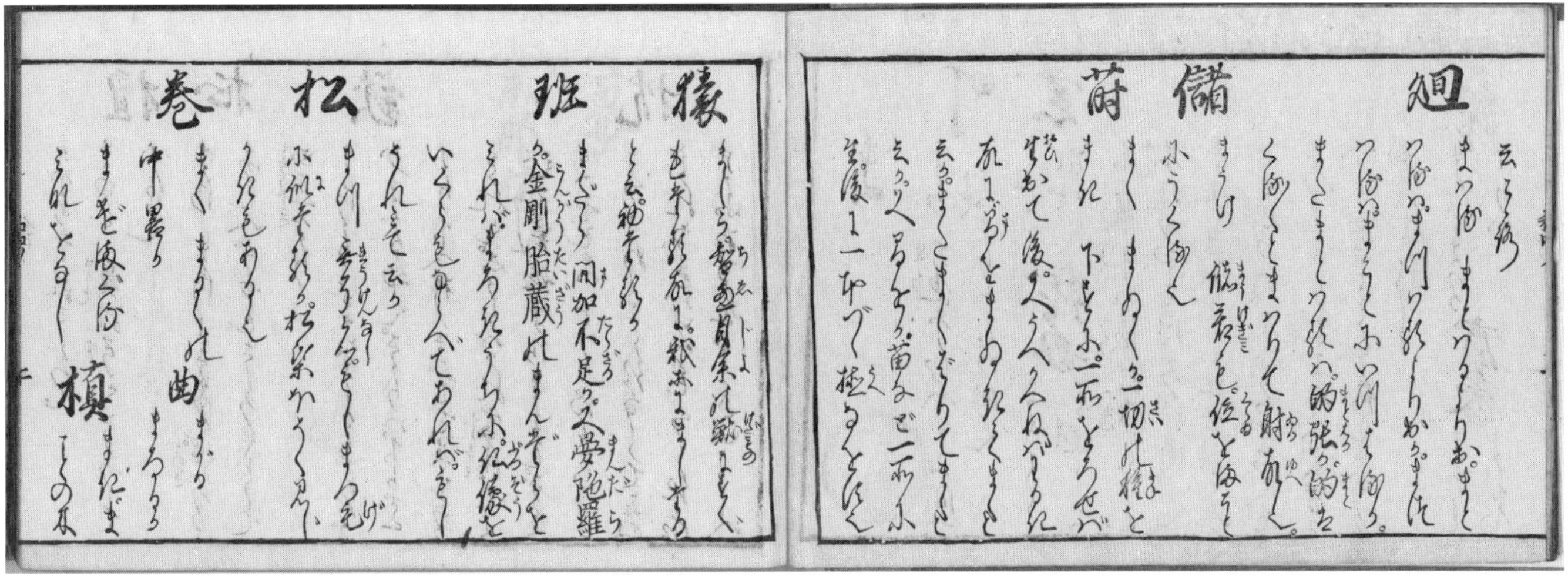

巻四　2オ　　巻四　1ウ

云こゝろ。

廻　まはる。まとはるより出。まとはるは、まつはるより出か。まつはるは、まことにいつはるか。また、まとはるは、的張《まとはる》か。的《まと》は、くるく〱とまはりて射故《いるゆへ》也。

儲　まうけ。儲君《まうけぎみ》も、位《くらゐ》をまことにうくる也。

蒔　まく。まき。まぬくか。一切《さい》の種《たね》を下すに、一所をろせば、生出《おひ》て後、又うへかへねばわるき故に、間《ま》をまぬきてまくと云か。また、まくばりてまくと云か。又、間近か。苗など一所に生、後に一本づゝ、植《うへ》なをす也。

猿　ましら。智恵《ちゑ》、自余《じよ》の獣《けだもの》にすぐれたる故に、我等にましたると云初たるか。

班　まだら。間《ま》加《(がカ)》不足《たらざる》か。又、曼陀《まんだ》羅《ら》か。金剛胎蔵《こんがうたいざう》のまんだらをみれば、まろきうちに、仏像《ぶつざう》をいくらもならべてあれば、もしそれみて云か。

松　まつ。無了見《れうけんなし》。もし、まつ毛《げ》に似《に》たるか。松葉ほそくみじかきもある也。

巻　まく。まるくの中略か。

曲　まがる。まかるるか。まげ、まぐる、みなをなし。

槇　まき。まことの木

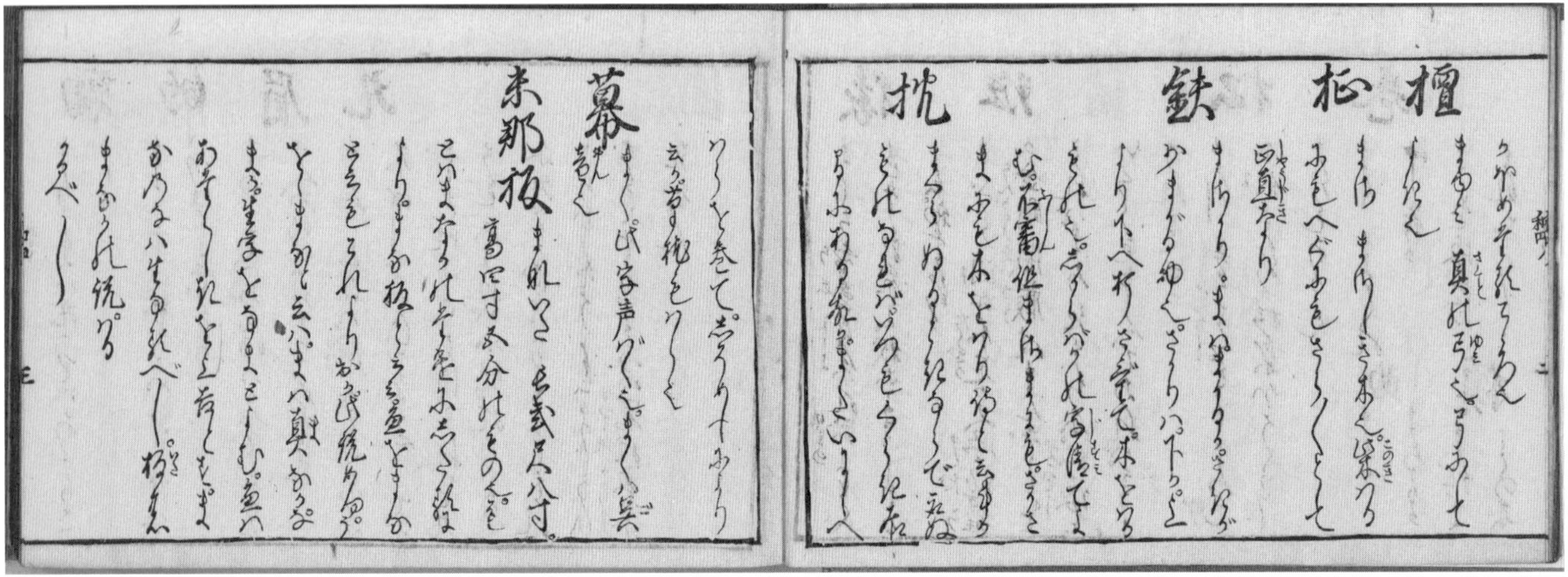
巻四　3オ　　巻四　2ウ

か。ほめたるこゝろ也。

檀　まゆみ。真《まこと》の弓《ゆみ》也。弓にしてよき也。

柾　まさ。まさしき木也。此木《このき》、わるにも、へぐにも、さら〳〵として正《しやう》直《じき》なり。

鉄　まさかり。まは、まかるか。さきが少まがる物也。さかりは、下か。上より下へ打さげて、木をわるもの也。しからば、かの字清《すみ》てよむ、不《ふ》審《しん》。但、まさまにも、さかさまにも木をわり侍と云事か。

枕　まくら。ぬるときならで取ぬものなれば、いつもくらき居間にある故か。また、いにしへ、わらを巻てしそめしにより云か。草枕もわら也。

幕　まく。此字声、ばく也。まくは、呉《ご》音《おん》也。

末那板　まないた。長弐尺八寸、高四寸五分のもの也。もとは、まなかのたけにしたるにより、まな板と云云。魚をまなと云も、これより出か。此説如何。うをゝまなと云は、まは、真《ま》なか、なまか。生字をなまとよむ。魚はあたらしきを上吉とす。まなのなは、生なるべし。板《いた》のまなかの説、わるかるべし。

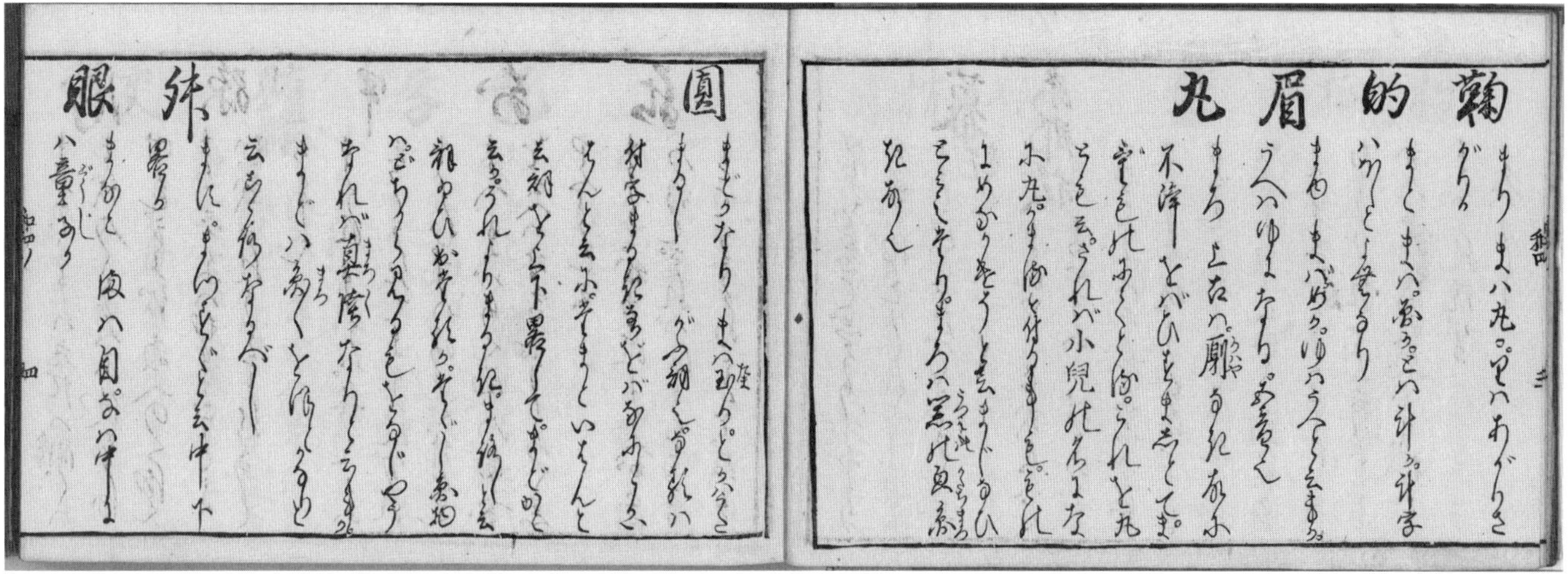

巻四　3ウ　　巻四　4オ

鞠　まり。まは丸か。りは、あがりさがりか。

的　まと。まは、円か。とは、斗か。斗字は、ほしとよむなり。

眉　まゆ。まば（はカ）、めか。ゆは、うへと云事か。うへはゆになる。五音也。

丸　まろ。上古は厠《かはや》なき故に、不浄をば、ひすましとて、まげものにてとる。これを、丸とも云。されば、小児の名に、なに丸、かまると付る事も、ものにめなかけそと云まじなひとみえたり。まろは、器《うつはもの》の皃円《かたちまろ》き故也。

圓　まどかなり。まるし。まは、玉《たま》か。とかは、うたがふ詞也。なるは、付字。まるきなりをば、なにとかいはんと云に、たまといはんと云詞を上下略して、まどかと云か。それより、まるき、まろしと云詞ゐひ出たるか。ただし、円物はどちから見るもをなじやうなれば、真陸《まろく》なりと云事か。まどは、円《まろ》くをほとかなりと云こゝろなるべし。

舛　ます。まつすぐと云中下略か。

眼　まなこ。まは目、なは中、こは童《どう》子《じ》か。

巻四　5オ

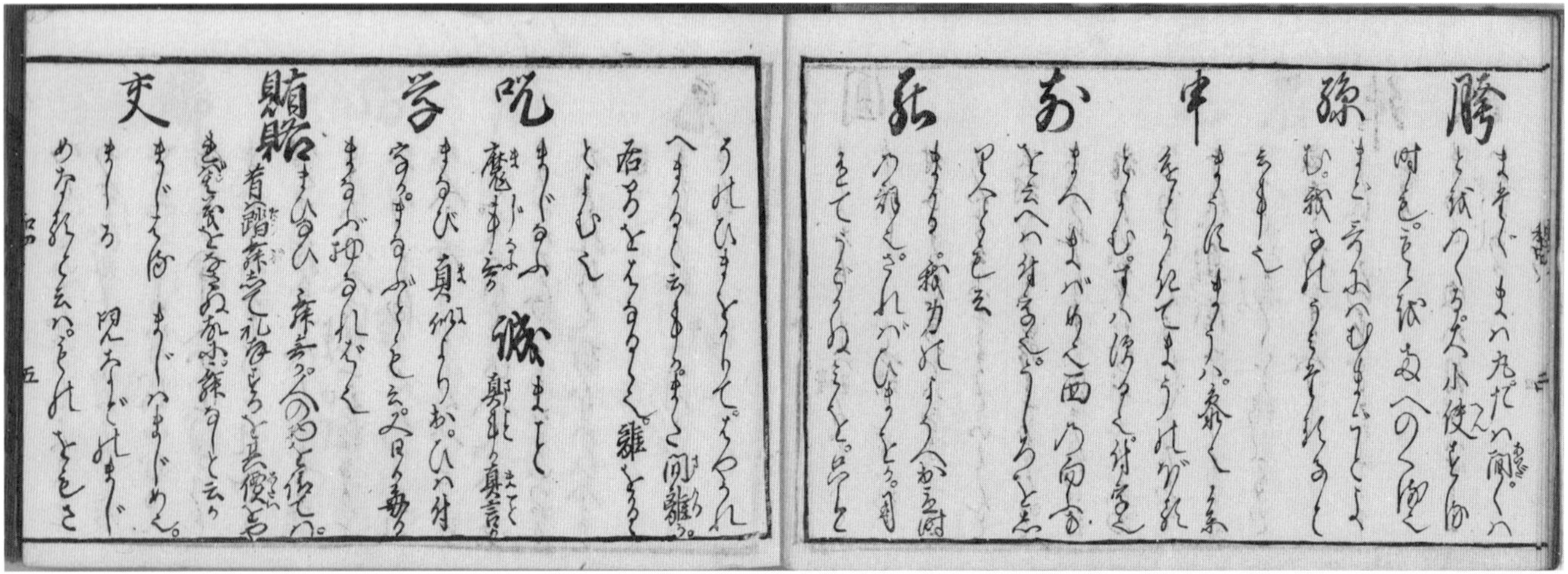

巻四　4ウ

膀　またぐ。まは、丸、たは、間《あいだ》、くは、とをのくる。大小便《へん》する時も、もゝを両へのくる也。

孫　まご。歌には、むまごとよむ。我子のうみたる子と云事也。

申　まうす。まうは、参也。参進とかきて、まうのぼるとよむ。すは、する也。付字也。

前　まへ。まば（はカ）、め也。面の向ふ方を云。へは、付字也。うしろをしりへとも云。

罷　まかる。我身のよそへ出立時の詞也。されば、ひまをか（かるかカ）。用有てうごかぬみを、只今そのひまをかりて、はやかれへまかると云事か。また、間離《まかる》か。居間をはなるゝ、也。離を、かるゝとよむ也。

呪　まじなふ。魔事無《まじなふ》か。

誠　まこと。真事《まこと》か、真言《まこと》か。

学　まなび。真似《まね》より出。ひは、付字か。まなぶとも云。又、日か。毎日まなぶ物なれば也。

賄賂　まひなひ。舞無か。人の物を請ては、昔は踏舞《たうぶ》して礼拝するを、其価《あたい》をやれば其義をなさぬ故に、舞なしと云か。

交　まじはる。ましる。まじは、まじめ也。児などのまじめなると云は、ものをも、さ

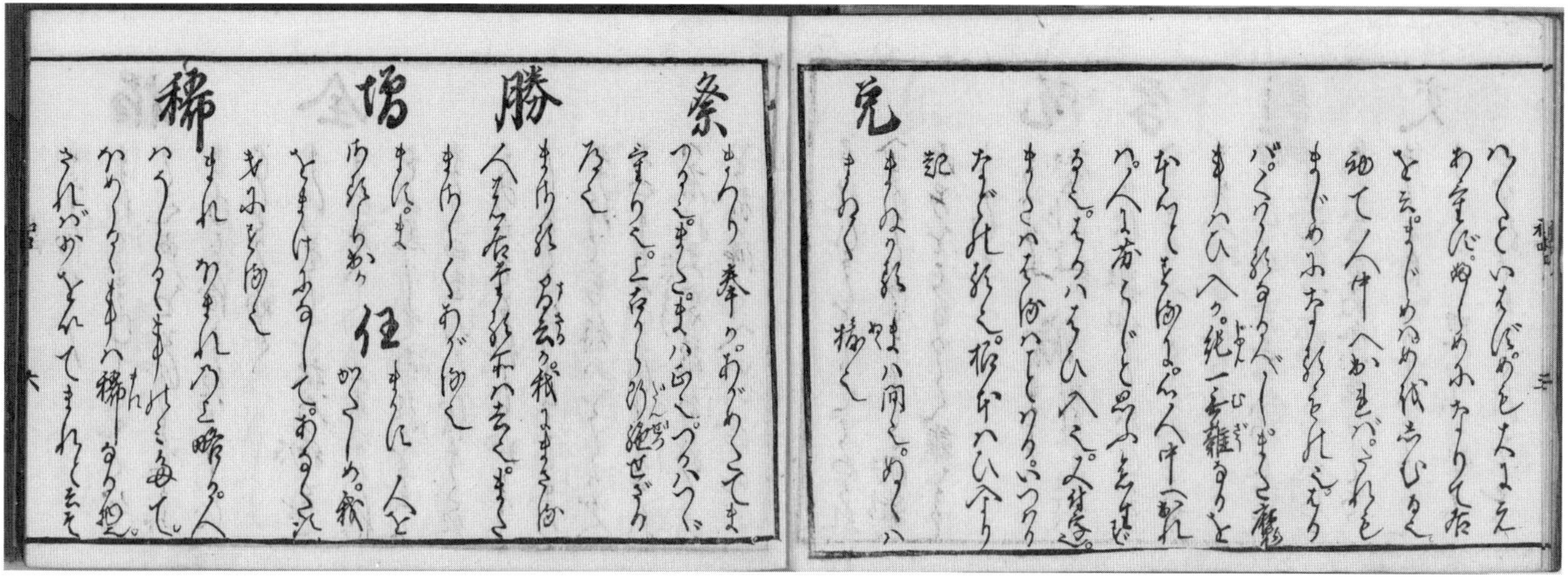
巻四　5ウ
巻四　6オ

は〳〵といはず、めも、大にえあけず、ふしめになりて居を云。まじめは、めをしむる也。初て人中へ出れば、たれもまじめになるもの也。はるば(はカ)、くはらるなるべし。また、魔事はひ入か。純《じゅん》一無《む》雑《ざう》なるを本心とするに、心人中へ出れは、人に劣らじと思ふ念生ずる也。はるは、はひ入也。又、付字也。または、はるは、ことはる、いつはるなどの類也。根本、はひ入より起。

免　まぬかる。まぬく。まは、間也。ぬくは、抜《ぬく》也。

祭　まつり。奉か。あがめたてまつる也。また、まは正也。つるは、つゞける也。上古から断絶《だんぜつ》せざる道也。

勝　まさる。間《ま》去《さる》か。我にまさる人の居たる所は去也。また、まさしくあがる也。

増　ます。まさるより出か。

任　まかす。人をかたしめ、我をまけになして、あなた次第にする也。

稀　まれ。ほまれの上略か。人はそしらるゝ事のみ多て、ほめらるゝ事は稀《まれ》なる物也。されば、少を以てまれと云そ

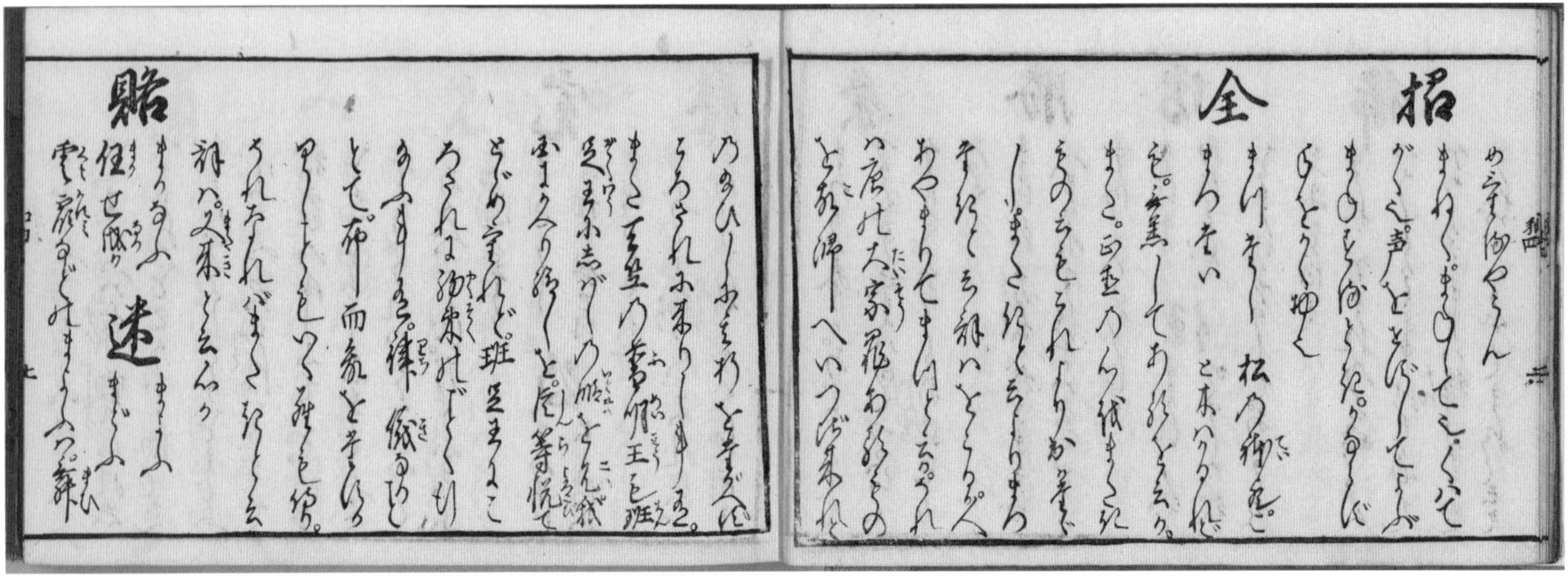

巻四　7オ

巻四　6ウ

めけるやらん。

招　まねく。まねして也。くは、てがく也。声をせずしてよぶまねするとき、かならず手をかく物也。

全　まつたし。まつたい。松の体《てい》歟。こと木はかかるれども、無恙してあるを云か。また、正直の心をまたきもの云も、これより出か。たゞし、またきと云よりまつたきと云詞はをこるか。人あやまりてまつと云か。それは、唐の大宗《たいそう》、罪あるものを故《こ》郷へいつ比来れとの給ひしに、其折をたがへずころされに来りし事有。また、天竺の普《ふ》明《めい》王《わう》も、班足王《はんぞくわう》にしばしの暇《いとま》を乞《こい》、我国にかへり給しを、臣等《しんら》悦《よろこび》てとゞめけれど、班足王にころされに約束《やくそく》のごとく行給ふ事有。律儀《りちき》なることとて、布し《（ふじのカ）》而命をたすかりしこともいくらも侍り。それなれば、またきと云詞は、又来《またき》と云心か。

略　まかなふ。任《まか》せ成《なる》か。

迷　まよふ。まどふ。雲霞《くもかすみ》などのまよふは、舞《まひ》

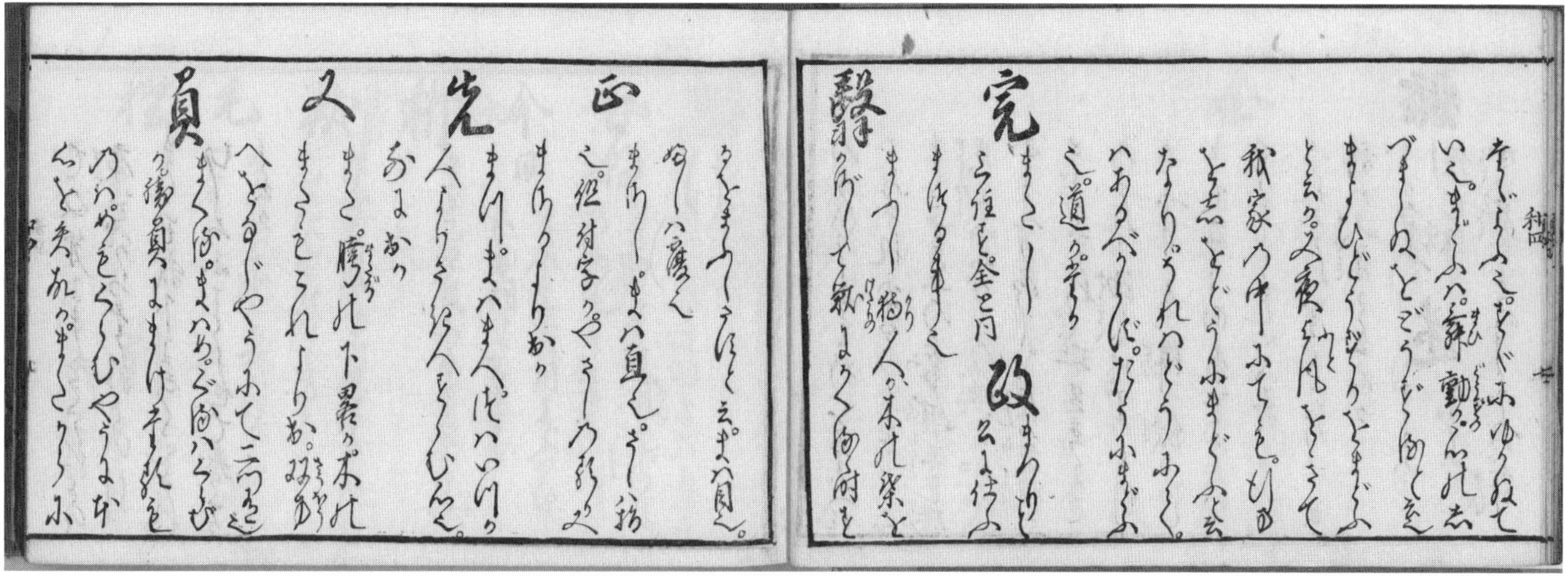

巻四　8オ

巻四　7ウ

たゞよふ也。すぐにゆかぬてい也。まどふは、舞動《まひどうずる》か。心のしづまらぬを、どうずると云也。まよひどうずるを、まどふと云か。又、夜、与風《ふと》をきて、我家の中にても行方を忘を、どうにまどふと云なり。それは、どうにてはあるべからず。たうにまどふ也。道か、堂か。

完　またし。上註す、全と同。

政　まつりこと。公に仕ふまつる事也。

翳　まふし。狩《かり》人が木の葉をかざして獣《けたもの》にかくるゝ時す るを、まふしさすと云。まは、目也。ふしは、覆也。

正　まさし。まは、真也。さしは、指也。但、付字か。やさしの類か。又、まさるより出か。

先　まつ。まは、まへ、つは、いつか。人よりさきへすゝむ心也。前に出か。

又　また。胯《またがる》の下略か。木のまたも、これより出。双方《さうほう》へをなじやうにて二つ有也。

負　まくる。まは、め、ぐ《（くカ）》るは、くらむか。勝負にまけたるものは、めもくらむやうに本心を失故か。また、からに

巻四　8ウ

巻四　9オ

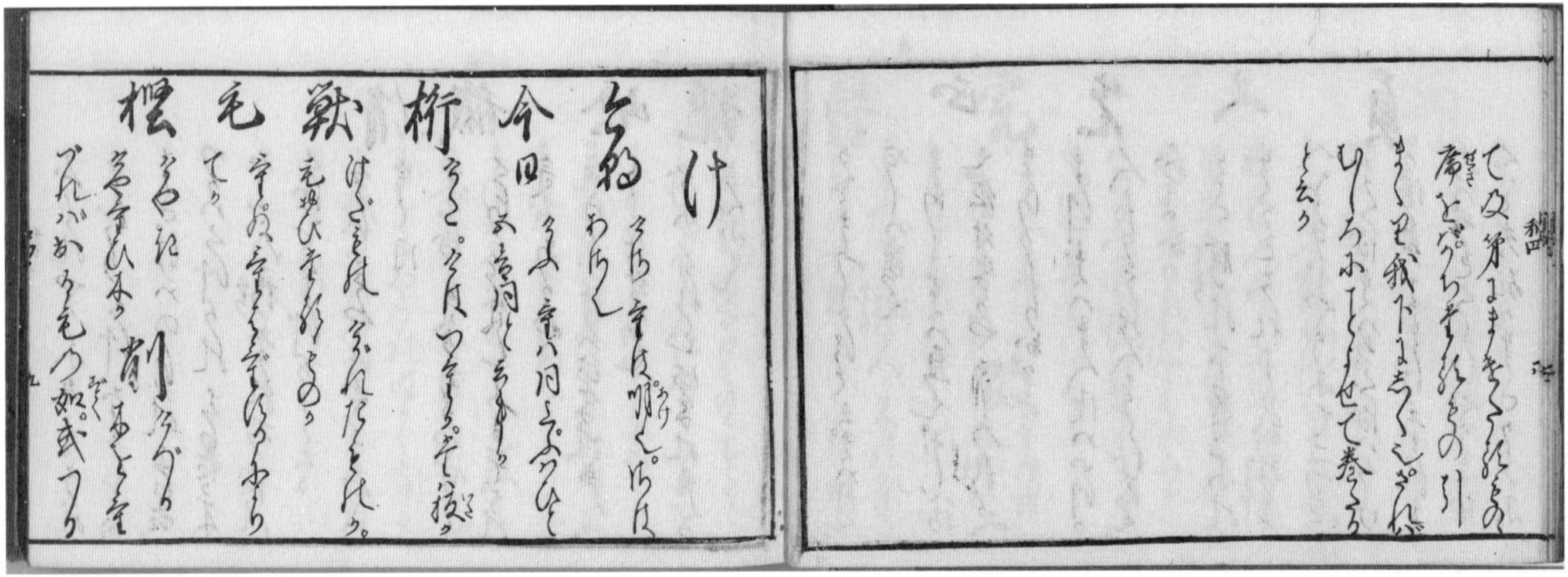

て及第にまけたるもの、席《せき》をば、かちたるもの引まくり、我下にしく也。されば、むしろにことよせて、巻たると云か。

け

今朝　けさ。けは、明《あけ》也。さは、あさ也。

今日　けふ。けは、同上。ふは、ひと五音同と云事か。

桁　けた。けは、つけか。たは、板《いた》か。

獣　けだもの。けがれたるものか。毛おひたるものか。

毛　け。ぬけはげするによりてか。

欅　けやき。けやけひ《(いカ)》木か。

削　けづる。木をけづれば出る、毛の如《ごとく》、或、つる

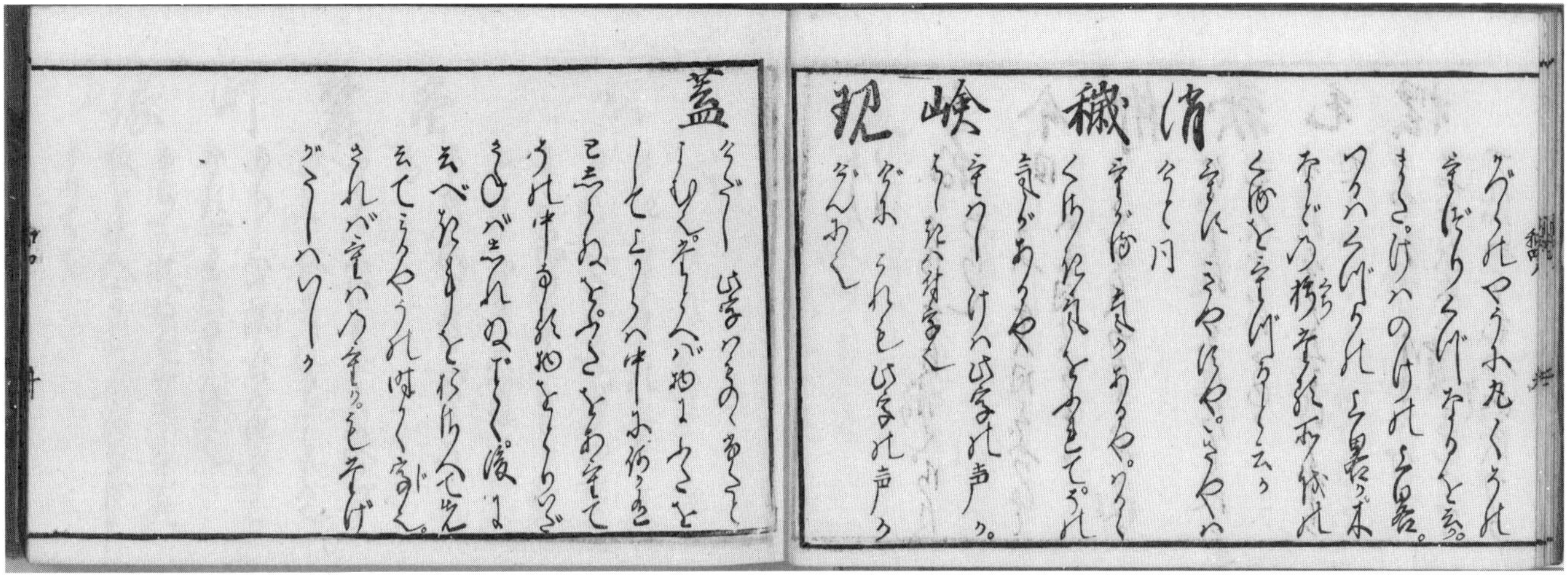
巻四 10オ　巻四 9ウ

かづらのやうに丸く、そのけづりくづなるを云か。また、けは、のけの上略。つるは、くづるの上略か。木などの朽《くち》たる所をのくるを、けづると云か。

消　けす。きやす也。きやは、けと同。

穢　けがる。気かある也。わるくくさき気をふれて、その気がある也。

峡　けはし。けは、此字の声か。はしきは、付字也。

現　げに。これも、此字の声か。げんに也。

蓋　けだし。此字は、もの丶ふたとよむ也。たとへば、物にふたをして、上からは中に何か有としらぬを、ふたをあけてその中なる物をとりいださねばしれぬごとく、後に云べき事をおさへて先云てみるやうの時かく字《じ》也。されば、けは、のけか。もたげがたしはいしか。

巻四　10ウ

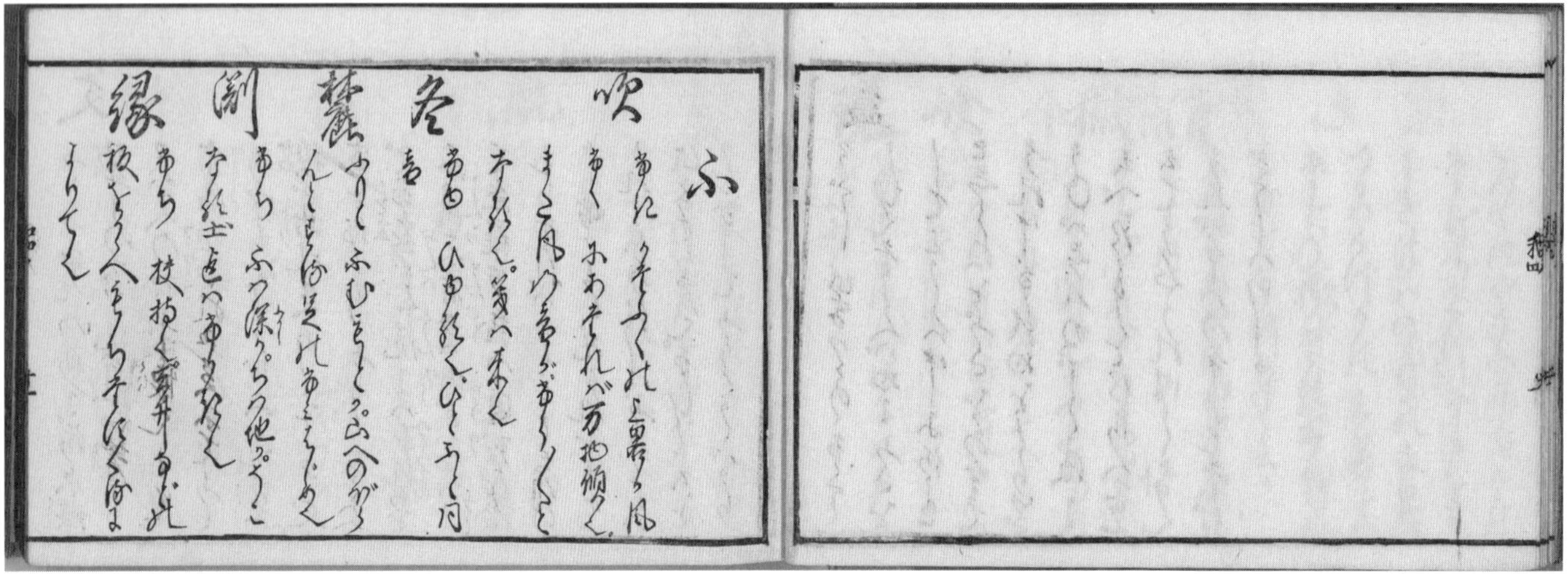

巻四　11オ

ふ

吹　ふき。ふく。かたふくの上略か。風にあたれば、万物傾也。また、風の音がふう〳〵となる也。きは、来也。

冬　ふゆ。ひゆる也。ひとふと同音。

麓　ふもと。ふむもとか。山へのぼらんとする足のふみはじめ也。

渕　ふち。ふは、深《ふかし》か。ちは、地か。そこなる土迄はふかき也。

縁　ふち。扶持也。天井などの板をか、へもち、たすくるによりて也。

巻四 11ウ

巻四 12オ

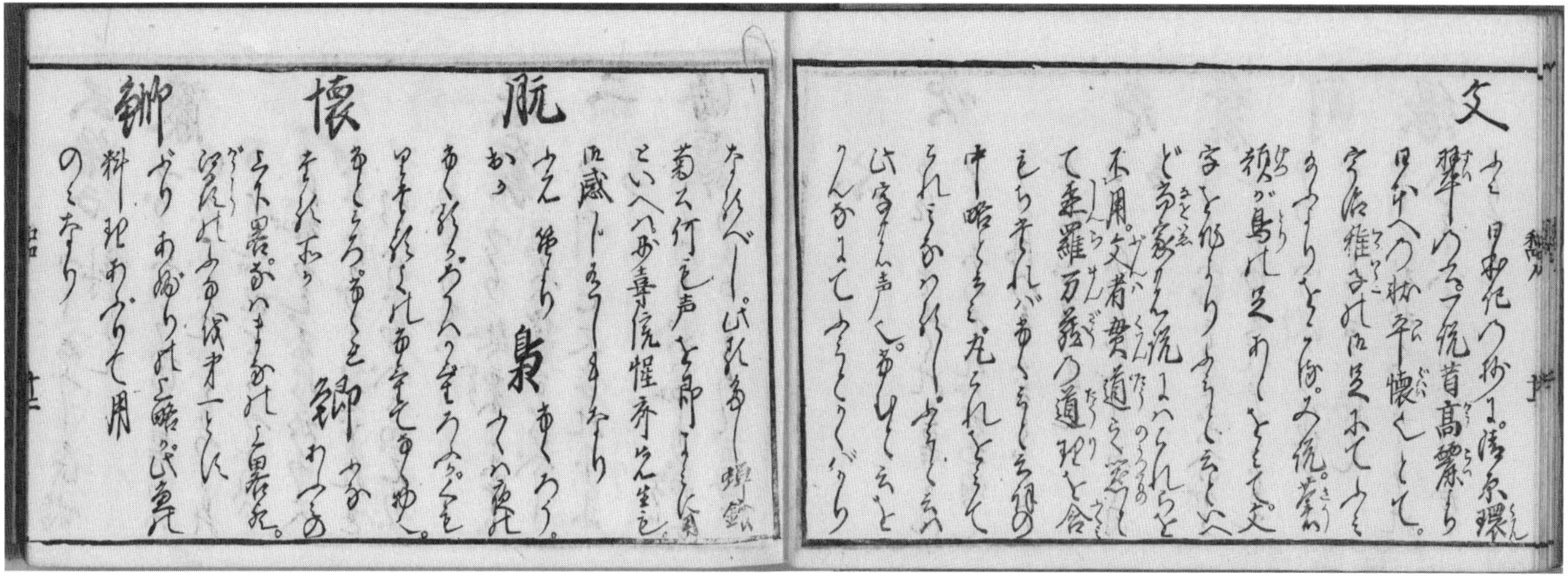

文　ふみ。日本記の抄に清原環翠《くはんすい》の云、一説、昔、高麗《かうらい》より日本への状、平《へい》懐《ぐはい》也とて、宇治稚子《わかいらこ》の御足にてふみ給ふよりをこる。又説、蒼頡《さうけつ》が鳥の足あとをみて文字を作よりふみと云といへど、尚家《(当カ)なをいゑ》の説にはこれらを不レ用。文者貫道之器《ぶんはくはんたうのうつはもの》とて、森羅《しんら》万《まん》蔵《ざう》の道理《たうり》を含《ふくみ》もちたれば、ふくみと云詞の中略と云云。丸、これをみて、これみなわるし。ふみと云は此字の声也。ふむと云を、かんなにてふみとかくばかりなるべし。此類多し。蟬銭菊公、何も声を即よみに用、といへは、妙寿院惺斎先生も、御感じ有し事なり。

肮　ふえ。笛より出か。

梟　ふくろう。ふくは、夜のふくるか。ろうは、かげろふか。くもりたるよのふけてなく物也。

懐　ふところ。ふくれたる所か。

鯽　ふな。あふみの上下略、なは、まなの上略歟。江州《がうしう》のふなを第一とす。

鰤　ぶり。あぶりの上略か。此魚の料理、あぶりて用のみなり。

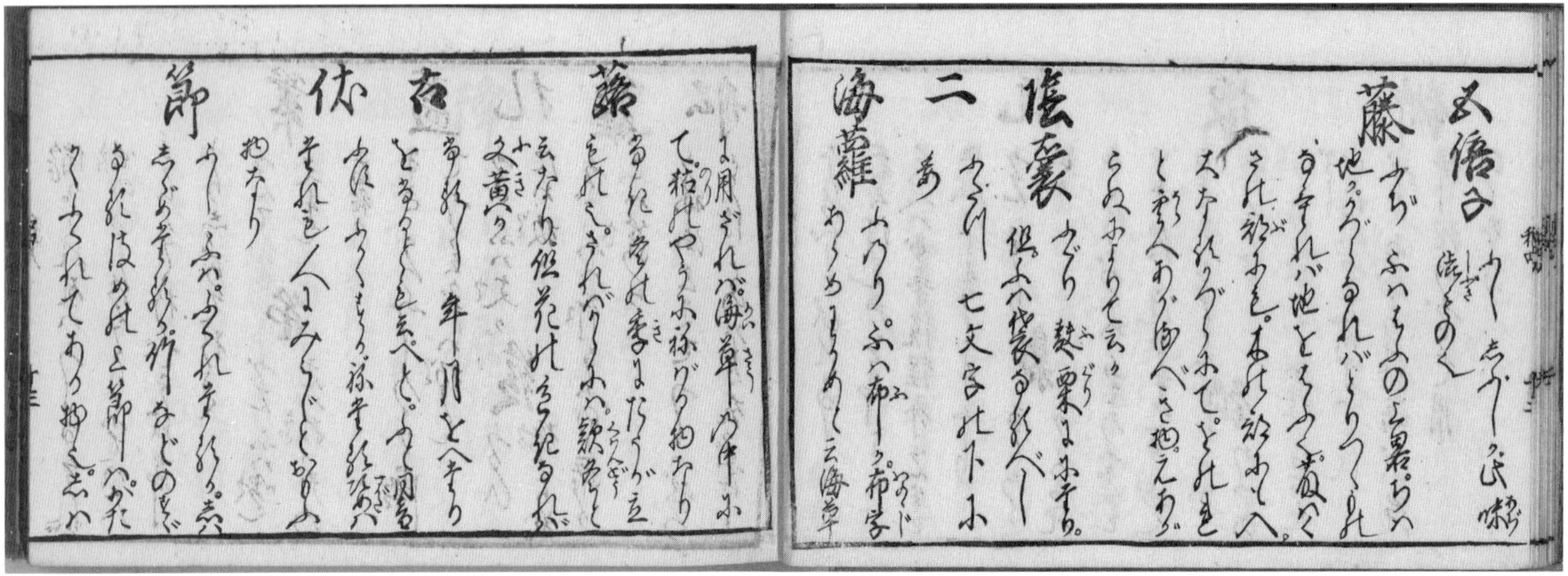

巻四　12ウ

巻四　13オ

五倍子　ふし。しぶしか。此味《あぢ》、渋《しぶき》もの也。

藤　ふぢ。ふは、はふの上略。ちは、地か。かづらなれば、とりつくものなければ地をはふ也。藤は、くさの部《ぶ》にも木の部にも入、大なるかづらにて、をのれと空《そら》へあがるべき物、えあがらぬによりて云か。

陰囊　ふぐり。麩栗《ふぐり》ににたり。但、ふは、袋なるべし。

二　ふたつ。七文字の下に委。

海蘿　ふのり。ふは、布《ふ》か。布字《ぬののじ》、あらめ、わかめと云海草に用ざれば、海草《かいさう》の中にて、粘《のり》のやうにねばる物也。

蕗　ふき。冬の季《き》に、たうが立もの也。されば、からには、款冬《くはんどう》と云なり。但、花の色きなれば、冬黄《ふき》か。

古　ふるし。年月をへたるを、ふるとも云。へとふと同音。

伏　ふす。ふかくすか。ねたる姿《すがた》は、たれも人にみ被じとおもふ物なり。

節　ふし。ふは、ふくれたるか。しは、しゞめたるか。竹などのすぐなる皮めの上節は、少たかくふくれてある物也。しは、

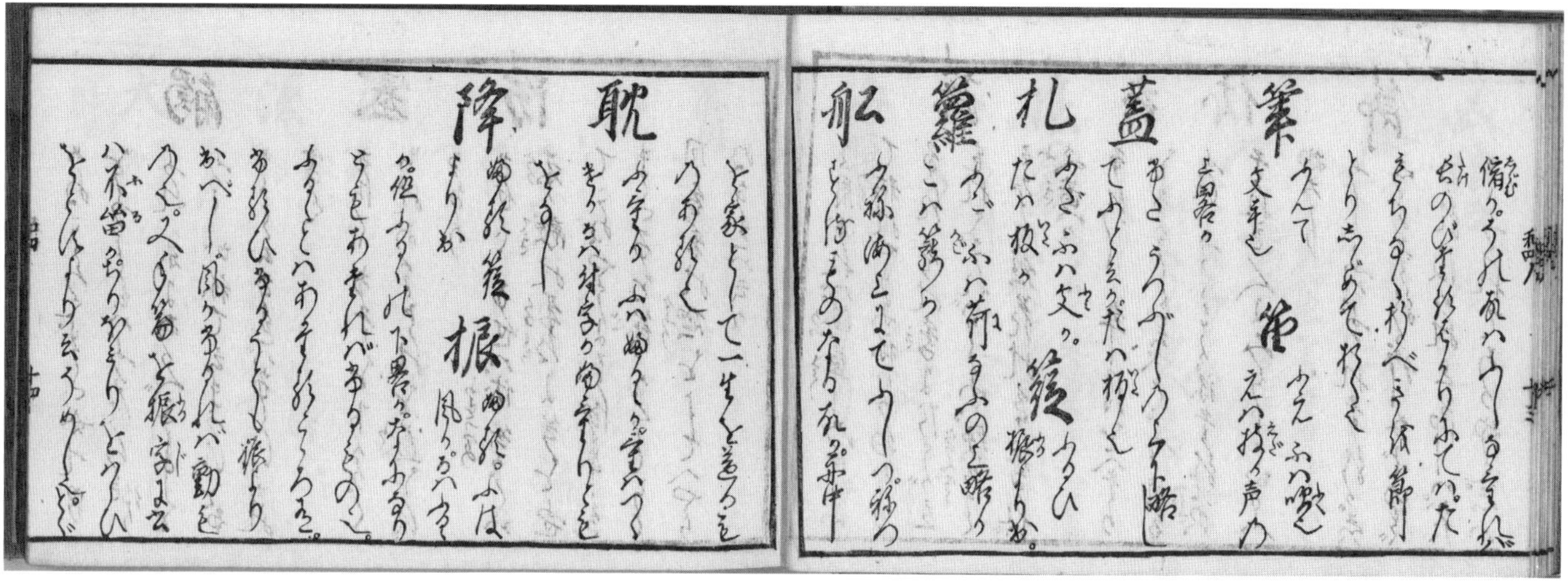

巻四 14オ　　巻四 13ウ

縮《しじむ》か。その故は、ふしなければ、長《たけ》
のびたるばかりにては、たもちなく
折べきを、節とりしゞめておく也。

筆　ふんて。文手也。

笛　ふえ。ふは、吹《ふく》也。えは、枝《えだ》か、
声の上略か。

蓋　ふた。うつぶしの上下略して、ふ
と云か。たは板《いた》也。

札　ふだ。ふは、文《ふみ》か。たは、板《いた》か。

簁　ふるひ。振《ふる》より出。

籭　ふご。ふは、荷《に》なふの上略か。こ
は、籠《かご》か。

舩　ふね。海上にて、ふしつ、ねつす
るものなる故か。舟中
を家として一生を送るものある也。

耽　ふける。ふは、ふるゝか。けは、
つゝけか。るは付字か。ふけりとも
をなし。

降　ふる。ふる。簁より出。

振　ふる。ふは、風か。るは、ふるゝ
か。但、ふるゝの下略か。なになり
ともあたればふるもの也。ふるゝと
は、あたるこゝろ有。ふるひ、ふる
うとも振より出べし。風かふるれば
動もの也。又、手篇を振字《ふるじ》に書は、
不留《ふる》か。ちりほこりをはらひをとす
より云そめし也。とゞ

巻四 14ウ

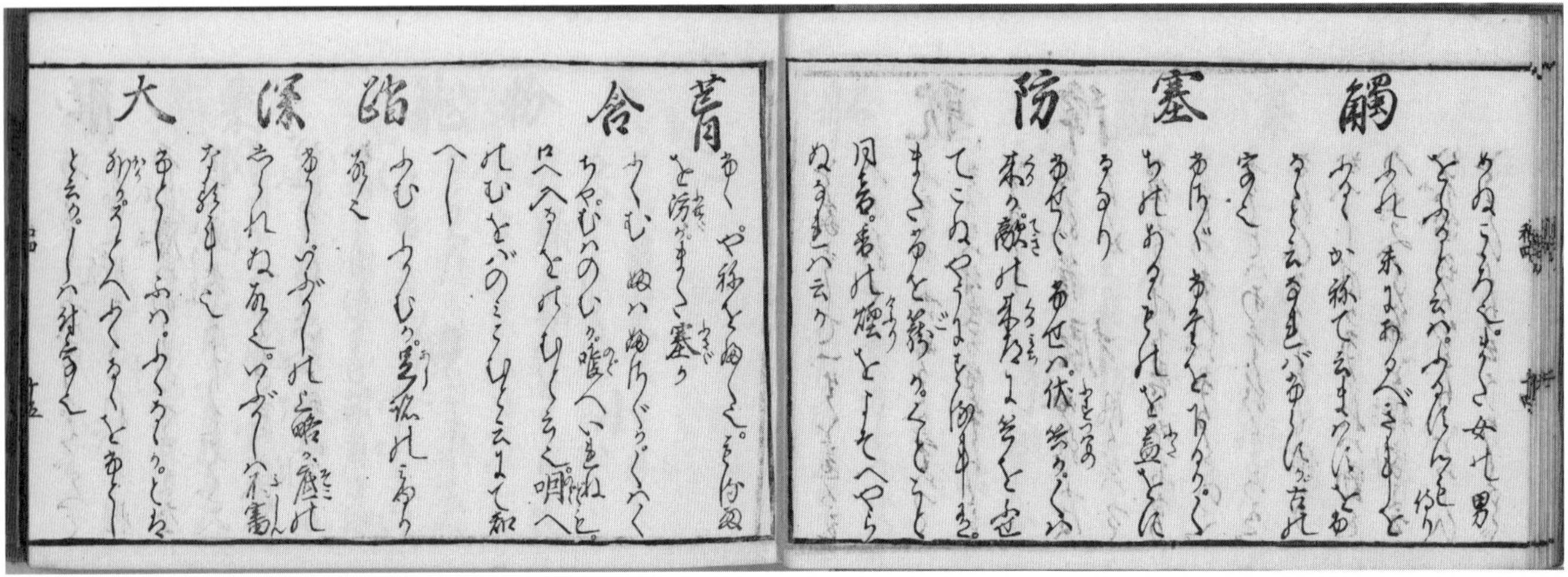

巻四 15オ

めぬこゝろ也。また、女の男をふると云は、ふるす心も侍り。

觸 ふれ。ふるゝ。末にあるべき事をかねて云まはすを、ふるゝと云なれば、ふらすか。古の字也。

塞 ふさぐ。ふたを下るか。くちのあるものを蓋《ふた》をするなり。

防 ふせぐ。ふせは、伏兵《ふすつはもの》か。くは、来《くる》か。敵《てき》の来道《くるみち》に兵をふせて、こぬやうにする事有。また、ふせ籠《ご》か。くとこと同音。香の煙《けふり》をよそへやらぬなれば云か。

葺 ふく。やねをふく也。もる雨を防《ふせぐ》か。また、塞《ふさぐ》か。

含 ふくむ。ふは、ふさぐか。くは、くち也。むは、のむか。喉《のど》へいれねども、口へ入るをのむと云也。咽《のど》へのむをば、のみこむと云にて知へし。

踏 ふむ。ふかむか。足跡《あし》のみゆる故也。

深 ふかし。いぶかしの上略か。底《そこ》のしられぬ故也。いぶかしは、不審《ふしん》なる事也。

大（太カ） ふとし。ふは、ふくるゝか。とは、外《ほか》（そとカ）か。そとへふくるゝを、ふとしと云か。しは、付字也。

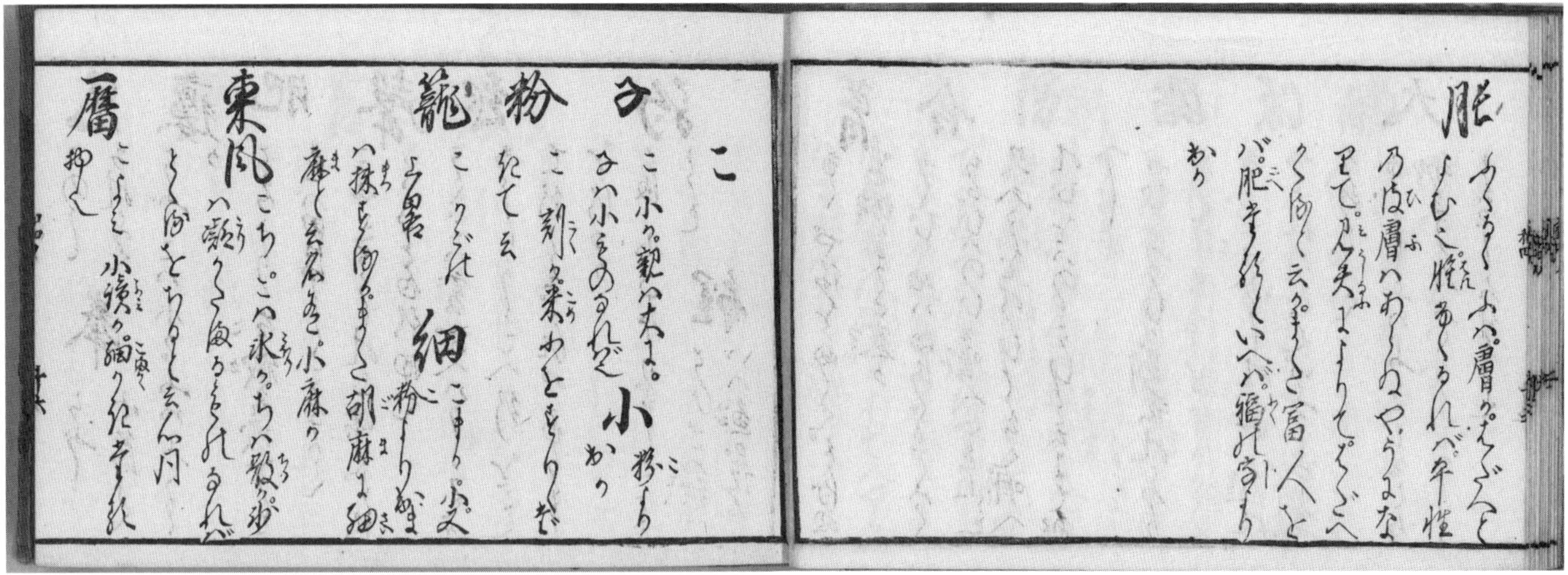
巻四 16オ　巻四 15ウ

脹　ふくる丶。ふは、膚か。はだへとよむ也。腫《はれ》ふくるれば、平性の皮膚《ひふ》はあらぬやうになりて見失《みうしなふ》によりて、はだへかくると云か。また、富人をば肥《こへ》たるといへば、福《ふく》の字《じ》より出か。

こ

子　こ。小か。親は大に、子は小ものなれば也。

小　粉《こ》より出か。

粉　こ。刻《こく》か。米《こめ》こをすりくだきて云。

籠　こ。かごの上略。

細　こまか。小。又、粉《こ》より出。まは、抹《まつ》するか。また、胡麻《ごま》に細麻《さいま》と云名有。小麻か。

東風　こち。こは、氷《こほり》か。ちは、散《ちる》か。氷は凝《こり》かたまるものなれば、とくるをちると云心同。

暦　こよみ。小読《よみ》か。細《こまかく》かきたる物也。

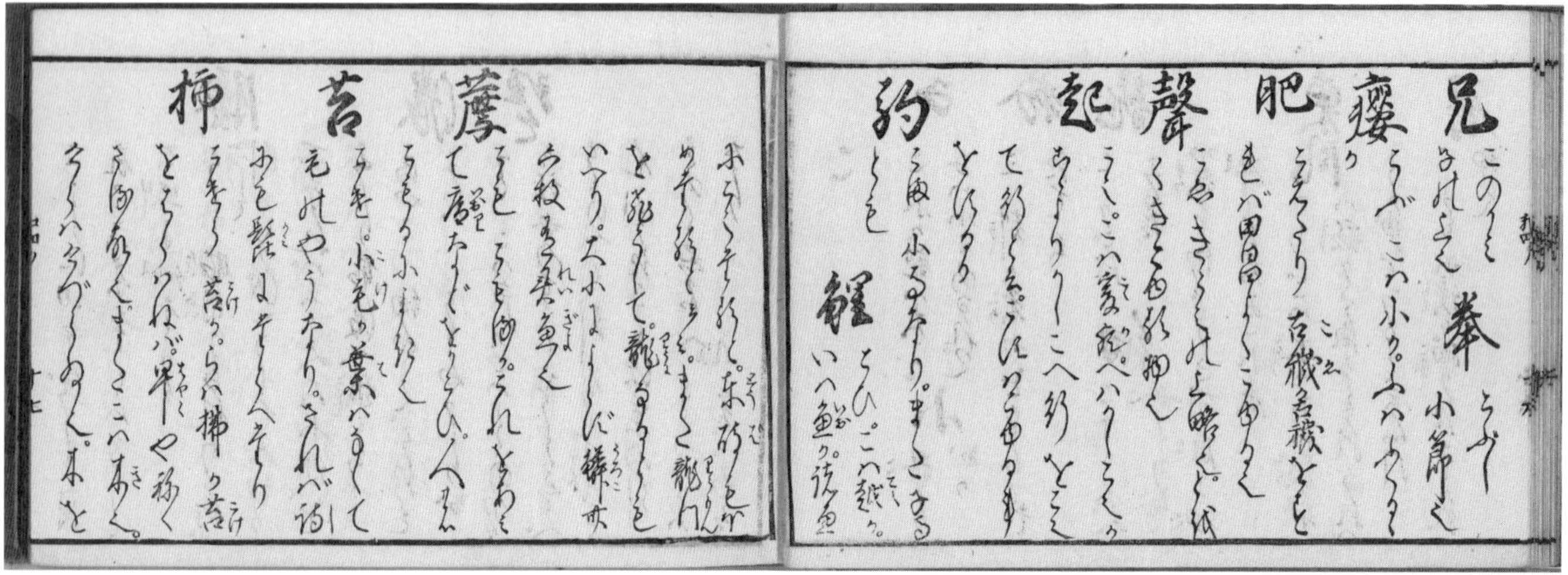

巻四　16ウ

巻四　17オ

兄　このかみ。子の上也。

拳　こぶし。小節也。

瘻　こぶ。こは、小か。ふは、ふくる、か。

肥　こえたり。古穢《こゑ》か。古穢をすれば、田畠よくこゆる也。

聲　こゑ。きこえの上略也。とをくきこゆる物也。

超　こえ。こは、爰歟《ここか》。へは、かしこえか《(ヘカ)》。こゝよりかしこへ行を、こえて行と云。こすは、こゆる事をするか。

駒　こま。小馬なり。また子馬とも。

鯉　こひ。こは、越《こし》か。いは、魚《いお》か。諸魚にこえたると、東破《とうば》(坡カ)もほめたると云云。また、龍門《りうもん》を飛こして龍《りうに》なるともいへり。大小によらず鱗《うろこ》三十六枚有霊魚《れいぎよ》也。

薦　こも。こもるか。これをあみて、庵《いおり》などをかこひ、人のこもるによき也。

苔　こけ。小毛《こけ》か。葉《は》はなくて毛のやうなり。されば、詩《し》にも髭《かみ》にたとへたり。

柿　こけら。苔《こけ》か。らは、払か。苔《こけ》をはらはねば、早《はや》くやねくさる故也。また、こは、木《き》也。けらは、けづらぬ《(すカ)》也。木を

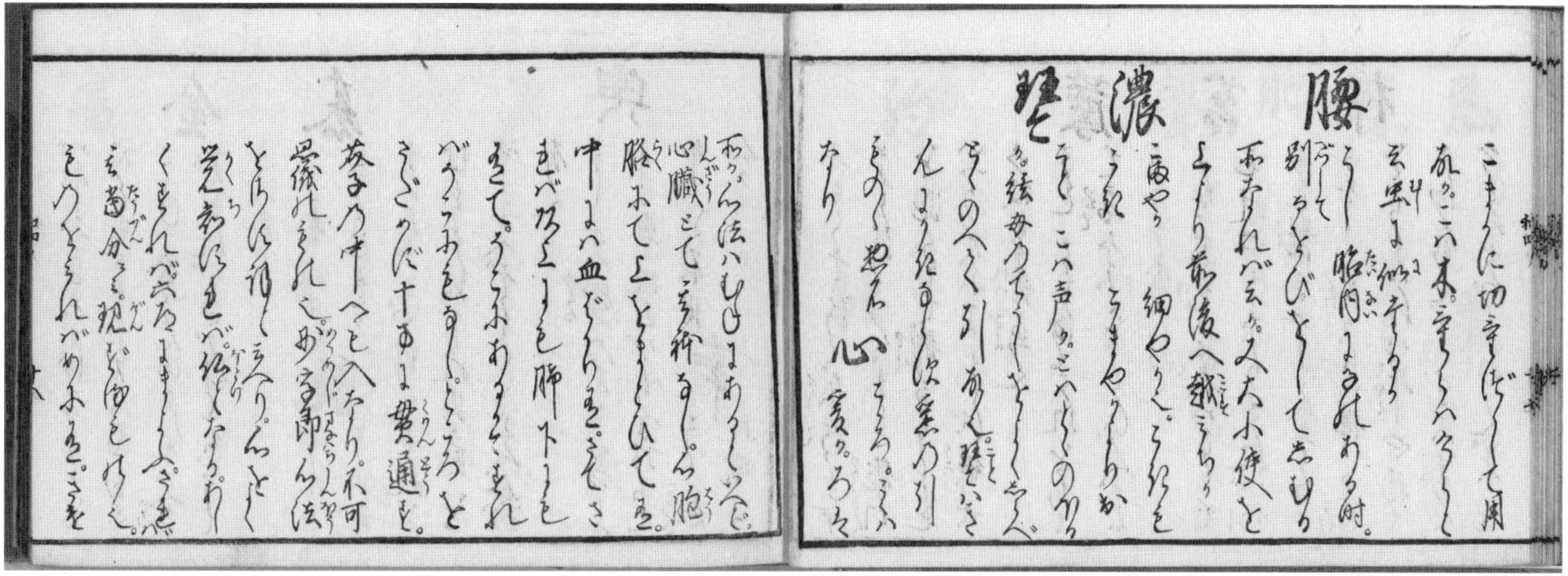

巻四 18オ

巻四 17ウ

こまかに切けづらして用故か。こは、
木、けらは、けらと云虫《むし》に似《に》たるか。

腰　こし。胎内《たいない》に子のある時、別而《べつして》を
びをしてしむる所なれば云か。又、
大小便を上より前後へ越《こす》みちか。

濃　こまやか。こき。細やかか也。こき
も、こまやかより出。

琴　こと。こは、声か。とは、と、の
ほるか。絃毎のてうしをよくしらべ
と、のへて引故也。琴《こと》はきんにかき
ならす悉の引もの、惣名なり。

心　こ、ろ。こ、は、爰か。ろは、
所か。心法はむねにあるといへど、
心臓《しんざう》とて其体なし。心胞絡《はうらく》にて上を
まとひて有。中には血ばかり有。さ
て、されば頭上にも臍下にも有て、
そこにあるかとすればそこにもなし。
ところをさだめず十方に貫通《くはんとう》す。芥
子の中へも入なり。不可思議のもの
也。妙字即 心法《めうのじすなはちしんはう》をさす詞と云へり。
心をよく覚知《かくち》すれば仏《ほとけ》となる。あし
くすれば六道にまよふ。されば、其
当分《たうぶん》(々々カ)云云、現《げん》ずるもの也。ものを
みれば、めに有。きけ

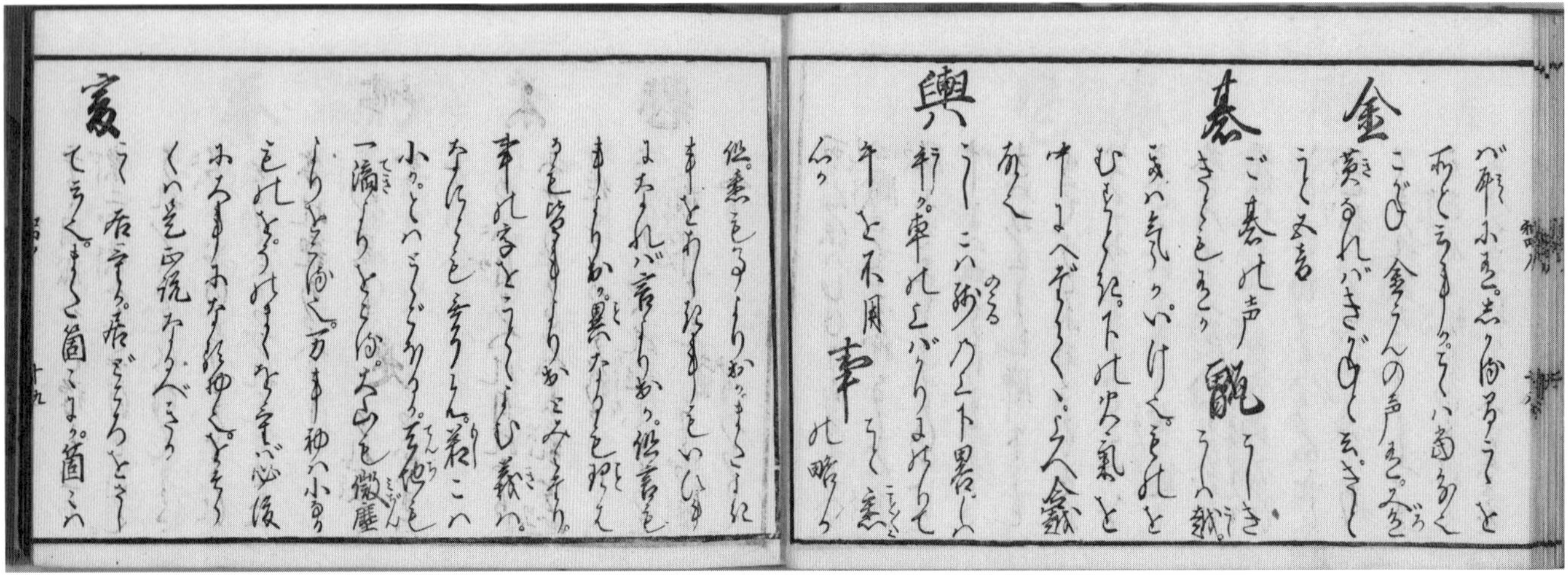

巻四 18ウ　巻四 19オ

ば、耳《みみ》に有。しかる間、こゝを所と云事か。こゝは当分也。

金　こがね。金、こんの声有。又、色《いろ》黄《き》なれば、きがねと云。きとこと五音。

碁　ご。碁の声。きとも有か。

甑　こしき。こしは、越《こし》、きは、気か。いけ也。ものをむすとき、下の火気を中にへだてゝ、上へ令ㇾ越故也。

輿　こし。こは、残《のこる》の上下略。しは、牛《うし》か。車の上ばかりにのりて牛を不用心か。

事　こと。悉《ことごとく》の略か。但、悉も、事より出か。また、よき事をあしき事もいひ事になれば、言より出か。但、言も事より出か。異《こと》なるも、理《こと》はるも、皆、事より出とみえたり。事の字をことゝよむ義《ぎ》は、なにとも無了見。若《もし》、こは、小か。とは、とゞこほるか。天地《てんち》も一滴《てき》よりをこる。大山も微塵《みぢん》よりをこる也。万事、初は小なるものを、そのまゝをけば、必後に大事になる物也。をそらくは、是正説なるべきか。

爰　こゝ。居けか。居どころをさして云也。また、箇々にか。箇々は、

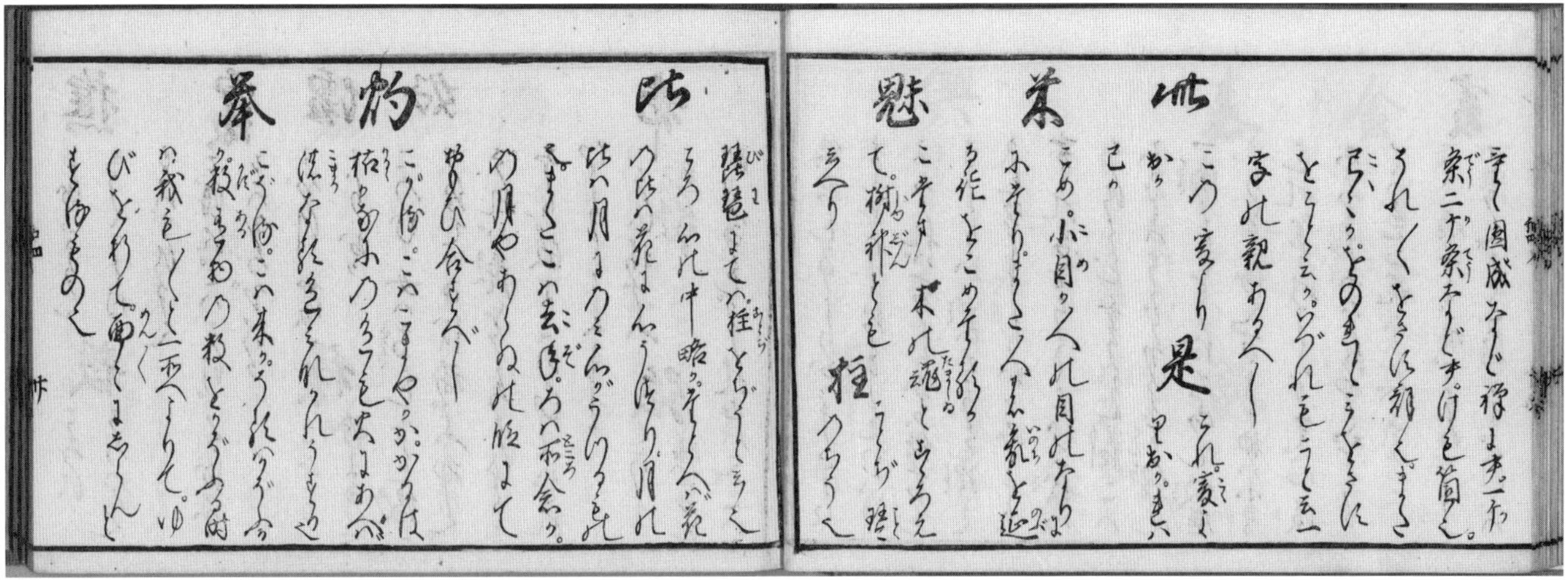

巻四 20オ

巻四 19ウ

け、円成など禅に書。一ケ条《かでう》、二ケ《か》
条《てう》など書、けも、箇也。それ〲を
さす詞也。また、己々《ここ》か。をのれと
みをさすを、こと云か。いづれも、
こと云一字の親あるへし。

此　この。爰より出か。

是　これ。爰《ここ》より出か。れは己か。

米　こめ。小目《こめ》か。人の目のなりにに
たり。また、人の命《いのち》を延《のぶ》る徳をこめ
たるか。

魅　こたま。木の魂《たましゐ》とこゝろえて、樹《じゆ》
神《じん》とも云へり。

柱　ことぢ。琴《こと》のちう也。
琵琶《びわ》にては、柱《ことぢ》をぢうと云也。

比　ころ。心の中略か。たとへば、花
の比は花に心うつり、月の比は月に
のみ心がうつるもの也。また、こは、
去年《こぞ》、ろは、所《ところ》念。かの月やあらぬ
の段にておもひ合すべし。

灼　こがる。こは、こまやかか。かる
は、枯《かるる》か。なにの色も、火にあへば
濃《こまか》なる色みなかれうする也。

挙　こぞる。こは、来か。そるは、か
ぞふるか。数有《かずある》物の数をかぞふる時
は、我も〲と一所へよりて、ゆび
を折て、面々《めんめん》にしらんとするもの也。

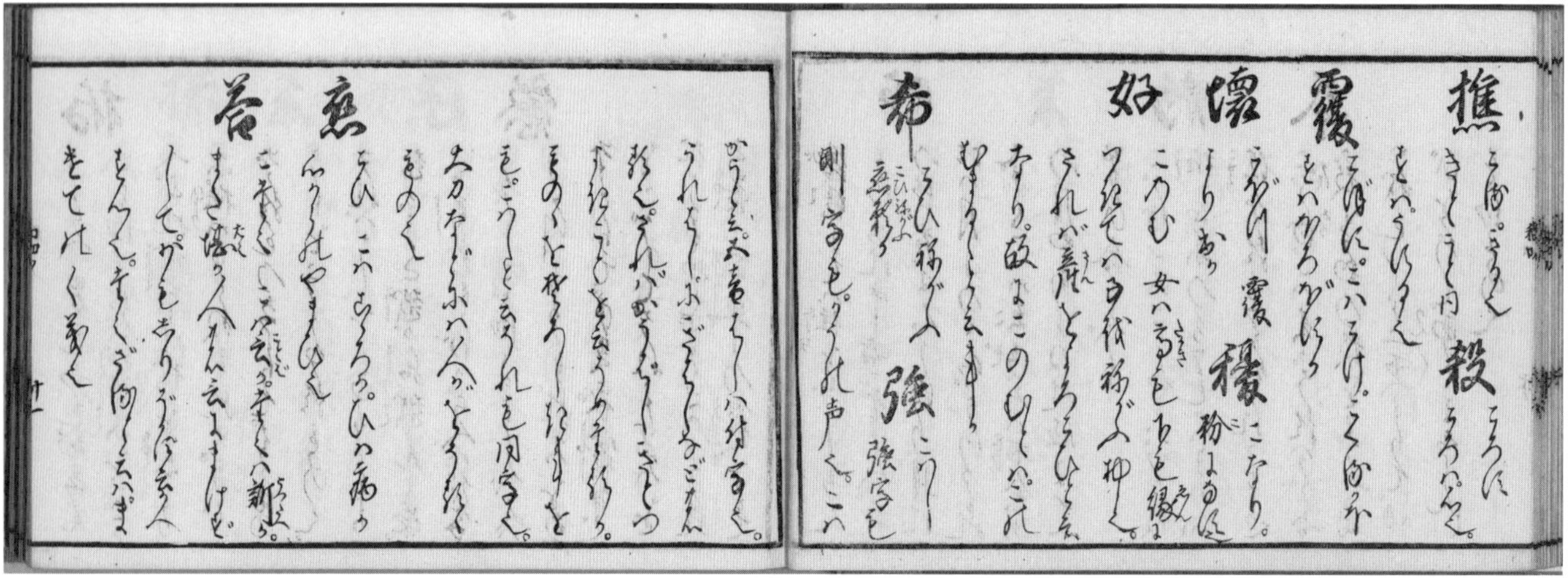

巻四 21オ

巻四 20ウ

樵　こる。きる也。きとこと同。

殺　ころす。ころは、心也。すは、うする也。

覆　こぼす。こは、こけ。こくるか。ほすは、ほろぼすか。

壊　こぼつ。覆より出か。

稪　こなり(すカ)。粉《こ》になす也。

好　このむ。女は高《たかき》も下も縁《えん》につきては子をねがふ物也。されば、産《さん》を、よろこひと云也。故に、このむとは、このむまる丶と云事か。

希　こひねがふ。恋願《こひねがふ》か。

強　こはし。強字も剛字も、かうの声也。こは、

かうと云、五音。はしは、付字也。うれはし、にぎはしなどの類也。されば、かうばしきと、つよきことを云そめたるか。もの丶をそろしき事をも、こはしと云。それも同字也。大刀などには、人がをそる丶もの也。

恋　こひ。こは、こ丶ろか。ひは、病か。心からのやまひ也。

答　こたえ。こは、言《ことば》か。たえは、訴《うつたへ》か。また、堪《たえ》か。人の言にまけずして、少もしりぞかず云かへす心也。たえざると云は、まけてのく義也。

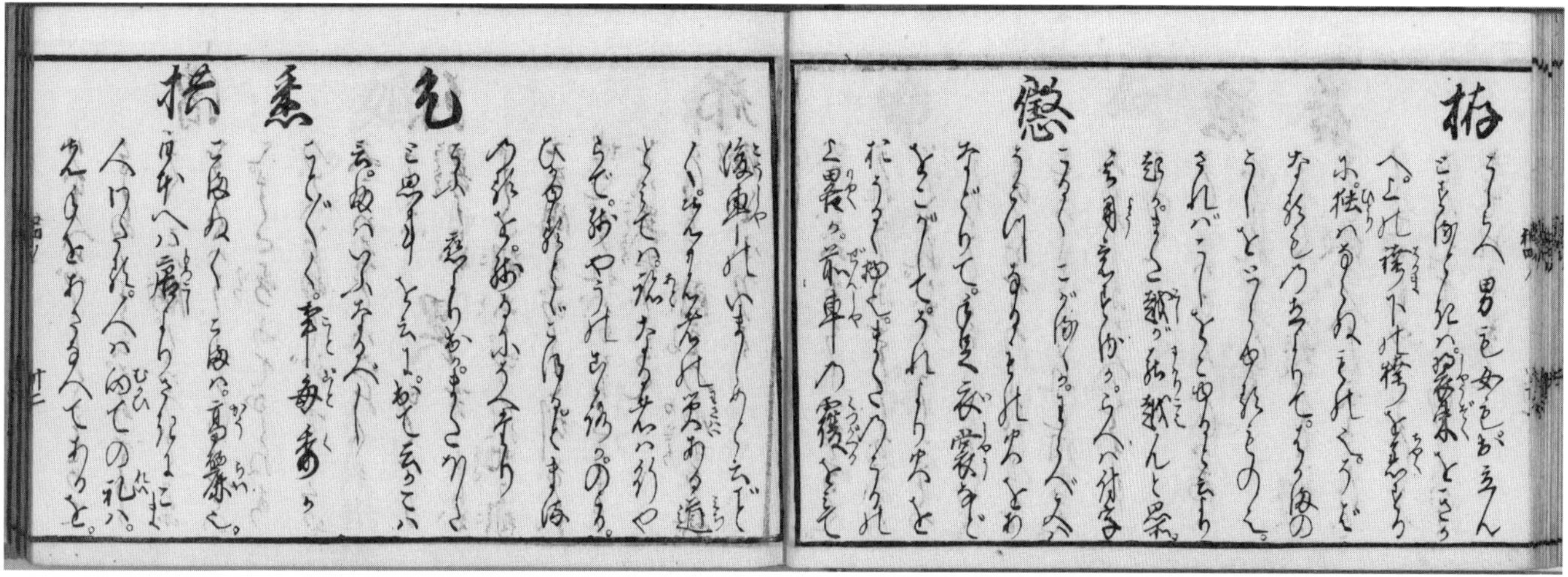

巻四 22オ　　巻四 21ウ

搚　こしらへ。男も女も、出立んとするときは装束《しやうぞく》をきかへ、上の袴《はかま》、下の袴を着《ちやく》するに、独《ひとり》はならぬもの也。そばなるもの立よりて、はかまのこしをとらゆるもの也。されば、こし(とらカ)をこゆると云より起か。また、越《こし》(かカ)が。罷越《まかりこえ》んと思所、其用意《よう》するか。らへは、付字。

懲　こる丶。こがる丶か。わらべ又はそこつなるもの、火をあなどりて手足衣装《いしやう》などをこがして、それより火をおそる丶物也。また、のこるの上略か。前車《ぜんしや》の覆《くつがへる》をみて後車《こうしや》のいましめと云ごとく、先の者の災《わさはい》ある道《みち》とみては、跡《あと》なる者は行やらで残やうのこ丶ろか。のこる、ひかゆる、とゞこほる、とまるの類を、残るにそへたり。

乞　こふ。恋より出か。また、ほし丶と思事を云に、出て云か。こは、言、ふは、いふなるべし。

悉　こと〴〵く。事毎《ことごと》委か。

拱　こまぬく。こまは、高麗《かうらい》也。日本へは唐《もろこし》よりさきにこま人わたる。人は向《むかひ》ての礼は、先、手をあさなへてあるを、

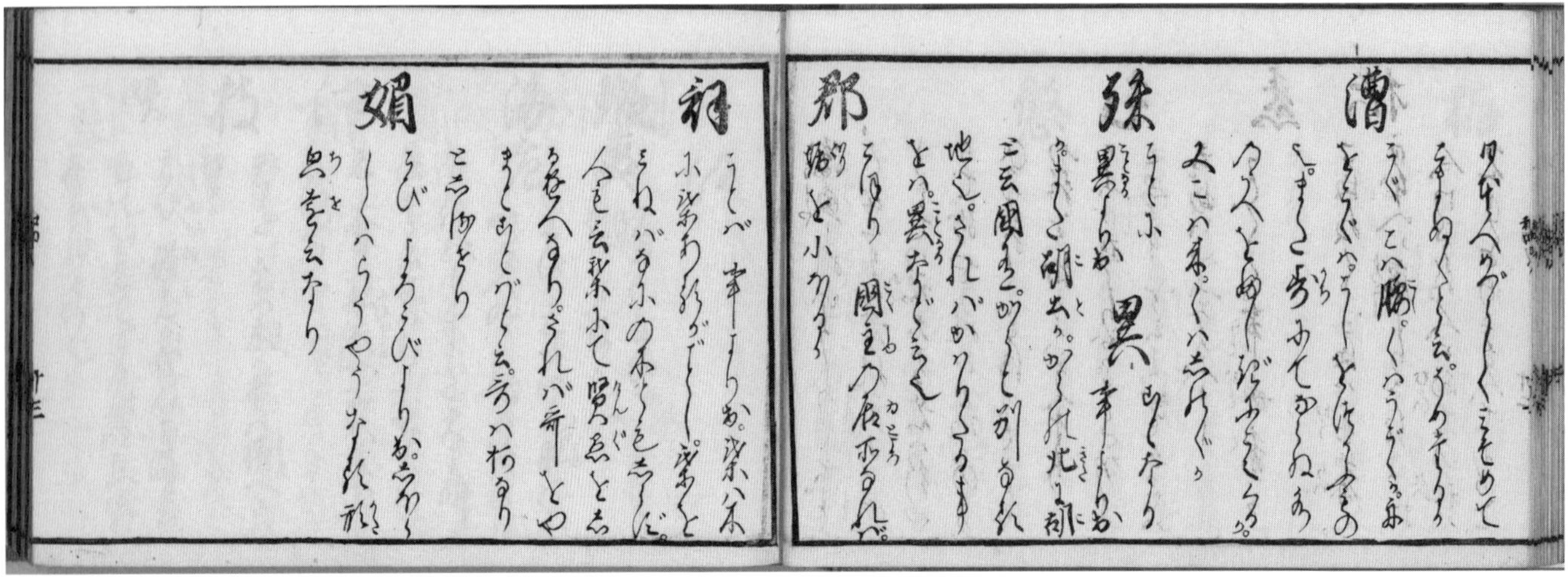

巻四 22ウ　巻四 23オ

日本人めづらしくみそめて、こまぬくと云そめたるか。

濟　こぐ。こは、腰《こし》、くは、うごくか。舟をこぐは、こしをつかふもの也。また、歩《かち》にてならぬ水のうへを、ふしぎにこえくるか。又、こは、来、くは、しのぐか。

殊　ことに。異《ことなり》より出。

異　ことなる。事より出か。また、胡《こ》土《と》か。からの北《きた》に、胡《こ》と云国有。からと別なる地也。されば、かはりたる事をは、異《ことなる》など云也。

郡　こほり。国主《こくしゆ》の居所《ゐところ》なれば、堀《ほり》を小ほるか。

詞　ことば。事より出。葉は、木に葉あるがごとし。葉をみねばなにの木ともしらず。人も言葉にて賢愚《けんぐ》をしるゆへなり。されば、歌をやまとことばと云。歌は柯なりとしるせり。

媚　こび。よろこびより出。しほらしくわらうやうなる形皃《かたち》遠《を》云也。

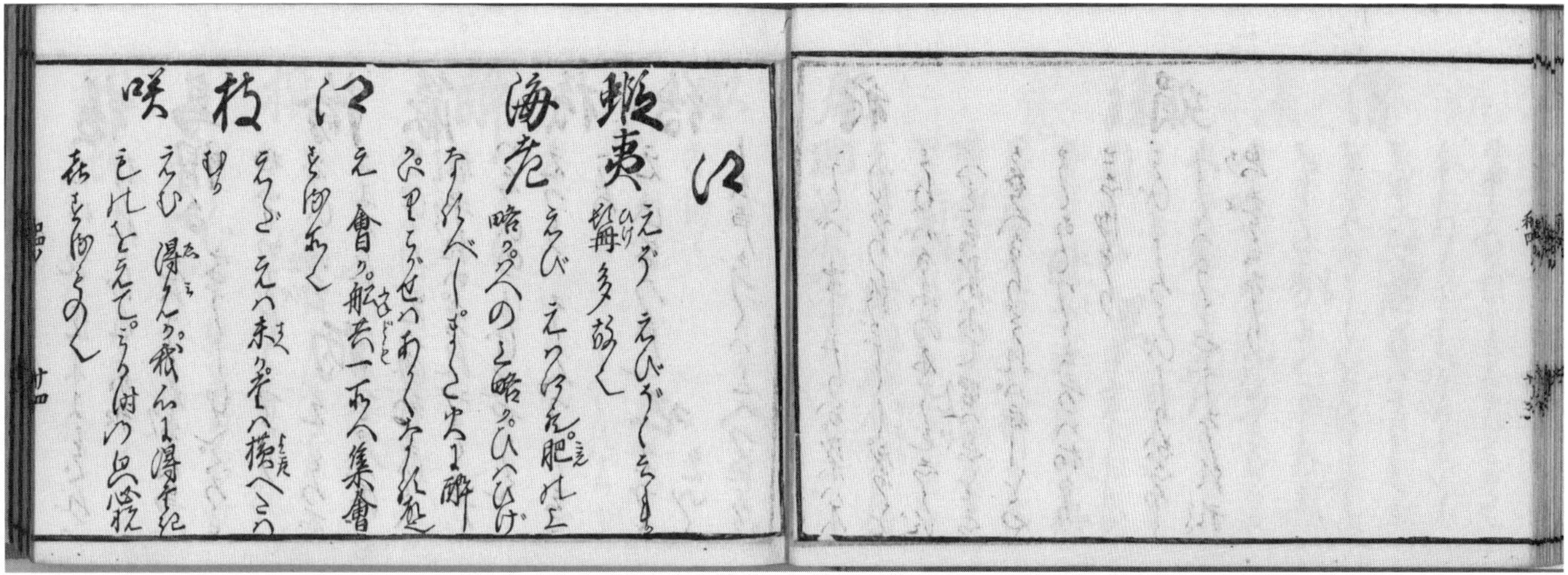

巻四 24オ

巻四 23ウ

え

蝦夷　えぞ。えびぞと云事か。髭《ひげ》多故也。

海老　えび。えは、江歟。肥《こゑ》の上略か。はへの上略か。ひは、ひげなるべし。また、火に酔か。いりこがせは、あかくなる故也。

江　え。会か。船共《ふねども》、一所へ集会する所也。

枝　えだ。えは、末《すへ》か。たは、横《よこた》へたはむか。

咲　えむ。得見《えみ》か。我心に得たきものをえて、みる時の皃、必悦喜するもの也。

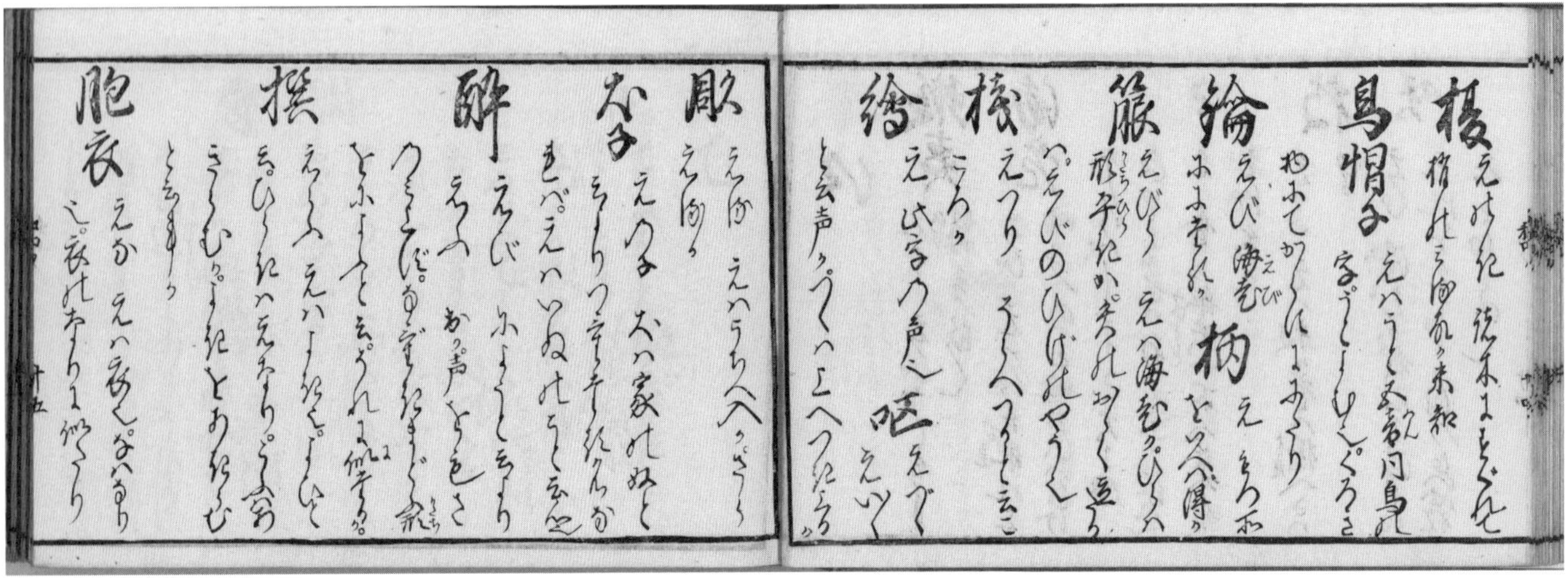

巻四　24ウ

巻四　25オ

榎　えのき。諸木にすぐれて梢のみる故か。未知。

烏帽子　えは、うと五音《ゐん》同。烏の字、うとよむ也。くろき物にてからすににたり。

鑰　えび。海老《えび》ににたるか。

柄　え。もつ所をいへば、得か。

箙　えびら。えは、海老か。ひらは、形《かたち》平《ひら》きか。矢のおゝく立たるは、えびのひげのやう也。

棧　えつり。そらへつると云こころか。

繪　え。此字の声也。

呃　えづく。えいゝと云声か。つくは、上へつき上るか。

彫　える。えは、うちへ入か。さらえるか。

犬子　えのこ。犬は、家の奴と云よりつけたる名なれば、えはいぬのこと云心也。

酔　えび《(ひカ)》。えふ。にようと云より出か。声をもさのみ上ず、なげきまどふ形《かたち》を、によふと云。それに似《に》たるか。

撰　えらふ。えは、よき也。よひと云、ひらきはえ也。らふは、あきらむか。よきをあきらむと云事か。

胞衣　えな。えは、衣也。なは、なり也。衣のなりに似たり。

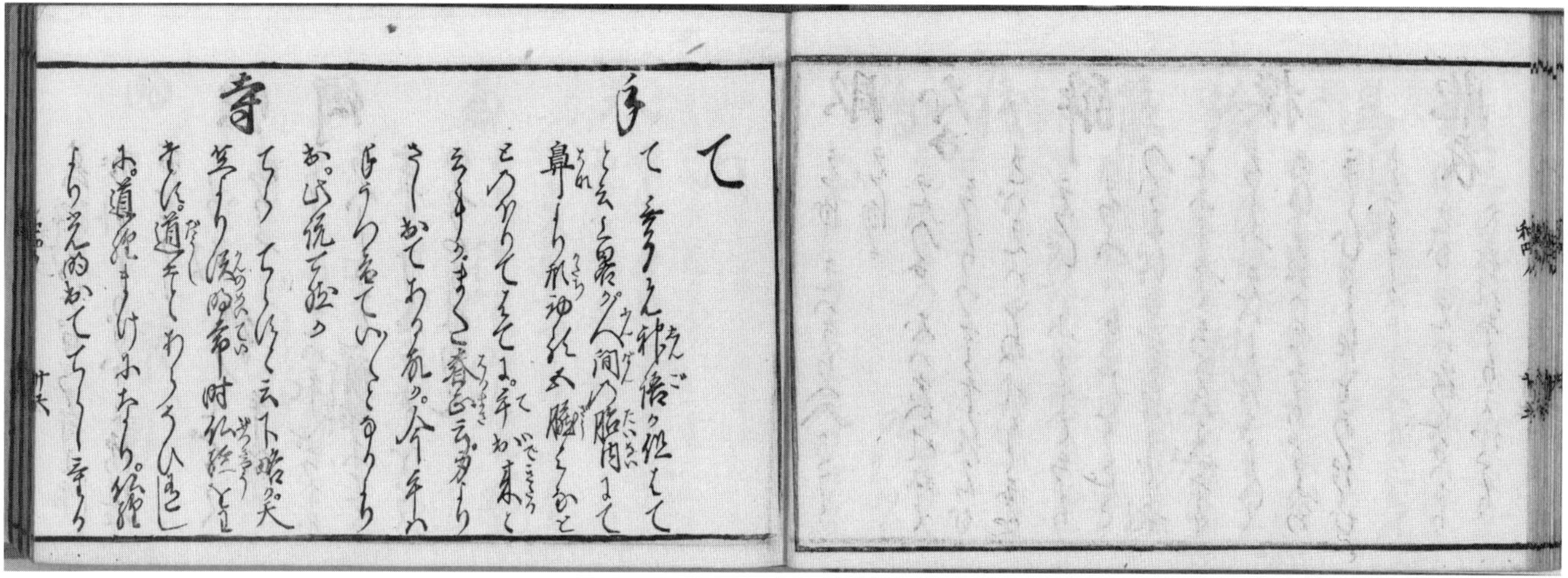

巻四 26オ　巻四 25ウ

て

手　て。無了見。神語《しんご》か。但、はてと云上略か。人間《にんげん》の胎内《たいない》にて鼻《はな》より形《かたち》初る。五臓《ざう》みなととのほりてはてに、手出来《ていできたる》と云事か。また、春正《はるまさ》云、身よりさし出てある故か。今、手は、手うつ音てい〳〵となるより出。此説可然か。

寺　てら。てらすと云下略か。天竺より漢明帝《かんのめいてい》時、仏経《ぶつきやう》をわたす。道士《だうし》とあらそひ有しに、道経まけになり、仏経より光明出てらしける。

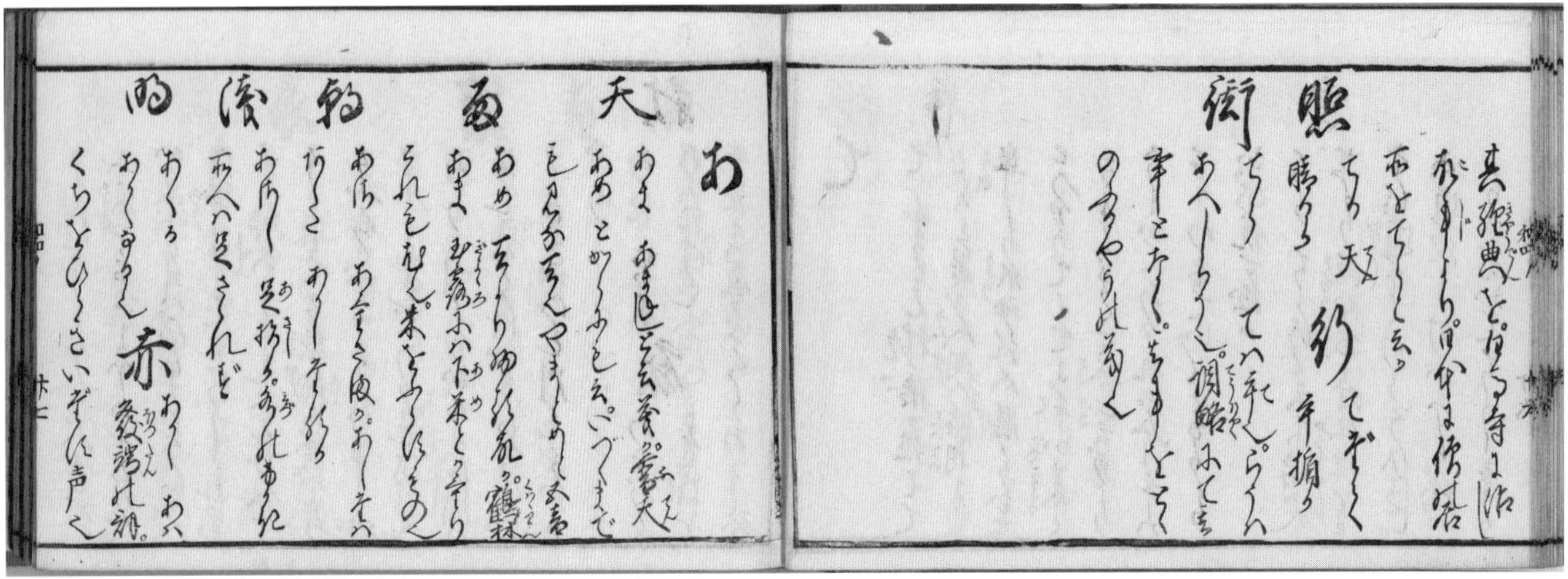

巻四　26ウ

巻四　27オ

其経典《きやうでん》を、白馬寺に治し故事《こじ》より、日本に僧の居所をてらと云か。

照　てる。天《てん》晴るか。

行　てだて。手楯か。

衒　てらう。ては、手《て》也。らうは、あへしらう也。調略《てうりやく》にて、其事となく其事をと、のふるやうの義也。

あ

天　あま。あめ。あまねしと云義か。普天《ふてん》とからにも云。いづくまでもみな天也や。まとめと五音。

雨　あめ。あま。天よりふる故か。鶴《くは》林《くりん》玉露《ぎよくろ》には、下米《あめ》とかけり。これも尤也。米をふらすもの也。

朝　あさ。あした。あけさまか。あしたは、あかしたるか。

淺　あさし。足指《あさし》か。水《みづ》のふかき所へは、足さ、れず。

明　あくる。あかくなる也。

赤　あかし。あは、発端《ほつたん》の詞。くちをひらきいだす声也。

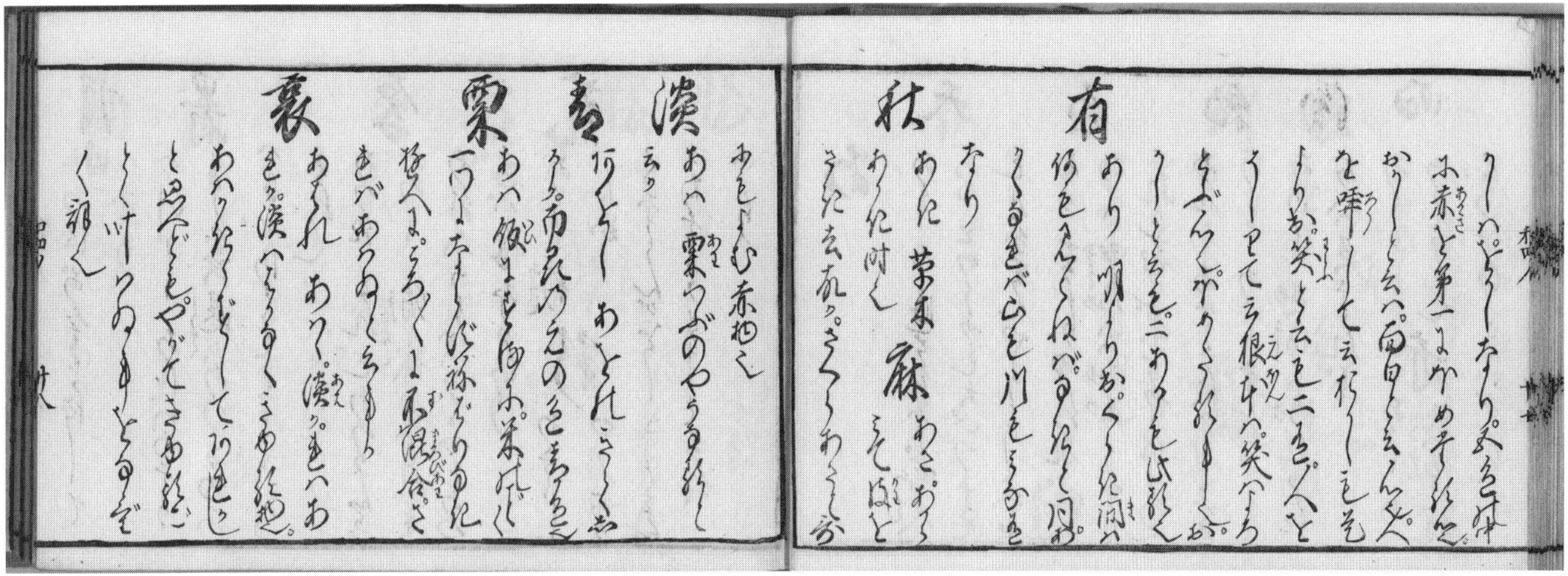

巻四 27ウ

巻四 28オ

かしは、をかしなり。五色の中に赤《あかき》を第一にほめたる心也。おかしと云は、面白と云心也。人を哢《ろう》して云おかしも、是より出。笑《わらふ》と云も二有。人をそしりて云、根本《こんほん》は、笑はよろこぶ心也。ほめたる事也。おかしと云も二あるも此類也。

有　あり。明より出。くらき間《ま》は何も見えねば、なきと同。あかくなれば、山も川もみな有なり。

秋　あき。草木あかき時也。

麻　あさ。あからみて皮《かは》をさき去故か。さくらあさと歌にもよむ。赤物也。

淡　あは。粟《あわ》つぶのやうなると云か。

青　あをし。あをのきてしるか。南州の(天カ)えの色、青色也。

粟　あは。飯《いひ》にするに、米のごとく一つにならず、ねばりなきゆへに、ころ〱に不《ず》レ混合《まろびあわ》。されば、あはぬと云事か。

哀　あはれ。あは、、淡《あは》か。れは、あれか。淡は、はかなくきゆる物也。あは、かきらずしてあれかしと思へども、やがてきゆるごとく、叶はぬ事をなげく詞也。

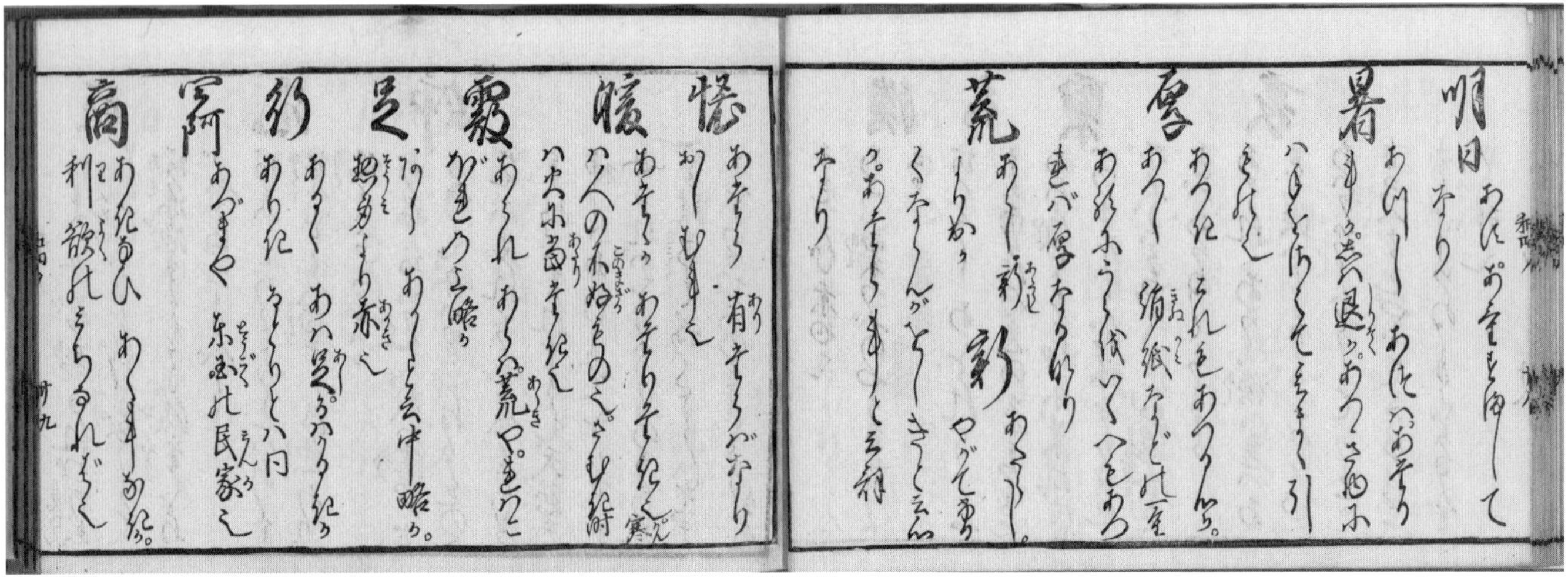

巻四　28ウ

巻四　29オ

明日　あす。あけすましてなり。

暑　あつし。あつは、あたる事か。しは、退《しりぞく》か。あつき物には、手をさえて其まゝ引もの也。

厚　あつき。あつし。これもあつる心か。絹紙《きぬかみ》などの一重あるに、うらをいくへもあつれば厚なるなり。

荒　あらし。新《あたらし》より出か。

新　あたらし。やがてふるくならんが、をしきと云心か。あたら事と云詞なり。

惜　あたら。有《あり》たらばなり。おしむ事也。

暖　あたゝか。あたりたき也。寒《かん》は人の不好《このまざる》もの也。さむき時は、火に当《あたり》たき也。

霰　あられ。あらは、荒《あらき》也。れは、こぼれの上略か。

足　あし。あかしと云中略か。惣身《そうみ》より赤《あかき》也。

行　あるく。ありき。あは、足《あし》、るは、かるきか。るとりとは同。

四阿　あづまや。東国《とうごく》の民家《みんか》也。

商　あきなひ。あく事なきか。利欲《りよく》のみちなれば也。

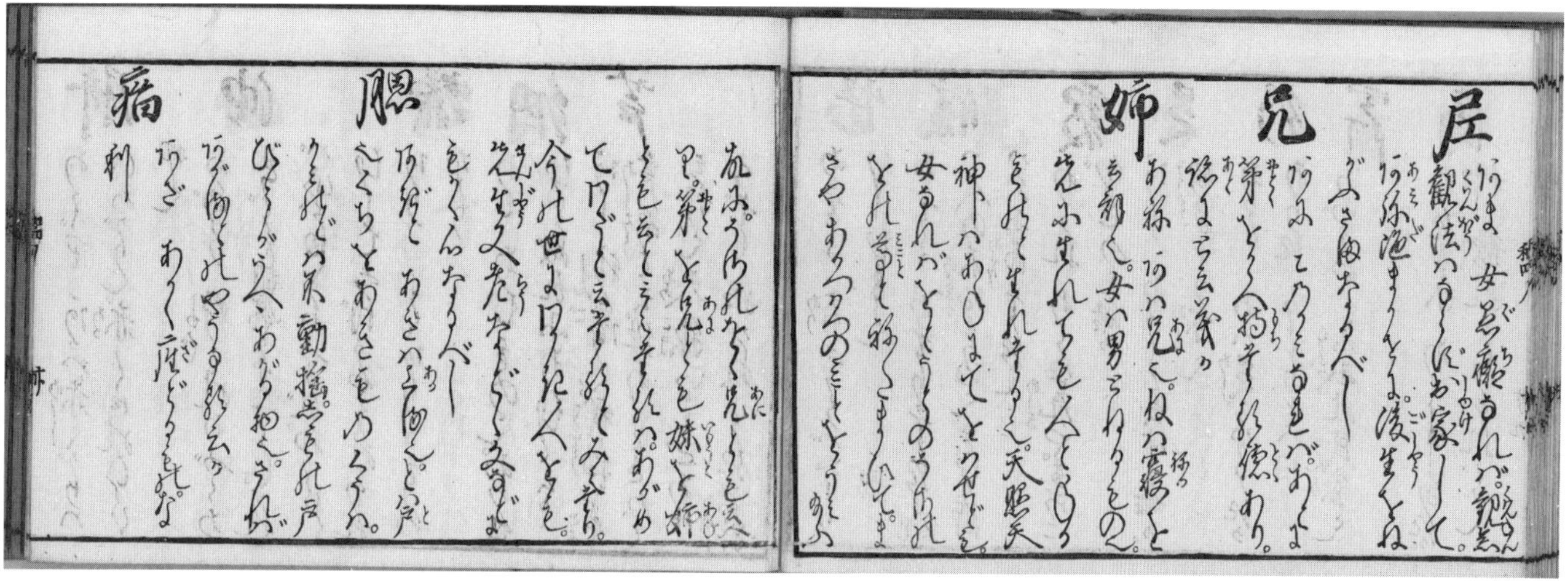

巻四　30オ

巻四　29ウ

尼　あま。女、愚癡《ぐち》なれば、観念《くはんねん》観《くはん》法《ぼう》はならず。出家《しゆけ》して、阿弥陀《あみだ》まかせに後生《ごしやう》をねがふさまなるべし。

兄　あに。このかみなれば、あとに弟《おとと》をか丶へ持《もち》たる徳《とく》あり。跡《あと》にと云義か。

姉　あね。あは、兄《あに》也。ねは、寝《ねる》を云詞也。女は男とねるもの也。先に生れても、人とねるものと生れたる也。天照大神はあねにてをはせども、女なれば、をとうとのそさのをの尊《みこと》とねたまひて、まさやあかつかつのみことをうみ給ふ故に、そさのを丶兄《あに》とも云へり。弟《おとと》を兄《あに》とも、妹《いもうと》を姉《あね》とも云とみえたるは、あがめてわざと云たるとみえたり。今の世に、わかき人をも、先生《せんじやう》、又、老《らう》など丶文などにもかく心なるべし。

腮　あぎと。あぎは、上《あか》る也。とは、戸《こ》也。くちをあき、ものくうは、かみのどは、不動揺。しもの戸びらが、うへ丶あがる物也。されば、あがるとのやうなる云か。

瘤　あざ。あかく座《ざ》どるものなり。

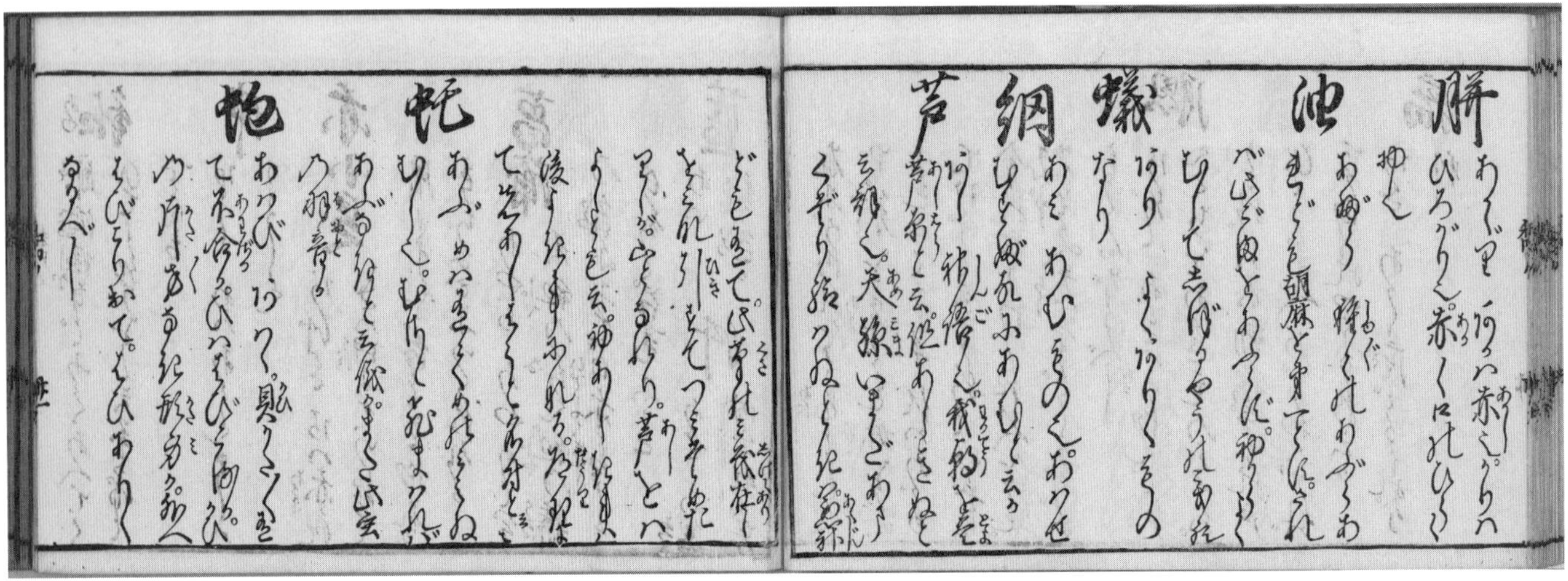

巻四　30ウ

巻四　31オ

胼　あかゞり。あかは、赤《あかし》也。かりは、ひろがり也。赤《あか》く口のひらく物也。

油　あぶら。種々《しゆじゆ》のあぶらあれども、胡麻を第一とす。されば、此ごまをあふらず、初からよくむしてしぼるやうの義歟。

蟻　あり。よくありくものなり。

網　あみ。あむもの也。あはせむすぶ故にあむと云か。

芦　あし。神語《しんご》也。我朝《わかてう》を豊芦原《とよあしはら》と云。但、あしきぬと云詞也。天孫《あめみま》、いまだあまくだり給はぬときは、悪神《あくじん》ども有て、此草《くさ》のみ茂在《しけくあり》しを、みな引《ひき》すてつみためたりしが山となれり。芦《あし》をは、よしとも云。初あしき事は、後よき事になれる道理《だうり》にて、先あしはらと名付と云云。

虻　あぶ。めは有て、めのみえぬむし也。むさと飛まはれば、あぶなきと云儀か。また、此虫の羽音《はおと》か。

鮑　あはび。あはゝ、貝《かひ》かたく〳〵有て不合《あはざる》か。ひは、はびこるか。かひの片方《かたかた》なき形身《かたみ》（がカ）か、外へはびこり出て、はひありくなるべし。

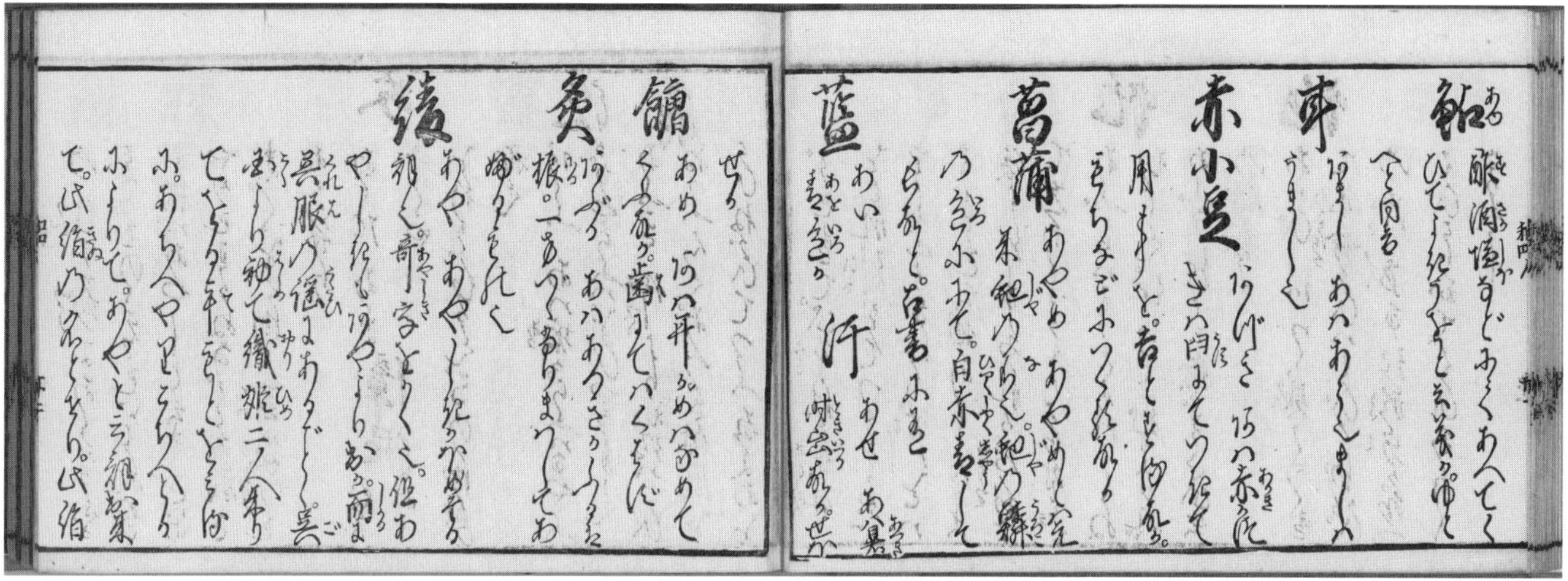

巻四　31ウ

巻四　32オ

鮎　あゆ。酢《す》、酒《さか》、塩《しほ》などにてあへてくひてよきうをと云義か。ゆとへ（えカ）と同音。

甘　あまし。あは、あら也。ましは、うまし也。

赤小豆　あづき。あは、赤《あかき》か。つきは、臼《うす》にてつきて用事を吉とする故か。もちなどにつくる故か。

菖蒲　あやめ。あやめとは、元来、蛇《じや》の名《な》也。蛇《じや》の鱗《うろこ》の色《いろ》ににて、白　赤《ひやくしやく》青《しやう》して長故と、古書に有。

藍　あい。青色《あをいろ》か。

汗　あせ。あは、暑時出《あつきときいつる》　故か。せ、ほせか。

餹　あめ。あは、甘か。めは、なめてくふ故か。歯《は》にてはくはず。

炙　あぶる。あは、あつきか。ふるは、振《ふる》。一方づゝ、ふりまはしてあぶるもの也。

綾　あや。あやしきか。ほめたる詞也。奇《あやしき》　字をかく也。但、あやしきも、あやより出か。而《しかる》に、呉服《くれは》の謡《うたひ》にあるごとく、呉国《ごこく》より初《はしめ》て織姫《おりひめ》二人来りて、をる手《て》もとをみるに、あちへやりこちへとるによりて、あやと云詞出来て、此絹《きぬ》の名とせり。此絹

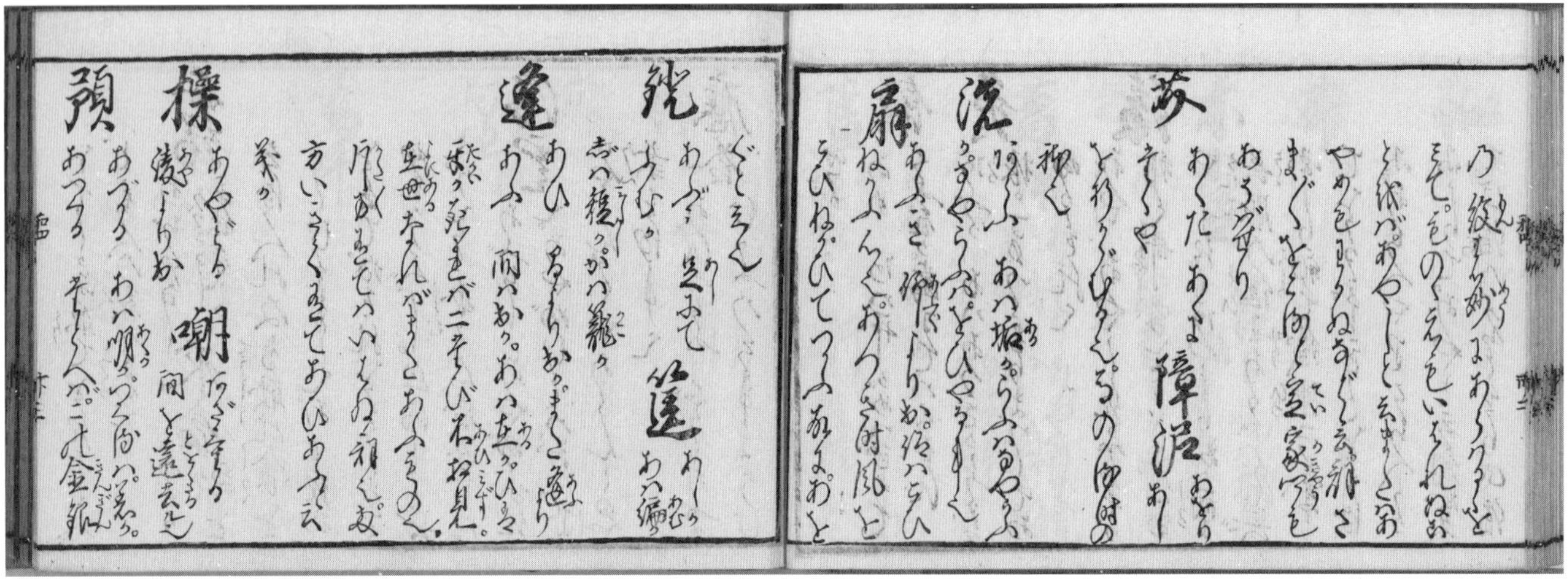

巻四 32ウ　巻四 33オ

の紋《もん》の妙《めう》にあらはる丶をみて、もの丶えもいはれぬことをば、あやしと云、または、あやめもわかぬなど丶云詞、さま〴〵をこると、定家卿《ていかきやう》もあそばせり。

芥　あくた。あくにたく也。

障泥　あをり。あしを折かゞむる也。馬のる時の体也。

洗　あらふ。あは、垢《あか》か。らふは、なやらふか。なやらふは、をひやる事也。

扇　あふき。仰《あふぐ》より出。仰は、こひねかふ心也。あつき時、風をこひねがひてつかふ故に、あをぐと云也。

鐙　あぶみ。足《あし》にてふむか。

筐　あしか。あは、編《あむ》か。じは、短《みじかし》か。かは、籠《かご》か。

逢　あひ。あふ。間より出か。また、逢《あふ》より間は出か。あは、在《ある》か。ひは、互《たがい》か。死れば二たび不相見《あひみず》。在世《よにある》なれば、またあふもの也。片方《かたかた》有ては、いはぬ詞也。両方いきて有て、あひあふと云義か。

操　あやどる。綾《あや》より出。

嘲　あざける。間を遠去《とをくさる(ママ)》る也。

預　あづかる。あつくる。あは、明《あくる》か。つくるは、着か。たとへば、この金《きん》銀《ぎん》

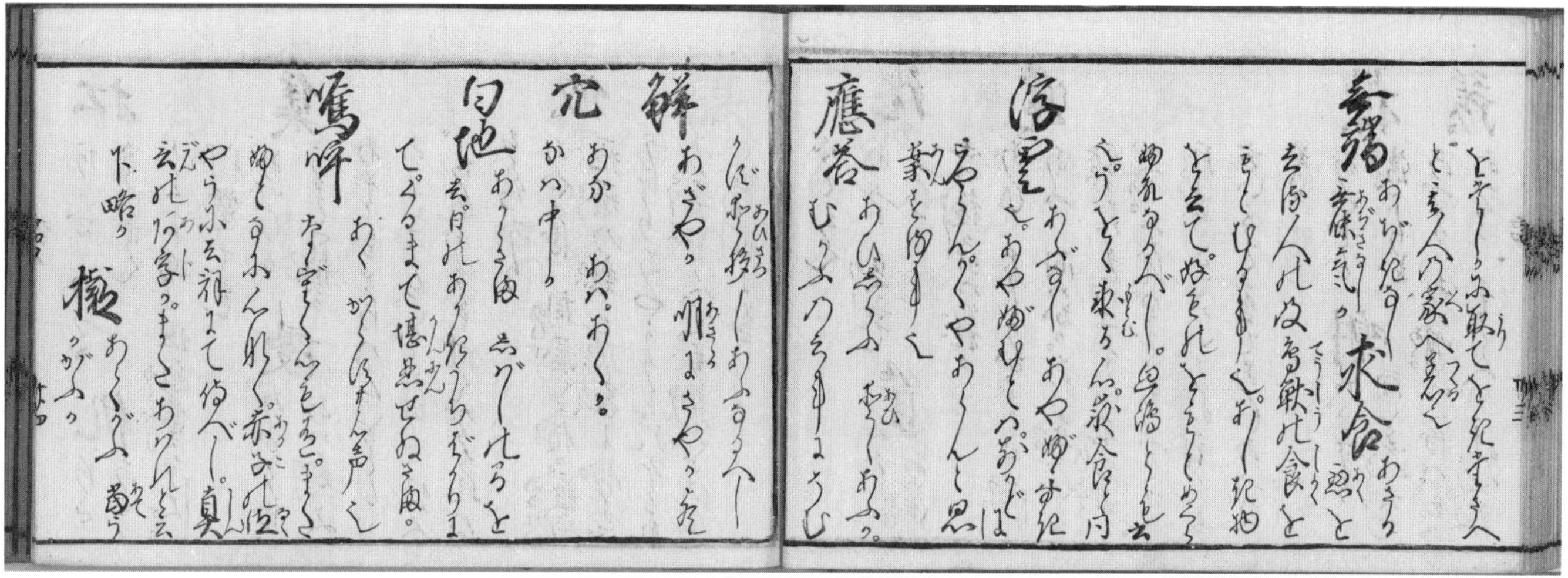

巻四　34オ

巻四　33ウ

をたしかに取《とり》てをきたまへと、其人の家《いへ》へ着《つくる》也。

無端　あぢきなし。無味気《あぢきなし》か。

求食　あさる。悪《あく》を去る。人の、及、鳥獣《てうしう》の、食《しよく》をもとむる事也。あしき物を去て、好ものをもとめくらふ故なるべし。回島とも書也。うを、求《もとむ》る心。救（愛カ）食と同。

浮雲　あぶなし。あやぶみなき也。あやぶむとは、前かどに、とやらん、かくやあらんと思案《しあん》する事也。

應答　あひしらふ。愛《あひ》しあふか。むかふの云事にそむかず、愛拶《あひさつ》しあふなるへし。

鮮　あざやか。明《あきらか》にさやか歟。

穴　あな。あは、あくか。なは中か。

白地　あからさま。しばしの間を云。日のあかきうちばかりにて、くるまて堪忍《かんにん》せぬさま。

嗚呼　あゝ。からすの声也。なげく心も有。また、ふと、なに心なく、赤《あか》子《こ》の泣《なく》やうに云詞にて侍べし。真言《しんごん》の阿字《あじ》か。また、あはれと云下略か。

擬　あてがふ。当《あて》うかがふか。

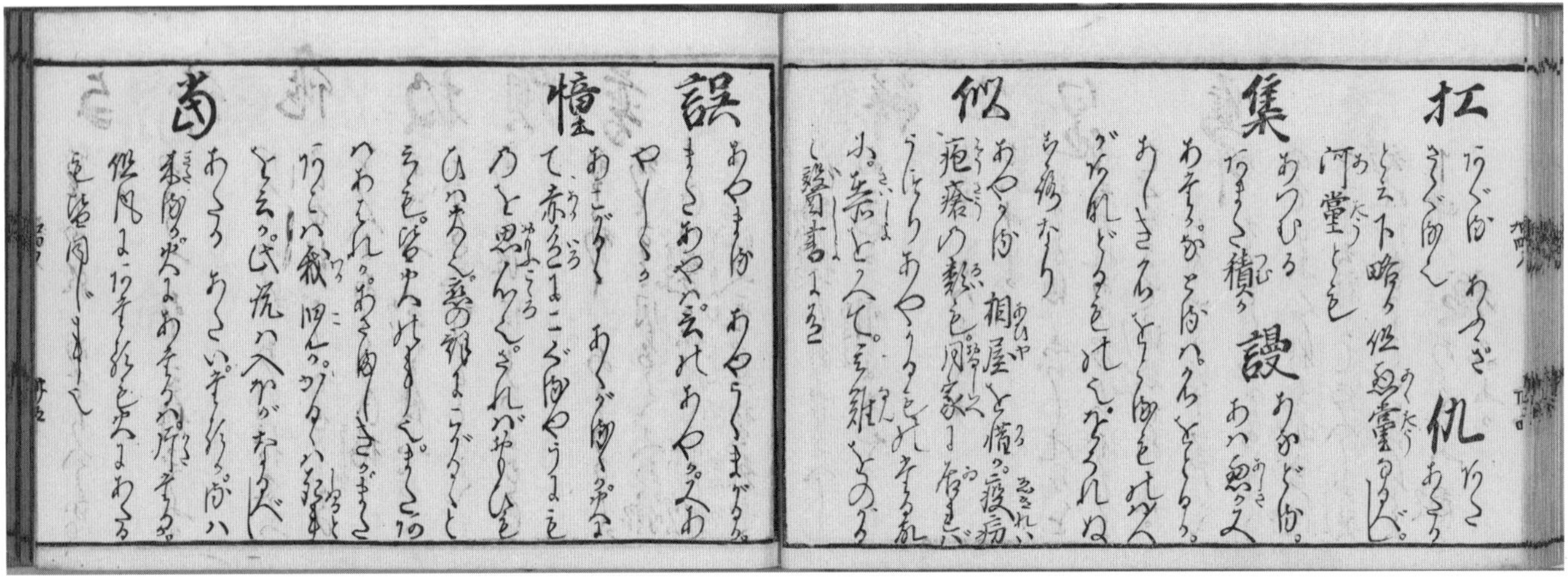

巻四　34ウ

巻四　35オ

扛　あぐる。あふぎさゝぐる也。

仇　あた。あたると云下略か。但、悪《あく》党《たう》なるべし。阿《あ》党《たう》とも。

集　あつむる。あまた積《つむ》か。

謾　あなどる。あは、悪《あしき》か。又、あたか。なとるは、名をとるか。あしき名をとるものは、人があなどるもの也。をそれぬこゝろなり。

似　あやかる。相屋《あひや》を借《かる》か。疫癘《えきれい》、疱《はう》瘡《さう》の類《るゐ》も、同家《おなしいへ》に居《ゐ》れば、うつりあやかるものたる故に、在所《さいしよ》をかへて、其難《なん》をのがると医《い》書《しよ》に有。

誤　あやまる。あやうくまがるか。また、あやは、言のあやか。又、あやしくか。

憧　あこがるゝ。あくがるゝか。火にて赤色《あかいろ》にこぐるやうにものを思心《おもふこころ》也。されば、おもひも、ひは火也。恋の詞にこがるゝと云も、皆、火の事也。また、あは、あはれか。あさましきか。また、あこは、我児《わかこ》か。かるゝは、死事《しぬること》を云か。此説は、入ほがなるべし。

當　あたる。あたいたるか。るは、来《きた》るか。火にあたるは、片《かた》たるか。但、風にあたるも、火にあたるも、皆同じ事也。

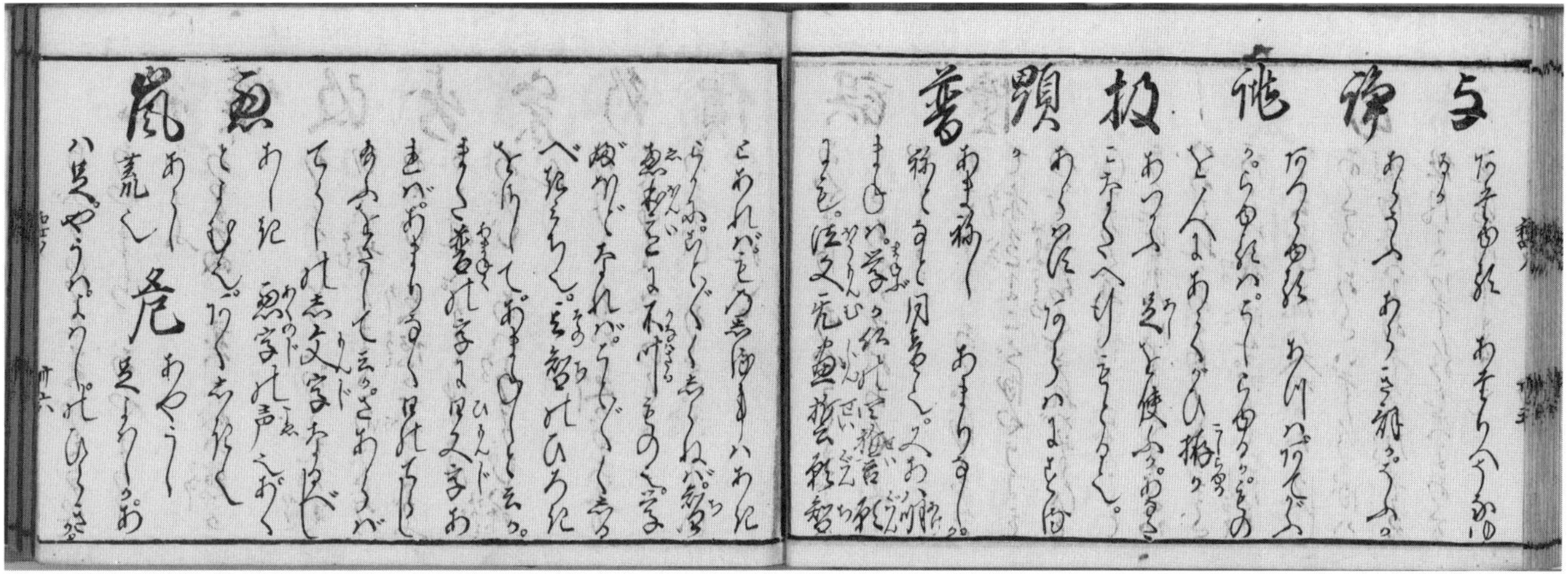

巻四 35ウ　巻四 36オ

与　あたゆる。あたりへそなゆるか。

諍　あらそふ。あらき詞かそふか。

誂　あつらゆる。あつは、あてがふか。らゆるは、こしらゆるか。ものを人にあてがひ拵《こしらゆる》か。

扱　あつかふ。足《あし》を使ふか。あなたこなたへ行もとる也。

顕　あらはす。あらはにするか。

普　あまねし。あまりなしか。ねとなと同音也。又、あは、明《あけ》、まねは、学《まなぶ》か。仏の四誓願《せいぐはん》にも、法文無《ほうもんむ》尽誓《じんせい》願智《ぐはんち》とあれば、ものしる事はあきらかにこと〴〵くしらねば、智恵《ちゑ》、本意《ほんい》に不叶《かなはさる》もの也。学ぶほどなれば、こと〴〵くしるべきみち也。其智《そのち》のひろきをさして、あまねしと云か。また、普《あまねく》の字に日文字《ひもんじ》あれば、あまりなく日のてらし給ふをさして云か。さあらば、てらしのし文字《もんじ》なるべし。

悪　あしき。悪字《あくのじ》の声《こゑ》也。あくとよむ也。あくしき也。

嵐　あらし。荒也。

危　あやうし。足よはしか。あは足、やうは、よはしのひらきか。

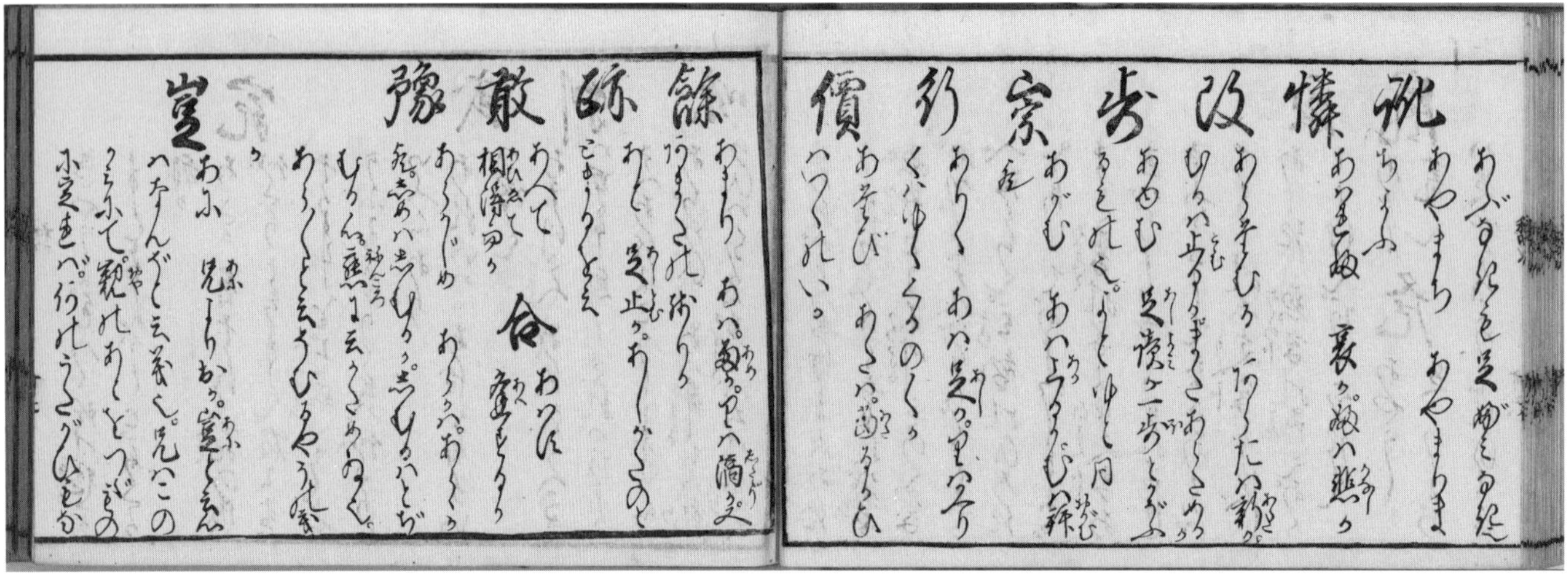

巻四 37オ

巻四 36ウ

あぶなきも、足ぶみなき也。

訛　あやまち。あやまりまちかふ。

憐　あはれふ。哀か。ふは、悲《（ひカ）かなし》か。

改　あらたむる。あらたは、新《あらた》か。むるは、止《ととむ》るか。また、あらためるか。むものを、

歩　あゆむ。足読《あしよみ》か。一歩《ほ》とかぞふるもの也。よとゆと同。

崇　あがむ。あは、上《あか》るか。むは、拝《おがむ》歟。

行　ありく。あは、足《あし》か。りは、かへり。くは、ゆくるのくか。

價　あたひ。あたは、当《あた》るか。ひは、い《（ひカ）》くのい《（ひカ）》か。

餘　あまり。あは、雨《あめ》か。りは、滴《したたり》か。又、あまたの残りか。

跡　あと。足止《あしとむ》か。あしがたのととまるを云。

敢　あへて。相得《あひえ》而《て》か。

合　あはす。逢《あは》するか。

豫　あらかじめ。あらかは、あら、か歟。しめは、しむるか。しむるは、とぢむる心。懇《ねんごろ》に云かためぬ也。あらく〳〵と云そむるやうの義か。

豈　あに。兄《あに》より出か。豈《あに》と云心は、なんぞと云義也。兄は、このかみにて、親《おや》のあとをつぐものに定れば、何のうたがひもな

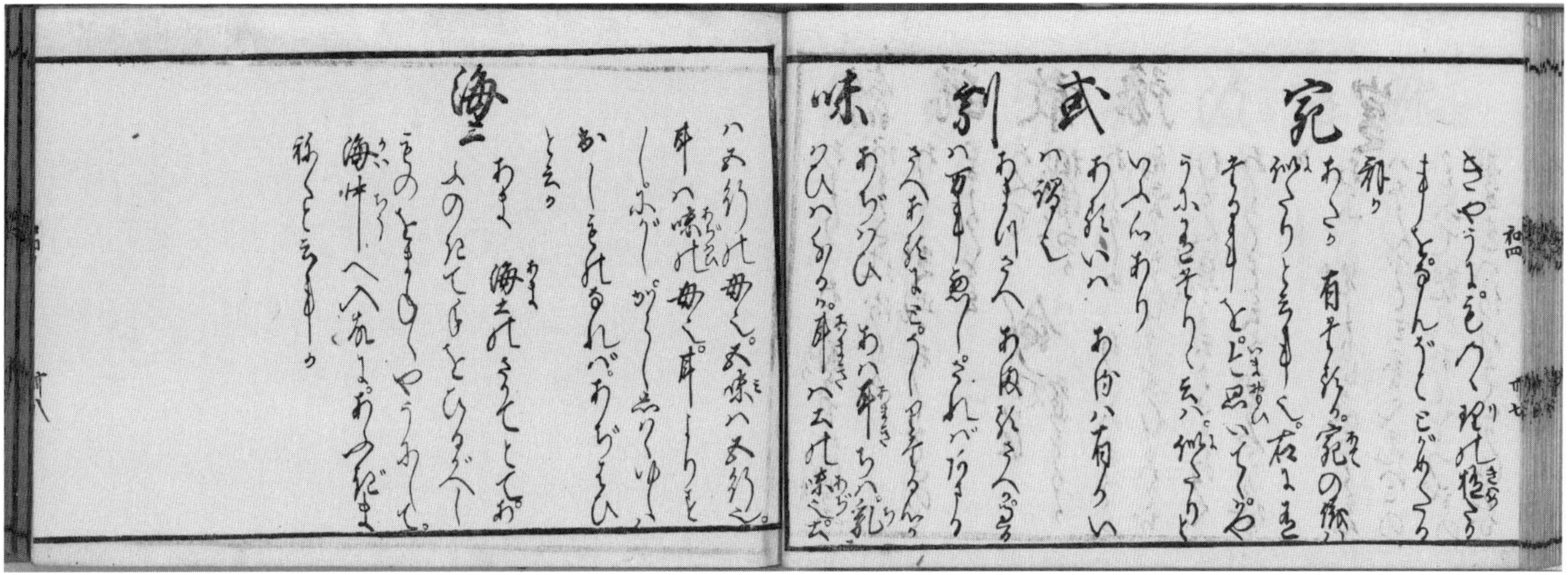

巻四 38オ

巻四 37ウ

きやうに、もの〻理《り》の極《きはめ》たる事を、なんぞととがめたる詞か。

宛　あたか。有たるか。宛《あて》の儀は、似《に》たりと云事也。右に有たる事を、今《いま》思《おもひ》いて〻、かやうに有たりと云は、似《に》たりといふ心有。

或　あるいは。あるは、有か。いは、謂也。

剰　あまつさへ。あまるさへか。過るは万事悪し。されば、あまるさへあるにと、そしりたる心か。

味　あぢはひ。あは、甘《あまき》、ちは、乳《ち》、はひは、分るか。甘《あまき》は土の味《あぢ》也。土は五行の母也。五味《み》は五行也。甘は味《あぢはひ》の母也。甘より、すし、にがし、からし、しは〻ゆしは出しものなれば、あぢはひと云か。

海士　あま。海士《あま》のさかてとて、あふのきて手をひるがへし、ものをまねくやうにして海中《かいちう》へ入故に、あふぎまねくと云事か。

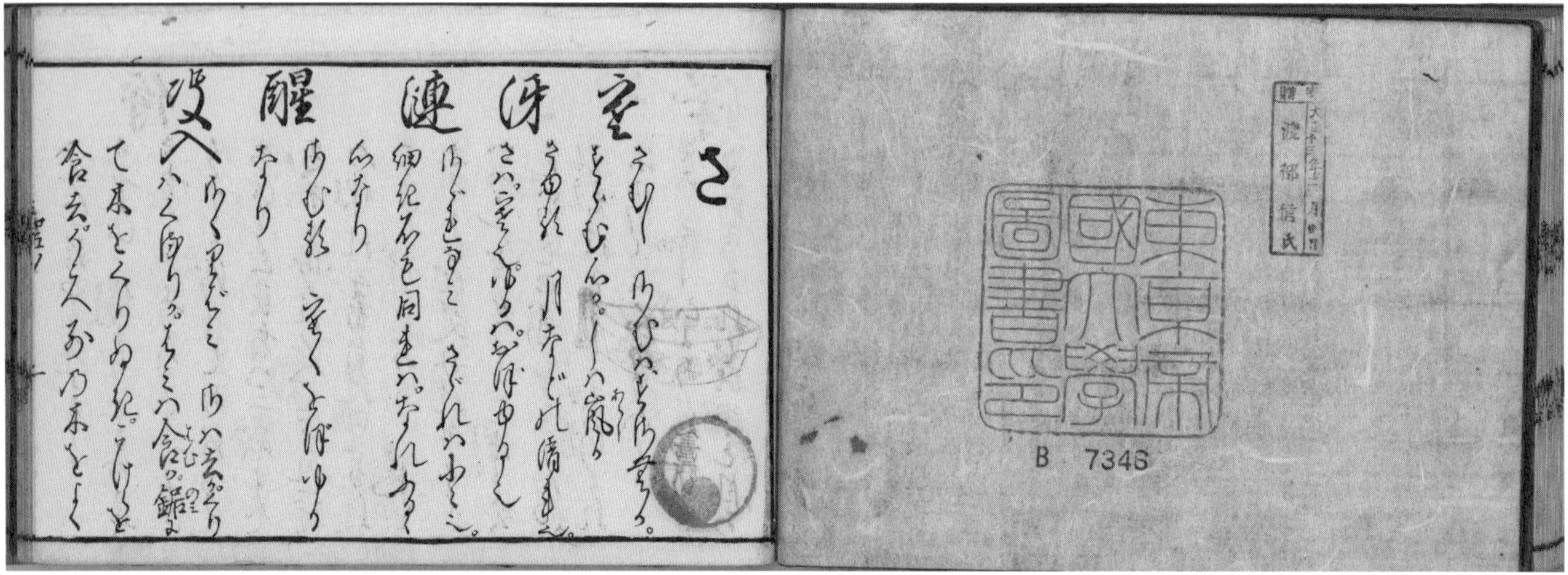

巻五　表見返し

巻五　1オ

(巻五)

さ

寒　さむし。さむは、すさむか。すゞむ心か。しは、嵐《あらし》か。

冴　さゆる。月などの清事也。さは、寒也。ゆるは、おぼゆる也。

漣　さゞれなみ。さゞれは、小々也。細き石も回れは、なれふるゝ心也。

醒　さむる。寒くをぼゆるなり。

決入　さくりばみ。さは、去か。くりは、くるりか。はみは、食《はむ》か。鋸《のみ》にて木をくりぬき、こけらを食去、そこへ前の木をよく

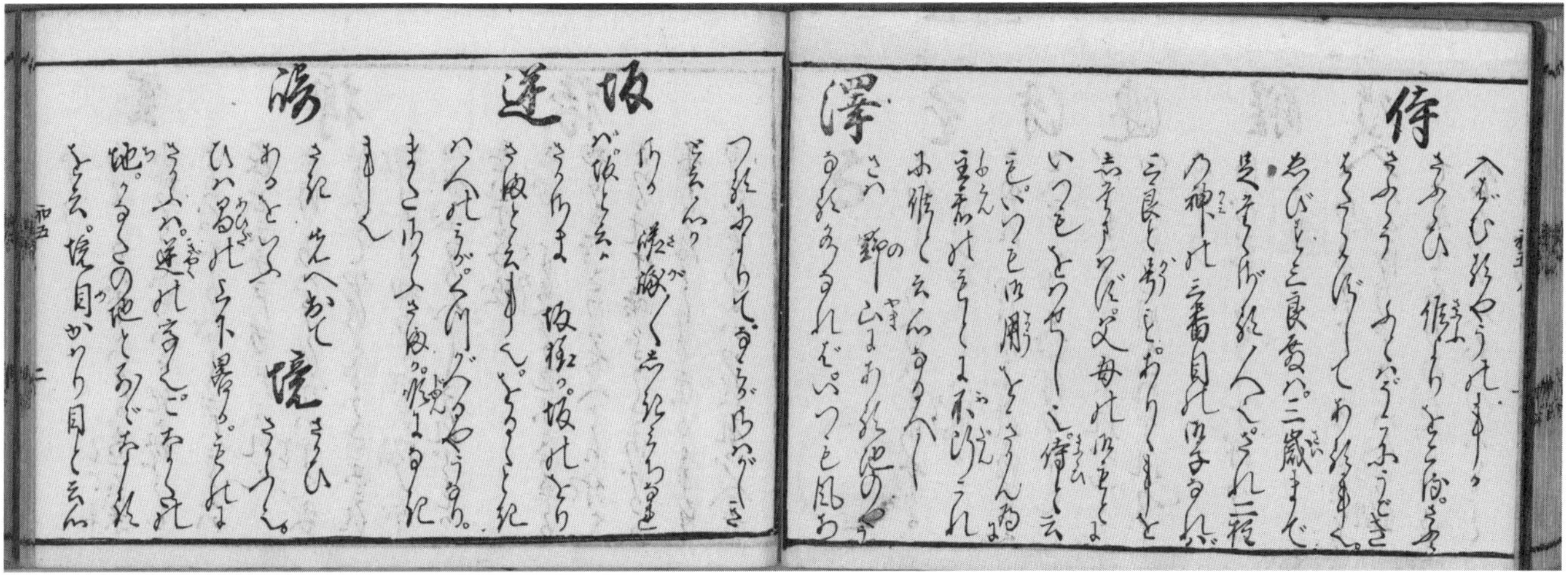

巻五　1ウ

巻五　2オ

入ばむるやうの事か。

侍　さふらひ。さふらう。候《さふらう》よりをこる。さふらふとは、そこにうごきはたらかずしてある事也。ゑびす三郎殿は、三歳《さい》まで足たゝざる人也。されゝ、二柱の神《かみ》の三番目の御子なれば、三郎と号《がう》す。ありく事をしたまはず、父母の御もとにいつもをはせし也。侍《さふらひ》と云も、いつも御用《よう》をきかん為に、主君《しゅくん》のもとに不断《ふだん》これに候と云心なるべし。

澤　さは。野山《のやま》にある池のやうなる水なれば、いつも風あつるによりて、なみがさはがしきと云心か。

坂　さか。嵯峨《さが》々々しきみちなれば、坂と云か。

逆　さかさま。坂様か。坂のをりさまと云事也。をるゝときは人のみが、くつがへるやうなり。また、さかふさまか。順《じゅん》になき事なり。

崎　さき。先へ出てあるをいふ。

境　さかひ。さかふ也。ひは、間《あひだ》の上下略か。ものにさかふは、逆《ぎゃく》の字也。こなたの地《ち》、かなたの地と別々なるを云。境目《め》、かはり目と云心

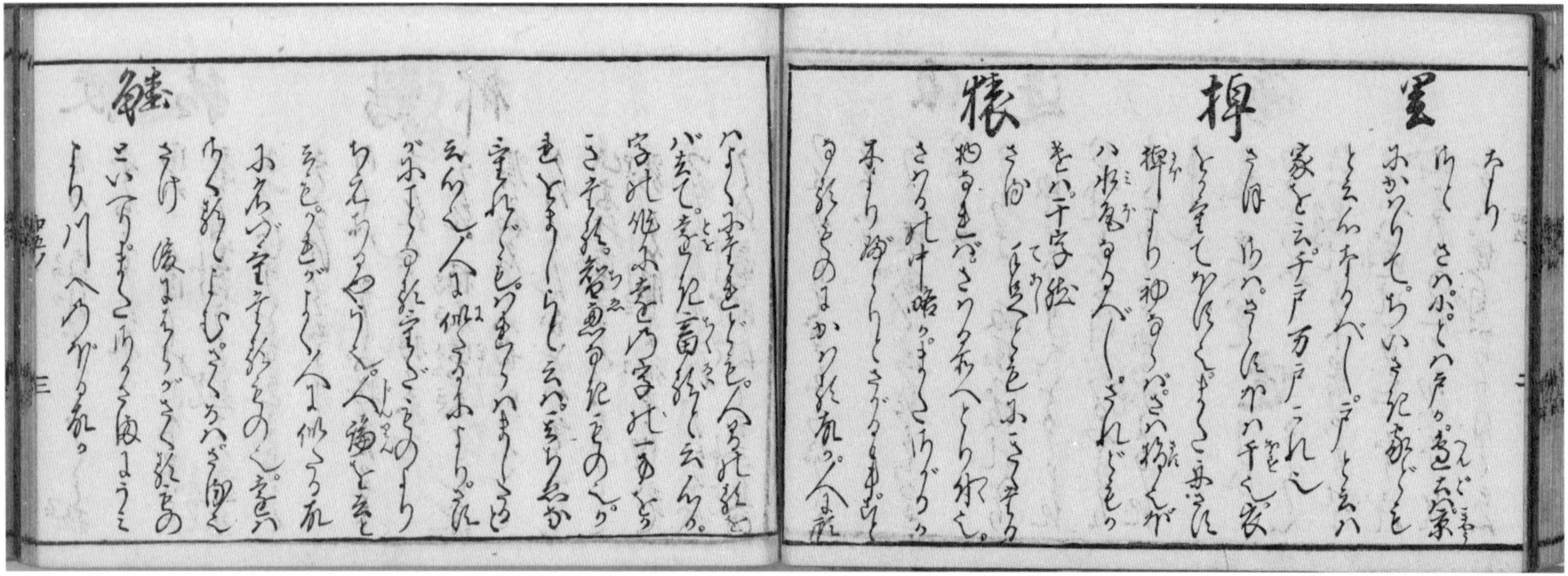

巻五　3オ　　巻五　2ウ

なり。

里　さと。さは、小、とは、戸か。辺《へん》土《ど》は京《きやう》にかはりてちいさき家どもと云心なるべし。戸と云は、家を云。千戸万戸これ也。

棹　さほ。さは、さらす。ほは、干《ほす》也。衣をかけてほす也。また、舟さす棹《さほ》より初ならば、さは、指《さす》也。ほは、水《み》尾《ほ》なるべし。されども、かけは（ばカ）、千字然。

猿　さる。手《て》足《あし》ともにきゝたる物なれば、さはる所へとり付《つく》也。さはるの中略か。また、さがるか。木よりぶらりとさがる事、ことなるものにかはる故か。人に形はよくにたれども、人間の類をば去て、遠《とを》き畜《ちく》類《るい》と云心か。字の作に遠の字の一方をかきたる。智《ち》恵《ゑ》なきもの也。かれをましらと云は、其ちゑなけれども、われらはましたると云心也。人に似《に》たるにより、さすがにことなるけだものよりちえあるやう也。人倫《じんりん》を去と云も、かれがよく人に似たる故に名づけたるもの也。遠は、さくるとよむ。さくるは、さる也。

鮭　さけ。後にはらがさくるものといへり。また、さかさまにうみより川へのぼる故か。

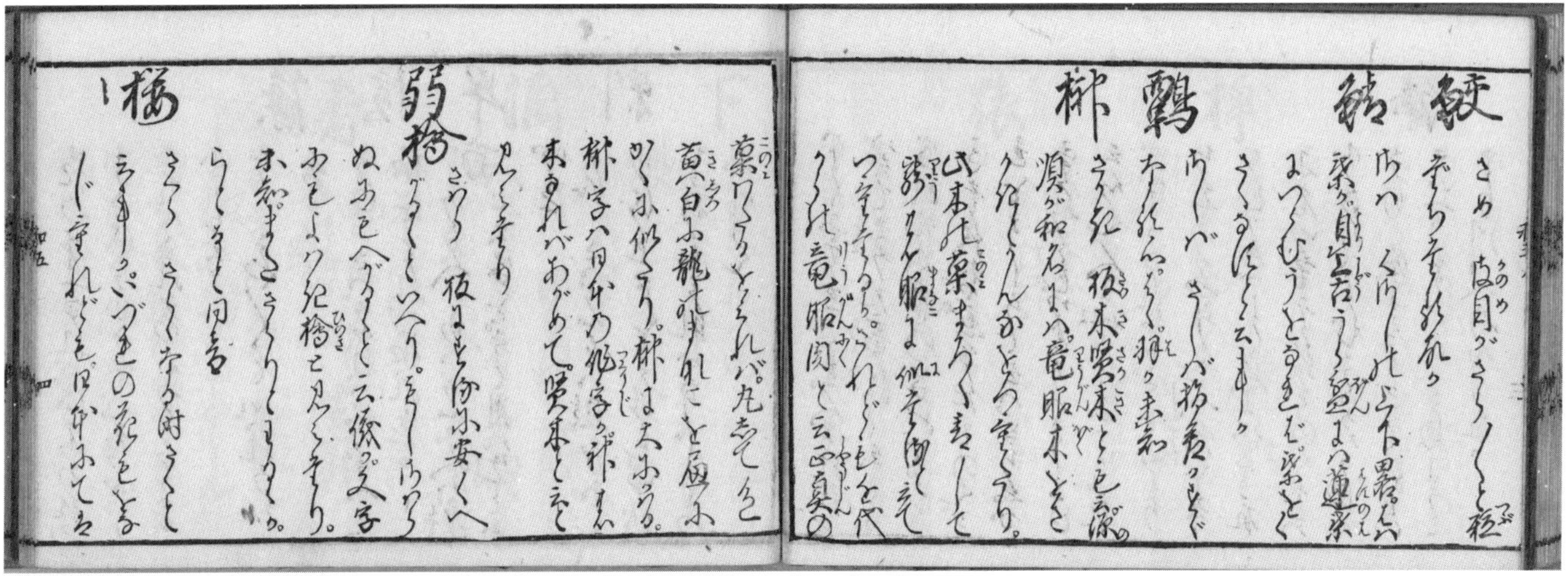

巻五　4オ

巻五　3ウ

鮫　さめ。皮目《かのめ》がさら〳〵と粒《つぶ》だちたる故か。

鯖　さは。くさしの上下略。はは、葉か。自《より》レ上古《じやう》、うら盆《ぼん》には蓮葉《はすのは》につゝむうをなれば、葉をくさくなすと云事か。

鸜　さしば。さしば(はカ)、指差か。すぐなる心。はゝ、羽《は》か。未レ知。

榊　さかき。坂木《さかき》、賢木《さかき》とも云。源の順が和名には、竜眼木《りうがんぼく》をさかきとかんなをつけたり。此木の菓《このみ》、まろく青して、龍《りう》の眼《まなこ》に似《に》たると云てつけたるか。されども、近代、からの竜《りう》眼肉《がんにく》と云　正真《しやうじん》の菓《このみ》わたるをみれば、丸して色黄白《きしろ》に龍のまなこを画にかくに似たり。榊に大にかはる。榊字は、日本の作字《つくりじ》か。神の木なれば、あがめて賢木と云と見えたり。

弱檜　さはら。板にするに、安くへがるゝ、といへり。もし、さはらぬにもへがるゝ、と云儀か。文字にもよはき檜《ひのき》と見えたり。未知。また、さらりとわるゝか。らとると同音。

桜　さくら。さらく(しやらくカ)なる時さくと云事か。いづれの花もをなじけれども、日本にては

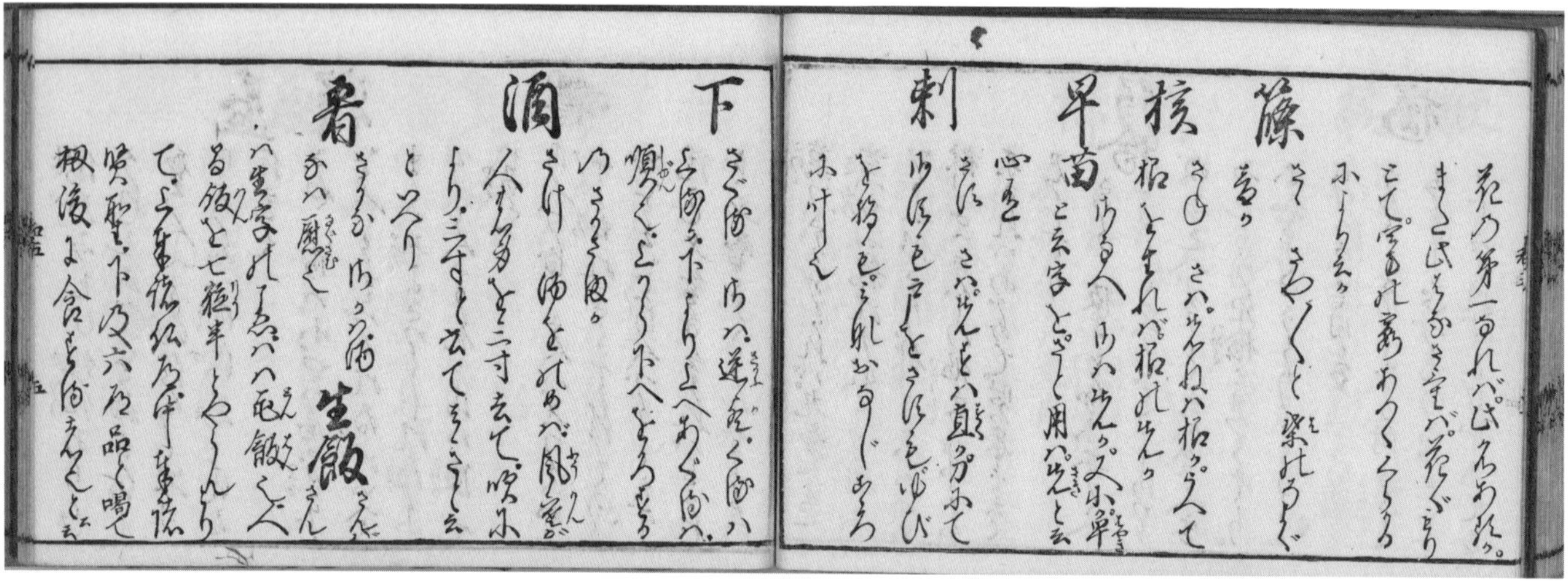

巻五　5オ

巻五　4ウ

花の第一なれば、此名あるか。また、此はなさけば、花ぐもりとて、四方の霧あつくくらかるにより云か。

篠　さゝ。さや〱と葉《は》のそよぐ音か。

核　さね。さは、先、ねは、根か。うへて根を生れば、根の先か。

早苗　さなへ。さは、先か。又、小か。早《はやき》と云字を、さと用は、先《さき》と云心有。

刺　さす。さは、先、すは、直《すく》か。刀にてさすも、戸をさすも、ゆびを指も、みなおなじこゝろに叶也。

下　さぐる。さは、逆歎《さかふか》。くるは、上るか。下より上へあぐるは、順《じゅん》也。上から下へをろするのさかさまか。

酒　さけ。酒をのめば、風寒《ふうかん》が人の身を三寸去て吹により、三寸と書てみきと云といへり。

肴　さかな。さかは、酒、なは、慰《なぐさむ》也。

生飯　さんば。さんは、生字のこゑ。はは、屯飯《とんはん》也。人間飯《はん》を七粒《りう》半とやらんとりて、上奉諸仏道、中奉諸賢聖、下及六道品と喝て、扨後に食する者也と云云。

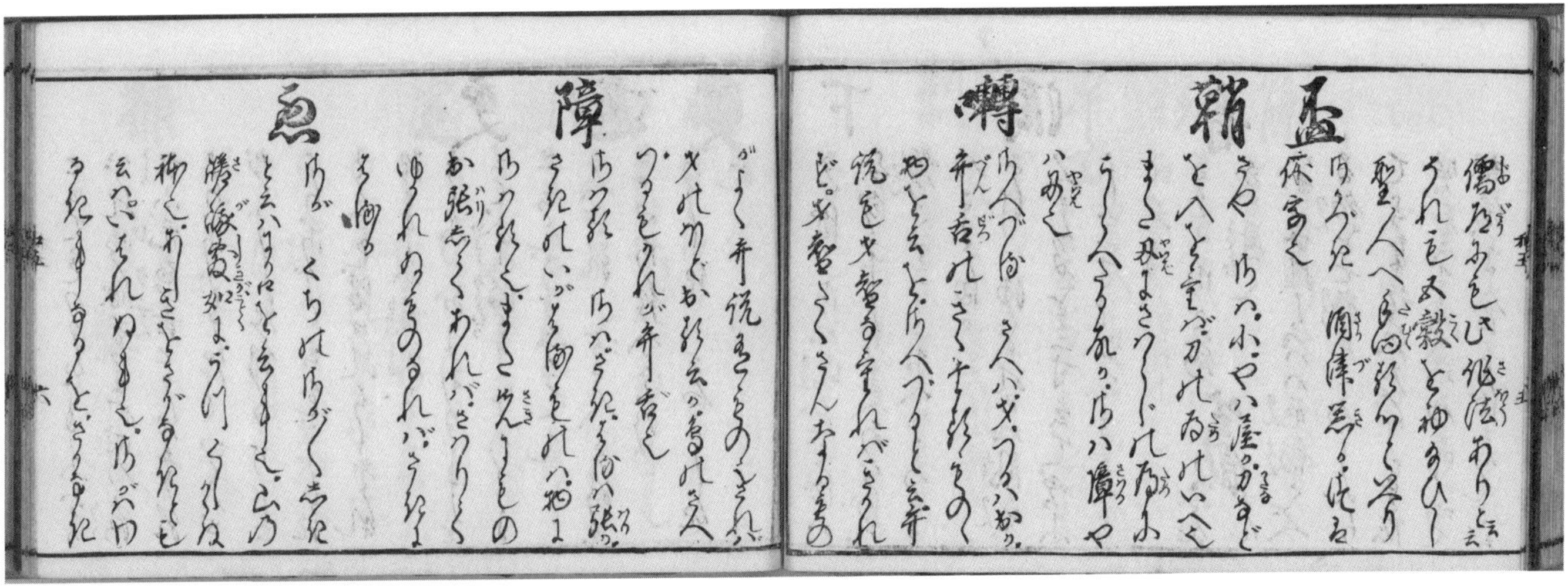

巻五 5ウ

巻五 6オ

儒道《じゅだう》にも此作法《さほう》ありと云云。それも、五穀《こく》を初給ひし聖人へ手向《たむ》る心といへり。

盃 さかづき。酒津器《さかづき》か。つは、休字也。

鞘 さや。さは、小、やは、屋か。刀《かたな》などを入をけば、刀の為《ため》のいへ也。また、刃《やいば》にさはらじの為《ため》にこしらへたる故か。さは、障《さはり》、やは、刃《やいは》か。

囀 さへづる。さへは、才、つるは、出か。弁舌《べんぜつ》のきゝたるものゝ物を云を、さへづると云。弁説も才智なければきかれず。才智たくさんなるものが、よく弁説有もの也。されば、才のほど出る云か。鳥のさへつるも、かれが弁舌也。

障 さはる。さは、さき、はるは、張《はる》か。さきのいがはるものは、物にさはる也。また、先《さき》にもの出張《はり》してあれば、さはりてゆかれぬものなれば、さきにはるか。

悪 さが。くちのさが〳〵しきと云は、わる口を云事也。山の嵯峨敷如《さがしきがごとく》に、うつくしからぬ体也。あしきを、さがなきとも云は、いはれぬ事也。さがは、わるき事なるを、さかなき

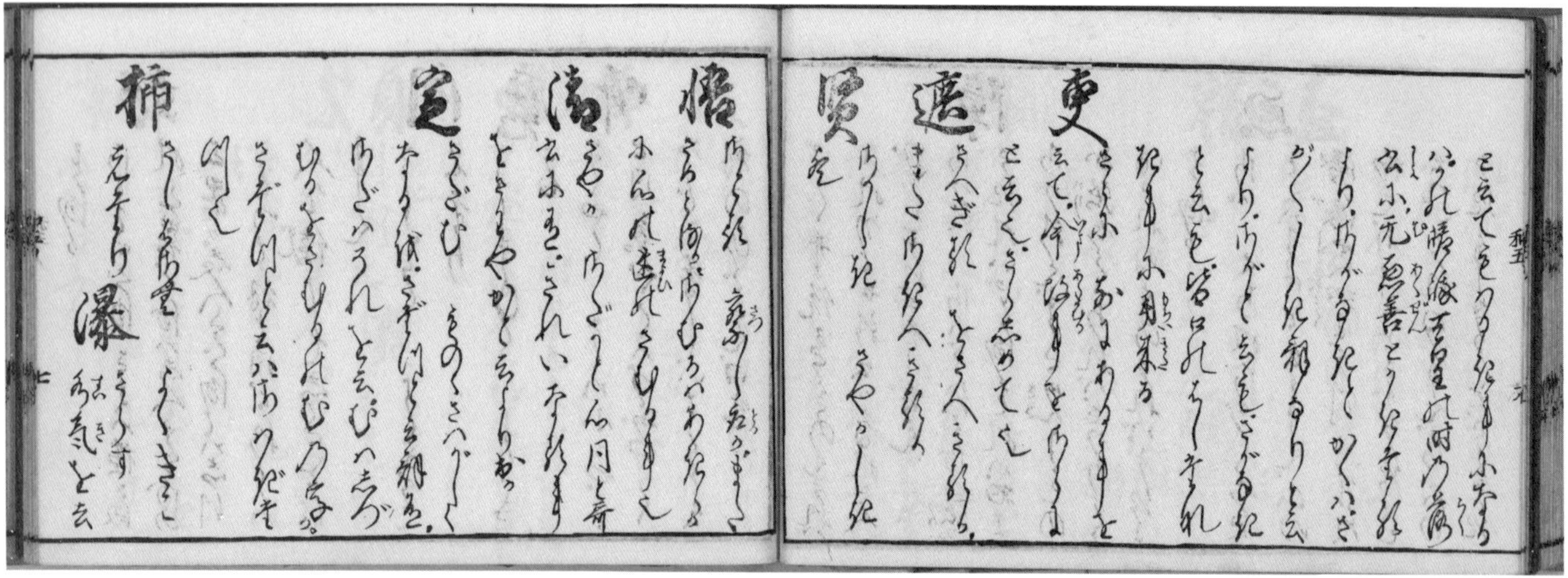

巻五　6ウ

巻五　7オ

と云てもわるき事になるは、かの嵯峨天皇の時の落書《らくしょ》に、無悪善《むあくぜん》とかきたるより、さがなきとかくは、さが〳〵しき詞なりと云より、さがと云も、さがなきと云も、皆口のはしたなき事に用来《もちいきた》る。

更　さらに。前にある事を云て、今《いま》改《あらたむる》事を、さらにと云也。さらしめて也。

遮　さへぎる。をさへきるか。また、さきへきるか。

賢　さかしき。さやかしき歟。

悟　さとる。察《さつ》し取《とる》か。また、さめとるか。さむるは、あきらかに心の迷《まよひ》のさむる事也。

清　さやか。さだかと心同と歌書に有。きれいなる事を、さわやかと云より出か。

定　さだむ。もの、さはがしくなるを、さだつと云詞有。さだは、それを云。むは、しづむる、をさむるのむの字か。さだつと云は、さはぎたつ也。

挿　さしはさむ。よくきこえたり。

瀑　さらす。水気《すいき》を去

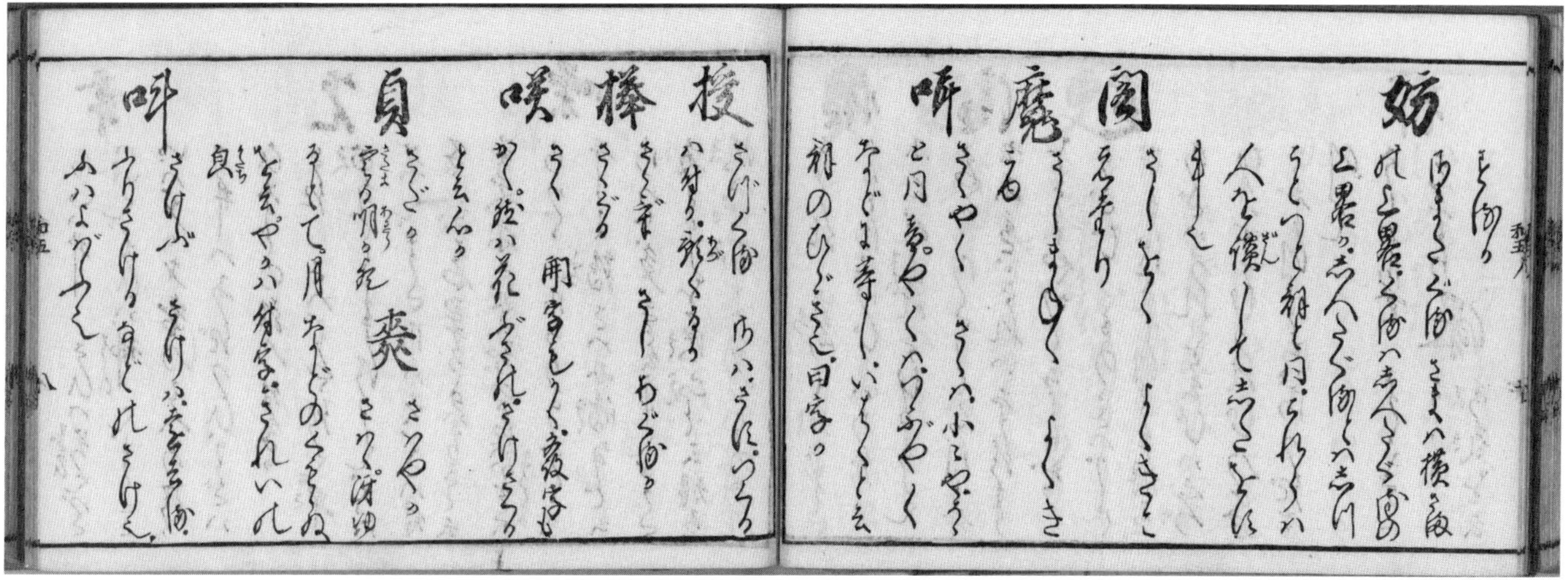

巻五　7ウ

巻五　8オ

するか。

妨　さまたぐる。さまは、横さまの上略。くるは、しへたぐるの上略か。しへたぐるとは、しつたといと(ふカ)詞と同。これらは、人を談《だん》してしたをする事也。

閣　さしをく。よくきこえたり。

魔(魔カ)　さしまねく。よくきこゆ。

唖　ささやく。さゝは、小々也。そゝと同音。やくは、つぶやくなどに等し。いはくと云詞のひゞき也。曰字か。

授　さづくる。さは、さす、つくるは、付か。預《あづ》くるか。

捧　さゝげ。さゝぐる。さしあぐるか。

咲　さく。開字もかく。発字もかく。然は、花ぶさの、さけさくると云心か。

貞　さだか。定《さたま》る、明《あきら》か歟。

爽　さはやか。さはゝ、冴ゆるとて、月などのくもらぬを云。やかは、付字。きれいの皃《かたち》。

叫　さけぶ。さけは、遠去る、ふりさけるなどのさけ也。ふは、よばふ也。

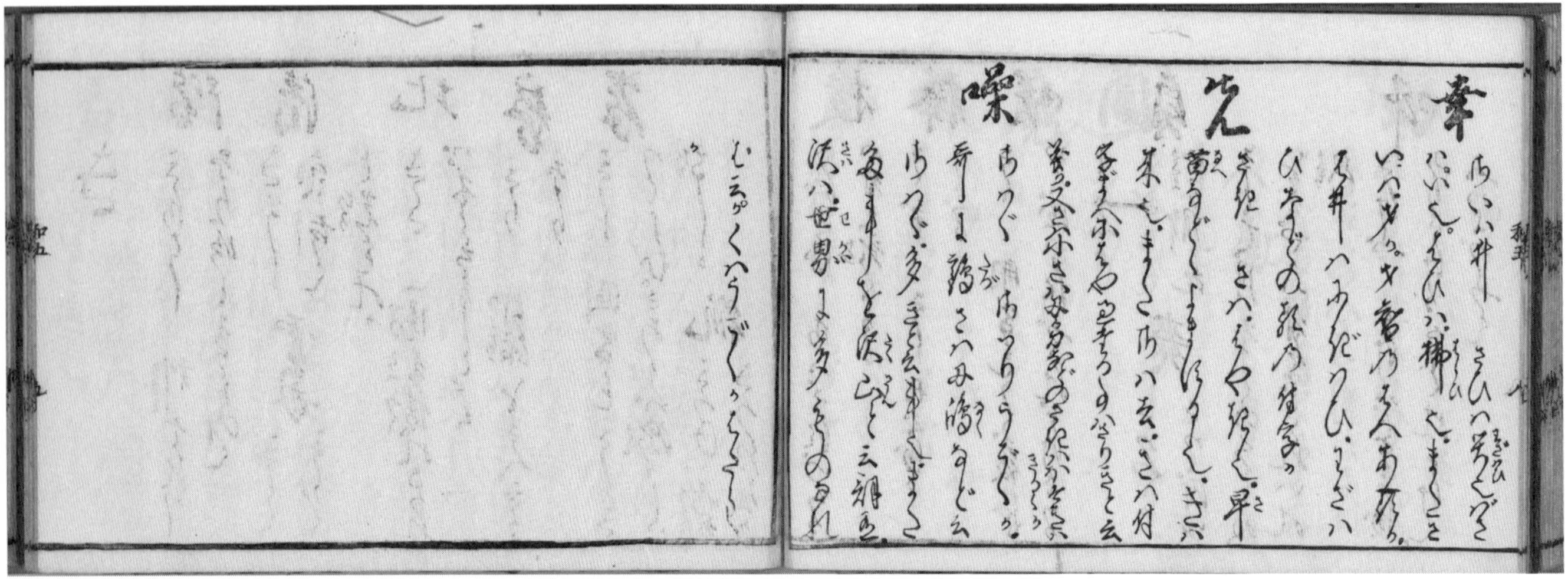

巻五　9オ

巻五　8ウ

幸　さいはゐ《(ひカ)》。さひは、災《わざはひ》《(さひカ)》也。わさはい也。はひは、払《はらひ》也。また、さいは、才か。才智のはへあるか。はゐは、にぎはひ、わざはひなどの類の付字か。

先　さき。さは、はやき也。早苗《さなへ》などゝよまする也。きは、来也。また、さは、去、きは、付字。まへにはや過たる事は、さりきと云義か。又、さは、小、きは、刃《(やきばカ)》か。刀などのさきはほそきはきるゝか。

噪　さはぐ。さはりうごくか。歌に鶴《たづ》さはに鳴《なく》など云。さはぐ、多きと云事也。また、多事を沢山《たくさん》と云詞有。沢《さは》は、世界《せかい》に多ものなれば云か。くは、うごくか、はたらくか。

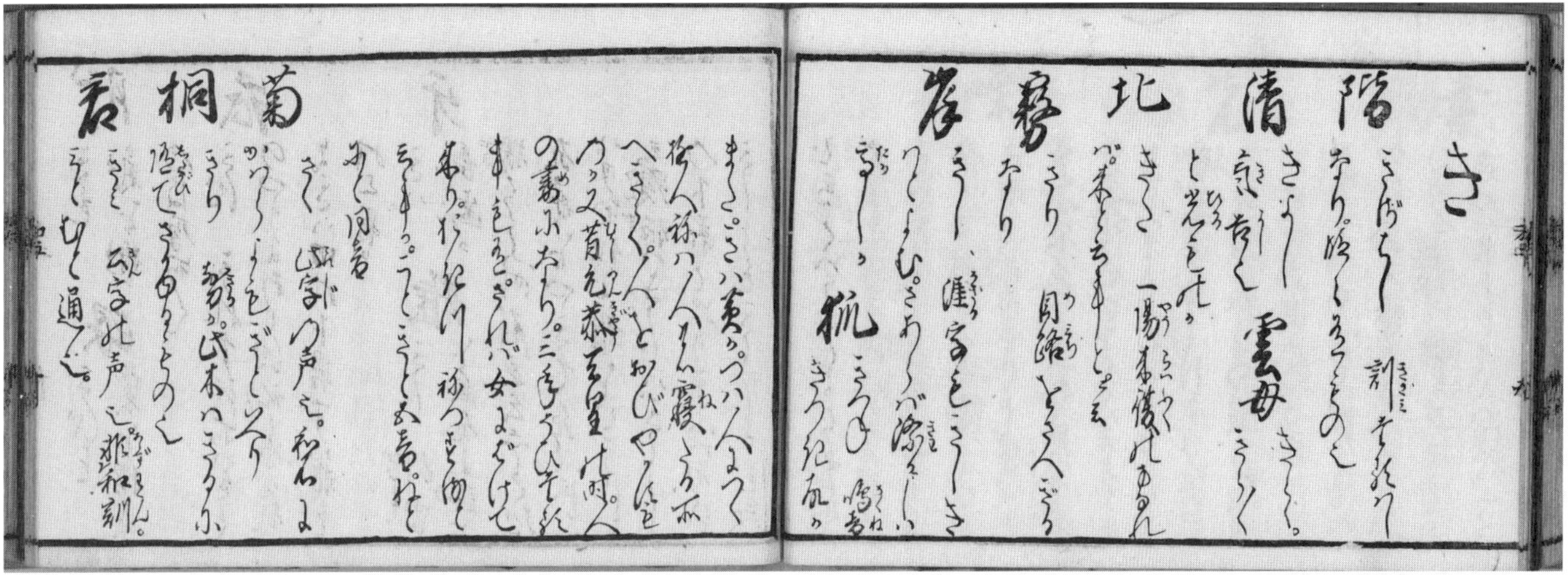

巻五 10オ　　巻五 9ウ

き

階　きざはし。刻《きざみ》たるはしなり。段々と有もの也。

清　きよし。気吉《きよし》也。

雲母　きらゝ。きら〱と光《ひかる》ものか。

北　きた。一陽来復《いちやうらいふく》の方なれば、来と云事と云云。

霧　きり。目路《めみち》をさへぎるなり。

岸　きし。涯《かぎる》字も、きし、きはとよむ。さあらば、際《きわ》か。しは、高《たか》しか。

狐　きつね。鳴音《なくね》、きつき故か。

また、きは、黄か。つは、人につくゆへ。ねは、人の寝《ね》たる所へきて、人をおびやかすものか。又、昔《むかし》、允《いん》恭《ぎやう》天皇の時、人の妻《め》になり、三年そひたる事も有。されば、女にばけて来り、おきつねつすると云事か。こときと五音、ねとにと同音。

菊　きく。此字《これじ》の声也。和名に、かはらよもぎといへり。

桐　きり。剪《きり》か。此木は、きるに随《したがひ》てさかゆるもの也。

君　きみ。公《きん》字の声也。非《あらずわ》レ和訓《くん》。みとむと通也。

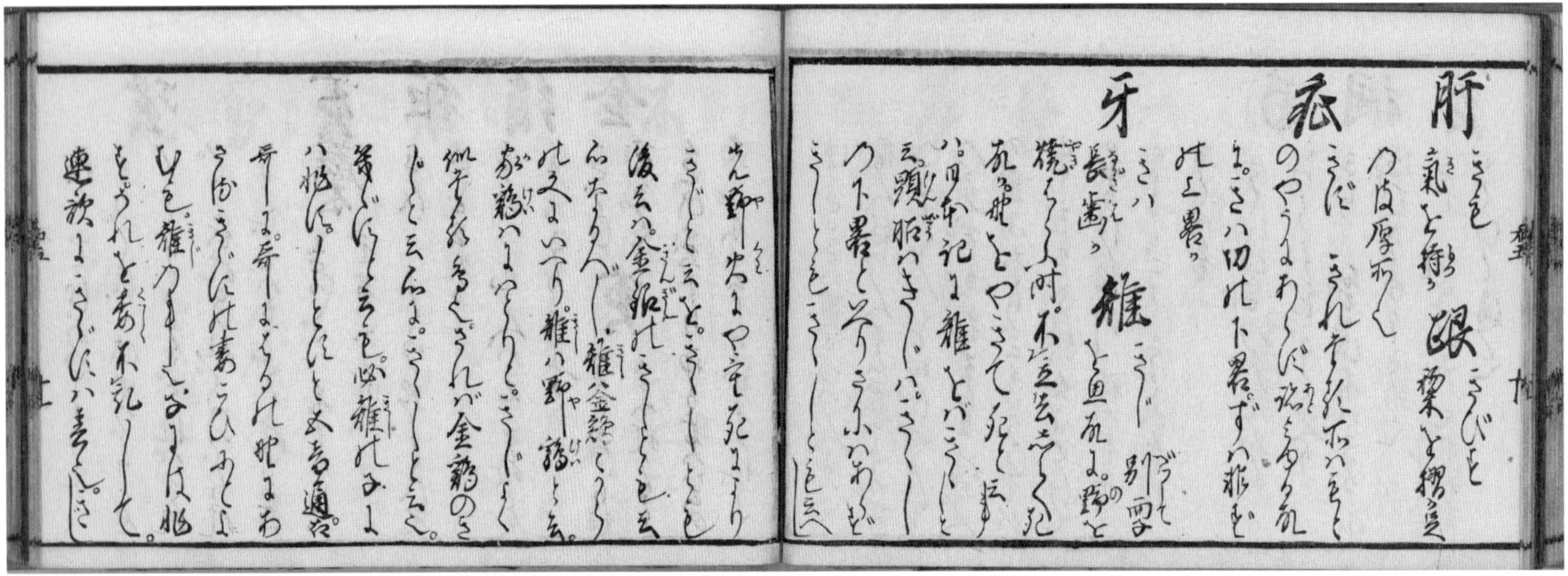

巻五　10ウ

巻五　11オ

肝　きも。気《き》を持《もつ》か。

跟　きびす。梁を摺か。足の皮厚所也。

疵　きず。きれたる所は、もとのやうにあらず、跡《あと》みゆる故に、きは切の下略、ずは非ずの上略か。

牙　きは。長歯《ながきは》か。

雉　きじ。別而《べつして》、子を思故に、野《の》を焼《やき》はらふ時、不レ立去して死故か。野をやきて死と云事は、日本記に雉をばきゝしと云。顕昭《けんぜう》は、きじは、きゝしの下（中カ）略といへり。さにはあらず。きしとも、きゝしとも云へし。

先、野《や》火《くわ》にやけ死によりきじと云を、きゝしとも後云は、金銀《きんぎん》のきしとも云心なるべし。雉《きし》は金鶏とからの文にいへり。雉《きし》は野鶏《やけい》と云。家鶏《かけい》は、にはとりと、きじよく似たる鳥也。されば、金鶏のきじと云心に、きゝしと云也。きゞすと云も、必雉《きじ》の子には非す。しとすと五音通。古歌に、歌（ママ）に、はるの野にあさるきゞすの妻こひにとよむも、雉《きじ》の事也。子には非す。それを委《くはしく》不レ糺して、連歌にきゞすは春也、きじ

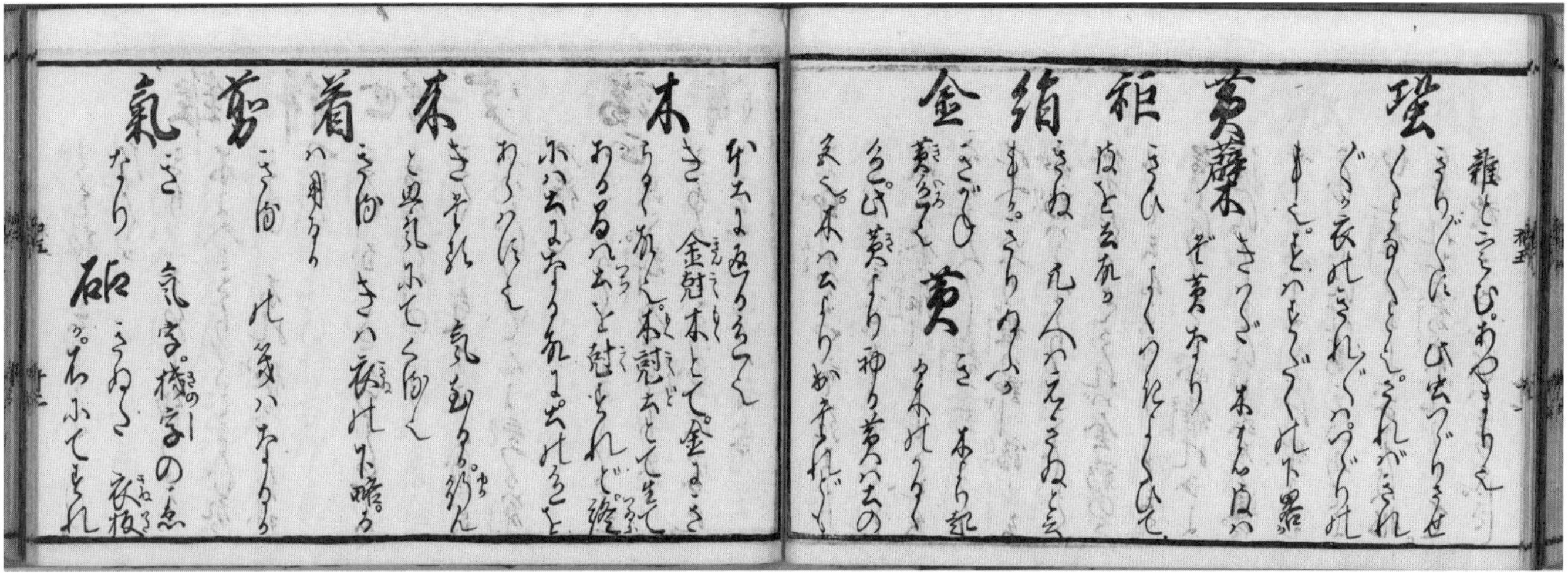

巻五 11ウ

巻五 12オ

雑と定む、あやまり也。

蛩　きり〴〵す。此虫、つゞりさせ〳〵となくと也。されば、きれ〴〵か。衣のきれ〴〵は、つゞりの事也。すは、すだくの下略。

黄蘗　きはだ。木の皮はだ、黄なり。

秬　きび。よくつき、よくひて、皮を去故か。

絹　きぬ。凡人は、えきぬと云事か。きりぬふか。

金　きがね。黄色《きいろ》也。

黄　き。木より起る。木のかるゝ色、此黄《き》より初る。黄は、土の色也。木は、土より出たれども、本土に返る色也。

木　き。金剋木《こんこくもく》とて、金にきらるゝ故也。木剋土《もくこくど》とて、生てある間は土《つち》を剋《こく》すれど、終《つゐに（ママ）》には土になる故に、土の色をあらはす也。

来　きたる。気至るか。行《ゆか》んと思気にてくる也。

着　きる。きは、衣《きぬ》の下略。るは、用るか。

剪　きる。のきはなるか。

氣　き。気字、機字《きのじ》のこゑなり。

砧　きぬた。衣板《きぬいた》か。石にてすれ

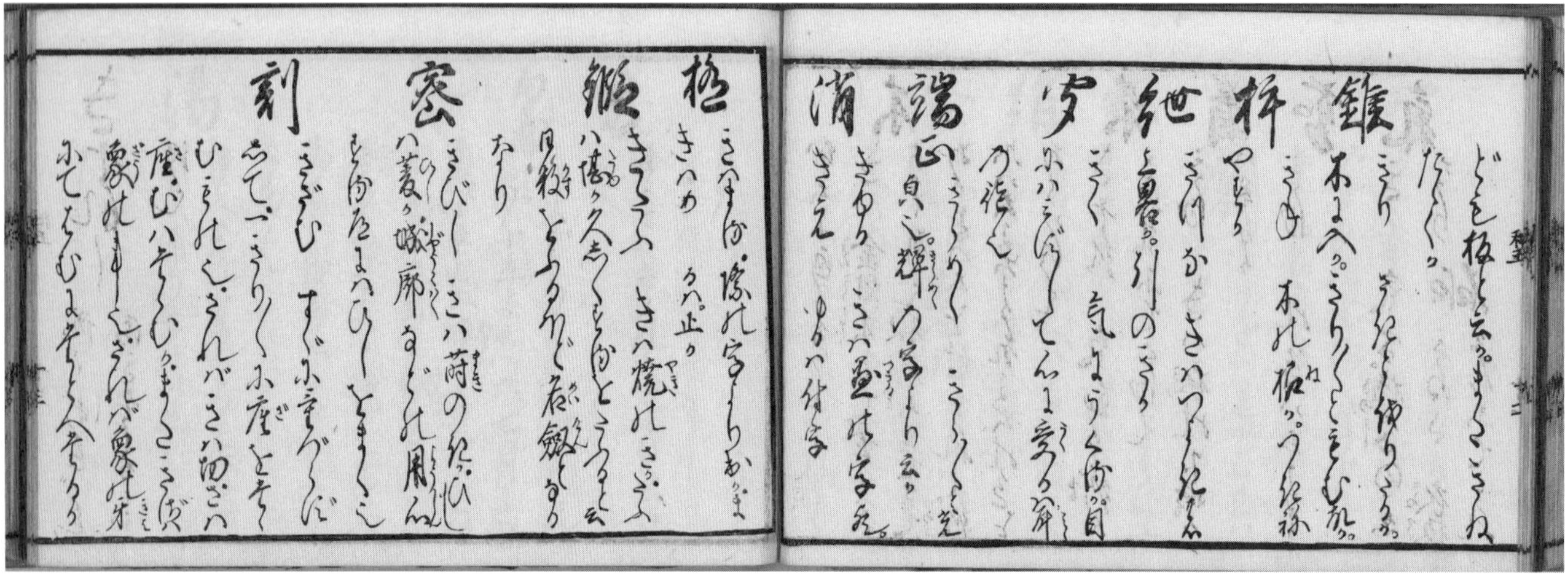

巻五 13オ　巻五 12ウ

ども、板と云か。また、きぬた、くか。

錐　きり。さきとをりたるか。木に入か。きり〳〵ともむ故か。

杵　きね。木の根《ね》か。つきねやすか。

紲　きつな。きは、つよきの上略か。引のきか。

聞　きく。気にうくるか。目にはみずして、心に受《うく》るは、耳《みみ》の徳也。

端正　きらめく。きら〳〵と光皃也。輝《きらめく》の字より云か。

消　きゆる。きえ。きは、尽《つきる》の字歟。ゆるは、付字。

極　きはまる。きはめ。際の字より出か。まるは、止か。

鍛　きたふ。きは、焼《やき》のきか。たふは、堪《たゆ》か。久しくするを、たふると云。日数《かず》をふるほど、名剣《めいけん》となるなり。

密　きびし。きは、蒔《まき》のきか。ひしは、菱《ひし》か。城廓《じやうくはく》などの用人《ようじん》する道には、ひしをまく也。

刻　きざむ。すぐにけづらずして、一きり〳〵に座《ざ》をたゝむもの也。されば、きは、切、さは、座《さ》、むは、たゝむか。また、きざは、象《ざう》の事也。されば、象の牙《きは》にてはむにたとへたるか。

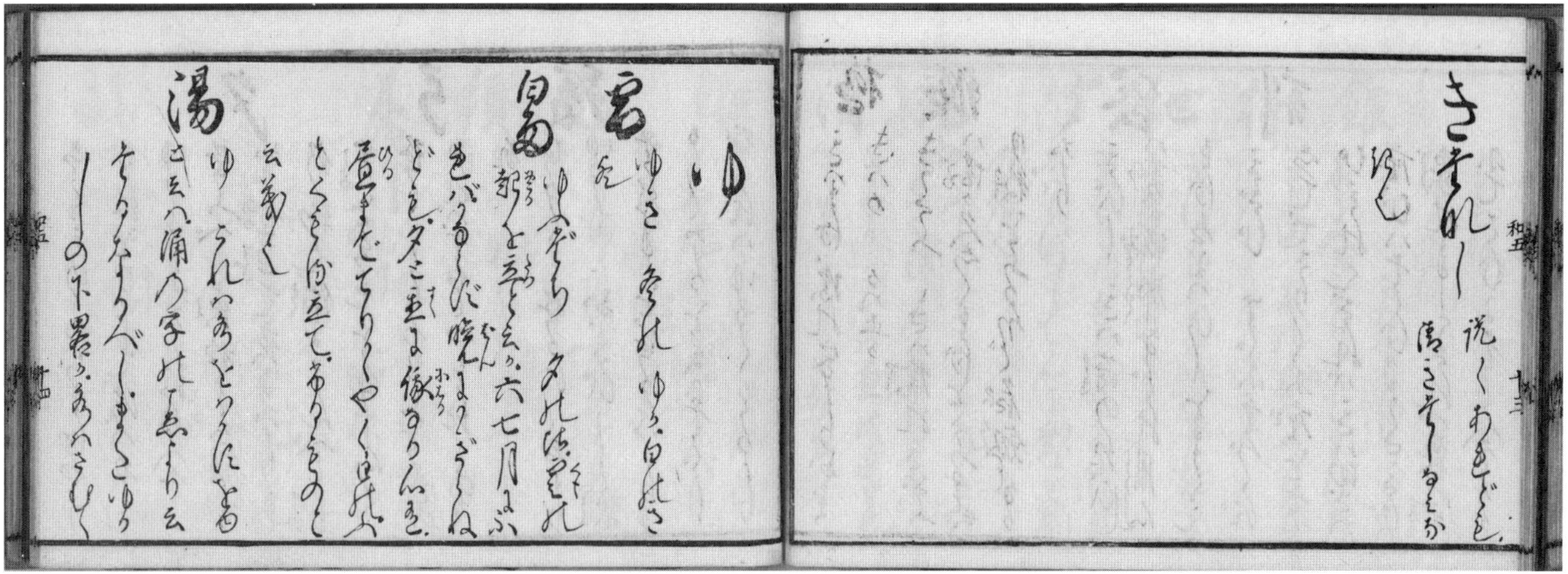

巻五 13ウ

巻五 14オ

きたなし　説々あれども、清きたしなみなき也。

ゆ

雪　冬のゆか。白のき歟。

白雨　ゆふだち。夕の比、雲《くも》の起《おこる》を立《たつ》と云か。六七月にふれば、かならず晩《ばん》にかぎらねども、夕と直《すぐ》に俄《にはか》なる心有。昼《ひる》までてりかゝやく日の、ふとくもる立て、ふるものと云義也。

湯　ゆ。これは、水をわかすをゆと云は、涌の字のこゑより云たるなるべし。また、ゆかしの下略か。水は、さむく

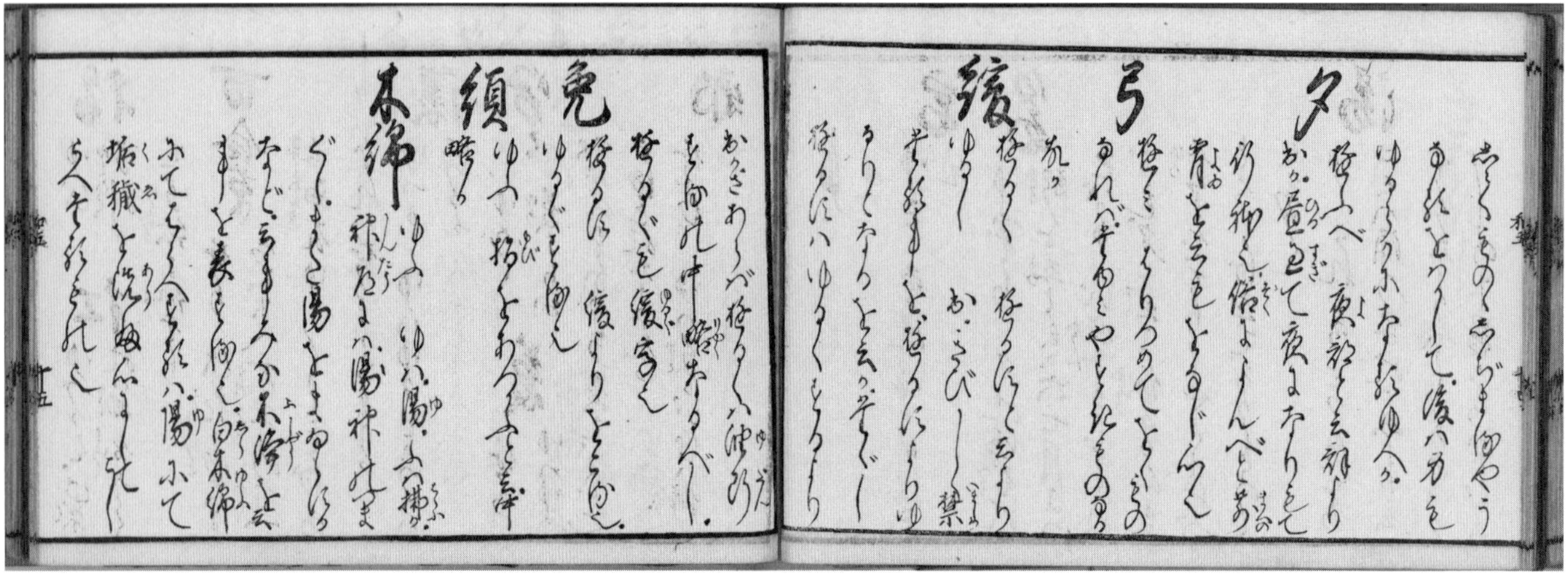

巻五　15オ　　巻五　14ウ

してもの、しぢまるやうなるを、わかして、後は身もゆるらかになるゆへか。

夕　ゆふべ。夜部《よ》と云詞より出か。昼《ひる》過《すぎ》て夜になりもて行体也。俗によんべと、前宵《まへのよゐ》を云もをなじ心也。

弓　ゆみ。はりつめてをくものなれば、たゆみやすきものなる故か。

緩　ゆるく。ゆるし。ゆるすと云より出。きびしく禁《いましめ》たる事をゆるすより、ゆるりとなるを云か。たゞし、ゆるすはゆるくするより出か。さあらば、ゆるくは、油断《ゆだん》するの中略《りやく》なるべし。ゆるぐも、緩《ゆるぐ》字也。

免　ゆるす。緩よりをこる也。ゆるぐ(くカ)する也。

緽(絹カ)　ゆふ。指《ゆび》をあつかふと云、中略か。

木綿　ゆふ。ゆは、湯《ゆ》、ふは、払《はらふ》か。神道《しんたう》には、湯神(津カ)のつまぐし、また、湯をまゐらするなど云事、みな不《ふ》浄《じやう》を云事を表する也。白木綿《しらゆふ》にてはらへするは、湯《ゆ》にて垢穢《くゑ》を洗《あら》ふ心にしてこしらへたるもの也。

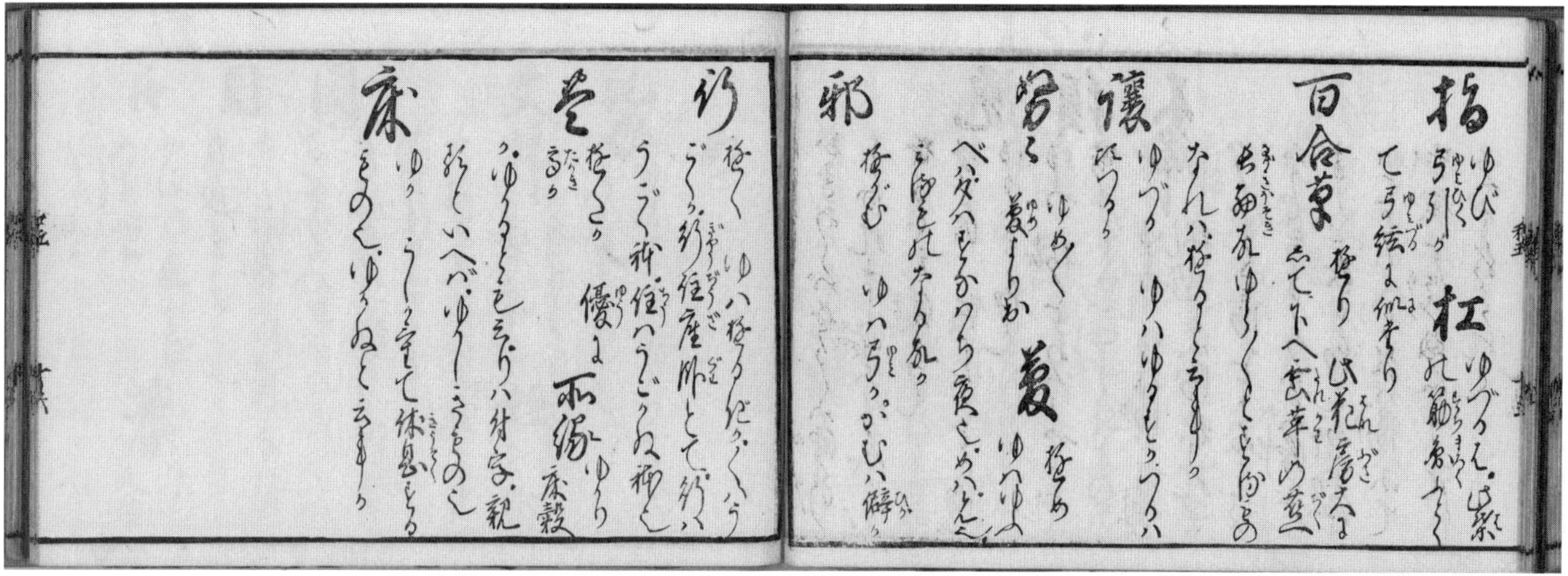

巻五 16オ

巻五 15ウ

指　ゆび。弓引《ゆみひく》か。

杠　ゆづるは。此葉《は》の筋《すち》、円《まるく》ふとくて、弓絃《ゆみづる》に似《に》たり。

百合草　ゆり。此花房《はなぶさ》、大にして下へ垂《たれ》、革《かわ》(草カ)の竺《ちく》、長細《ながきほそき》故、ゆら〱とするものなれは、ゆると云事か。

讓　ゆづる。ゆは、ゆるすか。つるは、すつるか。

努々　ゆめ〱。夢《ゆめ》より出。

夢　ゆめ。ゆは、ゆふべは、(ママ)夕は、すなはち夜也。めは、見也。みるものなる故か。

邪　ゆがむ。ゆは、弓《ゆみ》か。かむは、僻《ひがむカ》か。

行　ゆく。ゆは、ゆるぎか。くは、うごくか。行住座臥《ぎやうぢうざぐわ》とて、行はうごく体。住《ぢう》はうごかぬ体也。

豊　ゆたか。優《ゆう》に高《たかき》か。

所縁　ゆかり。床穀(ママ)か。ゆかるとも云。りは、付字。親類といへば、ゆかしきもの也。

床　ゆか。こしかけて休息《きうそく》するもの也。ゆかぬと云事か。

巻五 16ウ

巻五 17オ

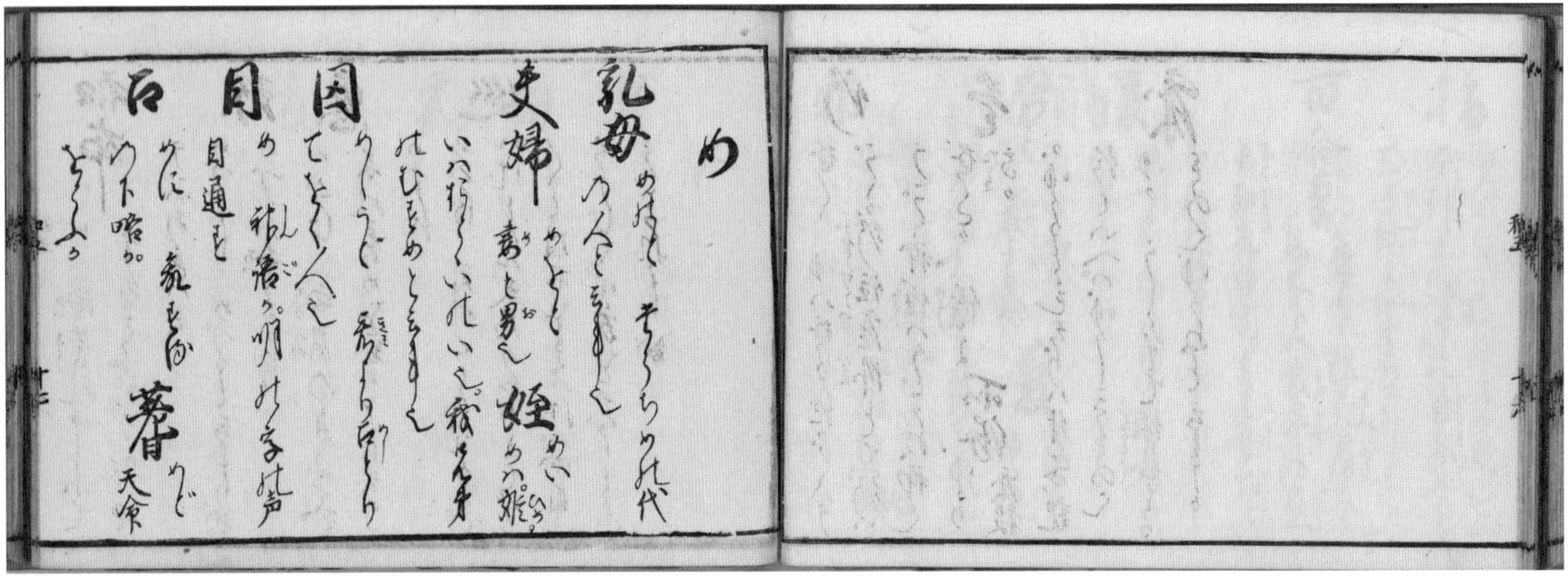

め

乳母　めのと。たらちめの代の人と云事也。

夫婦　めをと。妻《め》と男《お》也。

姪　めい。めは、姫《ひめ》、いは、おとゝいのい也。我兄弟のむすめと云事か。

囚　めしうど。君《きみ》より召《めし》とりてをく人也。

目　め。神語《しんご》か。明の字の声、目通す。

召　めす。命するの下略か。

蓍　めど。天命をとふか。

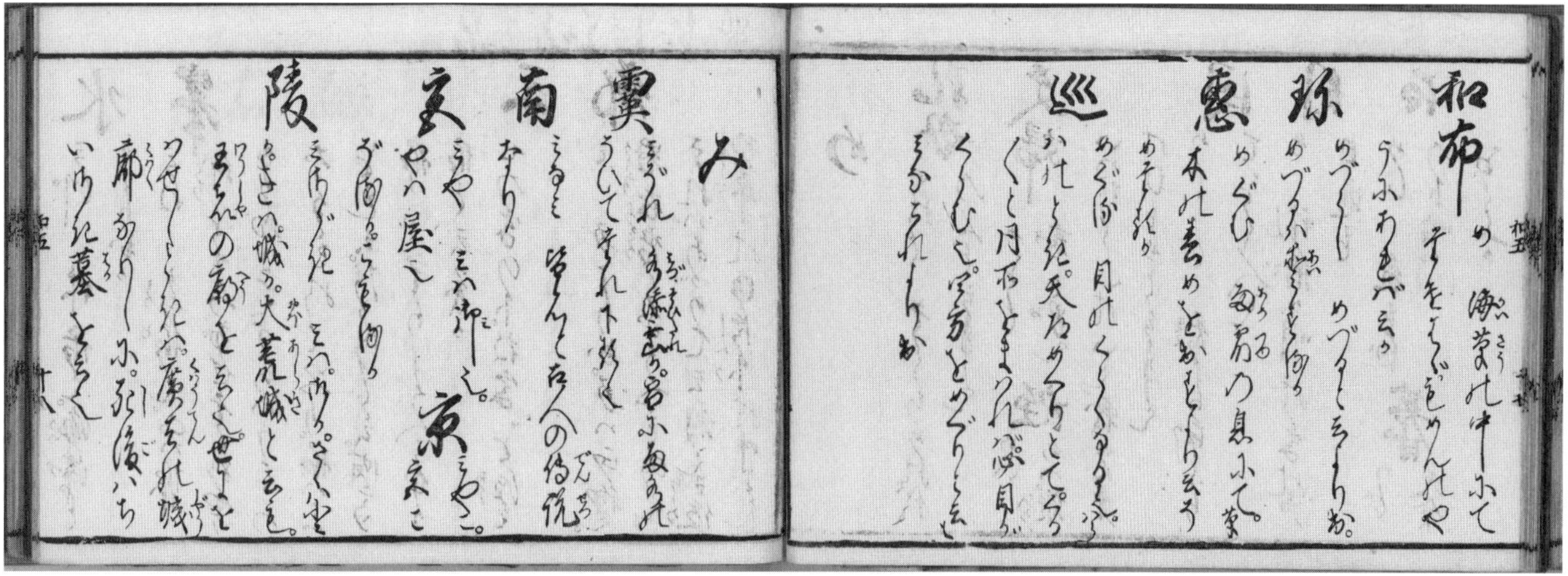

巻五 18オ

巻五 17ウ

和布　め。海草《かいさう》の中にて、たけはゞ、もめんのやうにあれば云か。

弥　めづらし。めづると云より出。めづるは、愛《あい》するか。

恵　めぐむ。雨露《あめつゆ》の息にて、草木の春めを出すより云そめたるか。

巡　めぐる。目のくらくなる也。わらはのとき、天道めくりとて、くる〳〵と同所をまはれば、必目がくらむ也。四方をめぐりと云も、みなこれより出。

み

霙　みぞれ。水添垂《みづそひたれ》か。雪に雨水のそひて、たれ下る也。

南　みなみ。皆見と古人の伝説《でんせつ》なり。

宮　みや。みは、御《み》也。やは、屋也。

京　みやこ。宮こぞるか、こもるか。

陵　みさゝぎ。みは、御か。さゝは、小々か。きは、城か。大荒城《おほあらき》と云も、王者《わうしや》の廟《へう》を云也。世にをはせしときは、広天《くはうてん》の城郭《じやうくはく》なりしに、死後《しご》はちいさき墓《はか》を云也。

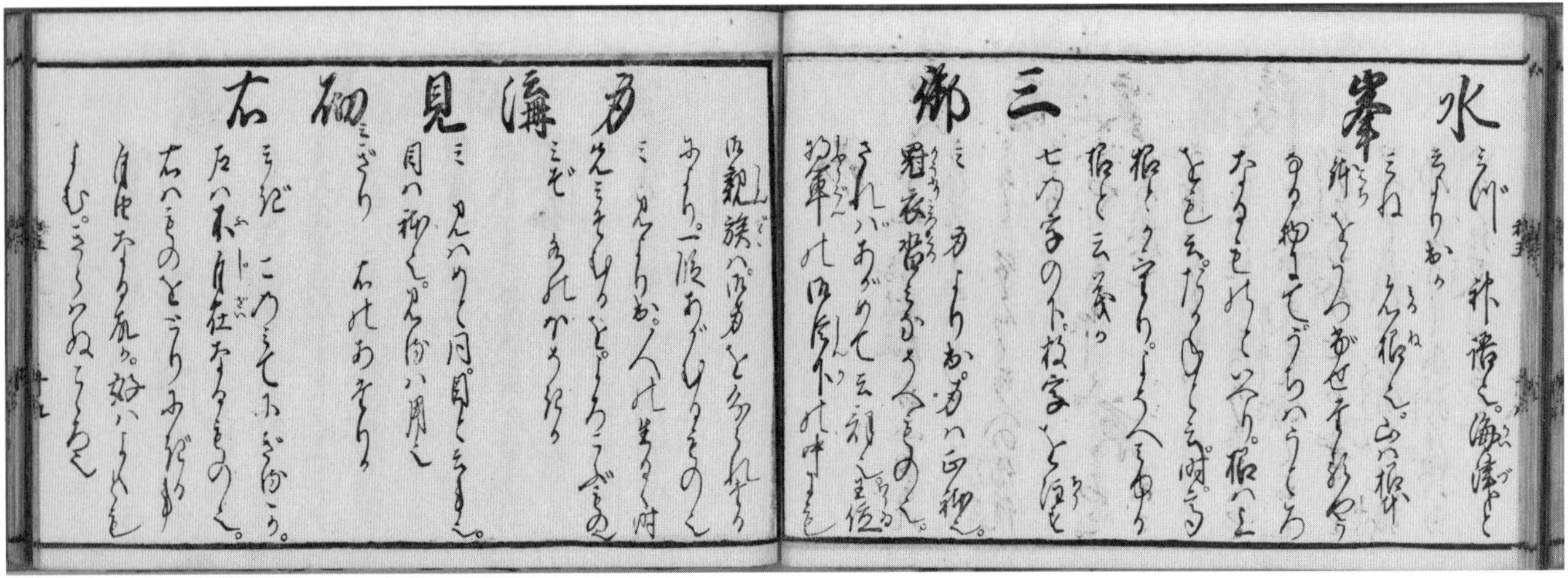

巻五　18ウ

巻五　19オ

水　みづ。神語也。海津《かいづ》（うみづカ）と云より出か。

峯　みね。光根《みつね》也。山は、根本、鉢《はち》をうつぶせたるやうなる物にて、うちは、うとろなるものといへり。根は、上をも云。たかねと云時、高根とかけり。よそへみゆる根と云義か。

三　七の字の下、数字を注《ちう》す。

御　み。身より出。身は、正体也。冠《かうふり》、衣《ころも》、沓《くつ》、みなそへもの也。されば、あがめて云詞也。王位《わうゐ》、将軍《しやうぐん》の御臣下《しんか》の中にも、御親族《しんぞく》は、御身を分られたるにより、一段あがむるもの也。

身　み。見より出。人の生る丶時、先みそむるを、よろこぶもの也。

溝　みぞ。水のほそきか。

見　み。見は、めと同。目と云事也。目は体也。見るは用也。

砌　みぎり。右のあたりか。

右　みぎ。このみてにぎるか。左は不《ふ》自在《じざい》なるもの也。右はものをとりにぎる事自由なる故か。好は、よくともよむ。きらはぬこ丶ろなり。

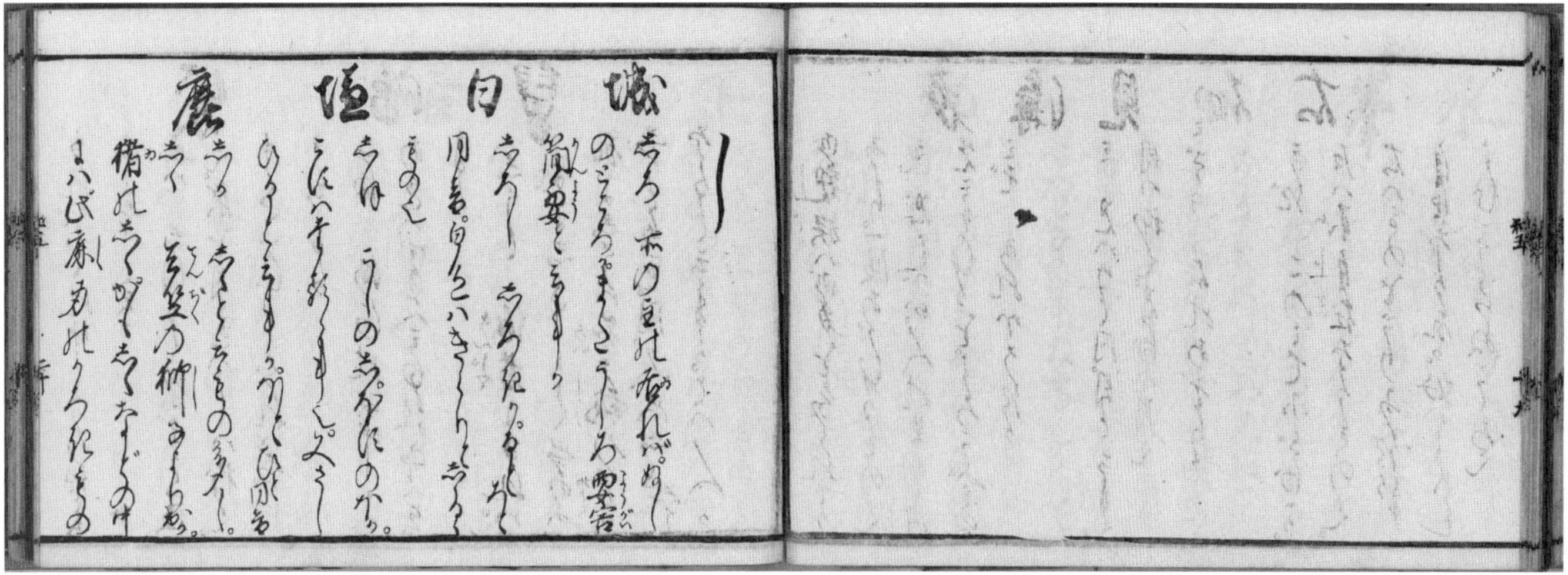

巻五 20オ　巻五 19ウ

し

城　しろ。所の主の居《ゐ》れば、ぬしのところか。また、うしろ要害《ようがい》簡要《かんよう》と云事か。

白　しろし。しろき(るカ)か。るとろと同音。白色は、きらりとしるゝもの也。

塩　しほ。こしのし、ほすのほか。こすは、たるゝ事也。又、さしひると云事か。ほとひと同音。

鹿　しか。しゝ。しゝと云もの多し、天竺《てんじく》の獅子《しし》より出か。猪《ゐ》のしゝ、かもしゝなどの中には、此鹿《しし》、身のかろきもの

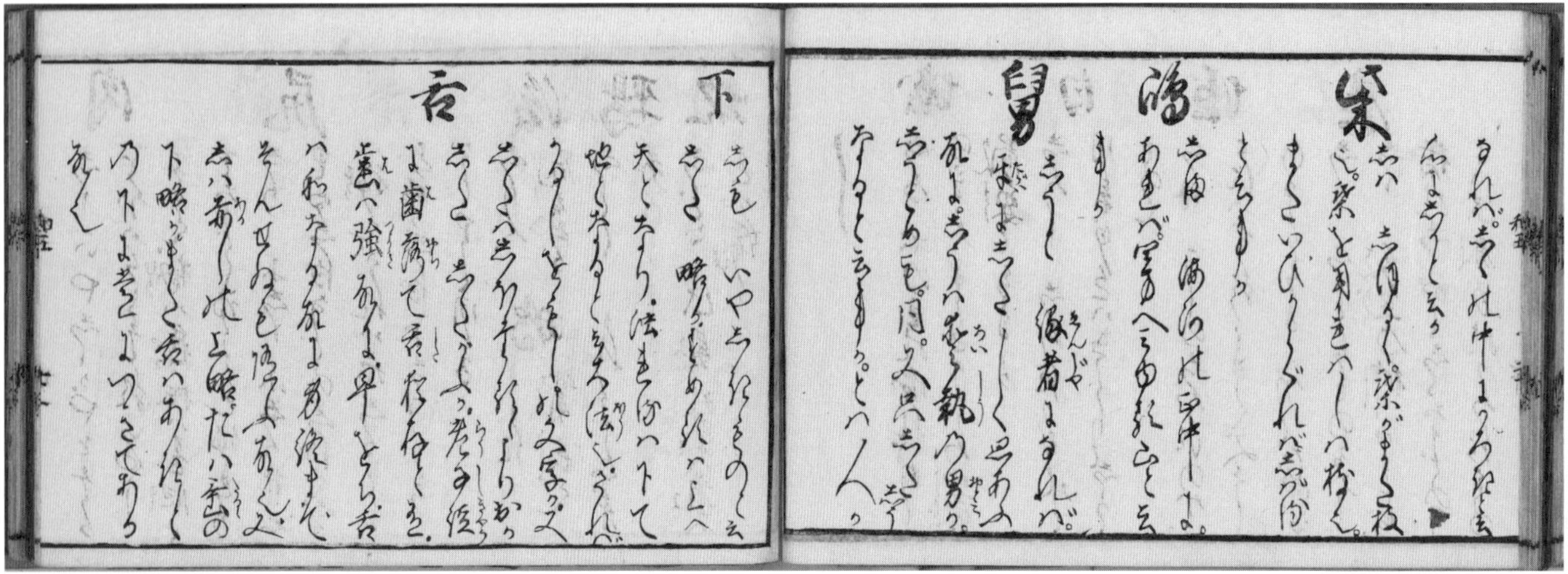

巻五　21オ　巻五　20ウ

なれば、し、の中にかろきと云心に、しかと云か。

柴　しは。しほる、葉が。(かカ)また、枝也。葉を用れは、しは枝也。また、いひ(ゆカ)からぐれば、しばると云事か。

嶋　しま。海河の正中にあれば、四方へみゆる山と云事か。

舅　しうと。縁者《えんじゃ》になれば、互《たがい》にしたしく思あふ故に、しうは、愛執《あいしう》の男《おとこ》か。しうとめも同。又、只したしうなると云事か。とは人か。

下　しも。した。いやしきものと云略か。すめるは上へ天となり、濁れるは下て地となると云大法《ほう》也。されば、かるし、をもしの文字か。又、したは、しほたる、より出か。

舌　した。したがふか。老子経《らうしきやう》に、歯《は》落《おち》て舌《した》猶存と有。歯《は》は強《つよき》故に早をち、舌は和なる故に身終までそんせぬも随ふ故也。又、しは、赤《あか》しの上略、たは、垂《たるる》の下略か。また、舌はあきとの下に常につきてある故也。

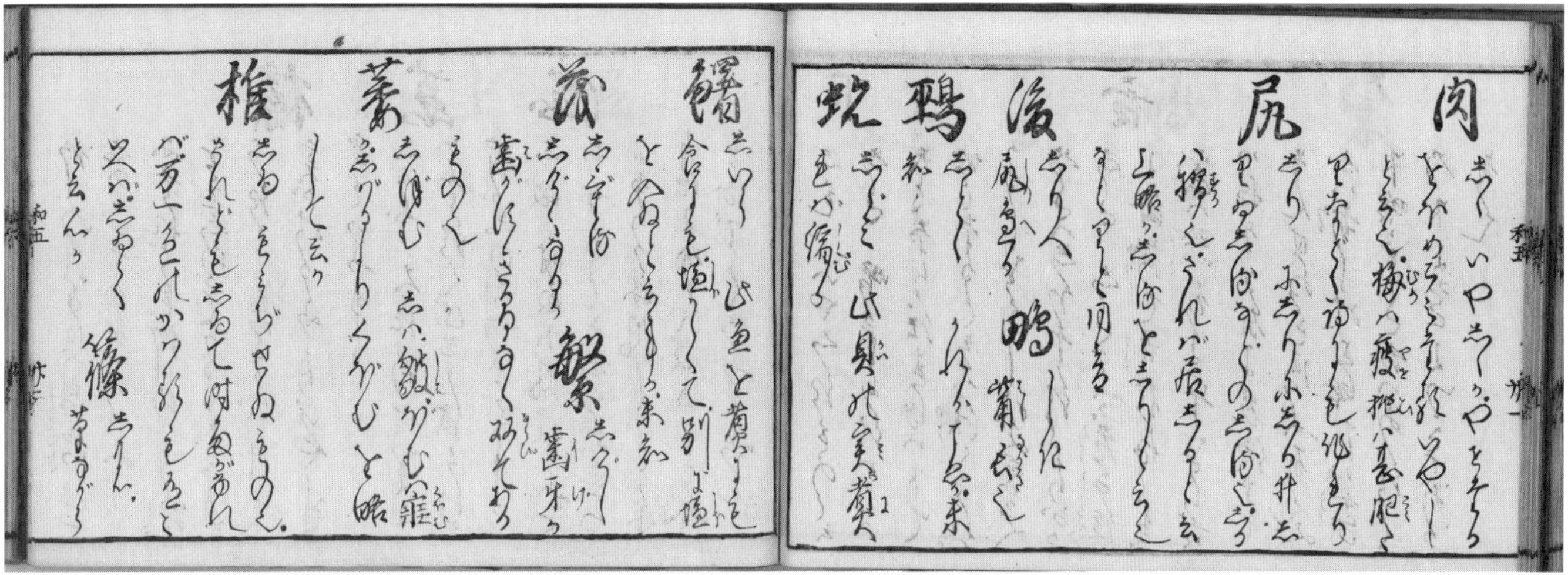

巻五 22オ　巻五 22ウ

肉　し丶。いやし丶か。やせたるをほめ、こえたるいやしと云也。梅《むめ》は痩《やせ》、桃《もも》は甚肥《こえ》たりなど丶、詩にも作れり。

尻　しり。にしり、にしる、ゐしり、ゐしるなどのしる也。しるは、摺《する》也。されば、居しると云上略か。しるを、しりと云也。るとりと同音。

後　しりへ。尻辺《しりへ》か。

鴫　しき。觜長《はしながき》也。

鵄　しと丶。かれがこゑか。未知。

蜆　しゞみ。此貝《かい》の実《み》、煮《に》れば縮《しじむ》る。

鱰　しいら。此魚を煮にも食にも、塩《しほ》からくて、別に塩《しほ》を入ぬと云事か。未知。

茂　しげる。しげくなるか。

繁　しげし。歯牙《しげ》か。歯《は》がすき間なく双《ならび》てあるもの也。

萎　しぼむ。しは、皺《しは》。ぼむは、窪《くぼむ》か。しばるよりくぼむを略して云か。

椎　しゐ。もみぢせぬもの也。されども、しゐて時雨がふれば、万一、色のかはるも有といへば、しゐてと云心か。

篠　しの。草ながら

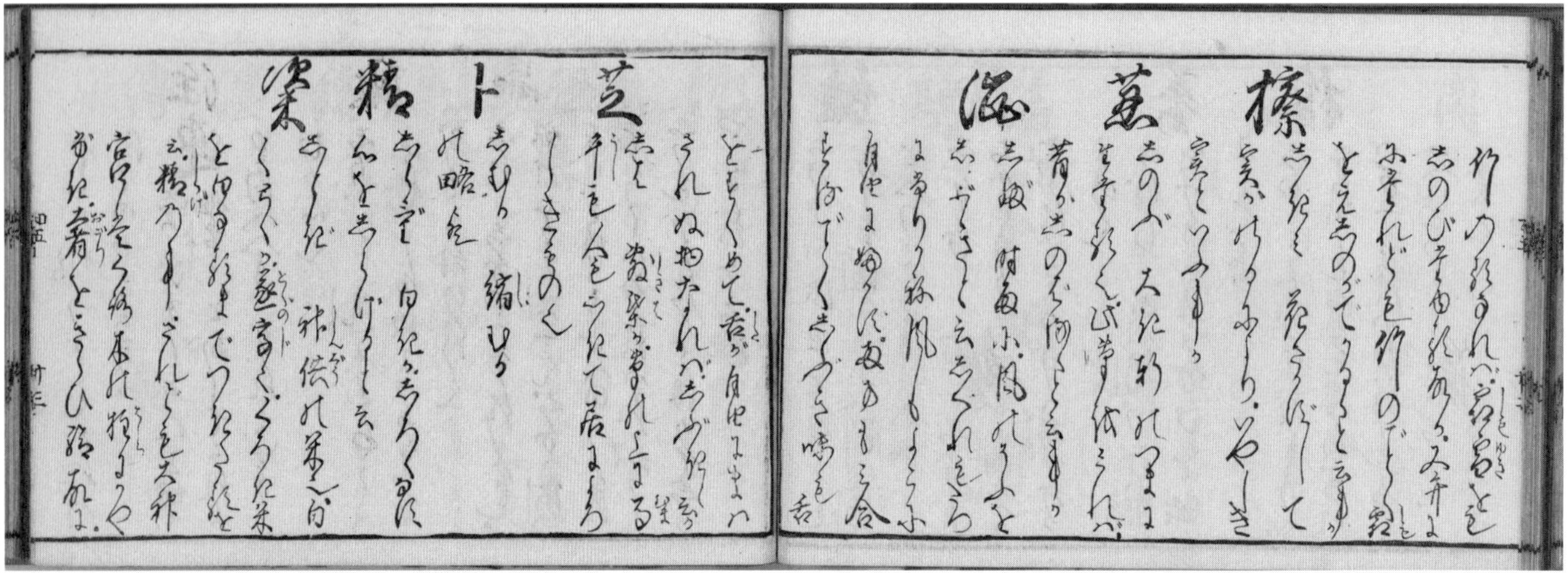
巻五 23オ　　巻五 22ウ

竹の類なれば、霜雪《しもゆき》をもしのびたゆる故か。又、竹ににたれども、竹のごとく霜《しも》をえしのがでかるゝと云事か。

檫（榛カ）　しきみ。花さかずして実がのるにより、いやしき実といふ事か。

葸　しのぶ。大き軒のつまに生たる也。此草をみれば、昔がしのばるゝと云事か。

澁　しぶ。時雨に風のそふを、しぶきと云。しぐれもたつにふりかね、風もよこに自由にふかず、両方もみ合するごとく、しぶき味も、舌をすくめて、舌《した》が自由にまはされぬ物なれば、しぶきと云か。

芝　しば。敷葉《しきは》か。草の上に、馬牛《むまうし》も人もしきて居によろしきもの也。

卜　しむる。縮《しじ》むるの略歟。

精　しらげ。白きか。しろくなす心をしらげると云。

粢　しとぎ。神供《しんぐう》の米也。白くとぐか。遂字《とぐのじ》也。くろき米を白なるまでつきたるを云、精《しらげ》の事。されとも、大神宮はくろ木の柱《はしら》にかやぶき。奢《おごり》をきらひ給故に、

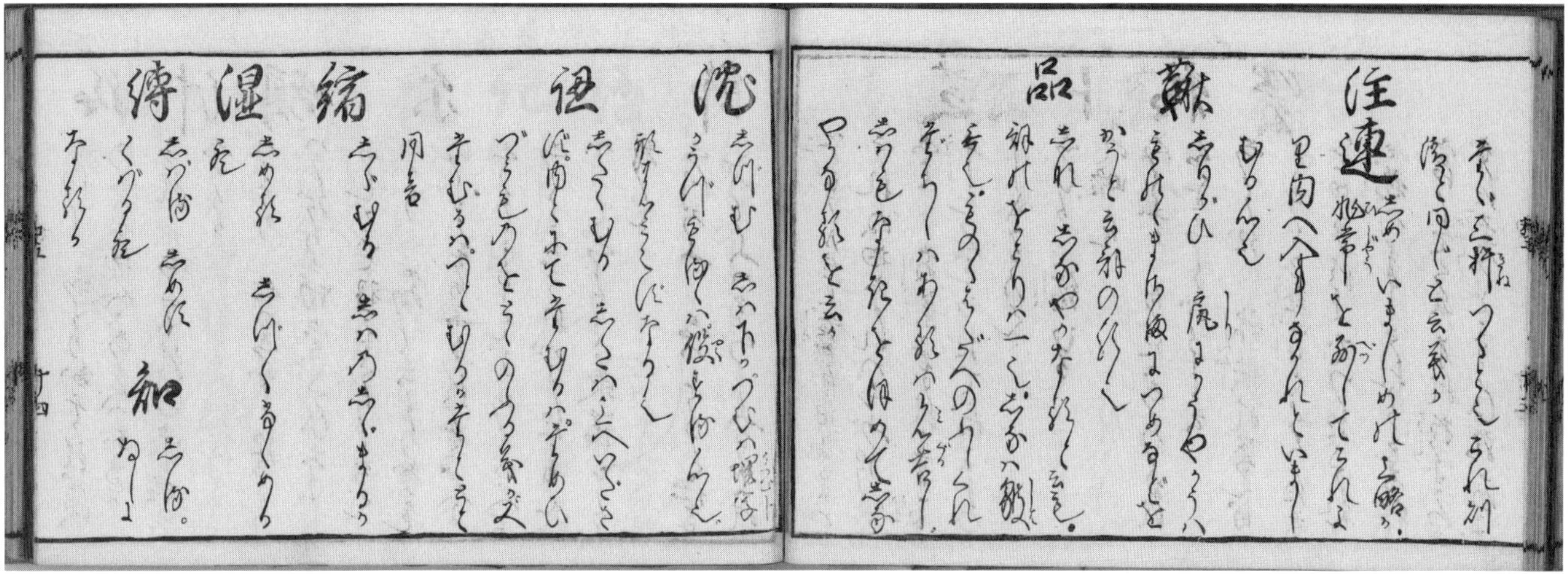

巻五 24オ

巻五 23ウ

ただ三杵《きね》つくと也。これ則、清と同じと云義か。

注連　しめ。いましめの上略か。非《ひ》常《じやう》を別《べつ》して、これより内へ入事なかれといましむる心也。

鞦　しりがひ。尻《しり》にかう也。かうは、ものゝまさまにつめなどをかうと云詞の類也。

品　しな。しなやかなると云も、詞のをこりは一也。しなは、皺《しは》無也。ものゝはだへのふしくれだちしは、あるは見苦《みぐる》し。しはもなきをほめて、しなやかなるを云か。

沈　しづむ。しは、下か。つむは、埋字《うづむじ》か。うづもるゝは、役（没カ）《やく》する心也。形のみえずなる也。

認　したゝむる。したは、上へいださず内々にて、たむるは、ため。ひづみものをとゝのふる義か。又、たむるは、つとむるか。たとゝと同音。

縮　しゞむる。しはのしゞまるか。

湿　しめる。しづくふくめる歟。

縛　しばる。しめすくばる歟。

知　しる。ぬしになるか。

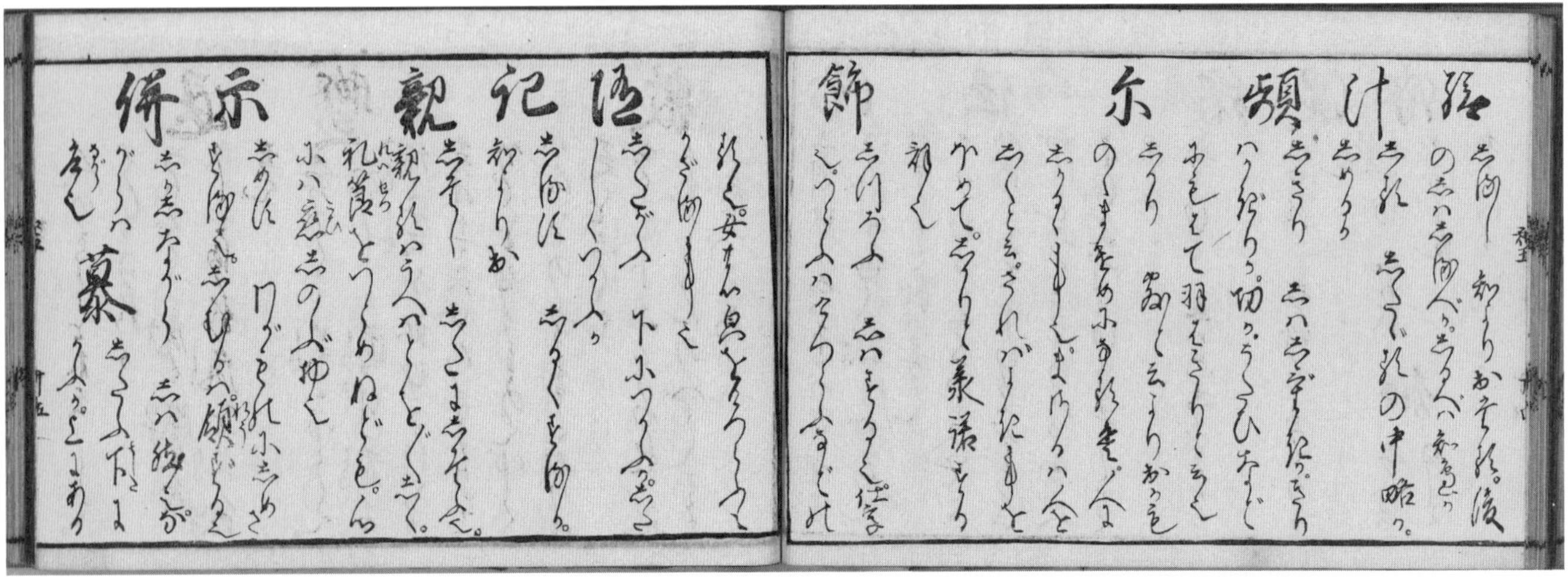

巻五 25オ

巻五 24ウ

験　しるし。知より出たる。後のしは、しるべか。しるべは、知辺か。

汁　しる。したゞるの中略か。しめるか。

頻　しきり。しは、しげきか。きりは、かぎりか、切か。うたひなどにも、はて羽はきりと云也。

尓　しかり。敷と云より出か。もの、まけめになるは、人にしかる、事也。まさるは、人をしくと云。されば、よき事をほめて、しかりと承諾する詞也。

飾　しつろふ。しは、する也。仕字也。つらふは、けつらふなどの類也。女の皃をけつらふも、かざる事也。

随　したがふ。下につかふか。したしくつかふか。

記　しるす。しるくするか。知より出。

親　したし。したにしたかふ也。親類は、うへはとをゞしく、礼節《れいせつ》をつとめねども、心には恋《こひ》しのぶ物也。

示　しめす。わがものにしめさする也。しむるは、領《れう》ずる也。

併　しかしながら。しは、然也。ながらは、乍《ながら》也。

慕　したふ。下《した》(はカ)にかふか。上にある

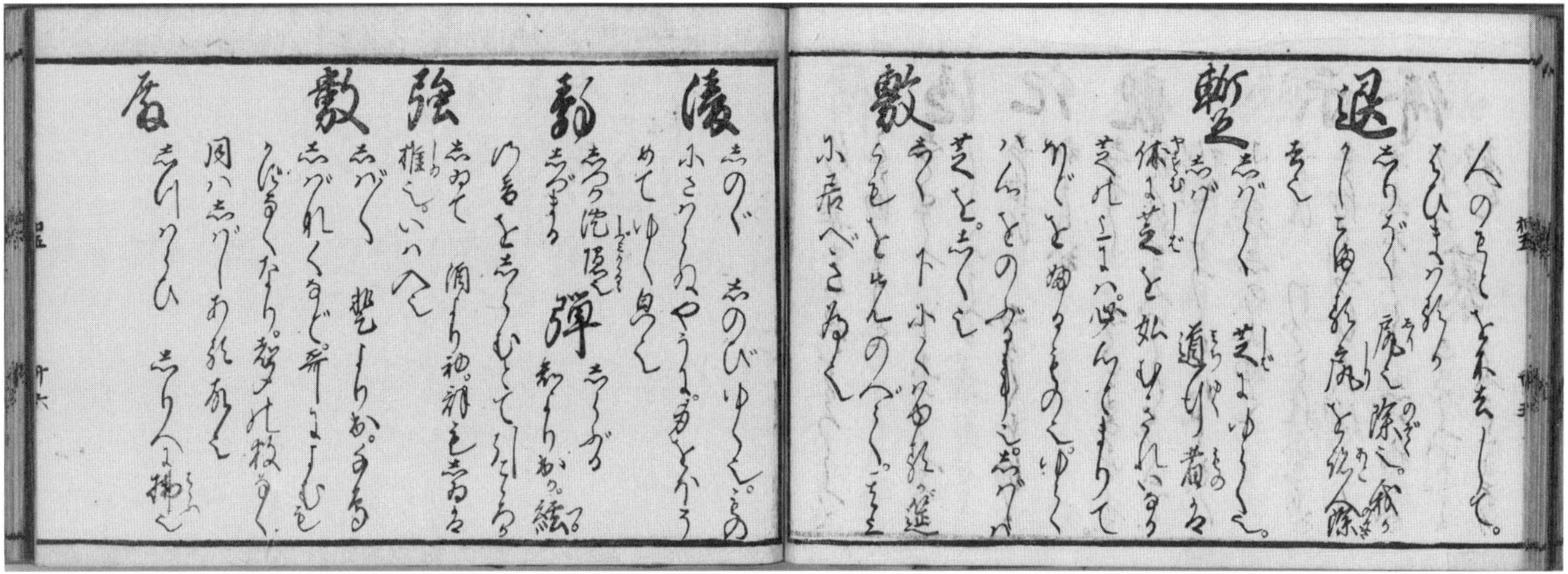

巻五 26オ

巻五 25ウ

人のもとを不去して、はひまはるか。

退　しりぞく。尻《しり》也。除《のぞく》也。我かかしこまる尻《しり》を、跡《あと》へ除《のぞき》去也。

蹔　しばらく。しばし。芝《しば》にゆらく也。道行者《みちゆくもの》は、休《やすむ》に芝《しば》を好む。きれいなる芝の上には、必心とまりて、ほどをふるもの也。ゆらくは、心をのぶる事也。しばしは、芝をしく也。

敷　しく。下にくはゆるか。筵こもを先のべて、其上に居べき為也。

凌　しのぐ。しのびゆく也。ものにさはらぬやうに、身をほそめてゆく皃也。

静　しつか。しづまる。沈隠《しづみかくるる》也。

弾　しらぶる。知より出か。絃《つる》の音をしらむとて引こゝろか。

強　しゐて。酒より初。詞も、しゐは、椎《しゐ》也。いは、入也。

数　しばく〵。蹔より出。千鳥しばなくなど、歌によむも、かずなくなり。声の数なく用はしばしある故也。

殿　しつはらひ。しりへに払《はらふ》也。

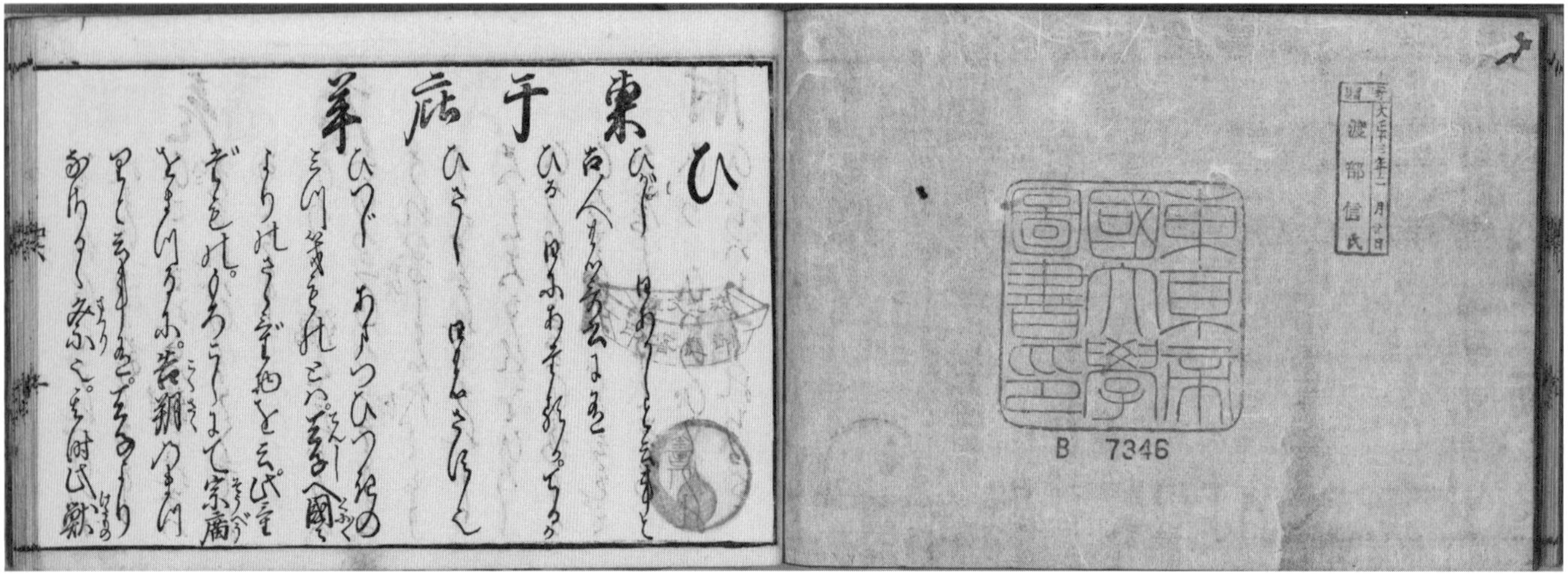

巻六　1オ

巻六　表見返し

（巻六）

ひ

東　ひがし。日あかしと云事と、古人の歌書に有。

干　ひる。日にあたるか。てるか。

庇　ひさし。日のさす也。

羊　ひつじ。あまつひつきのみつきものとは、天子《てんし》へ国々《くにくに》よりのさゝげ物を云。此けだもの、もろこしにて宗廟《そうべう》をまつるに、告朔《こくさく》のまつりと云事有。天子よりなさるゝ祭《まつり》也。其時、此獣《けたもの》

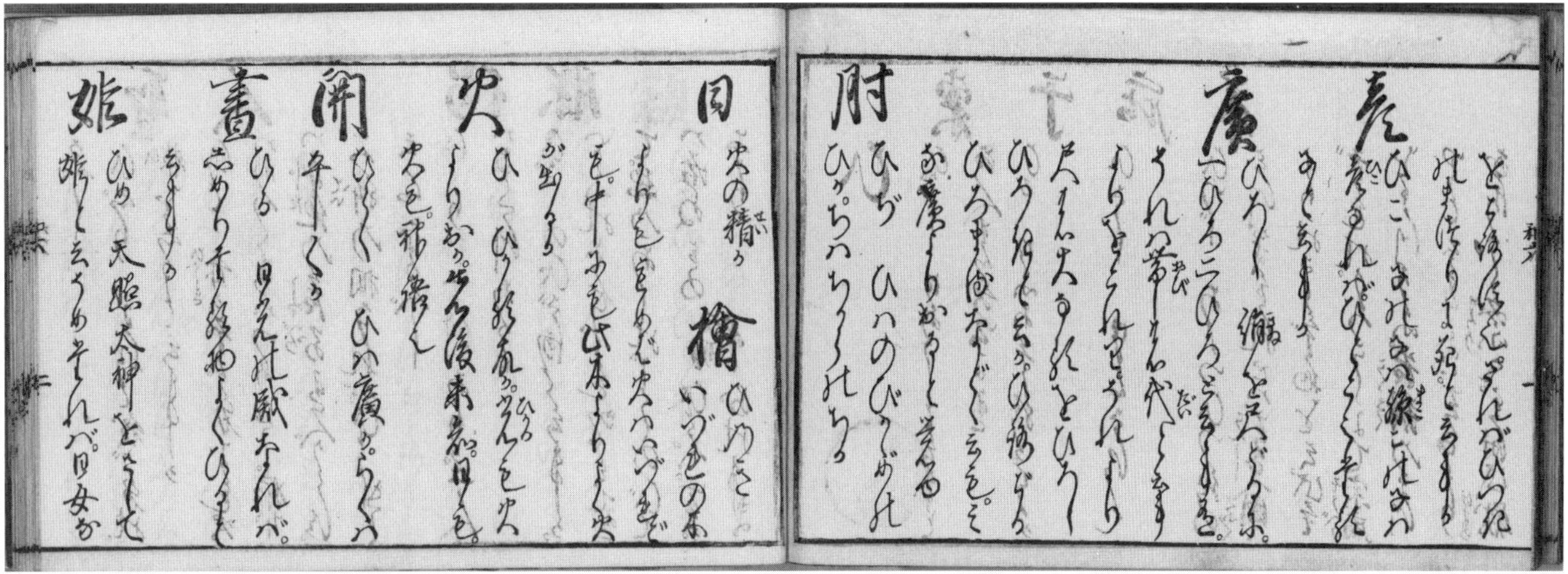

巻六　2オ　　巻六　1ウ

をころす也。されば、ひつきのまつりに死と云事か。

彦　ひこ。子の子は孫《まご》、この子は彦《ひこ》なれば、ひとこえたる子と云事か。

廣　ひろし。絹《きぬ》を尺どるに、一ひろ二ひろと云事有。それは、帯《おび》の代《だい》と云事よりをこれり。それより、尺の大なるを、ひろし、ひろきと云か。ひろごる、ひろまるなど〻云も、みな広より出ると覚ゆ。

肘　ひぢ。ひは、のびかゞめのひか。ちは、ちからのちか。

日　火の精《せい》か。

檜　ひのき。いづれの木よりも、もめば火はいづれども、中にも此木よりよく火が出るか。

火　ひ。ひかる故か。光《ひかる》も、火より出か。先後未知。日も、火も、神語也。

開　ひらく。ひは、広か。らくは、平くか。

晝　ひる。日光の威なれば、しめりたる物よくひると云事か。

姫　ひめ。天照太神をさして姫と云そめたれば、日女な

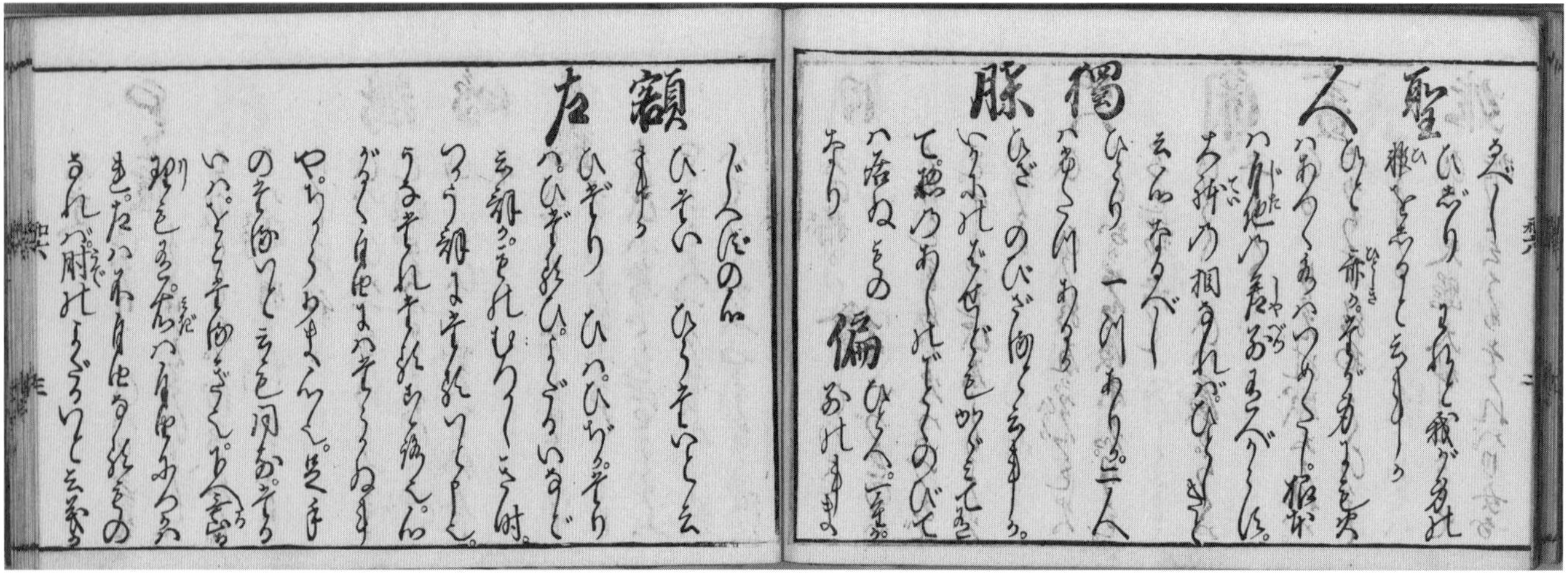
巻六　2ウ
巻六　3オ

るべし。

聖　ひじり。われと我が身の非《ひ》をしると云事か。

人　ひと。斎《ひとしき》（斉カ）か。たが身にも、火はあつく水はつめたし。根本は自他《じた》の差別《しやべつ》有べからず。大体《てい》の相なれば、ひとしきと云心なるべし。

獨　ひとり。一つありか。二人は、ふたつあるか。

膝　ひざ。のびざまと云事か。いかにのばせども、かゞみて有て、惣のあしのごとくのびては居ぬものなり。

偏　ひとへ。一重か。別の事まじへずの心。

額　ひたい。ひらたいと云事か。

左　ひだり。ひは、ひぢか。たりは、ひだるひ、よだるいなど云詞か。ものむつかしき時、つかう詞に、たるいと申也。うなたれたるこゝろ也。心がるく自由にはたらかぬ事也。ちから少き心也。足手のたるいと云も同前。たるいは、をこたるぎ也。下へ垂《たる》る理《り》も有。右《みぎ》は自由につかはれ、左は不自由なるものなれば、肘《うで》のよだるいと云義か。

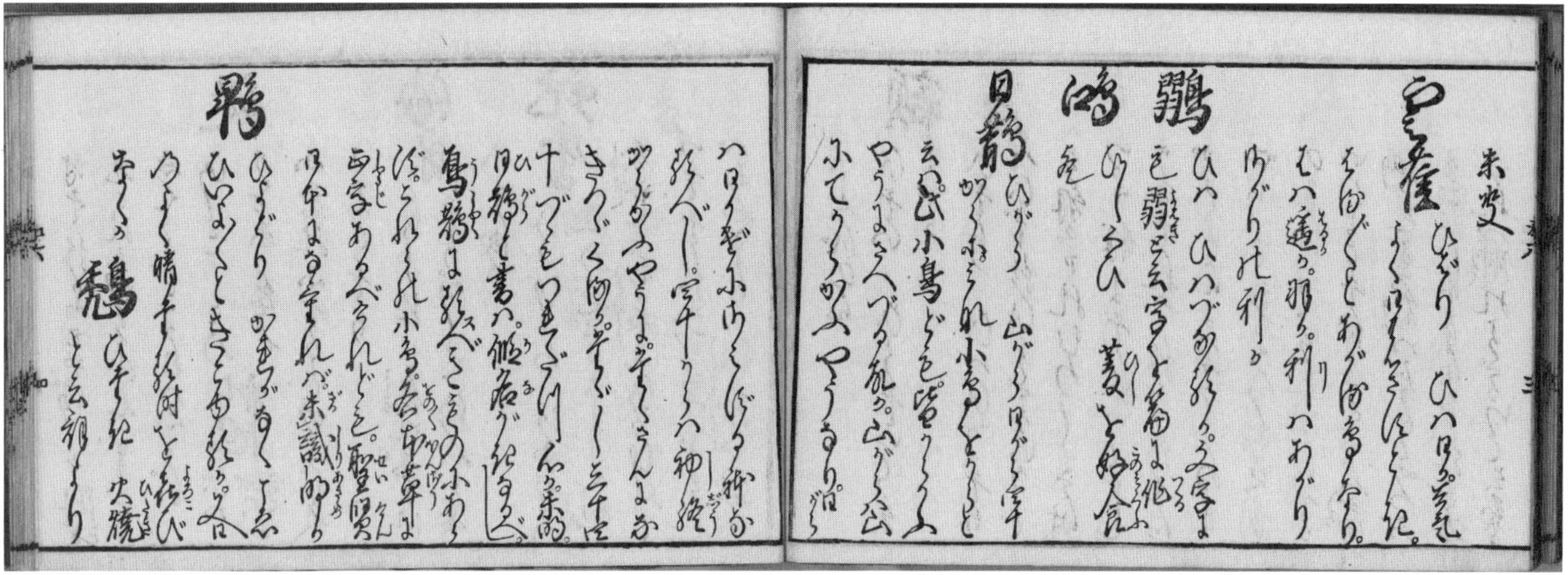

巻六　3ウ　　巻六　4オ

未決。

雲雀　ひばり。ひは、日か。天気よく日のさすとき、はる〴〵とあがる鳥なり。はは、遥《はるか》か、羽か。利《り》は、あがりさがりのりか。

鶸　ひは。ひはづなるか。文字にも、弱《よわき》と云文字を篇に作《つくる》。

鴻　ひしくひ。菱《ひし》を好食《このみくふ》歟。

日鵲　ひがら　山がら、日がら、四十から等、みな小鳥をからと云は、此小鳥ども、皆からかふやうにさへづる故か。山がらは、山にてからかふやうなり。日がらは、日かげにさえづる体なるべし。四十からは、初終《しじう》からかふやうに、たくさんになきつゞくるか。ただし、三十、四十づゝも、つれだつ心か。未明。日鵲《ひがら》と書は、仮名《かな》がきなるべし。烏鵲《うしやく》に類すべきものにあらず。これらの小鳥、各《おのおの》、本草《ほんざう》に正字《しやうじ》あるべけれども、聖賢《せいけん》日本になければ、未《ざる》レ識明《しりあきらめ》か。

鵯　ひよどり。かれがなくこゑ、ひいよ〳〵ときこゆるか。又、日のよく晴たる時を喜《よろこ》びなくか。

鵚　ひたき。火焼《ひたき》と云詞より

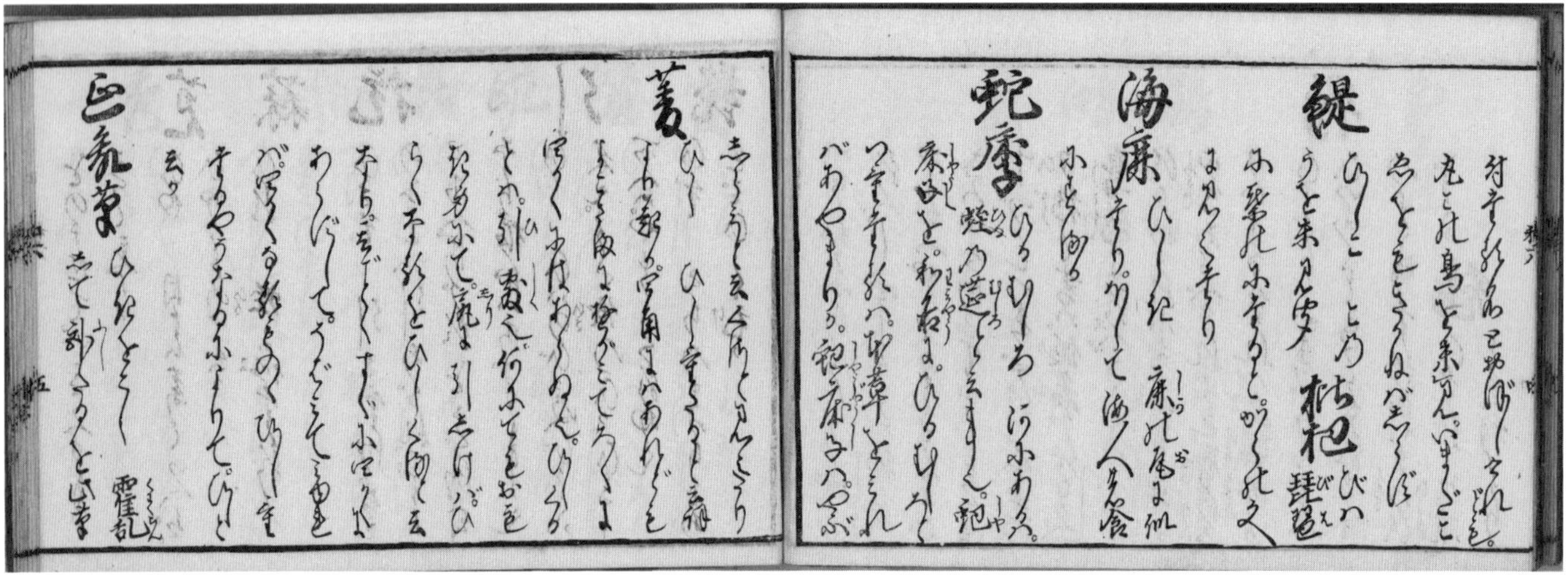

巻六　4ウ　巻六　5オ

付たる名とおぼしけれども、丸、この鳥を未レ見。いまだこゑをもきかねば、しらず。

鯷　ひしこ。このうを、未見聞。

枇杷　びは。琵琶《びは》に葉のにたると、からの文に見えたり。

海鹿　ひしき。鹿《しか》の尾《お》に似たり。ほして海人の食にするか。

蛇床子　ひるむしろ。河にあるは、蛭《ひる》の莚《むしろ》と云事也。蛇床子《しやしやうし》を、和名《わみやう》に、ひるむしろとつけたるは、本草をみればあやまりか。蛇床子《しやじやうし》は、やぶしらみと云くさと見えたり。

菱　ひし。ひしけたると云詞より起か。四角にはあれども、よこさまにゆがみて、ろくに四かくにはあらぬ也。ひしくるとは、引敷《ひしく》也。何にても、おもき身にて、尻《しり》に引しけば、ひらくなるを、ひしくると云なり。其ごとく、すぐに四かくにあらずして、そばみてみゆれば、四かくなるもの、ひしけたるやうなるによりて、ひしと云か。

延命草　ひきをこし。霍乱《くわくらん》して臥《ふし》たるを、此草

巻六　6オ

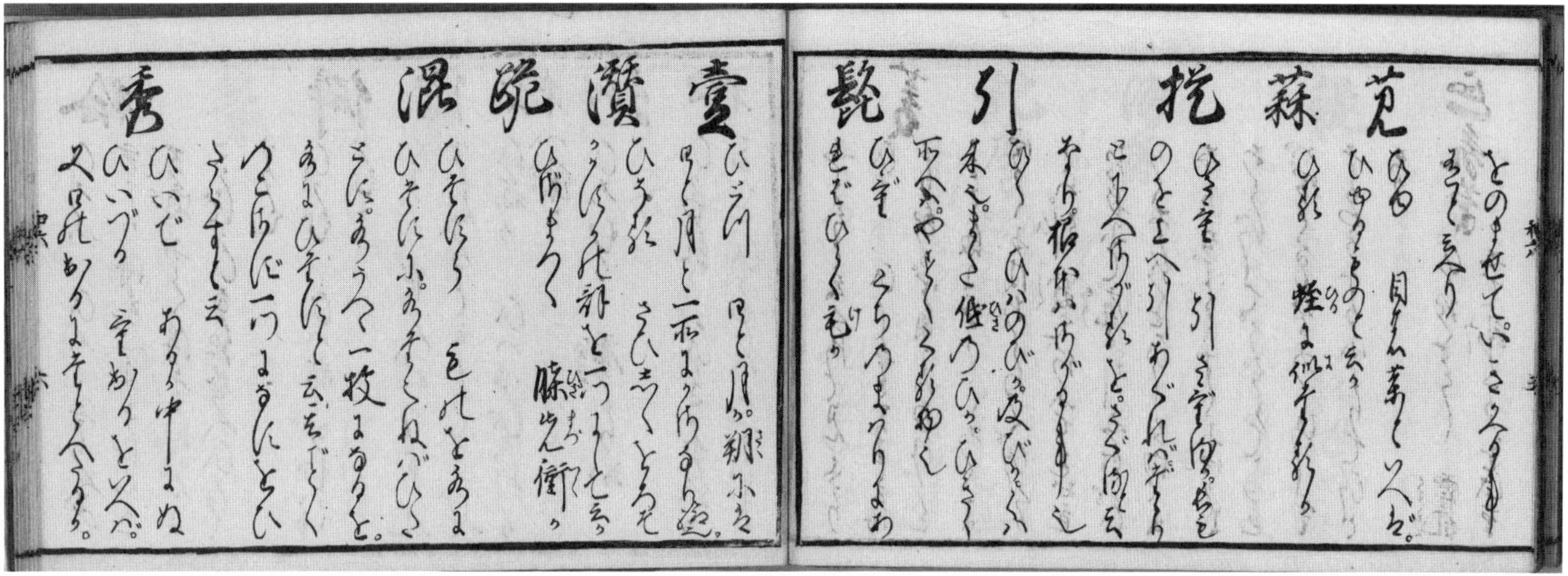

巻六　5ウ

をのませて、いきかへる事有と云へり。

菎　ひゆ。目の薬といへば、ひゆるものと云か。

蒜　ひる。蛭《ひる》に似《に》たるか。

提　ひさけ。引さげるか。長ものを上へ引あぐれば、たらりと下へさがるを、さぐると云なり。根本は、さがる事也。

引　ひく。ひは、のびか、及びか。くは、来也。また、低《ひき》のひか。ひき、所へは、やすくくる物也。

髭　ひげ。くちのまはりにあれば、ひらく毛《け》か。

壹　ひとつ。日と月か。朔《さく》には、日と月と一所にかさなり給也。

濳(潜カ)　ひそる(かカ)。さひしく、をろそか、かすかの詞を一つにして云か。

跪　ひざまつく。膝先衝《ひざまづつく》か。

混　ひたすら。ものを水にひたすに、水たえねば、ひたとす。水うへゝ、一枚になるを、水にひたすと云。其ごとく、のこさず一つになすを、ひたらす(ママ)と云。

秀　ひいで。ひいづる。あるか中にぬけ出るをいへば、又、日の出るにたとへたるか。

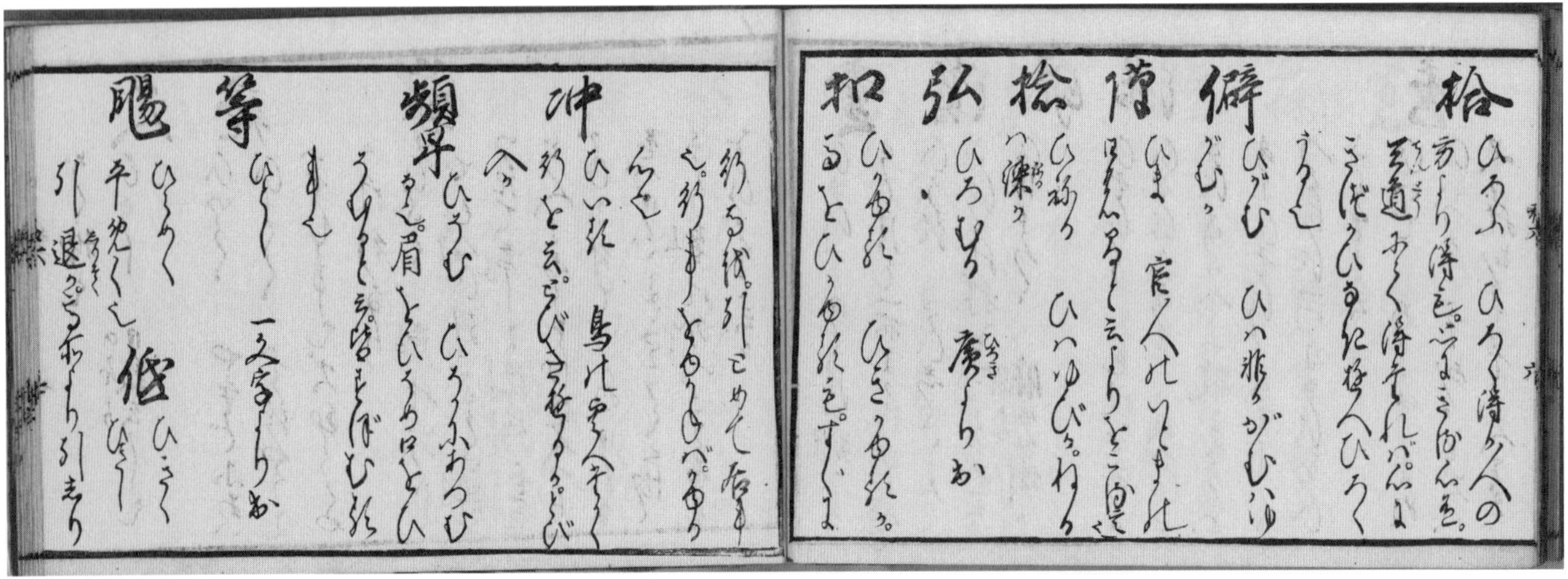

巻六　6ウ

巻六　7オ

拾　ひろふ。ひろく得か。人の方より得も、恩にきる心有。天道《てんとう》にて得たれば、心にきづかひなきゆへ、ひろくうる也。

僻　ひがむ。ひは、非か。がむは、ゆがむか。

隙　ひま。官人のいとまの日の間と云よりをこる言也。

捻　ひねる。ひは、ゆびか。ねるは、錬《ねる》か。

弘　ひろむる。広《ひろき》より出。

扣　ひかゆる。ひきかゆるか。馬をひかゆるも、すぐに行馬を、引とめて居事也。行事をゆかねば、かゆる心也。

冲　ひいる。鳥の雲へたかく行を云。とびきゆるか。とび入か。

顰　ひそむ。ひそかにあつむる也。眉をひそめ、口をひそむると云、皆すぼむる事也。

等　ひとし。一文字より出。

颺　ひらめく。平めく也。

低　ひきく。ひきし。引退《しりぞく》か。高所より引しり

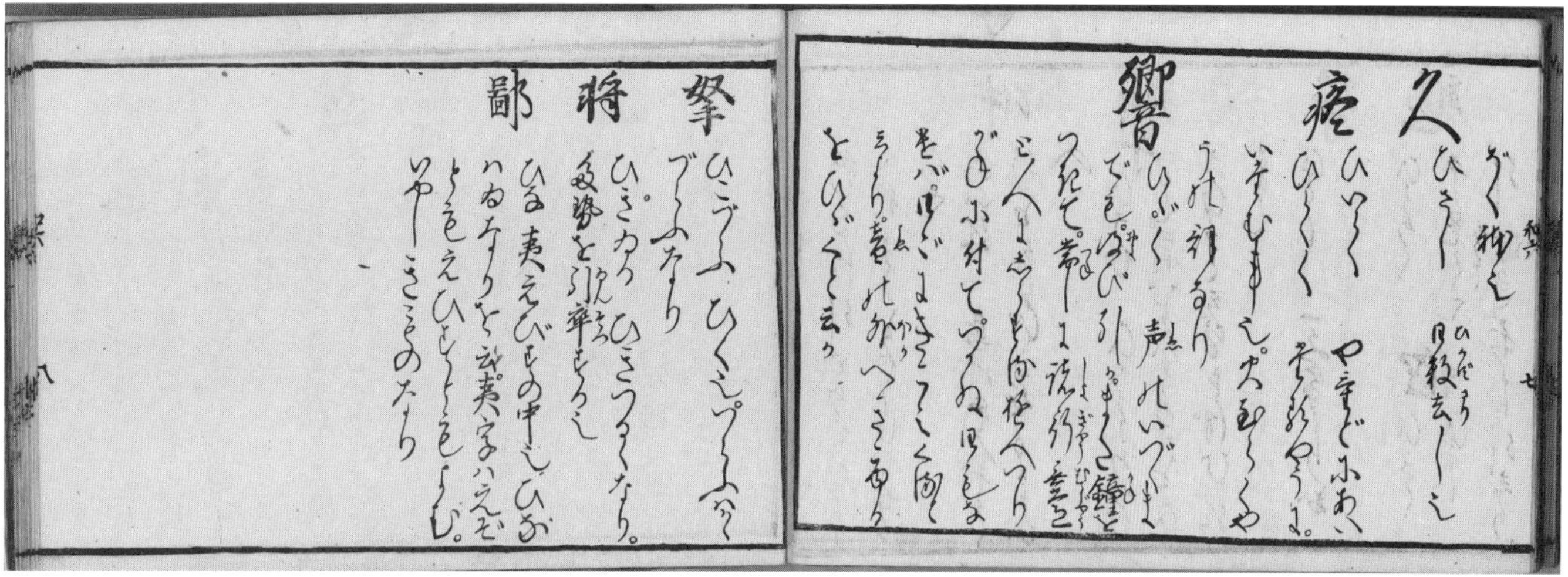

巻六 8オ

巻六 7ウ

ぞく体也。

久　ひさし。日《ひ》数去《かずさり》し也。

疼　ひいらく。ひら〻く。やけどにあいたるやうに、いたむ事也。火至らくやうの詞也。

響　ひゞく。声《こゑ》のいづくまでも及《およ》び引か。また、鐘《かね》をつきて、常《つね》に諸行無常《しよぎやうむじやう》と人にしらするゆへ、つりがねに付て、つかぬ日もなけば（なければカ）、日々にきこえくると云より、音《こゑ》の外《ほか》へきこゆるを、ひゞくと云か。

拏　ひこづらふ。ひく也。つらふは、か〻づらふなり。

将　ひきゐる。ひきつる〻なり。多勢を引卒《ゐんそつ》する也。

鄙　ひな。夷えびすの中也。ひなは、ゐなかを云。夷字は、えぞとも、えひすともよむ。いやしきものなり。

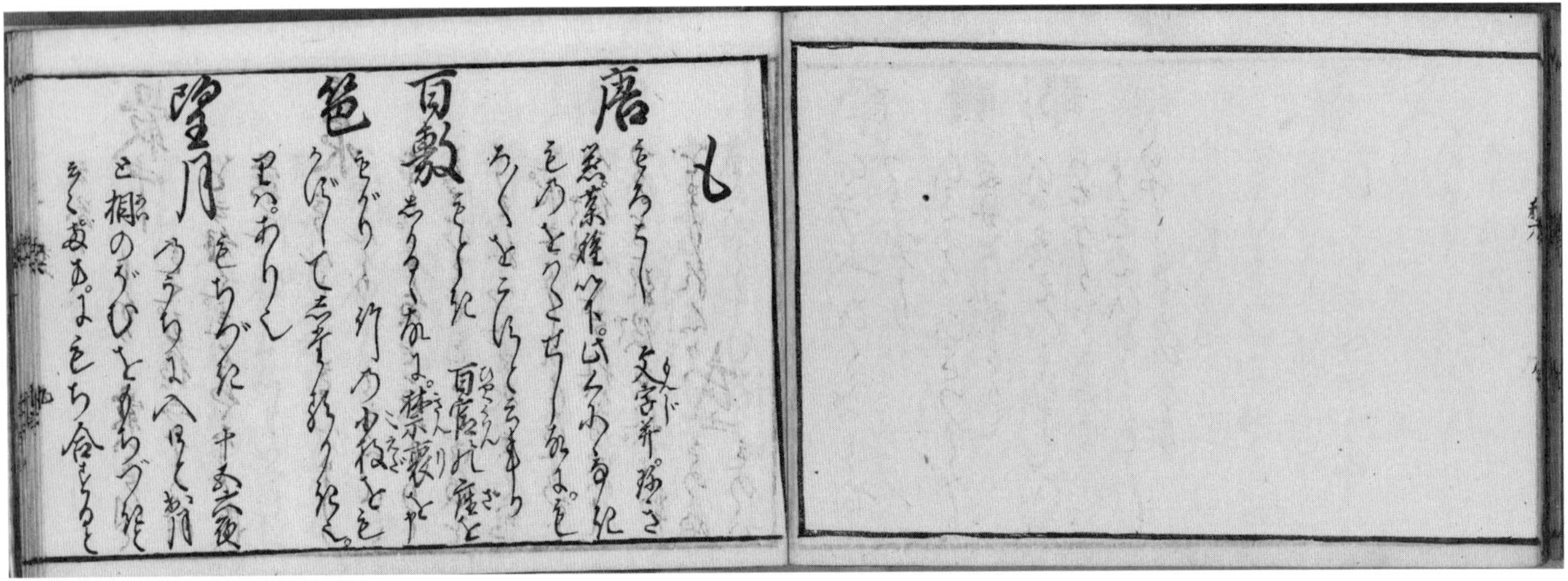

巻六　8ウ　巻六　9オ

も

唐　もろこし。文字《もんじ》幷珍き器、薬種以下、此くに、なきものをわたせし故に、もろ〳〵をこすと云事か。

百敷　もゝしき。百官《ひやくくはん》の座《ざ》をしかるゝ故に、禁裏《きんり》を申。

笆　もがり。竹の小枝《こえだ》をもがずしてしたるかき也。りは、あり也。

望月　もちづき。十五六夜のうちに、入日と出月と相《あい》のぞむを、もちづきと云也。両方にもち合すると

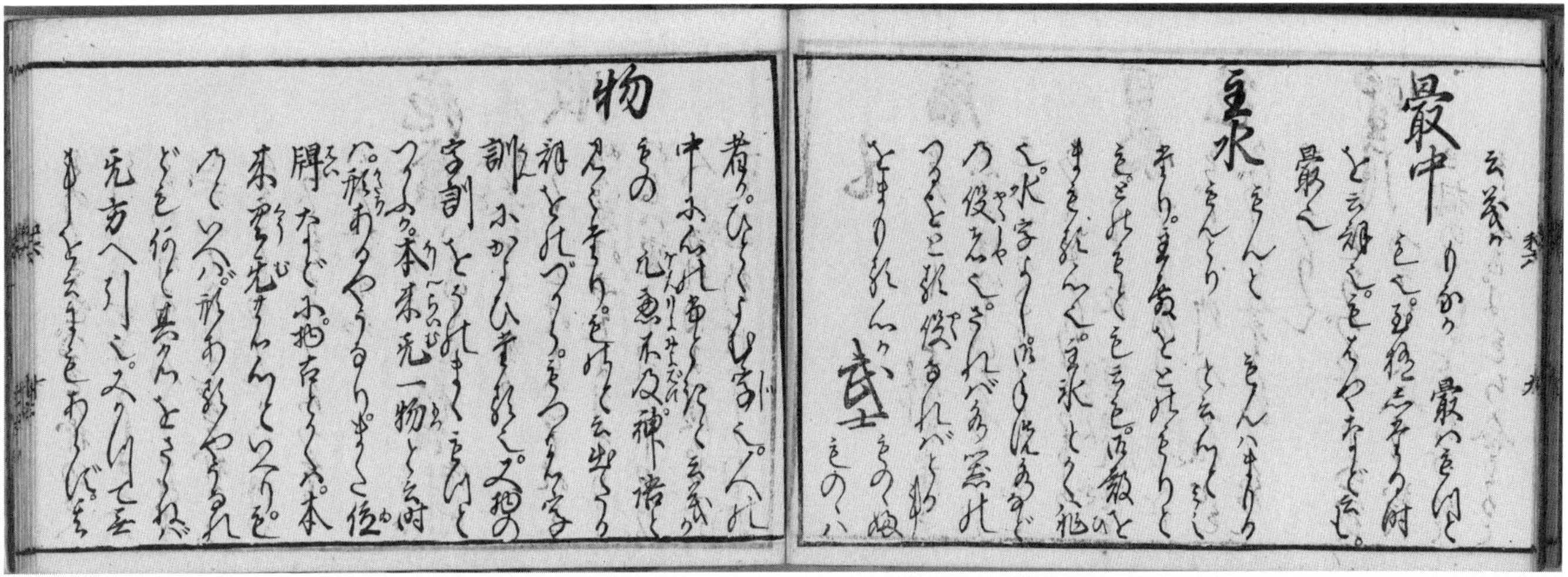

巻六　9ウ

巻六　10オ

云義か。

最中　もなか。最は、もつとも也。至極したる時を云詞也。もはやなど云も、最也。

主水　もんと。もんとり。もんは、まもると云心とみえたり。主殿を、とのもりとも、とのもとも云も、御殿をまもる心也。主氷とかくは、非《ひ》也。水字よし。御手洗水などの役者《やくしゃ》也。されば、水器のつるをとる役《やく》なれば、とる事をまもる心か。

武士　ものゝふ。ものゝは、

物

者か。ひとゝよむ字《じ》也。人の中に、心のふときと云義か。

もの。凡慮不及《ぼんりよおよばず》。神語と見えたり。ものと云出たる詞、をのづから、もつの字訓《くん》にかよひたる也。又、物の字訓をそのまゝもつとつかふか。本《ほん》来無《らいむ》一物《いちもつ》と云時は、形《かたち》あるやうなり。また、位牌《ゐはい》などに、物古とかくは、本来空無《くうむ》の心といへり。ものといへば、形あるやうなれども、何と其名をさゝねば、無方へ引也。又、かつて無事を云にもあらず。其

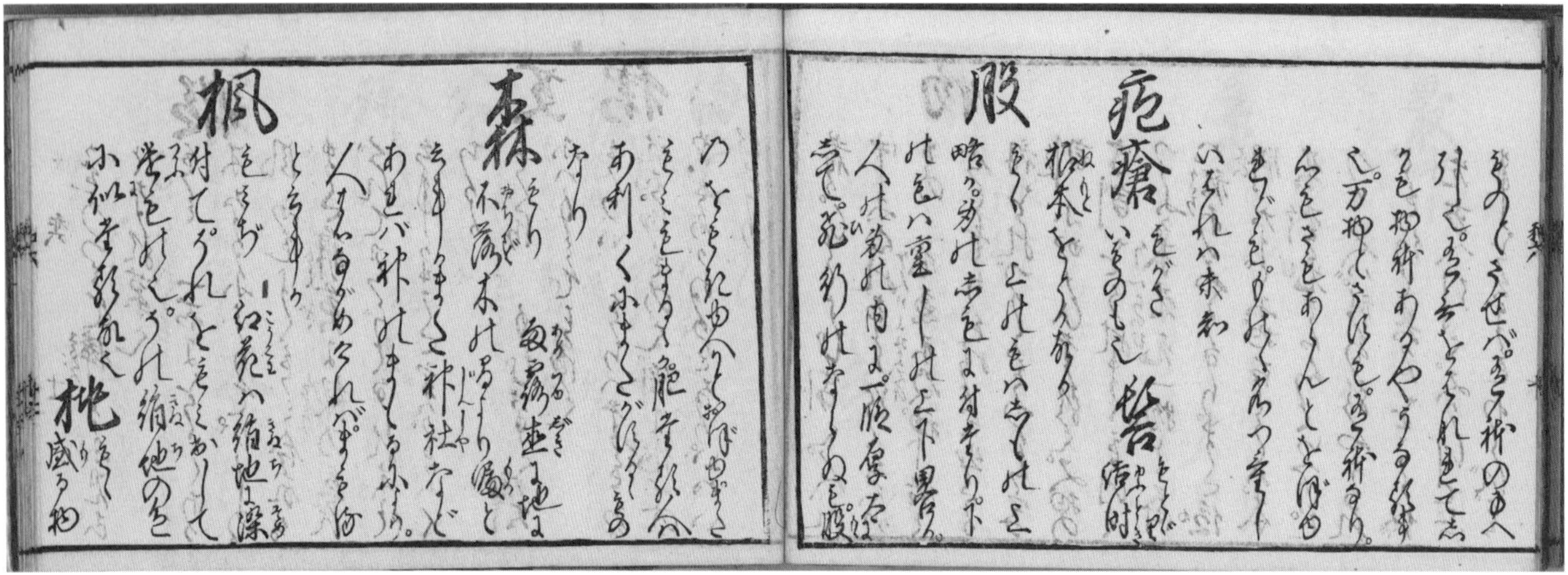

ものとさせば、有体の方へ引也。有無をはなれて、しかも物体あるやうなる事也。万物とさすも、有体なり。心も、さもあらんとをぼゆれども、もの、名つけしいはれは未知。

疱瘡　もがさ。いものも也。

髻　もとゞり。結時《ゆふとき》、根本《ねもと》をとる故か。

股　もゝ。上のもは、しもの上略か。身のしもに付たり。下のもは、重しの上下略か。人の身の内に、一段厚太にして、飛《ひ》行のならぬも、股《もゝ》のをもきゆへかとおぼゆ。また、もみもまるゝか。肥たる人は、ありくに、またがするゝものなり。

森　もり。雨露《あめつゆ》、直《じき》に地に不落《おちず》、木の間より漏《もる》と云事か。また、神社《じんしゃ》などあれば、神のまもるにより、人のながめければ、まもると云事か。

楓　もみぢ。紅花《こうくわ》は、絹地《きぬち》に染《そめ》付て、それをもみ出して遣《つかふ》もの也。その絹《きぬ》地《ち》の色に似《に》たる故也。

桃　もゝ。盛《も》る物

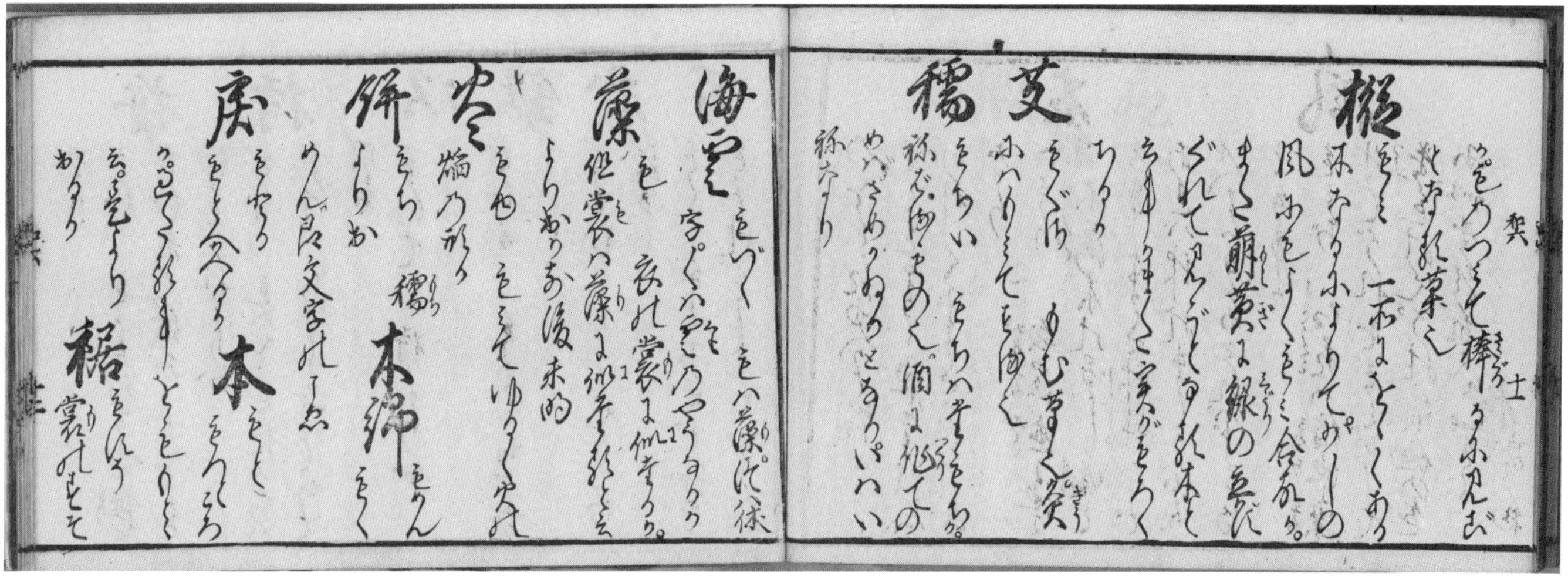

巻六　12オ　　巻六　11ウ

か。ものつみて捧《ささぐる（ママ）》るに、みごとな
る菓也。

樅　もみ。一所にを、くある木なるに
よりて、少しの風にもよくもみ合故
か。また、萌黄《もえぎ》に緑《みどり》の立か。すぐれ
て見ごとなる木と云事か。また、実
がもろくちるか。

艾　もぐさ。もむ草也。灸《きう》には、もみ
てする也。

糯　もちい。もちは、たもちか。ねば
るもの也。酒に作《つくり》てのめば、さめか
ぬるとなり。いは、いねなり。

海雲　もづく。もは、藻《も》。つは、休字。
くは、雲《くも》のやうなるか。

藻　も。衣の裳《も》に似《に》たるか。但、裳《も》は、
藻《も》に似《に》たると云より出か。前後未明。

炎　もゆ。もみてゆるく火の焔の形か。

餠　もち。糯《もち》より出。

木綿　もめん。もくめん。即、文字の
こゑ。

戻　もとる。もとへかへるか。

本　もと。もつところか。過たる事を
も、もと、云、是より出るか。

裾　もすそ。裳《も》のすそ

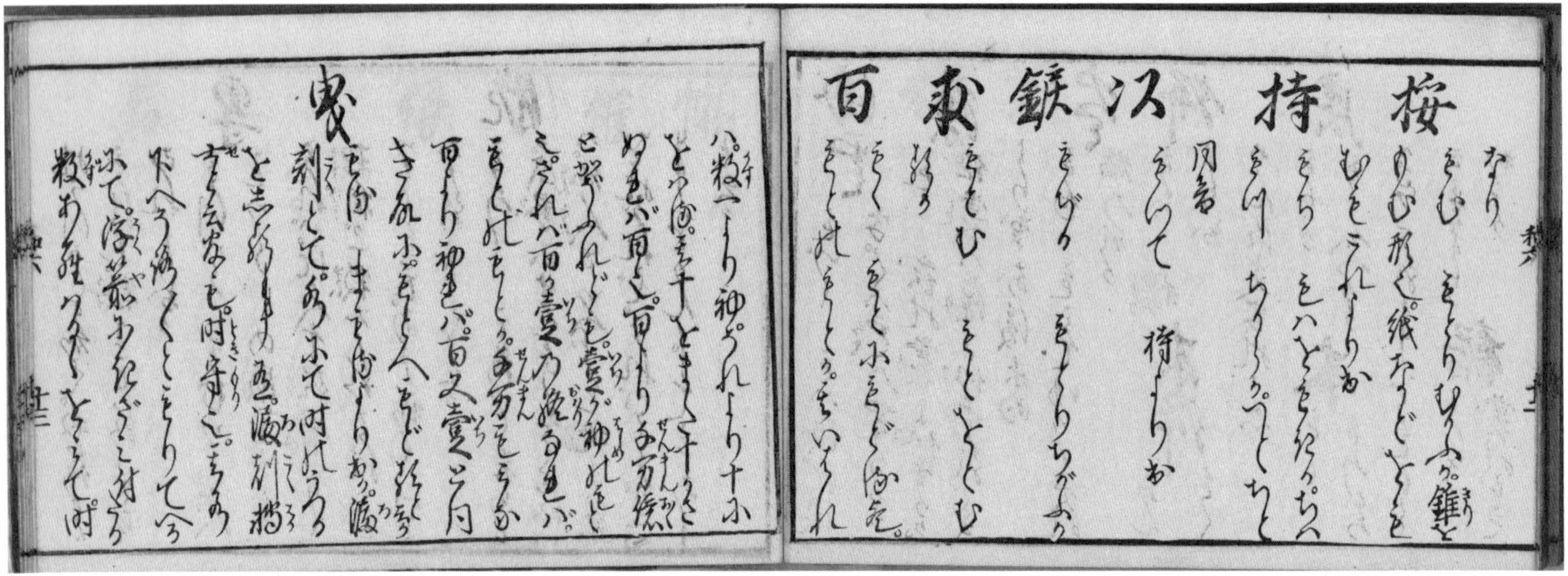

なり。

按　もむ。もとりむかふか。錐《きり》をもむ形也。紙などをもむも、これより出。

持　もち。もつ。もは、をもきか。ちは、ちからか。つとちと同音。

以　もつて。持より出。

鋲　もぢる。もとりちがふか。

求　もとむ。もとをとむるか。

百　もゝ。もとにもどる歟。もとのもとか。其いはれは、数《かず》、一より初、それより十にをはる。其十をまた十かさぬれば、百也。百より千万億《せんまんおく》とかぞふれども、壹《いち》が初《はじめ》のもと也。されば、百か壹《いち》の終《おはり》なれば、もとのもとか。千万《せんまん》も、みな百より初れば、百又壹《いち》と同き故に、もとへもどると云か。

曳(洩カ)　もる。まもるより出か。漏刻《ろこく》とて、水にて時のうつるをしる事有。漏刻《ろこく》博士《はかせ》と云官も、時守《ときもり》也。其水、下へそろ〳〵ともりてへるにて、浮箭《うくや》にきざみ付たる数《かず》あらはるゝをみて、時

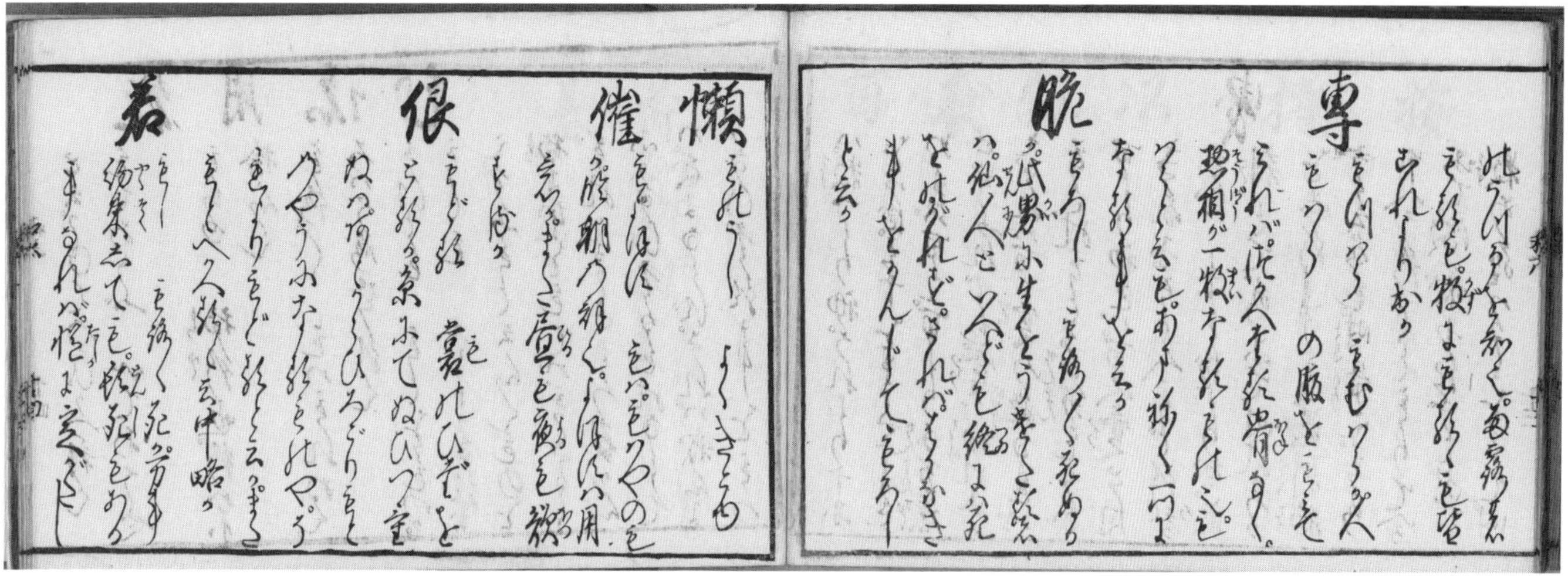

巻六 14オ

巻六 13ウ

のうつるを知也。雨露のもるも、数《かず》にもるゝも、皆これより出か。

専　もつはら。もはら。もむはらか。人の腹をもみてみれば、つかへたる骨《ほね》なく、惣相《そうざう》が一枚《まい》なるもの也。もはらと云も、あまねく一つになる事を云か。

脆　もろし。もろく〳〵死ぬるか。此界《かい》に生をうけたる者は、仙人《せんにん》といへども、終《つひ》には死をのがれず。されば、はかなき事をかんじて、もろしと云か。

懶　ものうし。よくきこゆ。

催　もよほす。もは、もはやのもか。臨期の詞也。よほすは、用意か。また、昼《ひる》も夜《よる》も、欲《ほつ》するか。

佷　もどる。裳《も》のひだをとるか。糸にてぬひつけぬは、あとからひろごり、もとのやうになるもの也。それより、もどると云か。また、もとへかへると云中略か。

若　もし。もろく死か。万事約束《やくそく》しても、頓死《とんし》もある事なれば、慥《たしか》に定がたし

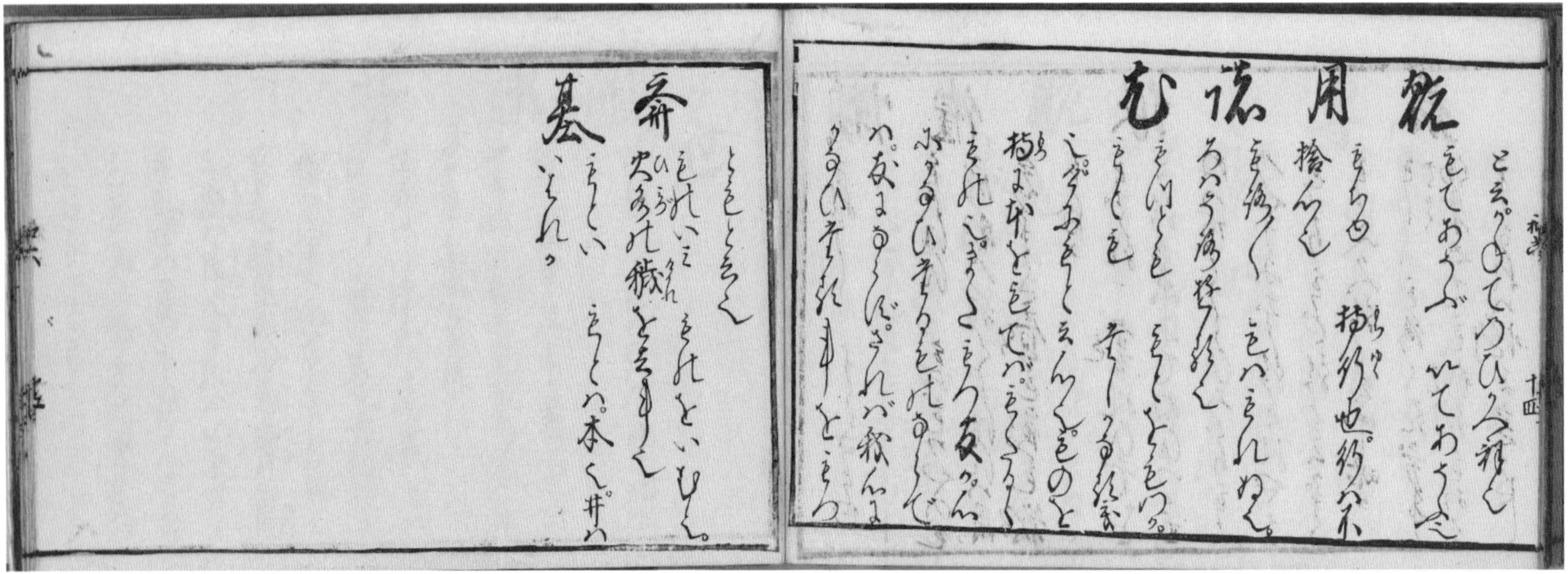

巻六 14ウ

巻六 15オ

と云。かねてのひかへ詞也。

翫　もてあそぶ。以てあそふ也。

用　もちゆ。持行《もちゆく》也。行は、不捨心也。

諸　もろ〳〵。もは、もれぬ也。ろは、
そろゆる也。

尤　もつとも。もとも。もとをもつか。
たしかなる義也。げにもと云心也。
ものを持《もつ》に、本をもてば、もたるゝ
もの也。また、もつ友か。心にかな
ひたるものならでは、友にならず。
されば、我心にかなひたる事を、も
つ
ともと云也。

斎　ものいみ。ものをいむ也。火水《ひみづ》の
穢《けかれ》を去事也。

基　もとい。もとは、本也。ゐは、い
はれか。

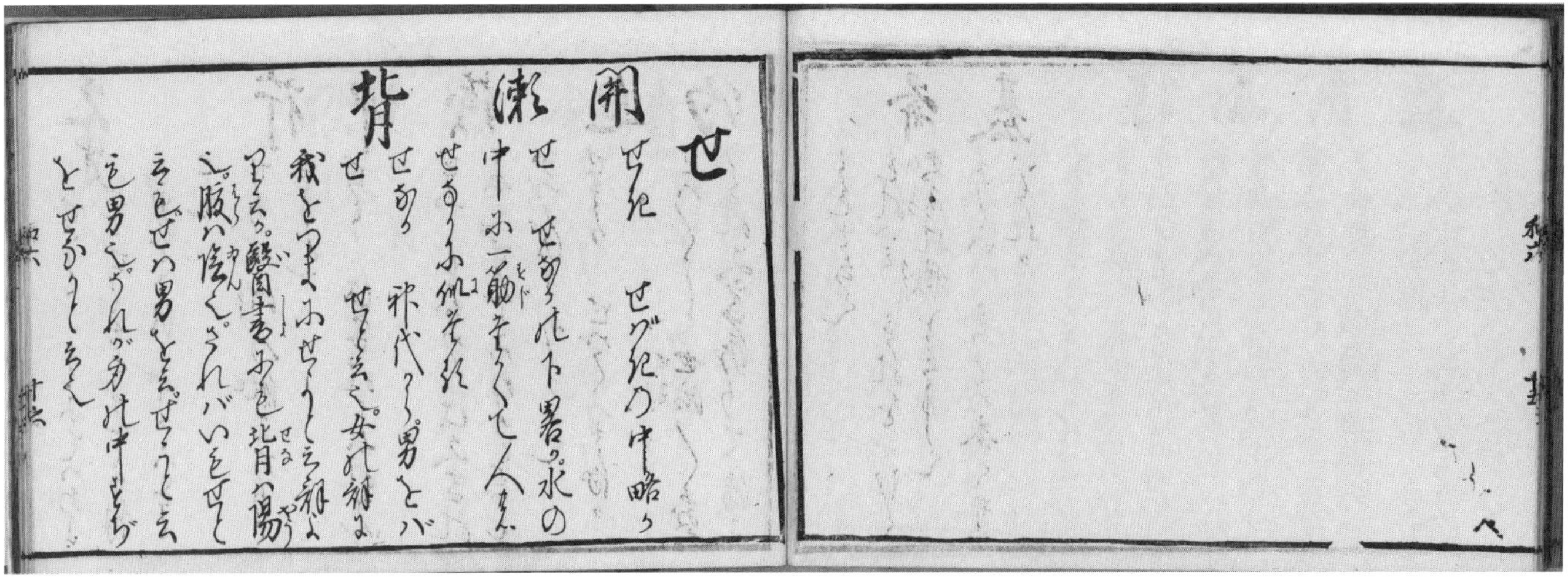

巻六 16オ

巻六 15ウ

せ

闕　せき。せばきの中略か。

瀬　せ。せなかの下略か。水の中に一筋《すじ》たかくて人のせなかに似《に》たる。

背　せなか。せ。神代から、男をばせと云也。女の詞に、我をつまにせよと云詞より云か。医《い》書《しょ》にも、背《せな》は陽《やう》也、腹《はら》は陰《ゐん》也。されば、いもせと云も、せは、男を云。せこと云も、男也。それが身の中すぢを、せなかと云也。

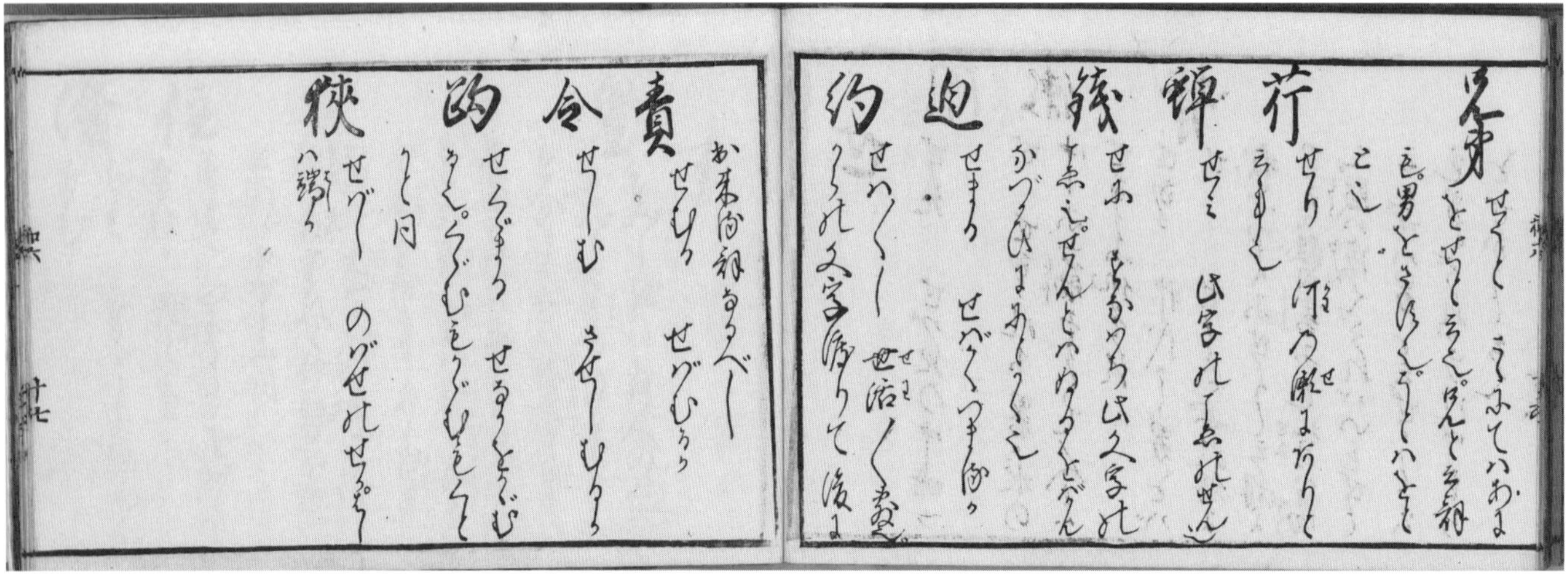

巻六 16ウ　巻六 17オ

兄弟　せうと。こゝ（ここカ）にては、あにをせ
と云也。兄と云詞も、男をさす也。
うとは、をとと也。

芹　せり。何《なに》の瀬《せ》にありと云事也。

蟬　せみ。此字のこゑのせん也。

銭　せに。すなはち、此文字のこゑ也。
せんとはぬるをば、かんなづかひに、
にとかく也。

迫　せまる。せばくつまるか。

約　せはくし。世話《せわ》々敷也。から
の文字渡りて後に
出来る詞なるべし。

責　せむる。せばむるか。

令　せしむ。させしむるか。

跼　せくゞまる。せなかをかゞむる也。
くゞむも、かゞむも、くとかと同。

狭　せばし。のばせのせか。はしは端《はし》
か。

巻六　18オ

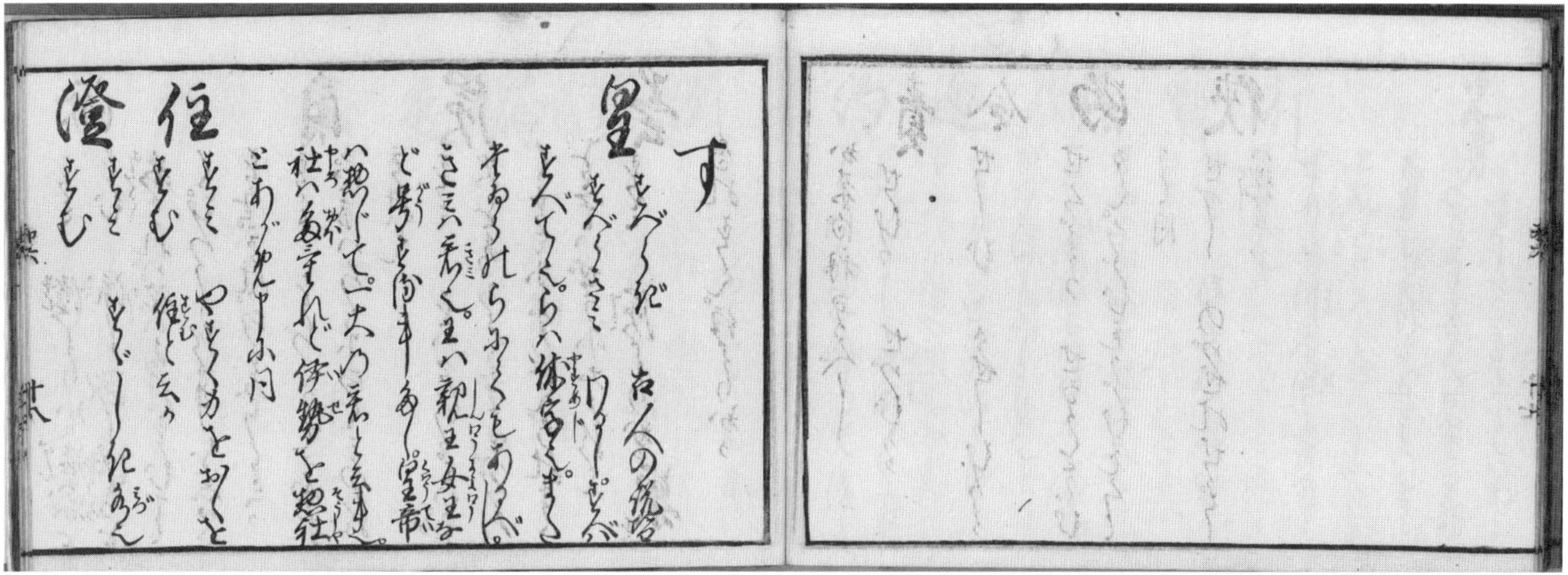

巻六　17ウ

す

皇　すべらぎ。すべらきみ。古人の説、皆わるし。すべは、すべて也。らは、休字《やすめじ》也。また、たゐらのらにてもあるべし。きみは、君《きみ》也。王は、親王《しんわう》、女王《によわう》など号《がう》する事多し。皇帝《くわうてい》は、惣じて、一大の君と云事也。社《やしろ》は多《おほ》けれど、伊勢《いせ》を惣社《そうしや》とあがめ申に同。

住　すみ。すむ。やすく身をおくを住《すむ》と云か。

澄　すみ。すむ。すゞしき水《みづ》也。

巻六　18ウ

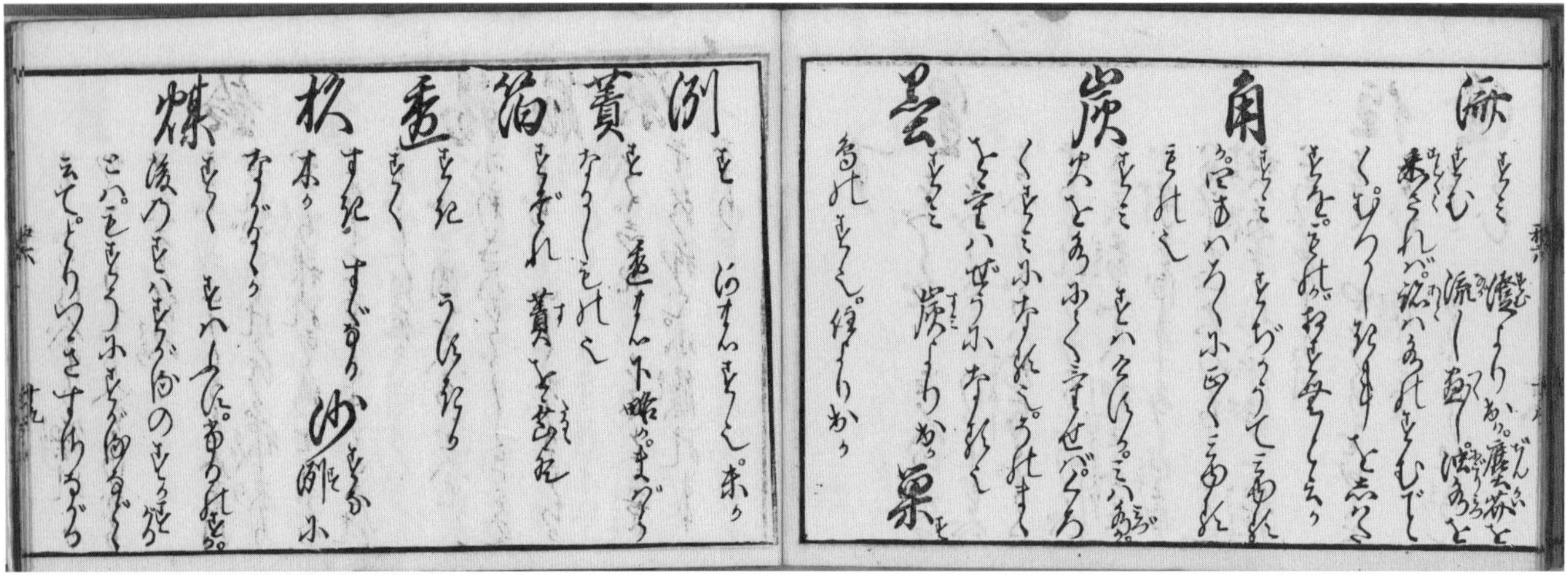

巻六　19オ

濟　すみ。すむ。澄《すむ》より出か。塵芥《ちんかい》を流《なが》し尽《つく》し、濁水《にごりみつ》を悉《ことごとく》 されば、跡《あと》は水のすむごとく、むつかしき事をしはたすを、ものが相すむと云か。

角　すみ。すぢかうてみゆるか。四方はろくに正くみゆるもの也。

炭　すみ。すは、けすか。みは、水《みづ》か。火を水にてけせば、くろくすみになる也。そのまゝをけは、ぜうになる。

墨　すみ。炭《すみ》より出か。

巣　す。鳥のす也。住より出か。

洲　す。河のす也。末か。

簀　す。透の下略か。まばらなるしもの也。

箔　すだれ。簀《す》を垂《たるる》歟。

透　すき。すく。うすきか。

杦　すき。すぐなる木か。

沙　すな。洲《す》にながるゝか。

煤　すゝ。すは、ふすふるのすか。後のすは、すがるのすか。すがるとは、もすそにすがるなど、云て、とりつきすさながる

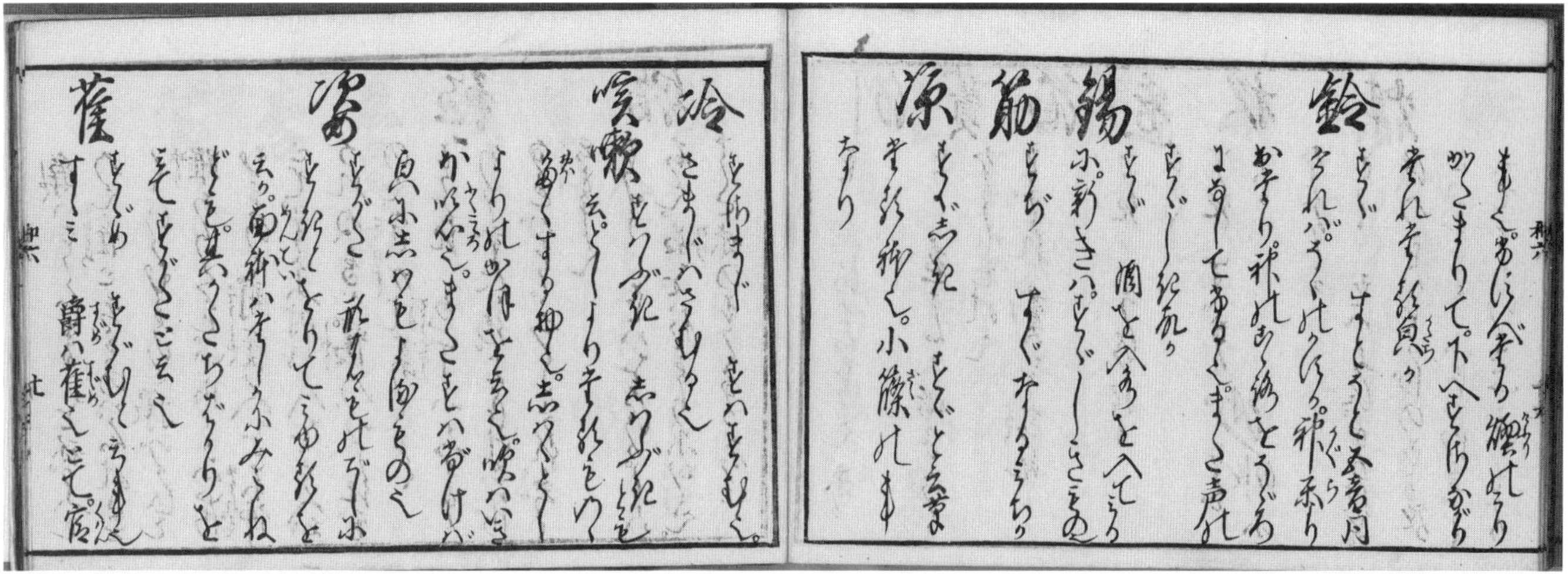

巻六 19ウ

巻六 20オ

事也。ふすべたる煙《けふり》のこりかたまり
て、下へすさながりたれたる皃《かたち》か。

鈴　すゞ。すとそと五音同ければ、
そゝのかすか。神楽《かぐら》より出たり。神
のこゝろをそゞろになしてふる也。
また、声のすゞしき故か。

錫　すゞ。酒を入、水を入てみるに、
新きは、すゞしきもの也。

筋　すぢ。すぐなるみちか。

涼　すゞしき。すゞと云草たる体也。
小篠《ざさ》の事なり。

冷　すさまじ。すは、すむ也。さまじ
は、さむる也。

咳嗽　すはぶき。しはぶきとも云。と
しよりたるもの、多《おほ》くする物也。し
は、、としよりのかほを云也。吹は、
いきほ（をカ）吹心《ふくこころ》也。また、すはぶけ
ば皃にしはもよるもの也。

姿　すがた。形のものごしにすきとを
りてみゆるを云か。面体《めんてい》は、たしか
にみえねども、其かたちばかりをみ
て、すがたと云也。

雀　すゞめ。すゝみ。すゞむ（すカ）と云事也。
爵《すずめ》は雀《すずめ》也とて、官《くはん》

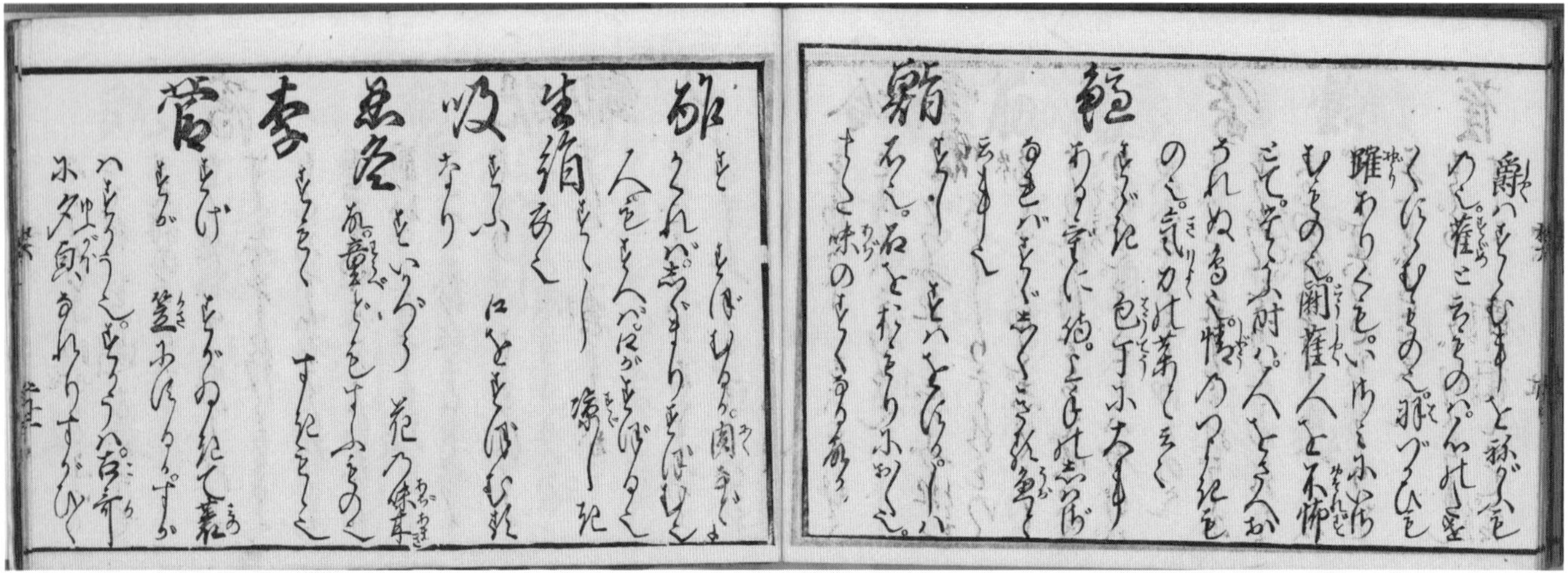

巻六　21オ

巻六　20ウ

爵《しやく》はすゝむ事をねがふもの也。雀《すずめ》と云ものは、心のたけくすゝむもの也。羽《は》づかひも躍《おどり》ありくも、いさみにいさむもの也。闘雀《とうじやく》人を不怖《おそれず》とて、たゝかふ時は、人をさへおそれぬ鳥也。情《じやう》のつよきもの也。気力《きりよく》の薬と云云。

鱸　すゞき。包丁《ほうてう》に大事あるげ（リカ）に伝。上手のしはざなればすゞしくきる魚《うお》と云事也。

鮨　すし。すは、をすか。しは、石也。石をおもりにおく也。また、味《あぢ》のすくなる故か。

酢　す。すぼむるか。肉《にく》などにかくれば、しゞまりすぼむ也。人もすへば、口がすぼる也。

生絹　すゝし。涼《すず》しき衣也。

吸　すふ。口をすぼむるなり。

忍冬　すいかづら。花の味甘《あぢあまき》故、童《わらべ》どもすふもの也。

李　すもゝ。すきもゝ也。

菅　すげ。すが。すがぬきて蓑笠《みのかさ》にするか。すがは、すかう也。すかうは、古歌《こか》に、夕皃《ゆふがほ》なれりすがひく

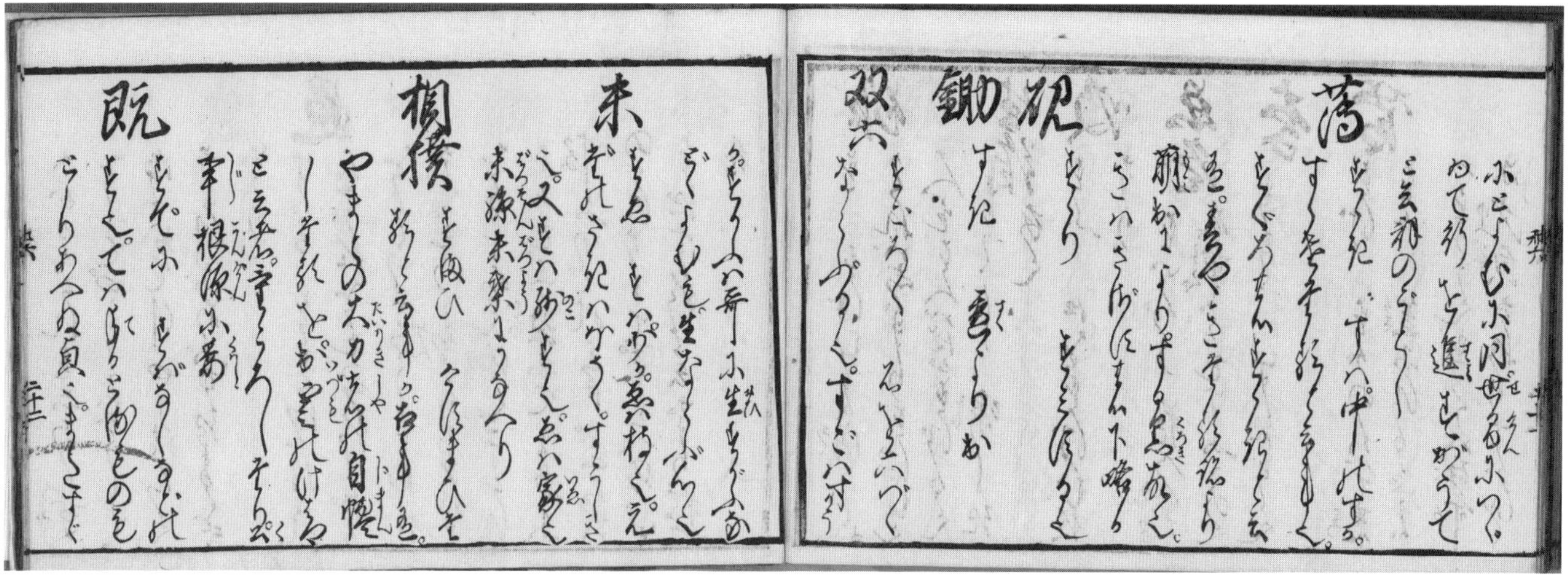

巻六 21ウ

巻六 22オ

にとよむに同。世間《せけん》につゞゐて行を、進《すすみ》すがうてと云詞のごとし。

薄 すゝき。すは、中のすか。すゝけたると云事也。すぐろのすゝきと云有。春やきたる跡より萠《もえ》出により、すゑ黒《くろき》故也。きは、きざすの下略か。

硯 すゝり。すみする也。

鋤 すき。透《すく》より出。

双六 すごろく。石を六づゝならぶる也。すごは、すかうか。すかふは、歌に生《おひ》すがふなどゝよむも、生ならぶ心也。

末 すゑ。すは、少か。ゑは、枝也。えだのさきはほそく、すこしき也。又、すは、残《のこ》す也。ゑは家《いゑ》也。末孫末葉《ばつそんばつよう》にかなへり。

相撲 すまひ。けすまひたると云事か。古事有。やまとの大力者《たいりきしや》の自慢《じまん》したるを、出雲《いづも》のけはやと云者、けころしたり。公事根源《くじこんげん》に委《くはし》。

既 すでに。すばなしなどのす也。ては、手《て》か。とるものもとりあへぬ皃也。また、すぐ

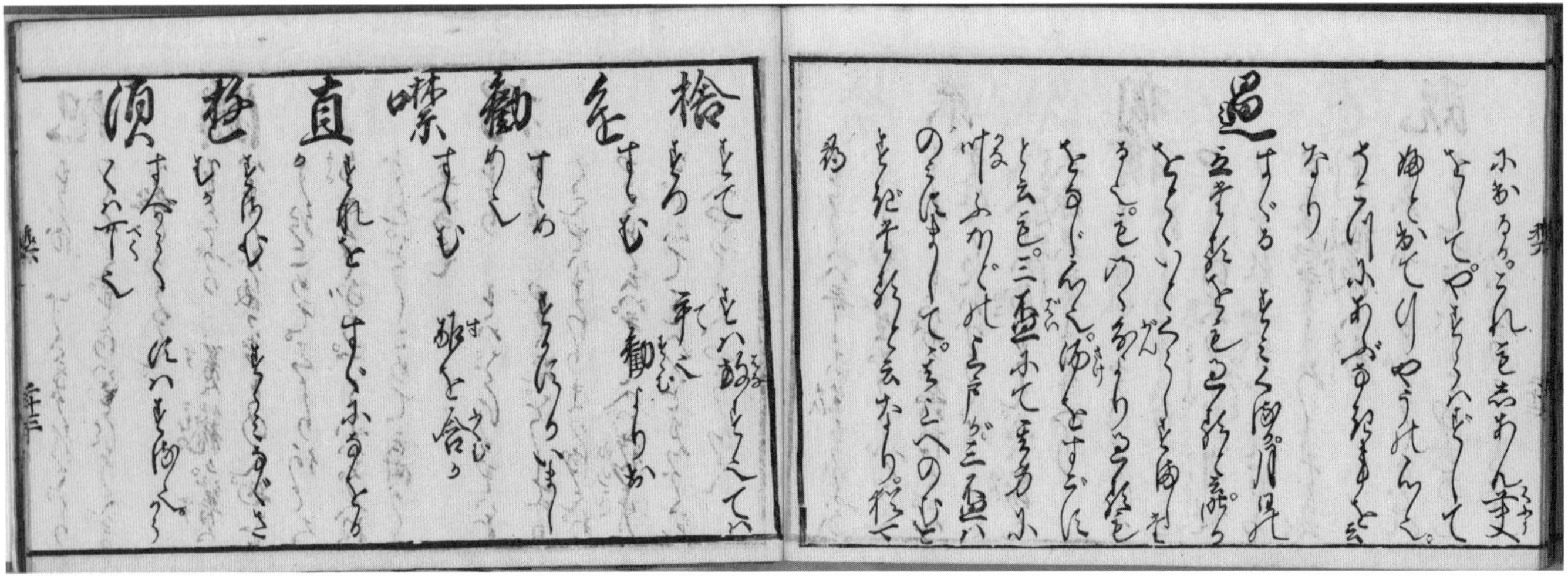

巻六 23オ

巻六 22ウ

に出るか。これもしあん工夫《くふう》をして、やすらはずしてふと出て行やうの心也。そこつにあぶなき事を云なり。

過　すぐる。すみくるか。月日の立たるをも過ると云。昨日をとゝいとゝくらしすましたる也。ものゝ分《ぶん》より過るもをなじ心也。酒《さけ》をすごすと云も、三盃《ばい》にて其身に叶《かな》ふほどの上戸が、三盃はのみすまして、其上へのむを、すぎるたると云なり。猶可尋。

捨　すて。すつ。すは、放《はな》ず也。ては、手《て》也。

進　すゝむ。勧《すすむ》より出。

勧　すゝめ。すかするいましめ也。

噤　すくむ。酢《す》を含《ふくむ》か。

直　すなを。すぐになをるか。

遊　すさむ。すゝみなぐさむか。

須　すべからく。すは、する也。からくは、可《べく》也。

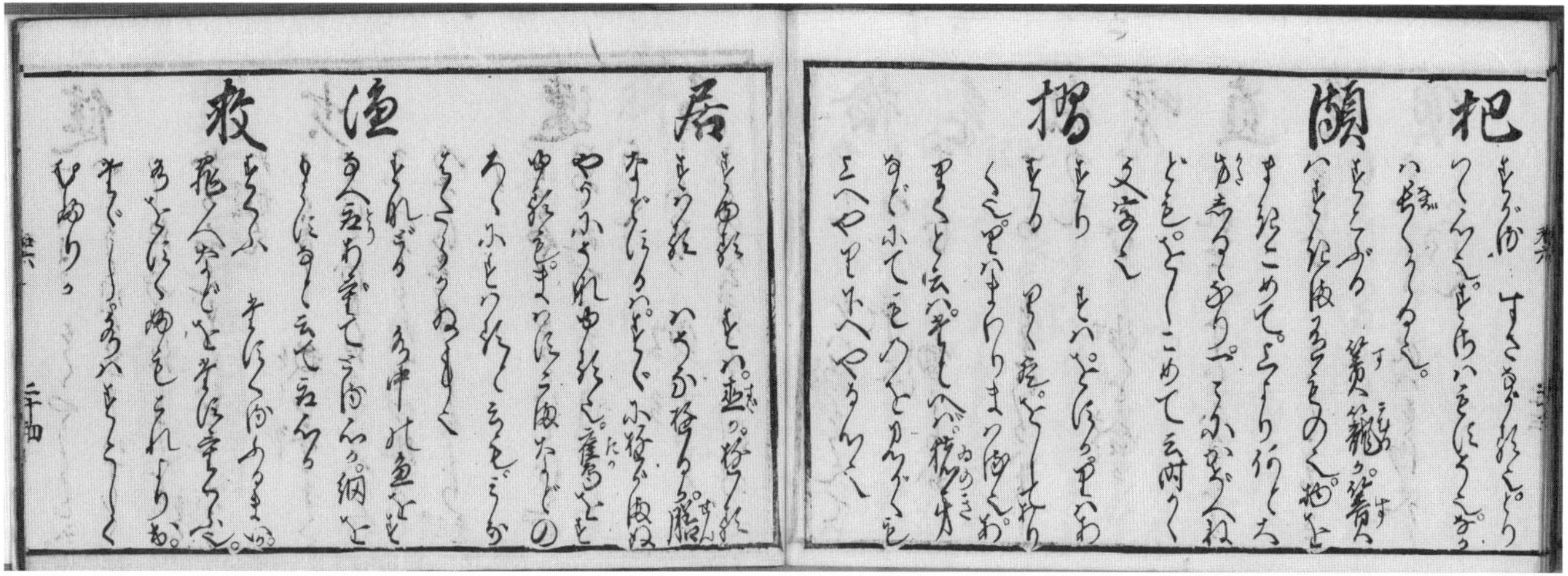

巻六 23ウ

巻六 24オ

把　すがる。すさながる也。とりつく心也。すさは、もすそ也。なかは、長《なが》くかゝる也。

頗　すこぶる。簀籠《すこむる》か。簀《す》は、すきま有もの也。物をまきこめて、上より何と大方《かた》しるゝなり。一々にかぞへねども、をしこめて云時かく文字也。

摺　すり。する。すは、をすか。りは、ありく歟。をしてありく也。りは、まわりまはる也。ありくと云は、たとへば、猪牙《ゐのき》などにてものをみがくも、上へやり下へやる心也。

居　すゆる。すはる。すは、直《すぐ》か。ゆるは、そなゆるか。膳《ぜん》などするは、すぐにゆがまぬやうにそなゆる也。鷹《たか》をすゆるも、まはすこまなどのろくにすはると云も、みなはたらかぬ事也。

漁　すなどる。水中の魚をすなへ取《とり》あげてとる心か。網をもらすなと云て取心か。

救　すくふ。たすくるふるまいか。罪人などをたすけくふ（マヽ）也。水をすくふも、これより出。たゞし、水はすこしくむふりか。

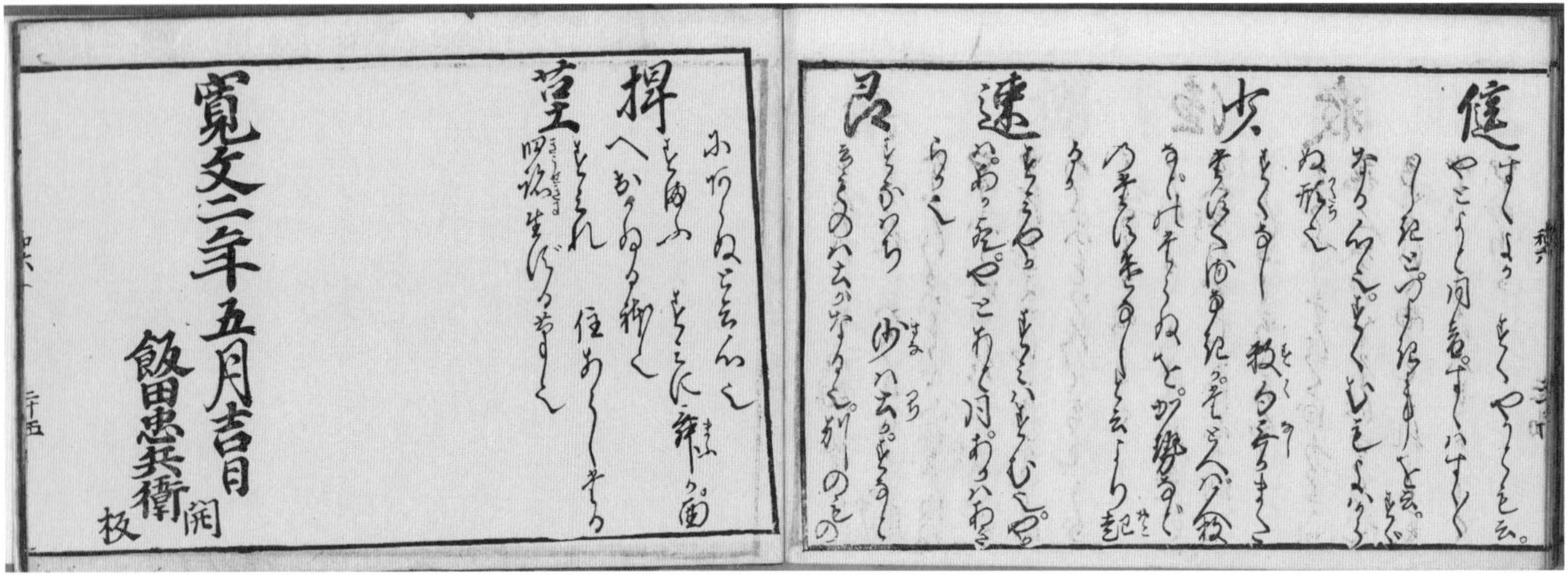

巻六　24ウ

巻六　25オ

健　すくよか。すくやかとも云。やと同音。すくは、すく〱しきと、つよき事を云。すぐなる心也。すくむもよはからぬ形《かたち》也。

少　すくなし。数句無《すくなし》か。また、たすくるなきか。たとへば、人数などのたらぬを、加勢などのたすけなしと云より起《おこ》るか。

速　すみやか。すみは、すむ也。やかは、あか歟。やとあと同。あかは、あきらか也。

即　すなはち。沙《すな》は土《つち》か。すなと云ものは、土がなる也。別のものにあらぬと云心也。

捍　すまふ。すみに舞《まふ》か。面へ出かぬる体也。

菫　すみれ。住あらしたる旧跡《きうせきに》生ずる草也。

寛文二年五月吉日
飯田忠兵衛　開板

注釈編

『和句解』語源説援用知識注釈

凡例

『和句解』本文中において、語源の解説に援用されている知識（本書では、「語源説援用知識」と呼ぶ）について注釈を記した。

見出し語について

1　見出し語の下に、その見出し語の属する巻数・丁数を記した。表丁は「オ」、裏丁は「ウ」と記した。

例　稲（いね）①1オ＝巻一・一丁表

2　見出し語に和訓が記されていない場合は、私に補い、〈　〉内に記した。

注釈について

1　一つの語句の注釈において、複数の語源説援用知識を併記する場合は、◇で区切った。

2　▼の後に考察を記した。

3　テキストの引用は、原則として『日本古典文学大系』『新日本古典文学大系』『日本思想大系』（以上、岩波書店）、『新釈漢文大系』（明治書院）、『日本歌学大系』（風間書房）を使用した。

4　『和句解』（寛永十三年頃～正保四年頃〈一六三六～四七〉執筆・成立か。寛文二年〈一六六二〉刊）と同時代に成立した文献などについては、成立年または出版年を記した。

5　松永貞徳の著作については、次のテキストを使用した。

イ　『戴恩記』（随筆。寛永十八年以降正保四年〈一六四一～四七〉までの時期に成立か。天和二年〈一六八二〉刊）…『日本古典文学大系95』（岩波書店、一九六四）

ロ　『歌林樸樕』（歌学書・歌語辞書。成立年時未詳）…『歌林樸樕』（日本古典全集刊行会、一九三一）

ハ　『和歌宝樹』（歌学書・歌語辞書。成立年時未詳）…西尾市岩瀬文庫蔵本

ニ　『俳諧御傘』（俳諧式目書。慶安四年〈一六五一〉刊）…赤羽学『校注俳諧御傘』（福武書店、一九八〇）

ホ　『なぐさみ草』（徒然草注釈書。慶安五年〈一六五二〉成立か。慶安五年自跋）

…吉澤貞人『徒然草古注釈集成』（勉誠社、一九九六）

へ『儒仏問答』（松永貞徳と林羅山の儒仏論争を収めた書物。慶長十二年〈一六〇七〉頃の論争か。寛文十年〈一六七〇〉以前の刊か）…大桑斉・前田一郎『羅山・貞徳『儒仏問答』』（ぺりかん社、二〇〇六）

6 『和句解』の語源説には、吉田家（吉田神道）の日本書紀神代巻注釈の影響がみられる。本稿では、吉田家の日本書紀神代巻注釈の集大成といえる書物である、清原宣賢〈後抄本〉*『日本書紀抄』（天理大学附属天理図書館蔵。大永七年〈一五二七〉成立）を使用して注釈を行った。なお、清原宣賢〈後抄本〉『日本書紀抄』と『和句解』が異なる語源説を記している場合は、これを注記した。

*『天理図書館善本叢書和書之部第二十七巻』（八木書店、一九七七）所収。

7 横本『二体節用集』については、最も一般に流布したと考えられる寛永六年（一六二九）刊本を使用して注釈を行った。

8 引用文の漢字の字体は、原則として現在一般的に使われている字体に改め、句読点・振り仮名・漢文の返り点は、引用元のテキストを参照しつつ、私に記した。（ただし、清原宣賢〈後抄本〉『日本書紀抄』については、原文によって訓点を記した。）また、引用文中の二行割注（注文）は［ ］内に記した。

9 引用文中の和歌・漢詩については、国歌大観番号を付した。

○**稲**（**いね**）①1オ「命の根歟」

…『日葡辞書』（慶長八年〈一六〇三〉刊）「メイコン。生命の根、すなわち、さまざまの感覚」。▼「命根（めいこん、みょうこん）」は、「生命」「いのちのもと」の意味の仏教語。「命根（めいこん）という仏教語があるが、命（いのち）の根（ね）だから、稲（いね）というのである」ということだが、これは、頓智・洒落の類であり、学説ではない。しかし、江戸の儒学者である原徳斎の随筆『三省録後編』（文久三年〈一八六三〉成立）巻二に「食は生命の本根、一日もかくべからざるものなり。此故に稲の字をいのちのねと訓じ、中略していねとよむならし、学ばざる人はこの理をしらず」と記されているように、「命の根だから稲」という発想と表現が、食べ物を大切にすることを説く際に有効であったためか、「稲＝命根」説（この説が貞徳の独創かどうかはわからない）は近世末期まで世間に伝承されたようである。「稲＝命根」説は、後世の語源辞書・語源研究書では、菅泰翁『紫門和語類集』（語源研究書。元文二年〈一七三七〉までに成立か）、釈慧眼『以呂波音訓伝』（浄土宗僧侶による国語研究書。明和九年〈一七七二〉刊）、宇田甘冥『本朝辞源』（語源辞書。見出し語の英語対訳付き。明治五年〈一八七二〉跋。同年刊か）などに見られる。なお、貝原益軒『日本釈名』では「いねとは、いつくしき苗也」、新井白石『東雅』では「古語にイといひし発語之詞なるあり、出づるの義なるあり、ネといひしは、なを種《タネ》といふがごとし」、谷川士清『倭訓栞』では「飯根の義なるへし」と記されていて、これらの書では『和句解』の「稲＝命根」説は全く記されていない。

○**巌**（**いはほ**）①1オ「石のいろあをきを云。いあをなるを、後あやまりて、いはほとかんなにかく歟」

…『和漢朗詠集』巻下・五〇六「山復《タ》山、何《レノ》工《カ》削二成《セル》青巌之形《ヲ》一」。◇貞徳『俳諧御傘』巻一・岩《いは》「誹には今一声によみて青岩碧岩《せいかんへきがん》なと有」。▼貞徳は『和漢朗詠集』を所持しており、木下長嘯子に貸していた（小高敏郎『松永貞徳の研究』〈至文堂、一九五三〉第四章第三節・慶長十年）。

○**犬**〈**いぬ**〉①1ウ「天台の御釈に、野鹿難レ繫家狗自馴二云二云」

…源信『往生要集』巻中・大文第五「野鹿難《ハ》レ繫《クギ》、家狗自《ハ》馴《ラル》、何《ニ》況《ンヤ》自《ラ》恣《ニセバ》レ心《ヲ》、其悪幾許乎ゾ」。

○**魚**〈**いを**〉①2ウ「魚は目を死てもふさがぬものなり」

…清原宣賢〈後抄本〉『日本書紀抄』上巻・一二丁裏「魚雖レ夜ト不レ寝」。

○**幼**（**いとけなし**）①3オ「いはけなしは、云分《いひわけ》なしなり」

…貞徳『俳諧御傘』巻一・いはけなき「いひわけなしといふ事なるにより無の字付句嫌也」。

○**鼬**（**いたち**）①3オ「或人云、居立あがり、いくらも尾をくはへて、十丈も高くなり、火柱とみゆる物也」

…『曾我物語』巻二・泰山府君の事「さてこそ、今の世までも、鼬なきさわげば、つゝしみて水をそゝくまじなひ、この時によりてなり」。▼「いたちの火柱」とは、「鼬の群がっている所には焔気が火柱のように立つという俗信」（小学館『日本国語大辞典』）。

○**烏賊**（**いか**）①5オ「このもの、渚に出て死たるまねをして、烏をゐだきとる也」

…李時珍『本草綱目』（明・万暦十八年〈一五九〇〉刊）第四十四巻・鱗之四「烏賊魚／〈釈名〉（中略）又タ南越志ニ云ク、其性ノ嗜レ烏ヲ、毎ニ自浮二水上一、飛烏見レ之ヲ以為レ死ト而啄レ之ヲ、乃チ巻取テ入レ水ニ而食レ之ヲ、因テ名ク二烏賊ト一」（寛永十四年〈一六三七〉刊、和刻本）。◇林羅山『庖丁書録』（慶安五年〈一六五二〉刊）「烏賊《うぞく》／此魚、烏をとらんとて水にうかぶを、烏ついばまむとする時、是をまいて水に入て食ゆへに、烏賊と名づく」。

○**往古**（**いにしへ**）①5オ「過たるをいぬると云也」

…清原宣賢〈後抄本〉『日本書紀抄』上巻・一〇丁表「古《イニシヘ》ト和語ニ云心ハ、イニシ也。スキ去ル事ヲ云。人ノ此ニアルカ、去ヲハ、イニシト云也」。

○**田舎**（**いなか**）①5ウ「夷中とも云」

…横本『二体節用集』上巻・い・言語門「夷中《いなか》・田舎《同》」。

○**出**（**いづる**）①6ウ　(1)「大蛇の尾より八色の雲の出しよし出雲国と神書にあれば、〈中略〉されば、出るは入つる也。入は出つるなるべし。出入の詞、環の端なきごとく心得べし。畢竟、常住の法也」、(2)「法花の文に、是法住法位世間相常住の円教の実相なるべし」

…(1)清原宣賢〈後抄本〉『日本書紀抄』中巻・二三丁裏「夜句茂多菟《ヤクモタツ》トハ、八雲起《タツ》也。大蛇ノ居ル処ノ上ニ、常ニ、八色ノ雲タテリ。故八雲起ト云。伊弩毛《イツモ》トハ、出雲也。八雲ノ起《タチ》シヨリ、其地ヲ出雲トハ号スル也」。◇同書中巻・二四丁表「日本紀ノ歌、六十余首アリ。神代ニハ、只六首ナリ。其和歌ヲ、顕昭カ注シテ、兼直ニミセタリ。神道ヲ受伝テノ後ニ注セシ也。其注ニ、八雲トハ、五色ノ雲ヲ云也。（中略）出雲トハ、八雲立ノ、立ノ字ハ、出ト同シ心也。出ル雲也。八雲ノ立ヲ、即出雲ト云、重《カサ》ネ辞也。又イツモト云ハ、常住不変ノ方ヘヨセテ云リ。此稲田姫ト、イツモ契テ、八重墻ノ内ニアルヘシト、祝シテイヘル也」。

(2)『法華経』巻一・方便品「是法住法位、世間相常住、於道場知已、導師方便説」。

○**春**〈はる〉①7ウ「木目張ゆへ歟」

…『顕註密勘』「かすみたちこのめも春の雪ふれば花なき里も花ぞ散ける／このめとは木目也。このはのめぐみ出るをば、このめはると云也。春と云はむとて、このめはるとつゞくる也」。▼顕昭『古今集註』の記述も同様。

○**階**〈きだはし〉①7ウ「きだはし。橋より出たり。きだは、きざむ也。きざはし」

…安原貞室『片言』（慶安三年〈一六五〇〉刊）巻二「階《きざはし》を、きだはしといふは、くるしかるまじき歟。如何。日本紀云《ニク》、伊弉諾尊抜レ剣、斬二軻遇突智一、為二三《み》段《きだと》一云々。段《きだ》は、きざむ心成べし。然らば、階《きざはし》もきざみたるかたちなれば、苦しかるまじき歟」。▼『和句解』巻五「階／きざはし。刻《きざみ》たるはしなり。段々と有もの也」も同じ説。安原貞室は、貞徳の門人である。『片言』に記された語源説は、すべてではないが、巻一「さかな」・巻二「抑《そもそも》」・巻三「晦《つごもり》」「朔《ついたち》」・巻四「鮭《さけ》」など、『和句解』の語源説と同じものが見られる。

○**花**〈はな〉①8オ「唐には、花とばかりいひて、木には海棠、草には牡丹の事とし」

…羅大経『新刊鶴林玉露』巻十三・花「洛陽人《ノ》謂《ハテ》二牡丹《ヲ》一為《シ》レ花《ト》、成都人《ノ》謂《ハテ》二海棠《ヲ》一為《ス》レ花《ト》」（慶安元年〈一六四八〉刊、和刻本）。◇『古文真宝抄』（天文十四年〈一五四五〉写。桂林徳昌解。京都大学附属図書館蔵）乾・巻四・独楽園記「玉露ノ評ニモ、（中略）司馬氏モ欧陽氏モ多ケレトモ、司馬ト云ヘハ、ヤカテ温公トシリ、欧陽ト云ヘハ、ヤカテ永叔ト知ハ、洛ニ花ト云ハ、牡丹ト心得、又蜀ニハ花ト云ヘハ、海棠ト心得カ如キソト評ソ」。

○**腹（はら）**①9オ「張のはなり。らは付字也」
…清原宣賢〈後抄本〉『日本書紀抄』上巻・五四丁裏「腹ハ、ハラム也。万物ヲ中ニコムル故也」。▼この説は、『和句解』に使われていない。

○**鼻（はな）**①9オ「人は、五体のはじめ、はなより生云云」
…清原宣賢〈後抄本〉『日本書紀抄』上巻・四六丁表〜裏「鼻ハ、形ノ始也。母ノ胎内ニテ最初ニ鼻カテクル也。サルホトニ、人ノ元祖ヲ鼻祖ト云ハ、是也」。

○**箱（はこ）**①9オ「尚書に国々の土産をはこものと云」
…▼未詳。『書経』虞夏書・禹貢「三邦《ハ》底《いたスニ》レ貢《ヲ》厥《そノ》名《ノミ》。包匭《ハはこニセル》菁茅《せいばうニシテ》、厥《そノ》篚《ひハ》玄纁《げんくんノ》璣《き》組《ソナリ》一」に基づく俗説か。清原宣賢『尚書抄』（京都大学附属図書館清家文庫蔵。請求記号〈一―六三／シ／一貴〉）第三・禹貢第一「厥《ノ》貢《ハ》漆絲、厥《ノ》篚《ハ》織文《アリ》。浮《テ》二于済漯《ニ》一達《ス》二于河《ニ》一［此州ハ漆ノ木多ホトニ、ウルシヲ出ス。又、カイタ絲(子カ)ワタヲ納ム。越前加賀ノ如シ。織文ハ織モノ、文アルヲ云。コレヲハ篚ニ入テ進スルモノ也。（中略）篚之所レ盛、皆供衣服之用入於女功云々。諸州無厥篚者、其諸州無入篚之物故、不貢也］」。

○**針（はり）**①9ウ「ほそくてもたをまぬやうにこしらふれば、張と云歟」
…清原宣賢〈後抄本〉『日本書紀抄』下巻・四六丁裏「弓ト鈎トハ、其功用同シ。弓ハ、虚空ニ矢ヲ放セハ、自然ニ的ニアタル。鈎モ、虚空ニ針ヲ下セハ、自然ニ、魚ヲウル也。二ノモノ、其功用、ヒトシキ者也。故ニ、弦《ツル》ト、鈎《ツル》ト、同シ、張《ハリ》ト、針《ハリ》ト、同シキ也」。

○**妖化物（ばけもの）**①10オ「ばかすと云は、馬鹿の古事より云出す」
…『斉東俗談』（貞享二年〈一六八五〉刊）巻一「馬鹿《ムマカ》。世ノシレモノヲ、馬鹿《ムマカ》ト云コトハ、秦ノ中丞相ノ趙高カコトヨリ起ルト云ヒツタフ」。▼『史記』秦始皇本紀による故事。皇帝への反乱を企図した超高が、群臣が自分に従うかどうかを試すために、鹿を「馬」と言って皇帝に献上した。そして、超高に反対して「これは鹿だ」と言った群臣を処罰した。

○**耻（はぢ）**①11ウ「竹取物語、仏のいしの石鉢をにせて、其はかりをかくや姫にもどされてより、恥と云詞は出来侍、如何」

…『竹取物語』石作の皇子の説話「かの鉢《はち》を捨てて又言ひけるよりぞ、面なき事をば、はぢを捨つとは言ひける」。

○**餞（はなむけ）**①11ウ「たびだつ人の馬のはなむけと云事を、歌書に有」
…顕昭『古今集註』「オホカタ餞トイフ文字ヲ、ムマノハナムケトヨメバ、イヅレニモワタルベシ。コトノオコリハ、馬ノハナヲヒキテコトナクカヘリノボレトイハヒテ、ユクベキカタヘヒキムカフルコトナレバ」。

○**西（にし）**①14オ「いにしと云詞と歌書に有」
…清原宣賢〈後抄本〉『日本書紀抄』上巻・一〇丁表「西《ニシ》ハ、イニシト云義也。日沈テ去ルホトニ、イニシ也。過去ノシト云、シ也。和語ニ、当初《イソノカミ》ト云、イハ、添モノ也。古《イニシヘ》ト云モ、イハ添モノ也。古　西《イニシエニシ》ハ、同シ和訓也」。▼「歌書」は未詳。吉田神道の方角語源説は、大蔵虎明『わらんべ草』（万治三年〈一六六〇〉成立か）巻二・十六段にも取り込まれている。

○**辛螺（にし）**①14ウ「塩をは、歌にもからきたとへによめば」
…『万葉集』巻十一・二七四二「志賀の海人の火気焼き立てて焼く塩の辛き恋をも我はするかも」など。

○**尺迦牟尼仏（にくるべ）**①15オ「これは、風土記にあるべし」
…▼横本『二体節用集』上巻・に・名字門「釈迦牟尼仏《にくるべ》［丹波］」。注文「丹波」を『丹波国風土記』と考えた可能性がある。なお、荻生徂徠の考証随筆『南留別志』（宝暦十二年〈一七六二〉刊）に、「釈迦牟尼仏を、にくるべとよむは、如来部なるべし」と記されている。

○**白眼（にらむ）**①15オ「晋七賢のうちに阮籍と云人、きにあはぬ者来ればしろきまなこ、をなじ心にあひたる友来れば青眼をなす」
…貞徳『なぐさみ草』第百七十段「阮籍か青き眼／竹林ノ七賢の内なり」。▼『晋書』巻四十九・阮籍伝による故事。『蒙求』などに記されている。

○**星（ほし）**①16ウ（1）「ほは、火なり、日なり。明白になるを、ほにあらはる、と云」、(2)「されば、夜が明てきゆれば、日に死すると云事か」、(3)「又、星は石也。光はほなり。日のひかりうつる故也。されば、ひかる石也」

…(1)『袖中抄』第四・ほろにふみあだし「顕昭云、ほはあらはなる詞也。ほにいづ、ほにこそなどいふ詞也。ろはやすめ字也」。◇由阿『拾遺采葉抄』第一「一、栲ノ穂、タヘノハ褒ル言、穂ハアラハルヽ詞也。火ヲホトヨメルモ顕ル物也。アカルハアラハルヽ也」。◇里村紹巴『匠材集』〈慶長二年〈一五九七〉成立〉巻一「ほに出る／あらはるゝなり」。◇清原宣賢〈後抄本〉『日本書紀抄』上巻・四九丁裏「草ノ花サキテ、五色ノアルハ、火ヲ含処也。草ノ生長スルヲ、穂《ホ》ニ出ルト云ハ、火《ホ》ノ義也」。

(2)清原宣賢〈後抄本〉『日本書紀抄』上巻・一七丁裏「大陽ノ光散シテ、星トナル也。星ノ字ハ、日生トカケルハ是也」。

(3)清原宣賢〈後抄本〉『日本書紀抄』上巻・三九丁裏「剣モ、石モ、星トナル事アリ。春秋ニ、星隕《ヲチテ》成レ石ト云リ。又前漢天文志ニ、星者金之散気ト云リ。火ヲウチ出スニ、其火ノテルカタチ、誠ニ星ノ如シ。孟康曰、星ハ石也。金石相生シ、人与星相応スルトイヘリ」。

○**顒（ほう）**①16ウ「ほは、あらはるゝを云」

…▼「星（ほし）」項(1)参照。

○**穂（ほ）**①16ウ「火は、ほとも云。あらはるゝ物をは、みなほと云也」

…▼「星（ほし）」項(1)参照。

○**杜鵑（ほととぎす）**①17オ「これは、かれかなく声也」

…『万葉集』巻十八・四〇八四「暁に名告り鳴くなるほととぎすいやめづらしく思ほゆるかも」。◇安原貞室『片言』巻四「泥亀を、すつぽん、すぽんなど、いふは如何。此亀のなくこゑの、すぽんといふによて、頓て名になれるかといふ人も侍り。されどもかれがなく声いまだ聞侍らず。さもや有つらん。郭公《ほととぎす》、雁なども、なき侍る声の即名に成たるとかや。さるによて、此二鳥の啼をは、名のると歌にもよめり」。

○**帆（ほ）**①17オ「舟、これで遠くあらはるゝ故に云歟」

…▼「星（ほし）」項(1)参照。

○**鉾（ほこ）**①17ウ「ほは火なり。こは、凝か、籠か。いかゞとなれば、金は火にてとろかして、色々の形になす。鉾は三角にて火の形をのちまでみする物也。南三角とて、火の尖三角に聞（見カ）ゆる也。南方火徳は天子の威光也。鉾も天子のさきへもたせられて、悪魔を払物なる故歟」

…清原宣賢〈後抄本〉『日本書紀抄』中巻・一四丁表「日矛。ホコハ、火《ホ》ノ心也。剣ニテ物ヲ切ハ、火ニテ物ヲ焼カ如シ。離ノ卦ハ、火也。説卦ニ、離卦ヲハ、兵戈ニトル也。破軍星モ、南方ヲツカサトル。南方ハ火也。即ホコ也。太刀ハ、三首《ミツカシラ》ノカトカ、サキ也。三首ハ、三角也。火ノ皃ハ、三角也。是、ホコト火ト、同キ処也〈中略〉神武ノ東夷ヲ伐テ、王道ヲ開モ、日神ノ徳也」。

○**髣髴（ほのか）**①18オ「ほは、火也。あらはる、形也」

…▼「星（ほし）」項⑴参照。

○**仏（ほとけ）**①19オ「ほとほりけ也。善光寺如来の人はだにまし〱しより号と云云」

…清原宣賢〈後抄本〉『日本書紀抄』上巻・二丁裏「仏《フツ》ノ字ヲ、ホトケトヨムハ、此間、心得サル儒仏ノ二教ノ理カ、仏教ニ依テ、ホトケタルト云心也。或説ニ、ホトケト云ハ、難波《ナニハ》ノホリエヨリ、善光寺ノ如来ヲ、拾出タレハ、身カアタ、カナリシ程ニ、ホトヲリケト云心ニテ、ホトケト云義アリト云ハ、定説ニアラス」。◇『妙貞問答』〈慶長十年〈一六〇五〉成立〉上巻「仏ト云ナヲバ、我朝ニテ付タル事也。其謂レヲ尋ニ、善光寺如来ノ縁起ニ有トテ、或人ノ語シハ、難波江ニ仏アリ。身煖ニシテ、ホトヲリケアルニ依テ、和語ニ、ホトケトハ申也。ヲリノ二字ヲ中略シテ、ホトケトハ申トカヤ」。▼「仏＝善光寺如来のほとをりけ」説は、末木文美士編『妙貞問答を読む』〈法藏館、二〇一四〉本文篇の注〈八五ページ〉によると、早い例は、親鸞の「善光寺如来和讃」〈『定本親鸞聖人全集第二巻』和讃・漢文篇所収〉に見られ、中世によく知られた説であったようである。

○**殆（ほとんど）**①19オ「ほとんどゝ云義は、ちかしと云心に用ゆる也」

…『塵添壒嚢鈔』巻二・第五段〈殆事〉「ホトンド、云フハ、イカナル心ゾ。殆《ホトヲトハ》近也ト釈セリ。似ヨリタル心歟」。

○**止（とまる）**①20ウ「とゞまる。万葉にどゞとよめるは、動音也」

…『万葉集』巻十一・二六五三「馬の音のとどともすれば松陰に出でてそ見つる

けだし君かと」。◇同書巻十四・三四六七「奥山の真木の板戸をとどとして我が開かむに入り来て寝さね」。

……(2)▼未詳。

○**富**（**とむ**）①21ウ　(1)「法花経に、無上宝珠不求自後（得カ）とある文の心にて知べし」、(2)「上宮太子曰、寿福源なし、信心を以てみなもと、すとあるも」

……(1)『法華経』巻二・信解品「仏説声聞、当得作仏、無上宝聚、不求自得」。(2)▼未詳。

○**嫁**（**とつぐ**）①22オ「いさなみに、庭たゝきのおしへ初事か」

……▼『日本書紀』巻一〈神代上〉・第四段にある、鶺鴒がイザナギ・イザナミの結婚の手助けをした説話のこと。

○**処**（**ところ**）①22ウ「神のつくしよりおはして、爰に住吉とのたまひし所に跡をたれたまへば、居所となるなり」

……『釈日本紀』巻六〈述義二〉・住吉大神「摂津国風土記曰、所三以称二住吉《ト》一者、昔息《シ》長足比売天皇世、住吉大神現出而、巡二行天下一、覓二可レ住国《ヲ》一。時到二於沼名椋之長岡之前一、（中略）乃謂、斯実可レ住之国、遂讃《ニ》称レ之、云二真住吉々々国一、仍定二神社一。今俗略《ニ》レ之、直《タダ》称二須美乃《スミノ》叡《エト》一」。◇清原宣賢〈後抄本〉『日本書紀抄』上巻・四六丁表「住吉之名者、神功皇后時、此神託二后体一、而循二行四方一、遂到二摂州之地一、宣言曰、真《ア》住吉《スミヨシ》々々之国也。因鎮二座其地一、名曰住吉」。

○**閇**（**とづる**）①23オ「物の本、氷のとくるもこれより出」

……▼未詳。

○**鳶**（**とび**）①23オ「中庸にも天に至ると有」

……『中庸』第五段・第一節「大《ナル》哉聖人之道。洋洋乎《トシテ》発二育《セシメ》万物《ヲ》一、峻《クシテ》極《いたル》二于天《ニ》一」。

○**千種**（**ちくさ**）①24ウ「この類はかならず草にかぎらず。咲はなのいろのちくさとよむも、多き事也」

……『古今和歌集』巻二・一〇二「春霞色のちぐさに見えつるはたなびく山の花のかげかも」など。◇貞徳『俳諧御傘』巻二・千種「千草といふ草はなし。但秋の草を百草とも千草共云也。又春霞色のちくさなといへるは霞の色のさま〲なるをいへり。是は草の字に非す。種の字を書也。種の字にても草の字にても、くもしを清て読へし」。

○**契（ちぎり）**①25オ「からの国の王たち、会盟とて、南国の堺へ出合、牛をころして云合らる、事有。若、このやくたがへは、この牛のごとくころされんと誓言する事なり」

…『太平記』巻二十六・上杉畠山讒二高家一事付廉頗藺相如事「異国ニハ会盟トテ隣国ノ王互ニ国ノ堺ニ出合テ、羊ヲ殺シテ其血ヲス、リ、天神地祇ニ誓テ、法ヲ定メ約ヲ堅シテ交リヲ結ブ事アリ」。

○**楔木（ちぎりき）**①25ウ「又、麦をこく物也。棒のさきに木を結つけ起ぶり（ママ）上て、さきの木にて物をうつなり」

…▼「乳切木《ちぎりき》」は、「両端が中央よりややひらたく、元来物を担うための棒で、喧嘩のための武器として用いる。「いさかひはててのちのちぎりき」のことわざがある」（『角川古語大辞典』）。『和句解』の説は、「殻竿《からざお》」（稲・麦などの穂を打って脱穀する農具）を「乳切木」と混同している。

○**女（をんな）**①28ウ「鬼になるか」

…『毛吹草』（正保二年〈一六四五〉刊）巻三〈付合〉「鬼《おに》／瓦、女、心、蜻蛉、薢、百合草、目なしどち」。

○**獺（をそ）**①29オ「河をそと云もの、初はたはふれて、後はくひつくものなれば」

…『袖中抄』第十九・をそのたはれ「世の中にをそのたはれのたゆみなくつゝまれてのみすみわたるかな／顕昭云、獺と云けだ物は、たはぶれにくひあふ程に、はてにはくひころすと云り。去ばたはぶれて、はてには腹立などする人をば、をそのたはれと云也」。◇貞徳『歌林樸樕』第六・ヲソノタハレ「顕昭云、獺ハタハフレテクヒアフホドニ、ハテニハクヒコロスト云リ。サレバタハブレテ、ハテニハ腹立ナドスル人ヲ云也」。▼「おその戯《たわ》れ」とは、「川獺の雌雄がついには互いに食い合うまでたわむれるという俗説から、男女の愛のたわむれについていう。男女のいちゃつき。また一説に、たわむれが過ぎて怒りだすことのたとえとも」（小学館『日本国語大辞典』）。

○**終（をはる）**①31ウ「そさのをの尊の大蛇の尾をわりて、生贄永くとゞまりたるより云そめしか」

…▼『日本書紀』巻一〈神代上〉・第八段にある説話。

○**御（ををん、をん）**①33オ　⑴「御字は馬にのる態芸を云字也」、⑵「よき人をば、馬人と歌にもよみ侍る」
…⑴『斉東俗談』巻四「御《キヨ》。韻会曰《ニ》、説文《ニ》、御《ギヨハ》使《ツカフ》レ馬《ヲ》也。古《シヘ》作《クル》レ馭《キヨニ》」。

⑵『万葉集』巻五・八五三「あさりする漁人の子どもと人は言へど見るに知らえぬうまひとの子と」など。◇貞徳『歌林樸樕』第十二・ムマヒト「馬人也。上古百済ヨリ馬ヲワタタス、貴人ナラデハ不乗ニヨリ、ムマ人トハヨキ人ヲ云ナリ」。

○**面（おもて）**①33ウ　⑴「天照大神の面白との給ひしよりいぜんに」、⑵「山は人の口よりいづると荘子のいへるも同義也」
…⑴清原宣賢〈後抄本〉『日本書紀抄』中巻・一七丁裏「日神之光満於六合。疏云、古語拾遺曰、当二此之時一、上天初晴、衆倶相見、面皆明白、伸レ手歌舞、相与称曰、阿波《アハ》礼《レ》、阿那於茂志呂《アナヲモシロ》、阿那多能志《アナタノシ》、阿那佐夜憩《アナサヤケ》、飫憩《ヲケ》。注曰、阿波《アハ》礼、言二天晴一也。古語事之甚切、皆称二阿那一。言衆面明白也。［諸神ノ、御顔ノ、キラリト見ヲ云。］阿那多能志《アナタノシ》、言伸《ノヘテ》レ手《ヲ》而舞、今指二楽事一、謂二之多能志《タノシ》一、此意ナリ。佐夜憩《サヤケ》、竹葉声也」。▼『古語拾遺』所載のよく知られた説話。

⑵『荘子』雑篇・天下「火不レ熱《カラ》。山出《ハス》レ口《ヲ》」。◇『荘子抄』（天正八年〈一五八〇〉清原国賢写本）巻五「山—。山へ外テ呼ハレハ、向ニモノカ、コタマ、コタユルハ、山ニ口アリ」。▼『荘子』のこの記述の意味は、「山には口がある（＝山にはやまびこがある以上、山にも口がある、ということ）」であるが、『和句解』では誤解されている。

○**翁（をきな）**①36オ「住吉大明神、沖の中より出給ふより云か」
…清原宣賢〈後抄本〉『日本書紀抄』上巻・四五丁裏〜四六丁表「兼延カ歌ニ、西ノ海アワキカ原《ハラ》ノ浪マヨリアラハレ出ル住吉ノ神トヨメリ」。

○**我〈われ〉**①37オ「人は、ひとしきと云心なるを、凡夫小我をたてゝ、自他の思をなすより」
…▼仏教語「自他不二」のこと。「自他不二」とは、「大乗において、自分と他人の隔てを全く考えないこと。自他の区別のない絶対の平等」（『角川古語大辞典』）。「自他不二」の思想は、「互（たかひ）」（巻二）・「人（ひと）」（巻六）にも見られる。

○**分（わくる）**①37オ「天皇孫のいづのちわけにちわけてとあれば」

…『延喜式』巻八・祝詞「大祓／（中略）天之八重雲乎伊頭《イツ》乃千《チ》別《ワケ》尓千別氐」（慶安元年〈一六四八〉刊本）。▼「中臣祓（＝大祓）」にある表現。

○**若（わかし）**①37オ「此字を、わかきとよむ事、不審。弱字を、わかしとよむ也」

…『斉東俗談』巻四「若《ワカシ》。韻会曰《ニ》、今人謂《テ》レ弱《ヲ》為《ス》レ若《ト》。按《ニ》、曲礼《ニ》、二十曰《ヲ》レ弱《フト》。若字《ノ》、ワカシトヨムベキナリ」。

○**嫩葉（わくらは）**①37ウ「若葉の虫のくひたるやまひ葉也」

…横本『二体節用集』上巻・わ・草木門「嫩葉《わくらば》［木之若葉］」。▼「嫩葉」の意味は、若葉に限らず「病葉」である。「若葉の虫のくひたるやまひ葉」は、見出し語の依拠資料とした節用集の注文を取り込んだ記述と考えられる。

○**羚羊（かもしし）**②2ウ「角まがりてかきにさへらるゝと、易にも有」

…『周易下経』大壮「羝羊《ていやう》触《レテ》レ藩《まがきニ》、羸《くるシマシム》二其《ノ》角《ヲ》一」「羝羊《ていやう》触《レテ》レ藩《まがきニ》、不レ能《ハ》レ退《クコト》、不レ能《ハ》レ遂《すすムコト》」。◇『周易抄』（京都大学附属図書館蔵。天正十三～十九年〈一五八五～九一〉成立）大壮「羚羊ハ、ヒツシソ。羊ハ、カキニアタリテハ、角カ墻ニ掛リテ跡へモ先へモナラヌニ」。

○**神〈かみ〉**②2ウ「日本記の抄云、かゞみの中略なり」

…清原宣賢〈後抄本〉『日本書紀抄』上巻・一七丁裏「鏡ノ和訓ハ、カミ也。カ、ミヲ、中略シテ、カミト云也。神ノ内証ハ、鏡ノ如シ。一物ヲ貯《タクハヘス》シテ、万象ヲウツセリ。一塵ヲモト、メス、一法ヲモ、ノコサス。是神ノ内証ナリ」。◇同書上巻・三三丁裏「神《シン》ノ字ヲ、カミトヨムハ、カノ字ヲ、上《(中略)》略シテヨム也」。◇貞徳『なぐさみ草』第二百三十五段（第二百三十六段）・大意「神《しん》の字を、かみと和訓せしは、鏡といふ中略の言葉なり。神道には清浄を肝要として、濁をきらふゆへに、二番目のが文字をのぞきて、かみとは名付奉るといへり」。

○**厠（かはや）**②4ウ「東門御説、厠は、かは《(わカ)》るぎ《(きカ)》屋か。此尤当れり」

…▼「東門」は未詳。推測にすぎないが、貞徳は東本願寺門跡の宣如（光従。慶長九年～万治元年〈一六〇四～五八〉）と交流があった可能性がある（小高敏郎『松永貞徳の研究』第六章第三節・寛永七年）ことからすると、「東門御説」は「東門跡御説」なのかも知れない。なお、この語源説は、貝原益軒『日本釈名』巻上・宮室「厠〈カハヤ〉」項にも「一説かわるき屋也」と記されている。

○**兒（かほ）**②5オ「ほは、あらはる、事に付る詞也」
…▼「星〈ほし〉」項(1)参照。

○**鷗（かまめ、かもめ）**②7オ「よく眠やうに詩にも侍れば」
…『新撰朗詠集』下巻・三七二「沙鷗之眠易《シ》レ驚《キ》、陸恵暁之柳払《フ》レ地《ヲ》、浦月之影漫《リガハシク》動《ク》、孫子荊之枕揚《ゲ》レ波《ヲ》」。◇『中華若木詩抄』〈寛永十年〈一六三三〉刊本〉巻上・春漲「鷗ハ其流水ノスソニアレバ、夢モ落花ノ香キヲ帯ベキ也。鷗ト夢ト縁語也」。

○**獺（かはをそ）**②8オ「をそは、をそろしき也。初はたはれて、後にくひつく物也」
…▼「獺〈をそ〉」項参照。

○**兒鳥（かほどり）**②8ウ「見めよき鳥也」
…貞徳『俳諧御傘』巻二・兒鳥「いろ〳〵の説あれ共、たゞうつくしき鳥と心得てすへし」。

○**麴（かうぢ）**②8ウ「麴塵と詩に有」
…『和漢朗詠集』巻上・二一「山桃復野桃、日曝《ス》二紅錦之幅《ヲ》一、門柳復岸柳、風宛《わがヌ》二麴塵之糸《ヲ》一」。◇同書巻上・一〇二「林鶯《ハ》何《レノ》処《ニカ》吟《ズル》二箏柱《ノヲ》一、墻柳《ハ》誰家《ガニカ》曝《セル》二麴塵《ヲ》一」。

○**笠（かさ）**②9オ「かは、隠、さは、様か」
…清原宣賢〈後抄本〉『日本書紀抄』中巻・一八丁裏「笠《カサ》ハ、形ヲカクス者也。隠《カクス》ト云、クノ字ヲ中略スル也。サト、ストハ、五音相通也。蓑ハ、身代《ミシロ》也。衣《ミソ》ト同シ」。▼「蓑〈みの〉」は、『和句解』に立項されていない。

○**嚼（かむ）**②11ウ「頤の卦は山雷なり。上のやまはうごかず、下の雷はうごく也」
…『周易抄』頤「頤《イ》ハ、ヤシナウトヨムソ、又、ヲトカイト云字ソ。此心ハ、此卦、上ハ山ソ、下ハ震卦ソ、雷ソ。山ハ不レ動、震ハ動ク物ソ。人ノ口ハ、上ノアコハ山ノヤウニ不レ動、下ノ頤ハ雷ノヤウニ動ソ程ニ、口ニタトヘテヤシナフトヨムソ」。

○**夜（よる）**②13オ「昼は散在し、夜は一所へ寄か」
…『醒睡笑』〈元和九年〈一六二三〉成立〉巻四・そでない合点「日のあるあひだを

昼といひ、日の入りて後を夜といふは、いかさま仔細あらんやと思ひ、われに折角思案し、ていど、しあてたは、とかたる。なにと工夫したぞ。たとへば、朝になれば、とくからおきて山にゆく者もあり、海にうかぶ者もあり、市にたつもあり、奉公に出仕するあり。日の暮るれば、いづれもみなわが宿々に帰り寄るほどに、さてぞよるといふなるべし。また日ひんがしに輝けば、染屋は染めて掛け、塗る者はぬりてほし、穢き物をも洗ひてほすに、いづれも残らず干るほどに、さてなんひるとはいふものよと。物しらずか、労瘵病みか」。▼『醒酔笑』の話末に記された批評「物しらずか、労瘵病みか」は辛辣である。

○吉（よし、よき）②13ウ「日本を豊芦原と云名は、神代よりの言なる故に、芦をあしと云そめし事は註なし。何事も、悪のうらは善なれば、わざとあし原と云と古伝有」

…清原宣賢〈後抄本〉『日本書紀抄』上巻・二四丁表「葦ハ、善悪ノ二ノ名アリ。天地分テ、再見ニワタル時ハ、アシ原也。天地未分ノ、再見ニワタラサル時ハ、ヨシ原也」。

○蓬（よもぎ）②14オ「蓬が杣と歌にも出て」

…『後拾遺集』巻四・二七三「なけやなけ蓬が杣のきりぎりす過ぎゆく秋はげにぞかなしき」など。

○涎（よだれ）②14オ「開レ口笑と詩にも侍り」

…『白氏文集』巻五十六・対レ酒五首其二「蝸牛角上争《ハン》二何事《カ》一、石火光中寄《ス》二此《ノ》身《ヲ》一、随《ヒ》レ富《ニ》随《ヒ》レ貧《ニ》且《ツ》歓楽《ス》、不《ンバ》二開《イテ》レ口《ヲ》笑《ハ》一是《レ》癡人」。◇御伽草子『二十四孝』老莱子「双親開《イテ》レ口《ヲ》笑《フ》」。

○田（た）②16オ「人をたすくると云下略歟」

…清原宣賢〈後抄本〉『日本書紀抄』下巻・三五丁表「粟田《アワウタ》。田《タ》ハフタ也。フヲ略セリ。フタハ、シルシ也。畔《クロ》ヲモテ、シルシトスル義也」。▼この説は、『和句解』に使われていない。

○七夕（たなばた）②16オ「歌に五百機立てと有」

…『万葉集』巻十・二〇三四「棚機の五百《いほ》機《はた》立てて織る布の秋さり衣誰かとりみむ」など。

○**竹（たけ）**②16オ「高より出」

：清原宣賢〈後抄本〉『日本書紀抄』下巻・三一丁表「一年ニ生長シテ、高ナルニヨテ、竹《タケ》ト云」。

○**谷（たに）**②16ウ「下てるひめの歌に、谷にわたりと有」

：『日本書紀』巻二〈神代下〉・第九段「天なるや　弟織女の　頸がせる　玉の御統の　穴玉はや　み谷　二《ふた》渡らす　味耜高彦根」。

○**鷹（たか）**②17オ「たからと云義よし。古事有」

：▼未詳。

○**魂魄（たましゐ）**②17オ「いきたるときの魂、死たる時の魄と文字を定てをけば」

：清原宣賢〈後抄本〉『日本書紀抄』上巻・五一丁裏「魂魄ノ玉モ、魂ハ陽、魄ハ陰也。魂ハ進、魄ハ退ク也」。

○**橘（たちはな）**②17ウ「垂仁天皇の、間守を異国につかはされ、九種の柑類の種を袖にして、もてわたりし木なれば、民家にはなかりし故に、御館の花と云事か」

：『塵添壒嚢鈔』巻二・第四十九段〈柑類不レ可レ植二在家一事〉「柑類ヲ俗家ニ不レ植ト云、何ノ因縁ソ。（中略）第十一代垂仁天皇辛酉ノ歳、但馬ノ毛理ヲ遣《シテ》二常世ノ国《ニ》一、令レ求二香菓一給フ。而ルニ朝使不レ皈《ラ》前庚午歳天皇崩御成。（中略）但馬ノ毛理景行天皇即位元年辛未ノ歳常世ノ国ヨリ還テ、九種ノ香菓ヲ捧テ献《シテ》レ陵《ニ》啼泣シテ曰、（中略）如レ此求《ル》レ之《ヲ》主人使者共死シテ、菓子ハ今ニ伝ハル柑子其ノ首タリ。此ノ故ニ殊ニ俗家植ル事ヲ忌ト云云」。▼『十訓抄』中巻・六ノ六の説話も同じ内容。ただし、「俗家に植えず」の記事はない。

○**種（たね）**②18オ「五のたなつものなど日本記にあれば」

：『日本書紀』巻二十二〈推古天皇〉・二十五年「是歳、五　穀《いつつのたなつものみな》　登れり」。◇『和名類聚抄』巻十七「穀／周礼注云、五穀［音谷、和名毛美。日本紀私記云、五穀、以都々乃太奈豆毛乃］」〈元和三年〈一六一七〉刊本〉。

○**鯛（たい）**②18ウ（1）「此字和字か。此うを、本草に不見と、医家にいへり」、（2）「歌にも、鯛つるとよめり」

：（1）林羅山『庖丁書録』「鯛／（中略）然れば鯛は、神代より名ある魚ならずや。（中略）又延喜式には、平魚と書て鯛のことなり」。▼『本草綱目』には、「鯛（たい)」の項目はない。それゆえ、「鯛は和字」と言っているのであろう。『多識編』にも「鯛」の項目はない。なお、横本『宜禁本草』(寛永六年〈一六二九〉刊)・『和歌食物本草』(寛永七年〈一六三〇〉刊)などの食物本草本には、「鯛」の項が立項されている。

(2)『万葉集』巻九・一七四〇「春の日の　霞める時に　墨吉の　岸に出で居て(中略)水江の　浦の島子が　鰹釣り　鯛釣り誇り(後略)」。◇『夫木和歌抄』巻二十七・一三一九二「わぎもこがためと思ひてつる鯛はさこそ心にうけもひくらめ」。

○**携(たづさはる)** ②19ウ「田鶴沢にをる、か」

…『万葉集』巻三・二七五「磯の崎漕ぎたみ行けば近江の海八十の湊に鶴さはに鳴く」。◇『後拾遺和歌集』巻十七・九八〇「沢水にをりゐるたづは年ふともなれし雲ゐぞこひしかるべし」。

○**喩(たとへ)** ②20ウ「法華経化城喩品の心より出る詞か」

…▼『法華経』巻三・化城喩品。「化城」とは、「神通力をもって化作した城郭」の意味で、「法華経に説く七喩の一つ。大乗の究極のさとりを宝所にたとえて、そこに達する途中の、遠くけわしい道で、人々が脱落しないよう一行の導師が城郭を化作して人々を休ませ、疲労の去った後、さらに目的の真実の宝所に導いたというたとえ。大乗の涅槃に達する前段階としての小乗方便の涅槃をいう」(小学館『日本国語大辞典』)。

○**外(そと)** ②22オ「卒土の浜より出か。東国のはてにあると云云」

…『詩経』小雅・北山「溥天之下、莫《シ》レ非《ザル》二王土《ニ》一、率土之浜《モ》、莫《シ》レ非《ザル》二王臣《ニ》一」。▼「卒土の浜」は、「陸地の河海と接するはて。陸地のはての海浜。また、領国のかぎり。天下中。国土」(小学館『日本国語大辞典』)。「東国のはてにあると云云」は、未詳。俗説か。

○**剃(そる)** ②22オ「鷹のそる、も剃と義同し」

…『蜻蛉日記』中巻・一五九「あらそへば思ひにわぶるあまぐもにまづそるたかぞかなしかりける」。◇『千五百番歌合』冬三・二〇二六「けさはしもそるはしたかのかげもみじのもりのかがみうすごほりして」。

○**誹（そしる）**②22ウ「源氏物語等に、人をいひそしると云詞か。そしは殺しと注せり」
…▼未詳。
○**揃（そろゆる）**②23オ「灯心にするいと云草を、歌にそろいとよめり」
…『堀河百首』春二十首・二三七「そろひ生ふる沢のあれ田を打返しいそげる代は室のたねかも」など。
○**抑（そもそも）**②23ウ「それ〳〵か。これは生前決後（決前生後カ）の文字と云て、文章をかくに先なにごとぞ前にかきて、さて抑とをく字也。其習なき人、最初に抑とかくは誤也と、古人申され候也。されば、先に云たる事を、それも〳〵と云言か」
…安原貞室『片言』巻二「抑《そもそも》といふことは、決前証後《けつぜんしやうご》のこと葉とて、前に去たることをおさへて置て、後いふべきことをいはんとて、そも〳〵と置文字なりとかや。それも〳〵といふ、れを、略したること、ぞ伝へ侍りし。然るを発端にそも〳〵といふこと誤成べし」。▼『和句解』で「決前証（生）後」が「生前決後」と誤記されているのは、貞徳の口述を右筆が筆記した際の誤りか、または、『和句解』の草稿をもとに筆工が版下を作成した際の誤りであろう。
○**晦（つごもり）**②24オ「月こもる也。月光をさまりこもる也」
…安原貞室『片言』巻三「晦《つごもり》といふべきを、つもごりといふはわろし。つごもりとは、月こもるといふ中略なるべし」。
○**朔（ついたち）**②24オ「月立《つきたつ》か。立は初也」
…安原貞室『片言』巻三「朔《ついたち》は、月日たつといふこゝろ成べし。い、ひは同じければ也。き文字は略歟。月日一度につれてたつ義歟」。
○**津（つ）**②24オ「つとうの下略か。物のあつまるところ也」
…清原宣賢〈後抄本〉『日本書紀抄』下巻・一丁裏「津トハ万《ヨロツ》ノ物《モノ》ノ集ル処也」。
○**築紫（つくし）**②24ウ「九州み、づくの鳥に似たれば云と、日本記に有」
…仙覚『万葉集註釈』巻三「又つくしといふしの字は、島の義也。つくしと云は、かの筑紫島の形、木兔《ツク》に似たり。この故につくしといへり」。◇清原宣賢〈後抄本〉『日本書紀抄』上巻・一二三丁表「筑紫洲者、地之形、似㆓木兔《ツク》㆒。和名曰㆓都久《ツク》㆒。俗謂㆓耳附之鳥《ミミツク》㆒也」。▼『釈日本紀』巻五〈述義一〉などにも記されている。よく知られた説。

○**釣（つり、つる）**②26オ「魚をはりがつれて上る也。鍋などのつるも、箱蚊帳を上につる、みなこれより出」

…▼「針（はり）」項参照。

○**月〈つき〉**②26ウ「字訓（註カ）に、月は闕也と有。かくると云字を註す。満てはかくる故也。日本にてつきと云も、つきると云心とみえたり」

…清原宣賢〈後抄本〉『日本書紀抄』上巻・三〇丁裏「疏云、説文曰、月闕也。十五稍滅。故曰闕也」。◇清原宣賢〈後抄本〉『日本書紀抄』上巻・二五丁裏「日ハ陽也。時ハ陰也。月ハ、ツク也。日ニツクヲ月ト云。陽ニツイツルト云義也。時ト云モ、次《ツク》ノ義也。陰陽日月ノ気ヲ、ツイテ、ユクヲ、時ト云也」。▼この説は、『和句解』に使われていない。

○**恙（つつが）**②27ウ「劫初に人家なかりしとき、このむし人をさしころすにより、土をほりて、人皆かくれ住。それより穴賢と云詞は、初（るカ）りと古伝にあり」

…『塵添壒嚢鈔』巻十・第三十一段〈穴賢云事〉「穴賢ト云ハ、何ナル事ソ。（中略）上古ハ和漢共ニ、未ダ舎屋ニ居スル事ヲ知サリシ時ハ、人々土ノ窠《アナ》ニ居セシカバ、恙虫《ツツカムシ》ト云物有テ、螫《サス》レ人ヲ故ニ、土ノ穴賢ク閉塞《トチフサ》キテ、恙虫ヲ可レ防クト云詞也」。▼『下学集』（元和三年〈一六一七〉刊本）巻下・言辞門「穴賢《アナカシコ》」の記述も『塵添壒嚢鈔』と同様。『和句解』の記述は、『塵添壒嚢鈔』『下学集』と異なる。

○**鶴（つる）**②29ウ「雄の声を聞て、子をうめり」

…李時珍『本草綱目』第四十七巻・禽之一「鶴／〔集解〕（中略）雄鳴テ上レ風ニ雌鳴テ下レ風ニ、声交テ而孕ス」。

○**杖（つえ）**②30ウ「つかへの中略也。但、つく杖か」

…清原宣賢〈後抄本〉『日本書紀抄』上巻・四三丁裏「杖ハ、突《ツク》モノ也。ツクハ、次ノ心也。心ヲ次《ツイ》テ、前《サキ》ヘユクハ、杖也」。

○**皷（つづみ）**②31オ「笛は龍吟、鼓は浪の音といへり」

…謡曲・白楽天「鼓は波の音、笛は龍の吟ずる声」。

○**鼡（ねずみ）**③1ウ「人の寝すんで後出る故か。在レ礼記」

…貞徳『歌林樸樕』第十一・ネスミツレ「惣別鼠ト名ヅクルハ、人ノ寝スンデ後出ル故也。礼記ニ証文アリ云々」。▼「礼記」は未詳。俗説であろう。

○根（ね）③2オ「天地、水より成也。一滴の水を根元とする」

：▼虎明狂言脇能間註淡路の説明に、「一徳ノ水ハ天地ノ根源デ知ヌ水ゾ。コ、ニ仕フ水ニ六害ノ水ゾ」とある（『時代別国語大辞典室町時代編』「一徳六害の水」項より）。これと関係があるか。

○七（ななつ）③3ウ「一二三の数字、神語か。更其儀とられず。をのづから云出せるに、たり。されども、拾まで云かへたるば《（はカ）》いかさま子細有べきと、愚意をめぐらすに、九つまで、つと云字をそへたるは、了見して、一義を申て見侍る。此上は達人の工夫有べし。先、朔には、日と月と一所にをはすれば、ひとつと云か。二日《（つカ）》は、へだつと云か。少月の日の座より跡にへだつるなるべし。ふとへと五音。三日《（つカ）》は、月の見えそめ給ふか。いづれも、つは、月の下略なるべし。四は、少夜にか、る月か。五つは、亥のとき入月か。六つは、月光見てむつましくなる故か。七つは、弓張とて半月なれば、成月か。八つは、昨日の弓張すこしつくれば、矢をわぐるやうに覚ゆるか。九つは、この比にそへたる光か。十は、朔より遥にへだて来て、遠きか。されば、七つは、半成月と云よりをこることばなるべし」

：清原宣賢〈後抄本〉『日本書紀抄』下巻・一丁表～二丁表「和語ニ、一ツ二ツト云ニ習アリ。一津《ヒトツ》ト云出葉《テニハ》ニハ、津ノ字ヲ付タリ。十雄《トヲ》ト云、ヲノ出葉ニハ、雄ノ字ヲ付タリ。自一津、至九津マテハ、津ノ字ヲ付タリ。津トハ万《ヨロツ》ノ物《モノ》ノ集ル処也。数ノ集ル処ニ、津ノ出葉ヲ付也。摂津国ト云モ、昔此国へ、貢ヲサ、クルニ西カラ本ニ献ルニ、諸国ノ者カ、此《（彼）》国ニ集ルカ故ニ、摂津国ト名ル也。一津ノ津ハ、テニハ也。ヒト、妙也。カソヘサル数也。日《ヒ》ト云心也。（中略）一《ヒト》ハ、日《ヒ》ト云心也。津ハ出葉也。二《フタ》津。箱ノ蓋《フタ》ノ心也。蓋ト云ハ、身ト蓋ト、二《フタツ》アルモノ也。両儀相分テ、清《スメル》ハ天トナリ、濁《ニコレル》ハ地トナルハ、箱ノ身ト蓋トノ如シ。合スル時ハ、一ニシテ、開ク時ハ二ニナル也。物ニ、シルシヲ付ヲ札《フタ》ト云。札《フタ》ハ、フタツト云心也。シルシヲ付レハ、二トナル也。（中略）三津。見《ミル》也。寅ノ方ニテ、一陽カ、アカリテ、キラリトミユル也。天地両儀ノ間ニ在テ、見ハ人ノシワサ也。三ハ、人ニトル也。目《メ》モ、マミムメモ通スルホトニ、見《ミ》ト目《メ》ト同シ。日ノ字ニ、一点ヲエテ、目ト云也。四津。夜《ヨ》也。天ニ四徳アリ。四徳トハ、日カ北ニテ、夜ハ一二皈スルホトニ一也、東ニテ二也、南ニテ三也。西ハ暗《クラク》ナルホトニ、四《ヨ》ツ也。四ハ夜也。（中略）夜《ヨ》ハ昼《ヒル》ニツク心也。世《ヨ》ト云モ、ツク心也。五津。土《ツチ》ト云心也。イハ、添モノ也。ツ、ハ、土也。又ハ出《イツ》ノ義也。万物土ヨリ出ト云義也。五行ハ、土ヨリ生ス。土ハ天ノ五行、地ノ五行ノ中央ニアリ。故ニ、津々《ツツ》ト、二ツ出葉ヲ付也。六津。水《ミツ》也。水《ミツ》、六《ムツ》、マミムメモ、相通也。五行地ニソナハリタル時ニ、地ヨリ出テアラハレタルハ水也。（中略）七津。夏《ナツ》也。ナ字ヲ、一ッ略シテ、ナツト云。夏ハ、七陽火也。（中略）夏ト云ハ、七《ナナツ》ト云心也。（中略）八津。八難ノ本也。神道ニハ、八ヲ本ニトル也。内典外典、共ニ八ヲ専ラ用ル也。易ニハ八卦アリ。仏法ニハ八相アリ、八識アリ、八万法蔵アリ。神道ニハ、八咫鏡、八坂瓊、八握剣アリ。又人屋ヲ、ヤト云、社ヲ、ヤシロト云、八ハ、ヤツト云声也。自然ニ出ス声也。胎内ヲ出テヤツト云ハ、物ノ始也。天地開ル音、ヤアトヒ、ク也。（中略）万事ノ道理ノアラハル、ハ、八也。九津。九厄金也。本有ノ金ハ、ソコニアリテ、此ニアラハル、ハ、九厄金也。秋万物ヲ、ハラリトヲトスハ、殺害ノ方ニテ、四殺金也。人ノ身ノ堅ナリテ、善悪ヲ弁ルハ、九厄金也。カタマリテ念慮トナル。念慮カ父母所生ノ肉身ヲ殺断スル也。身ヲ厄《タシナムル》ホトニ、九厄ト云。カキクケコハ牙音也。故ニ、九ハ牙音也。（中略）十雄。トツト云声也。咄《トツ》ト云カ、天地ニ通ナリ。十ハ数ノ外也。（中略）一ヨリ九マテハ、津字ヲ置ハ、数ノ集ル故也。海辺ニテナクトモ、物ノアツマルヲハ、津ト云ヘキ也。十ニ至テハ、極レリ。極則散スルホトニ、集ル義ナシ。故ニ津字ヲツケス。雄ハ陽也。津ハ陰也。（中略）天道ハ極テハ変也。万物ハ皈レ土、土ニ皈シテハツルカト思ヘハ、又土カラ生ス。故土字ハ、十一トカク也。（後略）」。◇『きのふはけふの物語』（慶長〜寛永年間〈一五九六〜一六四四〉成立）上「足利にて、新発意衆、法問す。一つから九つ迄、つの字ありて、十につの字のそはぬは如何。答えて曰く、もつとも道理かな、五つゝにつの字を過剰した程にぞ。これも一段と頓作ぢやぞ。これのちに学校になられたといふ」（学習院大学本〈写本〉）。▼吉田神道の数字語源説は、大蔵虎明『わらんべ草』巻三・四十一段にも取り込まれている。

○馬（むま）　③6オ「八卦の本番は離中断より初る。南は火徳陽也。人間を初胎蔵界の冥暗の中より、世界の明なる所へ出生するに、離坤兌と序る也」

…貞徳『戴恩記』下巻「光明朱に椀折敷をぬるは、八卦の最初離中断、くらき胎内より出生したる此界を表するなり」。▼奈良場勝『近世易学研究』（おうふう、二〇一〇）「総論」（三〇ページ）によると、「八卦の諸本には、『八卦本』以来、離坤兌乾坎艮震巽のそれぞれに、勢至・大日・不動・阿弥陀・千手・虚空蔵・文殊・普賢の名が配された図が八面ある。離を例にすると、中心の離（勢至）を囲んで離坤兌乾坎艮震巽が配されて、共通な上卦を有する「離中断」の八卦を形成する。以下、坤皆断・兌上断・乾皆連・坎中連・艮上連・震下連・巽下断を形成し、八面で「八卦六十四卦図」となる。勿論これは『周易』の卦序とは異なり、『京氏易伝』の「八宮」とも異なっている。他に類例がない特徴的な卦序であると言えるだろう。八卦は仏教的色彩の強い易である。『古今八卦大全』（一六七一年）巻一「三国伝来」の末尾には、（本文引用中略）これによって、当時『周易』の他に「真言天台両家ノ八卦、並ニ天文一流」という様々な易が伝えられていたことがわかる。」とのことである。これらの『和句解』『戴恩記』に記された八卦の説は、近世初期の真言宗または天台宗の八卦占法の一流派の説と推測される。

○**梅（むめ）**　③7ウ　(1)「あなうめとよみたるは、卯目か」、(2)「鶯の卯に巣くふ鳥と云も」
…(1)『古今和歌集』巻十・四二六「あな憂目《うめ》に常なるべくも見えぬ哉こひしかるべき香はにほひつつ」。◇『顕註密勘』「あなうめにつねなるべくも（中略）／あなうは、あなわびし、あな恋しなど云詞の如く、あなうといふなり。さてあなうめにとは、うめをかくしたり。万葉におほくは、むめの花とかけり。又うめの花ともかけり。宇梅、烏梅などかけり」。▼『顕註密勘』のこの説は、『和句解』では参照されていない。
(2)▼未詳。

○**繕（むしる）**　③9ウ「寒は戮殺の気也と、医書にも有」
…曲直瀬道三『啓迪集』（元亀二年〈一五七一〉成立）巻一・傷寒門「傷寒之由来／冬令ノ厳寒為ハリ㆓殺厲之気㆒」（慶安二年〈一六四九〉刊本）。

○兎（うさぎ）③11オ「月を玉兎申、古事侍り」
…『注好選』下巻・月をば玉兎と称す第二「文場秀句に云はく、月の色白きが故に玉と云ふ。月の中に兎有るが故に兎と云ふ」。▼古代中国の伝説。

○項（うなじ）③12オ「仏の地蔵井などをほめては、善在（なれカ）にことて、項を撫給ふ」
…狂言・地蔵舞「昔釈迦大士の忉利天へ上つて、御説法のおりふし、地蔵坊を召されて、かたじけなくも、如来のこがねの御手をさし上げ、地蔵坊がつむりを、三度までさすつて、善哉なれや、善哉なれや、地蔵坊、末代の衆生を、地蔵に預けおくなりと、仰せを受けて」。

○氏（うぢ）③14オ「論語にも、他の鬼をうやまふは諂へる也と有」
…『論語』為政「子曰、非《ズシテ》二其《ノ》鬼《ニ》一而祭《ルハ》レ之《ヲ》、諂《フ》也。見《テ》レ義《ヲ》不《ルハ》レ為《サ》、無《キ》レ勇也」。◇貞徳『和歌宝樹』イナオホセ鳥「丸、イヤシキ身ナカラ、定家ノ御四百年忌幸、幽法ノ三十三年忌ニ相当ケレハ、有寺ニテ和歌ノ会取オコナヒケル。其鬼ニアラズシテマツルハヘツラヘル也ト孔子ノ御イマシメハアレト、ソレハ人カマシキ人ノ事」。

○内（うち）③15オ「内は、宇宙也。宇宙は、大そらとよむ」
…横本『二体節用集』中巻・う・乾坤門「宇宙《うちう》」の左訓「おほそら」。

○右流左死（うるさし）③15オ「これは天武の御時、右大臣はながされ左大臣は死するよりをこると、世上に云伝る詞也」
…『運歩色葉集』（天文十六～十七年〈一五四七～四八〉成立）「右流左死《ウルサシ》［菅右丞相流、左丞相時平朝臣死也］」。

○羨（うらやまし）③16オ「地神四代の尊の御子二人あるに、兄には海をゆづり弟には山をゆづり給しに、互に後には海と山とをかへて遊猟せし事有り」
…▼『日本書紀』巻二〈神代下〉・第十段にある「海幸・山幸説話」。

○嬉（うれし）③16ウ「もろこしに及第にかちて人の席をみなとりて五十枚まで重しきたる人有」
…▼未詳。「負（まくる）」も同様の説を記している。

○賣（うる）③16ウ「法華経にも、商人の主をえたるが如しと有」
…『法華経』巻七・薬王菩薩本事品「此経能大饒益、一切衆生、充満其願、如清涼池、能満一切、諸渇乏者、如寒者得火、如裸者得衣、如商人得主、如子得母、如渡得船」。

○**占（うらなひ）**③17オ「うらは、裏也。内と同じ。うらさびし、うらかなしなど云も、心と云事也。こゝろと云物は内にあるもの也。内はうらなり。うらさびし、心がなしと云詞也。これは、歌道大事の口伝にて、むさとはかきあらはさぬことながらも」

…貞徳『歌林樸樕』第二十一・サヰタヅマ「幽斎法印御口伝ニ、ウラハ心ト云義也、人ノ心ト云物ハ、上ヘハミエズ、裏ニアル故也、サレバ心サビシ・心ガナシト云理也ト被レ仰侍ル。尤ト存ナガラ藤ノウラ葉ナド云詞ノ時ハ少モ不レ叶。／丸案ニ、ウラガナシ・ウラサビシノ類ニハ裏ノ字ニモヨク叶ヘバ、心ト云理ニテ其心ヲ得、物ノウラ葉・ウラワカミナドノ時ハ、上ノ字ノ説ヨシ、ト両様ニ分テヲクベシ」。◇貞徳『俳諧御傘』巻五・うらかなしうらさひしきの「うらの字はかろき詞の字なれは、三句去なるへし。このうらの字には別に口伝あり」。▼貞徳『和歌宝樹』「ウラト云詞」項も『歌林樸樕』と同説だが、出典の記述はない。

○**敬（うやまふ）**③18オ ⑴「文王は、毎夜いくたびも父母の閨へ行かよひて、よくね給ふか、なにと御心はあるぞと、そばなるつかへ人に御たづね有つると也」、⑵「老 香《（老莱子カ）》は、年よりたると思召、心をなぐさめむと、わかき出立して、おやのまへにて舞てみせたる事もあれば」、⑶「儒には敬の一字を専一にする事也」

…⑴▼『礼記』巻八・文王世子の冒頭の故事。ただし、『礼記』では「日に三度、父王のご機嫌伺いをした」との内容。

⑵御伽草子『二十四孝』老莱子「老莱子七十にして、身にいつくしき衣を着て、幼き者のかたちになり、舞戯、又親のために給仕をするとて、わざとけつまづきて転び、いとけなき者の泣くやうに泣きけり。この心は、七十になりければ、年よりて、かたちうるはしからざる程に、さこそこのかたちを、親の見給はゞ、わが身の年よりたるを、悲しく思ひ給はんことを恐れ、また親の年よりたると、思はれざるやうにとのために、かやうのふるまひをなしたるとなり」。▼「老香」は、「老莱子」と書いてあったのを筆工が誤記したもの

か。

(3)松永尺五『彝林抄』（寛永十七年〈一六四〇〉成立）「敬ハ一心ノ主宰ニシテ万物ノ根本ナリ」。▼朱子学の思想。

○**哥（うた）**③19オ「これは、口伝。うたひ、これより出。歌は、神語也。筆にかきあらはさず。誓状有」

…由阿『拾遺采葉抄』第四「一、歌ノ和語、史記曰、歌ハ柯也。ウハ宇、タハ多也」。◇三条西実枝講・細川幽斎編『詠歌大概抄』（天正十四年〈一五八六〉成立）上巻「歌／説文に詠也。叙氏か注に長く其声を引て以て是を誦する也といへり。釈名と云本に人の声を歌と云。歌は柯也。声を以て吟味する事草木の柯葉有か如し。又楽に合するを歌と云有。（中略）詠歌の二字を畢竟していはゝ、詠は説文に歌也。増韻に詠歌は謳吟也。［謳吟はうたひぎんするを云也］歌は説文に詠也。叙氏か其声を引て誦するを云とある程間両字の注異曲同意なり」（寛文八年〈一六六八〉刊本）。◇貞徳『戴恩記』下巻「又歌は木にかたどるといふは、歌は柯也と字註に侍り。歌の字の篇に可の字二つかさねてあるは、木の枝のつらなりたる形也。つくりに欠づくりをかくは、其枝を風の吹ならす心なり。言篇に風を書も、言篇に䍃の字かくもみなうたふとよむ也。䍃はうごくなれば是も風の心あり。（中略）此歌といふに大事の口伝是あり。然ば歌は木也。木は風也。かぜは万物の情非情の気、有情の魂にて、乾坤とひとしくはじまれる事分明なり。こゝを以て、此歌あめつちひらきはじまりける時より出きにけりとかけり」。

○**恨（うらみ）**③19オ「うらは、裏か。心の内也」

…▼「占（うらなひ）」項参照。

○**昇（のぼる）**③22オ「のは、望の下略。ほるは、欲也。ほしきと云事を、万葉にお、くよめり」

…『万葉集』巻十九・四二〇九「谷近く　家は居れども　木高くて　里はあれども　ほととぎす　いまだ来鳴かず　鳴く声を　聞かまく欲りと　朝には　門に出で立ち（後略）」など。

○**呉竹（くれたけ）**③24オ「昔、もろこしの呉の国より、綾をる姫をわたされける。

其あねいもうとの名を、くれはどり、あやはどりとつけたり」

…謡曲・呉服「是は応神天皇の御宇に、めでたき御衣を織初めし、呉服《くれは》とり漢《あやは》織《とり》と申し二人の者、今又めでたき御代なれば、現に顕れ来りたり。不思議の事を聞物かな、それは昔の君が代に、唐国よりも渡されし、綾織二人の人なるが」。

▼「くれはとり・あやはとり」については、『袖中抄』第五・くれはとり項に諸説が記されている。『和句解』では、姉妹の名前として引用している。

○**蜘（くも）**　③24ウ「吉事をつぐるものと云心か。古詩歌に其儀おゝし」

…『日本書紀』巻十三・允恭天皇八年「我が夫子が　来べき夕なり　ささがねの蜘蛛の行ひ　是夕著しも」など。

○**栗（くり）**　③24ウ「鉄のしたゞりより生ずといへり」

…▼未詳。

○**水母（くらげ）**　③24ウ「此もの、めなき故に海老のめをかると、からの文に有云云」

…林羅山『庖丁書録』「海月／海月は眼なし。水にうかびてかたち絮《わた》のごとし。其そばに蝦ありて、人来てとらんとする時、蝦、水中に入れば、海月もついてしづむ也。文選に水母《すいぼ》目レ蝦《めとすゑびを》と云事は是也。又水母借《かる》二蝦目《かもくを》一と云句も有」。

○**草（くさ）**　③26オ「神農百草をなめそめられしとあればなり」

…『灯前夜話』（永正六年〈一五〇九〉以前成立）巻上「神農（中略）草木ノ味ヲナメテ、毒ト薬トヲシリワケテ、始テ医書ヲツクラレタ」（寛永十二年〈一六三五〉刊本）。

○**窪（くぼむ）**　③28ウ「無量寿経上曰、風吹散レ花偏満二仏土一、随レ色次第而不二雑乱一、柔軟光沢馨香芬烈、足履二其上踏下四寸一、随レ挙レ足已還復如レ故」

…『無量寿経』上巻「又風吹散華、偏満仏土。随色次第、而不雑乱。柔輭光沢、馨香芬烈。足履其上、陥下四寸、随挙足已、還復如故」。

○**櫛（くし）**　③29ウ「めがみの死たるを男がみのみ給ひしかば、鬼になりてをひたまひし時、陽神（湯津カ）のつまぐしをうしろへなげて逃給ひし事有云云」

…▼『日本書紀』巻一〈神代上〉・第五段にある説話。

○**闇（やみ）**　③30オ「日神の岩戸に籠しときは、人間のしはざみなやめたる故か」

…▼『日本書紀』巻一〈神代上〉・第七段にある説話。

○山（やま）③30オ「山外有山而不尽といへり」
…連斗山『周易弁画』巻二十七「山外有山厚而益厚各爻之艮」（『四庫全書珍本』四集）。▼「山外有山、天外有天」は、中国の慣用句。「物事の良さや美しさには、これが最高というものはなく、限りがない」という意味（牛島徳次編『中国成語辞典』〈東方書店、一九九四〉による）。出典未詳。

○和（やはらぐ）③31ウ「やはらぐ。口伝」
…貞徳『戴恩記』下巻「夫和歌の和字は、中和の和なり。むさとやはらかなる儀にあらず。中和とは、孔子の御孫子思の中庸に、中者天下の大本也。和者天下達道也。致《シテ》二中和《ヲ》一天地位《シ》万物育《ル》矣、此和の字の心にてこそ、神慮にも人心にも叶候へ。世上におもしろがるやうに、たくみてやはらぐる歌にては、いかでか鬼神をかんぜしめん」。

○軟（やはらか）③31ウ「和歌の両字、有口伝。丸が愚にて此書を思ひ立事も、此和歌の二字の相伝より也」
…▼「和（やはらぐ）」「哥（うた）」項参照。

○漸〈やうやう〉③32オ「洋々とも書」
…横本『二体節用集』中巻・や・言辞門「漸々《やうやう》・洋々《同》」。

○休（やすむ）③33オ「観経にも、無レ家者愁レ家と云云」
…『無量寿経』下巻「無田亦憂、欲有田、無宅亦憂、欲有宅」。▼「観経」は誤り。

○族（やから）③33オ「やかとは、家を云。源氏物語あり。屋下の輩か」
…『源氏物語』東屋「殿ゐ人のあやしき声したる、夜行うちして、家《やか》の辰巳の隅の崩れいとあやうし、この、人の御車入るべくは引き入れて御門鎖してよ。かゝる、人の御供人こそ、心はうたてあれなど言ひあへるも、むく〳〵しく聞きならはぬ心ちし給ふ」。

○儲（まうけ）④1ウ「儲君も、位をまことにうくる也」
…横本『二体節用集』中巻・ま・人倫門「儲君《まふけのきみ》」。▼節用集の項目「儲君」から「儲」を抄出して見出し語にしたと考えられる。

○巻（まく）④2オ「まるくの中略か」
…清原宣賢〈後抄本〉『日本書紀抄』下巻・一丁表「巻《マキ》ト云ハ、纏《マトフ》ト云義也。マトフトハ、クルリ〳〵ト、マクヲ云。（中略）万物ノ文字ヲ、天道ノ書籍ニ、マキコメタリト云義ヲ以テ巻《マキ》トハ云也」。

○**槙（まき）**④2オ「まことの木か」

…清原宣賢〈後抄本〉『日本書紀抄』中巻・二九丁表「柀《マキ》ハ、マコトノ木ト云心也」。

○**末那板（まないた）**④3オ「長弐尺八寸、高四寸五分のもの也」

…『下学集』下巻・器財門「末那板《マナイタ》（注文略）、俎板《マナイタ》、俎《同》［長サ二尺八寸、高サ四寸五分］」。◇横本『二体節用集』中巻・ま・器財門「末那板《まないた》［長二尺八寸、高四寸五分］」。▼見出し語を抄出した節用集の注文の記事を引用したものと考えられる。なお、『四条流庖丁書』〈長享三年〈一四八九〉奥書〉「俎之事」には、「長二尺七寸五分、広一尺六寸五分、厚三寸、足高二寸五分（後略）」と記されている。

○**孫（まご）**④4ウ「歌には、むまごとよむ」

…『後拾遺集』巻二十・一一六一「おほぢ父むまごすけちか三代までにいたゞきまつるすべらおほん神」など。

○**全（まつたし、まつたい）**④6ウ ⑴「唐の大宗、罪あるものを故郷へいつ比来れとの給ひしに、其折をたがへずころされに来りし事有」、⑵「また、天竺の普明王も、班足王にしばしの暇を乞、我国にかへり給しを、臣等悦てとゞめけれど、班足王にころされに約束のごとく行給ふ事有。律儀なることとて、布し《（ふじのカ）》而命をたすかりしこともいくらも侍り」

…⑴▼唐太宗の故事は、『資治通鑑』巻百九十四〈唐紀十〉・太宗文武大聖大広孝皇帝上之下「貞観七年」にある逸話に基づくか。

⑵▼班足王と普明王の故事は、『塵添壒囊鈔』巻十一・第三十二段〈五天竺ノ事〉などに記されている。

○**負（まくる）**④8オ「からにて及第にまけたるもの、席をば、かちたるもの引まくり、我下にしく也」

…▼「嬉〈うれし〉」項参照。

○**文（ふみ）**④11ウ ⑴「日本記の抄に清原環翠の云、一説、昔、高麗より日本への状、平懐也とて、宇治稚子の御足にてふみ給ふよりをこる。又説、蒼頡が鳥の足あとをみて文字を作よりふみと云といへど、尚(当カ)家の説にはこれらを不レ用。文者貫道之器とて、森羅万蔵の道理を含もちたれば、ふくみと云詞の中略と云云」、(2)「文者貫道之器とて」、(3)「蟬銭菊公、何も声を即よみに用」

…(1)清原宣賢〈後抄本〉『日本書紀抄』上巻・五丁表「書紀。書紀ノ二字ヲ、引合テ、フミトヨム也。紀ノ字ハ、書ニ具スル故也。我国ニ、惣シテ文章ノ類ヲ、フミト云、是ニ二義アリ。一ニハ、蒼頡《サウケツ》ト云者カ、鳥ノ沙ヲフミタル跡ヲ見テ、始テ文字ヲ作ル。是故ニ鳥ノ踏タル跡ト云心ヲ以テ、フミト云。二ニハ、応神天皇御子ニ、難波皇子《ナニワノワウシ》ト申ト、兎道稚郎子《ウチノワカイラツコ》ト申ト、二人マシマス、応神天皇ハ、宇治皇子ニ位ヲ禅リ玉ヘトモ、位ニ即《ツキ》玉ハスシテ、兄弟互ニ譲テ、共ニ不レ即レ位シテ、三年ノ間、空《クウ》位ナリ。其後、宇治皇子ノ死玉フホトニ、難波《ナニワノ》皇子［仁徳天皇御事也。］自然ニ即位シ玉ヘリ。応神天皇ノ御宇ニ、高麗王カラ、表ヲタテマツル。其表ニ曰、高麗王《キミ》、教《ヲシフト》ニ日本国一也トカケリ。時ニ菟道ノ稚郎子其表ヲ読テ、無礼ナルトテ、地ニ投テ、踏《フミ》玉ヘルホトニ、文字ノ類ヲ、フミト云ト也。此二説、共ニ当流《ト部》ニ不レ用《井》。蒼頡カ、鳥ノ跡ノ事ハ、唐ノ古《故》事ナレハ、倭国ノ辞ノ起リニハ、用カタシ。蒼頡モ、神代ヨリ、遥ニ後ノ事ナレハ、神代ノ証拠トシカタシ。又菟道皇子ノ踏セ給ヘル事、タシカニミエス。破《ヤフリツ》ニ其表《ノフミヲ》一トハシルス。踏トハ不レ見。タトイ踏玉フトモ、時代已ニ人皇十六七代ノ末也。フミト云辞ハ、神代ヨリノ起リナレハ、此説又用カタシ。当流ノ口伝ニ、フミトハ、含《フクム》ト云心也。クノ字ヲ、中略シテ、フミト云也。ム、ミハ、マミムメモノ相通《サウツウ》也。フクムトハ、一紙一巻ノ中ニ、万端ノ理ヲフクムト云心也。自然ノ音カ、天地ノ間ニ、ソナハリテアルカ、人ノ音ニナリ、文字ニナル也。フワ、ハヒフヘホ、ミワ、マミムメモ、皆唇ニアタル音也。中ノクノ字ハ、カキクケコ、是ハ、牙ニアタル音也。中ノクハ、口《クチ》ノ中ニアリテ、上下ノフト、ミトハ、唇ニアタレハ、唇動テ、音ヘ出ツ。口ノ内ニ、万事ノ道理ヲ含カ、唇動時、アラハル、也。コトハリ中ニアリテ、辞外ニアラハル、。言語ノ奇特ナリ。此説ヲモテヨシトス」。

(2)林羅山・貞徳『儒仏問答』上巻・答第二件「なにと儒書の文字、仏書の文字とて、別にしわけてをきたらは、ぬすむとも申さるへし。文は貫道之器なるを、勧善といひたればとて、ぬすみたるにはあらざるべし」。▼「文字はあらゆるものを受け入れる容器である」ということ。

(3)『塵添壒嚢鈔』巻二・第三十八段〈菊音訓ノ事〉「菊トヨムハ訓歟。音《コヱ》ナラハ訓《クン》ハイカニ。キクハ音《コヱ》也。訓《クン》ヲ用ヌ字也。和語ニ字ノ音ヲ用ル草ノ名是ニ不レ限。紫苑《シヲン》、紫蒨《シ》同、桔梗《キキヤウ》、龍膽《リウタン》《リンタウ》、金銭《キンセン》、芭蕉《バセヲ》、甘蕉《カンセウ》同等也。又菊ノ訓ヲハアキクサノハナトヨム」。

○藤（ふぢ）④12ウ「藤は、くさの部にも木の部にも入、大なるかづらにて」…『塵添壒嚢鈔』巻九・第三十四段〈藤ハ木歟草歟ト云事〉「草ヲ篇ニシタカヘテ、カヅラノ類ナレバ草ナルベシ」。◇貞徳『俳諧御傘』巻六・藤「藤は草也。古歌に木に用たる事あれ共、連俳には惣別かつらは草に用也」。

○鯉（こひ）④16ウ (1)「諸魚にこえたると、東破(坡カ)もほめたると云云」、(2)「龍門を飛こして龍なるともいへり」、(3)「大小によらず鱗三十六枚有霊魚也」

…(1)▼未詳。

(2)林羅山『庖丁書録』「鯉／(中略)大河の源は崑崙より出で、積石山をへて竜門となる。此所に三級とて、三重みなぎり落る急流有。其波の音、百千万の雷一度にはためきなるがごとし。春三月の比、桃花の浪ながるゝ時、魚、此所をのぼる。鯉竜門にのぼれば化して竜となる。諸魚のぼりゑざれば水にたゝきをとされて、死して腮をさらす也。うろくずの中に此志ざしあるは、すぐれたる魚なるべし。竜となりて雲にのぼり、霧をつかみ、天地の間に飛行自在なるごとくなるべしと、此魚をいはふなり」。▼「登龍門」の伝説。

(3)『塵添壒嚢鈔』巻八・第四十九段〈鯉鱗事〉「鯉ノイロコハ、大小ヨリテ不同アル歟、又定数アル歟。鯉ノソハ腹ノ中ノ通リニハ、頭ノ下ヨリ尾ニ至マテ、不レ依二大小一ニ、イロコ三十六アルベシ。古詩ニ見タリ。大小雖レ異《ナリト》、鱗之数等ト云ヘリ」。◇林羅山『庖丁書録』「鯉／(中略)又魚は陰類也。陰数は六つなれば、六々三十六にて、鯉は大小にかぎらず、一とほりに三十六鱗あり。よの魚は死て後に、うろこの色かはれども、鯉はうろこの色かはらず」。◇貞徳『なぐさみ草』第百十八段・大意「鯉は大なるも小なるも、うろこのかさなれる数、同し物なりといへり。龍門にのほるも此魚なり。いかさま礼魚なれはこそ、孔子の御子の産屋へはしめて此魚を人の献せしかは、御子の名を鯉魚とつけ給ふ。先段に、物の名をたくみて付るはわろし、当意即妙のこそよけれとか、れしも思ひ合せられ侍る」。

○**苔（こけ）**④17オ「詩にも髭にたとへたり」

…『和漢朗詠集』上巻・一三「気霽《レテハ》　風梳《ル》㆓新柳髪《ノ》㆒、氷消《エテハ》　浪洗《フ》㆓旧苔鬢《ノヲ》㆒」。◇『十訓抄』下巻・十ノ六「同人、羅城門を過ぐとて、気霽風梳㆓新柳髪㆒と詠じたりければ、楼上に声ありて、氷消波洗㆓旧苔鬢㆒とつけたりけり」。

○**心（こころ）**④17ウ「ところをさだめず十方に貫通す。芥子の中へも入なり」

…鴨長明『無名抄』歌似忠胤説法事「祐盛法師云、妙荘厳王の二子の神変を釈するに、大身を現ずれば虚空に満ち、小身を現ずれば芥子の中に入ると云ふは世の常の事なるを、彼の忠胤の説法に、大身を現ずれば虚空にせはだかり、小身を現ずれば芥子の中に所有りといへりけるが、いみじき和歌の風情にて侍るなり」。

○**柱（ことぢ）**④19ウ「琴のちう也。琵琶にては、柱をぢうと云也」

…貞徳『なぐさみ草』第三百三十二段「ちう。柱の字なり。琴にてはことちとよむ。琵琶にてはちうとよむなり」。

○**比（ころ）**④20オ「かの月やあらぬの段にておもひ合すべし」

…『伊勢物語』第四段「月やあらぬ春や昔の春ならぬわが身ひとつはもとの身にして」。

○**詞（ことば）**④23オ「歌は柯なりとしるせり」

…▼「哥（うた）」項参照。

○**手（て）**④26オ「身よりさし出てある故か」

…清原宣賢〈後抄本〉『日本書紀抄』上巻・三三丁裏「手《テ》ハ、イテタルト云義也。イヲ上略シテテト云」。

○**寺（てら）**④26オ「天竺より漢明帝時、仏経をわたす。道士とあらそひ有しに、道経まけになり、仏経より光明出ててらしける。其経典を、白馬寺に治し故事より、日本に僧の居所をてらと云か」

…『塵添壒嚢鈔』巻十六・第十三段〈仏閣僧居ヲ寺ト云フ起ノ事〉「仏宇幷僧居ヲ寺

ト云ハ何故ソ。（中略）鴻胪寺トハ、内裏ノ官殿ノ名ナリ。入レ客《ヲ》所也。寺院宮閣殿舎等皆是宇宅ノ宏構也。（中略）サレ共騰蘭二師来シ初メ、寺ノ名アル所ニ居セシ故ニ此ノ持来ノ仏経ヲ安置スル所ヲ寺《ジ》ト号ス。（中略）東漢ノ明帝正月十五日ニ、白馬寺ニ行幸有テ、内外二教ノ角妙ヲ令レ成給。（中略）爰ニ左方東壇ニハ、道士集テ経子符籙ヲ置ク。右方西壇ニハ、摩騰安《ス》二像経舎利《ヲ》一。（中略）種々ノ仙術、皆仏力ニ押ヘラレテ、一モ不レ叶。（中略）又仏経ヲ焚ニ及テ、五色ノ光出テ天ニ上テ、敢テ損壊ナシ」。◇契沖『円珠庵雑記』（元禄十二年〈一六九九〉成立）「寺／丹青色をましへて、其光のてらす故に名付る歟。又法の灯を、こゝに挑て、冥き塗をてらす故ともいふへし」。▼『塵添壒囊鈔』所載の説話は、「漢明帝のとき、仏教が伝来して経典を白馬寺に納めた後、道士と僧の争いが発生し、道士が負けて、仏典から五色の光が出た」との内容であり、『和句解』の記述とは若干異なる。

○**天**（**あま、あめ**）④27オ「あまねしと云義か。普天とからにも云」

…清原宣賢〈後抄本〉『日本書紀抄』上巻・一三丁裏～一四丁表「親房公古今注云、アメトハ、天也。神代ノ旧言也。大方、大和詞ニツキテ、神代ノ旧言ハ、ナニノ故ニ、天ヲ云初ケルトハ、更ニ難レ釈事也。付之深義アルヘシ。我国ノ神代ノ昔ハ、多ハ梵語ニ通タリ。然ハ、アメト云モ、若梵語歟。アハ、最初ニ口ヲ開声ナリ。メハ、摩ノ字ノ転也。故アマト云ハ、本ニテ、アメトハ、転声也。万物ノ初ハ天也。天ヲ、アマト云。アハ、開口声ノ初、マワ閉口声ノ終也云々」。

▼この説は、『和句解』には使われていない。

○**雨**（**あめ、あま**）④27オ「鶴林玉露には、下米とかけり」

…羅大経『新刊鶴林玉露』巻十六・日本国僧「雨《ヲ》二曰下米《アメ》一」。◇『下学集』上巻・天地門「野馬台／（中略）見《タリ》二鶴林玉露《ニ》一呼《テ》レ雨《ヲ》云《イ》二下米《アメト》一」。

○**麻**（**あさ**）④27ウ「さくらあさと歌にもよむ」

…『万葉集』巻十二・三〇四九「桜麻の麻生の下草早く生ひば妹が下紐解かざらましを」など。◇『袖中抄』第十一・さくらあさ「顕昭云、さくらあさとは、麻の花はしろき中にすこしうすゝはうに色あるあさの有也。それをさくらあさとは云也」。

○**足（あし）** ④29オ「あかしと云中略か」
…清原宣賢〈後抄本〉『日本書紀抄』上巻・三三丁裏「足《アシ》ト云ハ、葦原ノ国ヲ、フマエテアルクホトニ、アシト云也」。▼この説は、『和句解』に使われていない。

○**姉（あね）** ④29ウ「天照大神はあねにてをはせども、女なれば、をとうとのそさのをの尊とねたまひて、まさやあかつかつのみことをうみ給ふゆへに」
…▼『日本書紀』巻一〈神代上〉・第六段にある説話。『和句解』の表現は卑俗である。

○**芦（あし）** ④30ウ「天孫、いまだあまくだり給はぬときは、悪神ども有て、此草のみ茂在しを、みな引すてつみためたりしが山となれり。芦をは、よしとも云。初あしき事は、後よき事になれる道理にて、先あしはらと名付と云云」
…▼「吉（よし）」項参照。

○**菖蒲（あやめ）** ④31ウ「あやめとは、元来、蛇の名也。蛇の鱗の色にて、白赤青して長故と、古書に有」
…『塵添壒嚢鈔』巻一・第一段〈五節供事〉「彼ノ蛇ハ頭ハ赤ク、身ハ青シ。似タル菖蒲ヲ取テ、髪ヲ結ヒ腰ニ纏ヒ、又屋ノ軒ヲ葺、根ヲ刻テ酒ニ入レ、寃ル様ヲシ給ヘハ、其蛇恥恐テ、道ヨリ皈テ不レ来。アヤメト云ハ、彼ノ毒龍ノ名也」。

○**綾（あや）** ④32オ　(1)「呉服の謡にあるごとく、呉国より初て織姫二人来りて、をる手もとをみるに、あちへやりこちへとるによりて、あやと云詞出来て、此絹の名とせり」、(2)「此絹の紋の妙にあらはるゝをみて、もの、えもいはれぬことをば、あやしと云、または、あやめもわかぬなど、云詞、さま〳〵をこると、定家卿もあそばせり」
…(1)謡曲・呉服「又漢織《あやはとり》とは機物の、糸を取り引く工故、綾の紋をもなす故に漢《あやは》織《とり》とは申也。呉織《くれはとり》とは機物の、糸引く木をばくれはと謂へば、くれは取手によそへつつ、呉織《くれはとり》とは申すなり。されば二人の名に寄せて、呉織《くれはとり》、綾《あや》とは申伝へたり」。
(2)藤原定家『僻案抄』「郭公なくやさ月のあやめ草あやめもしらぬ恋もする哉／〈中略〉あやめとは、錦ぬひものをはじめて、かめのかふ、かひのからまで、文なき物はすくなし。又あみのめ、このめ、きぬめ、ぬのめ、ぬひめ、うちめなどいひて、物のいろふしみえわかれ、くらからぬ時は、文とめとのわかれぬ事なきを、心もほれ目も見えぬ時は、あや目もわかず、しらぬ也。夕ぐれのくらくなりはべるを、物のあやめわかれぬ程になど、ふるき物に、つねにかきたる也」。

○**求食（あさる）**④33ウ「人の、及、鳥獣の、食をもとむる事也」

…横本『二体節用集』中巻・あ・言辞門「求食《あざる》［鳥求《ムル》レ食《ヲ》、謂之——ト］」。◇貞徳『なぐさみ草』第五十四段「山をあされとも／求也。求食は鳥なとの食をもとむる也」。

○**似（あやかる）**④34ウ「疫癘、疱瘡の類も、同家に居れば、うつりあやかるものたる故に、在所をかへて、其難をのがると医書に有」

…▼医書は未詳。

○**海士（あま）**④38オ「海士のさかてとて、あふのきて手をひるがへし、ものをまねくやうにして海中へ入故に」

…北村季吟『伊勢物語拾穂抄』（延宝八年〈一六八〇〉刊）「但、師説には、海人のかづきしに海底へいるとて、手にて波を打てゆく也。いきをもえせず、くるしき事也。業平のおもひの切なる事、海人のさかてをうちて、千尋のそこにいるやうにくるしきをいふなり」。▼『和句解』の説は、季吟の記す「師説（貞徳の説）」と同様である。『歌林樸樕』『和歌宝樹』に「アマノサカテ」の項目なし。

○**侍（さふらひ、さふらう）**⑤1ウ「ゑびす三郎殿は、三歳まで足たゝざる人也。され、二柱の神の三番目の御子なれば、三郎と号す。ありく事をしたまはず、父母の御もとにいつもをはせし也」

…狂言・蛭子大黒殿「抑、伊邪那岐、伊邪那美の尊、天の岩倉にて男女の御語らひをなされ、日神、月神、蛭子《ひるこ》、素戔嗚の尊をもふけたまふ、蛭子《ひるこ》とは某がことなり、天照太神より三番めの弟なればとて、西の宮の蛭子《ゑびす》三郎殿と斎はれ、威光を顕す」。

○**里（さと）**⑤2ウ「千戸万戸これ也」

…謡曲・邯鄲「千戸《せんこ》万戸《まんこ》の旗の足、天に色めき地に響く」。

○**鮭（さけ）**⑤3オ「後にはらがさくるものといへり」

…安原貞室『片言』巻四「鮭《さけ》を、しやけといふはわろし。此魚、子を生んとては、腹のさけ侍るとやらん云り。さるによて、さけと云歟」。

○**榊（さかき）**⑤3ウ　⑴「源の順が和名には、竜眼木をさかきとかんなをつけたり」、⑵「されども、近代、からの竜眼肉と云正真の菓わたるをみれば、丸して色黄白に龍のまなこを画にかくに似たり。榊に大にかはる」

…⑴『和名類聚抄』巻十三「龍眼木／楊氏漢語鈔、龍眼木［佐加岐］。今案、龍眼者其子名也。見本草。日本紀私記云、坂樹刺立為祭神之木。今案、本朝式用賢木二字、漢語鈔榊字、並未詳」。

⑵貞徳『歌林樸樕』第十一・ツラツラツバキ「丸案ニ、（中略）順ガ和名ニ龍眼木ヲサカキトヨム、賢樹ノ実ホソク長クテ、蛇ノ目ニ似タル故歟、近年カラヨリマコトノ龍眼肉ノワタルヲミレバ、イカニモ円テ龍ノ目ニ似タリ、昔ハ日本ニワタラヌ故カト存ナリ」。

○**酒（さけ）**⑤5オ「酒をのめば、風寒が人の身を三寸去て吹により、三寸と書てみきと云といへり」

…『河海抄』（文禄五年〈一五九六〉写、二十冊本）巻一・おほみきまいる程「又云三寸。酒ヲ飲者、去風邪三寸、仍号之。寸字をきとよむなり」。

○**肴（さかな）**⑤5オ「さかは、酒、なは、慰《なぐさむ》也」

…安原貞室『片言』巻一「さかなといふこゝろは、酒《さけ》の魚《まな》といふ義歟。さかは、酒、なは、まなといへる上略の詞歟。いをゝ、まなといふなればなり。但又酒の半《なかば》に出る物なれば、酒の半《なかば》といふ下略のこと葉歟。又酒《さけ》の慰《なぐさ》みといふ下略歟」。

○**生飯（さんば）**⑤5オ　⑴「人間飯を七粒半とやらんとりて」、⑵「上奉諸仏道、中奉諸賢聖、下及六道品と喝て、扨後に食する者也と云云」

…⑴『塵添壒囊鈔』巻十三・第二段〈散飯ヲ取事〉「サバヲ取ハ、何事ソ。（中略）サバヲ取事、律ノ法ニハ、七粒ニ不ㇾ過」。◇『傾城色三味線』（元禄十四年〈一七〇一〉刊）大坂之巻・第一「昔衣かけて出飯《さば》の文《もん》となへて、食いたゞいてくふた時を知て居るものもあるに」。

⑵台巌編『法華礼誦要文集』（明治十一年刊）・五十一〈宝塔偈〉「［念誦畢措出

生器、更合爪誦文如左」此食色香味、上献十方仏、中奉諸賢聖、下及六道品、等施無差別、随感皆飽満、令［諸今］施主得、無量波羅密［誦畢黙拝、然後就食］」。

○悪（さが）⑤6オ「かの嵯峨天皇の時の落書に、無悪善とかきたるより」

…▼『宇治拾遺物語』巻三・十七などにある、嵯峨天皇の時に、「無悪善」と書かれた高札を小野篁が「さがなくてよからん」と読んだ説話による。

○清（さやか）⑤7オ「さだかと心同と歌書に有。きれいなる事を、さわやかと云より出か」

…『顕註密勘』「秋きぬと目にはさやかにみえねども風のおとにぞおどろかれぬる／（中略）或はさだかにと云詞を、さやかにと云歟。／さやか、さだか、大略は同。條忽と、さやかにといふ詞也。清字をも用歟。あざやかに、鮮字也」。

◇貞徳『和歌宝樹』サヤカ「サヤカトハ、清トカケリ。サダカナル心カ。サヤケキ同上」。

○挿（さしはさむ）⑤7オ「さしはさむ。よくきこえたり」

…▼同様の記述は、「閣（さしをく）」「麾（さしまねく）」にもある。これらの項目では、語源説が記されていない。「よくきこえたり」とは、「（語源は）明らかであるので、解説不要」という意味なのであろう。

○咲（さく）⑤8オ「開字もかく。発字もかく」

…易林本『節用集』下巻・さ・言辞門「開《サク》［花］・笑《同》［咲同］」。横本『二体節用集』中巻・さ・言辞門「開《さく》［花］」。▼「咲く」の漢字表記「発」は、近世初期刊行の易林本系節用集には掲載されていない。

○噪（さはぐ）⑤8ウ（1）「歌に鶴さはに鳴など云」、（2）「さはぐ、多きと云事也。また、多事を沢山と云詞有。沢は、世界に多ものなれば云か」

…（1）『万葉集』巻三・二七三「磯の崎漕ぎたみ行けば近江の海八十の湊に鶴さはに鳴く」など。

（2）清原宣賢〈後抄本〉『日本書紀抄』上巻・三〇丁表「多《サワ》。上古ハ、物ノ多ヲ、サワト云。沢《サワ》ト和訓同シ。潤沢ナト云モ、多ヲ云也」。

○北（きた）⑤9ウ「一陽来復の方なれば、来と云事と云々」

…清原宣賢〈後抄本〉『日本書紀抄』巻上・一〇丁表「北《キタ》ハ、キタル心也。北ヨリ一陽生シテキタル、故ニキタト云也」。

○**狐（きつね）**⑤9ウ「昔、允恭天皇の時、人の妻になり、三年そひたる事も有。されば、女にばけて来り、おきつねつするを云事か」

…『日本霊異記』上巻・第二「昔欽明天皇（中略）の御世に三乃国大乃郡の人、好き嬢を妻覔せむとして路に乗りて行く。時に曠き野の中に姝き女に遇ふ。（中略）壮また語りて言はく、我が妻と成らむやといふ。女答へて言はく、聴さむといふ。すなはち家に将て、交通ぎて相住む。比頃懐任みて一の男子を生む。（中略）すなはち彼の犬の子、家室を咋はむとして追ひ吠ゆ。すなはち驚き譟き恐ぢ、野干《きつね》に成り、籠の上に登りて居る。家長見て言はく、汝と我との中に子を相生むが故に、吾れは汝を忘れじ。毎《つね》に来りて相寝《ね》よといふ。故に夫の語に随ひて来て寝き。故に名けて支都祢《きつね》と為《い》ふなり」。▼『日本霊異記』の説話と『和句解』の記述は若干異なる。

○**菊（きく）**⑤10オ「和名に、かはらよもぎといへり」

…『和名類聚抄』巻二十「菊／四声字苑云菊［挙竹反。本草注云、菊有白菊紫菊黄菊、和名、加波良与毛木、一云、可波良於波岐］」。

○**雉（きじ）**⑤10ウ (1)「別而、子を思故に、野を焼はらふ時、不レ立去して死故か。野をやきて死と云事は、日本記に雉をばきゝしと云。顕昭は、きじは、きゝしの下略（中カ）といへり。さにはあらず。きしともきゝしとも云へし」、(2)「雉は金鶏とからの文にいへり」、(3)「雉は野鶏と云」、(4)「古歌に、歌に（ママ）、はるの野にあさるきゞすの妻こひにとよむも、雉の事也」、(5)「連歌にきゞすは春也、きじ雉と定む、あやまり也」

…(1)『袖中抄』第三・きゞす「春の野にあさるきゞすのつまごひにおのがありかを人に知れつゝ／顕昭云、考二日本紀一云、きじをばきゞしといふ。きじは詞を略也。きゞすはきゞし也。同五音なり。万の文に、きゞすはきじの異名と云り。僻事也。此事をしらせん料に注付也」。▼「日本紀」は、ここでは、『袖中抄』の孫引きか。

(2)貞徳『歌林樸樕』第十六・ヤタケノ雉「雉ハ春タケキモノ也、金鳥ヲキ、ストヨム事無二正説一」。◇『日葡辞書』「キンケイ／シナに居る、雉に似た鳥」。
▼「からの文」は未詳。

(3)『和名類聚抄』巻十八「雉／広雅云、雉［(中略)和名、木々須。一云、木之］野雞也」。◇横本『二体節用集』下巻・き・気形門「野雞・雉」。

(4)『万葉集』巻八・一四四六「春の野にあさる雉《きぎし》の妻恋に己があたりを人に知れつつ」。

(5)里村紹巴『連歌新増抄』(慶長四年〈一五九九〉刊)下巻・水辺体用之事「雉子。きしといふても猶春也。但、かりはのきし可為冬也。かりはのきゝすは春也。かりはのきしも、春鳴道具あれは春也」(寛文五年〈一六六五〉刊本)。▼「きぎす」を春、「きじ」を雑体と分類した連歌式目書は、管見では見つけられないが、『古今和歌集』巻十九・雑体「春の野のしげき草ばの妻恋ひにとびたつ雉子《きじ》のほろゝとぞ鳴く／平貞文」と関係していると考えられる。

○**きたなし**⑤13ウ「説々あれども、清きたしなみなき也」

…『醒睡笑』巻一・謂被謂物之由来「よろづ物のむさきことをきたないとは如何に。北は水の方なり。水なければ万物きよからず。しかるあひだ、水ないといふになぞらへ、きたないといふとかや」。◇『和句解』巻三「むさき／無差か。差別也。物をとりちらしてをけば、むさと云か。但、無掃塵か。しは、付字也。又、無才か。男は　才智才能あるを良とす。きたなしは、着物なき也。無衣装乏体なるべし」。

○**木綿（ゆふ）**⑤15オ「神道には、湯神(津カ)のつまぐし、また、湯をまゐらするなど云事、みな不浄を云事を表する也」

…清原宣賢〈後抄本〉『日本書紀抄』上巻・四一丁裏「湯津ハ清浄ノ義也。爪櫛、櫛ノナリカ手ノ爪ニ似タル櫛也」。▼「湯神のつまぐし」とは、『日本書紀』巻一〈神代上〉・第五段で、イザナギノミコトが、黄泉国から追いかけてくる泉津醜女に投げた「湯津《ゆつ》爪櫛《つまぐし》」の誤記であろう。

○**南（みなみ）**⑤18オ「皆見と古人の伝説なり」

…清原宣賢〈後抄本〉『日本書紀抄』上巻・一〇丁表「南《ミナミ》ハ、日光高シテ、森羅万象、皆ミユルト云義也」。

○**水**（**みづ**）⑤18ウ「神語也。海津《かいづ》と云より出か」
…▼「海津」とは、滋賀県琵琶湖北岸にある地名だが、ここでは、振り仮名の「かいづ」は誤りで、「うみづ」と読むのが正しいのであろう。
○**峯**（**みね**）⑤18ウ「山は、根本、鉢をうつぶせたるやうなる物にて、うちは、うとろなるものといへり」
…▼未詳。
○**見**（**み**）⑤19オ「見は、めと同。目と云事也」
…清原宣賢〈後抄本〉『日本書紀抄』下巻・一丁裏「目《メ》モ、マミムメモ通スルホトニ、見《ミ》ト目《メ》ト同シ。日ノ字ニ、一点ヲエテ、目ト云也」。
○**下**（**しも、した**）⑤21オ「すめるは、上へ天となり、濁れるは下て地となると云大法也。（中略）又、したは、しほたる、より出か」
…『日本書紀』巻一〈神代上〉・第一段「其れ清陽《すみあきらか》なるものは、薄靡《たなび》きて天と為り、重濁《おもくにご》れるものは、淹滞《つつ》ゐて地と為るに及びて」「其矛の鋒《さき》より滴瀝《しただ》る潮、凝りて一の嶋に成れり。名けて磤馭慮嶋《おのごろしま》と曰ふ」。▼『日本書紀』神代上冒頭部の天地開闢説話による。
○**舌**（**した**）⑤21オ「老子経に、歯落て舌猶存と有」
…▼『説苑』敬慎篇にある、老子が、病気になった友人の常樅を見舞ったときに、歯が抜けた常樅を見て、「舌があるのは柔らかであるからで、歯が落ちたのは堅いからだ」と言った故事。『和句解』の記述「老子経」は誤り。
○**肉**（**しし**）⑤21ウ「やせたるをほめ、こえたるいやしと云也。梅は痩、桃は甚肥たりなど、詩にも作れり」
…王圻『三才図会』〈明・万暦三十五年〈一六〇七〉刊〉草木十一巻「梅／（中略）梅有四貴。貴稀、不貴繁、貴老、不貴嫩、貴痩、不貴肥、貴含、不貴開」。◇林鵞峯編『羅山先生集』〈寛文二年〈一六六二〉刊〉詩集・巻五十・花一「探《ル》レ梅《ヲ》（元和三年）／梅本清癯詩亦《モ》癯、氷封雪嫌《シ》壓《テ》悩《ス》二林逋《ヲ》一」。
○**篠**（**しの**）⑤22オ「草ながら竹の類なれば」
…『和名類聚抄』巻二十・竹類「篠（中略）［和名之乃。一云佐々。俗用小竹二字謂之佐々」」。

○**頻（しきり）**⑤24ウ「うたひなどにも、はて羽はきりと云也」
…▼未詳。

○**數（しばしば）**⑤26オ「千鳥しばなくなど、歌によむも、かずなくなり」
…『万葉集』巻六・九二五「ぬばたまの夜のふけぬれば久木生ふる清き川原に千鳥しば鳴く」など。

○**東（ひがし）**⑥1オ「日あかしと云事と、古人の歌書に有」
…清原宣賢〈後抄本〉『日本書紀抄』上巻・一〇丁表「東《ヒカシト云》ハ、日ノ出ル心也。日アカシト云和語也」。▼「古人の歌書」は未詳。吉田神道の語源説（あるいは、吉田兼倶の創作した語源説）の歌学への浸透を示唆していると考えられる。

○**檜（ひのき）**⑥2オ「いづれの木よりも、もめば火はいづれども、中にも此木よりよく火が出るか」
…清原宣賢〈後抄本〉『日本書紀抄』中巻・二九丁表「檜《ヒノキ》ハ、日ノ木也。杉檜ハ、月ト日トノ二也」。▼この説は、『和句解』に使われていない。

○**晝（ひる）**⑥2オ「日光の威なれば、しめりたる物よくひると云事か」
▼…「夜（よる）」項参照。

○**人（ひと）**⑥2ウ「斎《ひとしき》（斉カ）か。たが身にも、火はあつく水はつめたし。根本は自他の差別有べからず。大体の相なれば、ひとしきと云心なるべし」
…林羅山・貞徳『儒仏問答』上巻・答第七件「渾沌未分を思へは、天地同根、万物一体也。三才わかれて、人といふ詞も、ひとしきと云、下略の詞也」。▼「我（われ）」項参照。

○**額（ひたい）**⑥3オ「ひらたいと云事か」
…清原宣賢〈後抄本〉『日本書紀抄』上巻・五四丁裏「顱《ヒタイ》ハ、日ヲイタ、クト云心也」。▼この説は、『和句解』に使われていない。

○**枇杷（びは）**⑥4ウ「琵琶に葉のにたると、からの文に見えたり」
…『塵袋』第二・盧橘「枇杷ト云フ二字ハ、コノ木ノ葉、琵琶ニニタレバ玉ノツクリヲステ、、木篇ヲシタガヘテ名トス」。◇李時珍『本草綱目』巻三十・果之二「枇杷〔釈名〕其葉《ノ》形《ノ》、似二琵琶《ニ》一故《ニ》名《ク》」。

○**海鹿（ひしき）**⑥4ウ「鹿の尾に似たり」

…易林本『節用集』下巻・ひ・草木門「海鹿《ヒジキ》［鹿尾菜《ヒジキ》・鹿尾藻《ヒジキ》］」。▼横本『二体節用集』の「海鹿」項には注文なし。

○**蛇床子（ひるむしろ）**⑥4ウ「蛇床子を、和名に、ひるむしろとつけたるは、本草をみればあやまりか。蛇床子は、やぶしらみと云くさと見えたり」

…『和名類聚抄』巻二十「蛇床子／本草云、蛇床子［和名、比流牟之呂］」。◇『多識編』（寛永八年〈一六三一〉刊）巻二・芳草部「蛇牀／比留《ル》牟《ム》之呂。今按、俗《ニ》称《ス》二也布《ブ》之良美《ト》一」。▼「蛇牀子（ジャショウシ）」は、「ヤブジラミ」の実。

○**延命草（ひきをこし）**⑥5オ「霍乱して臥たるを、此草をのませて、いきかへる事有と云へり」

…寺島良庵『和漢三才図会』（正徳五年〈一七一五〉跋）巻九十三・芳草類「延命草《ひきをこし》／延命草俗字。俗云、比木乎古之。引起之義回生起死之《ノ》謂《スハ》歟《カ》。△按、延命草《ハ》（中略）相伝《フ》有下行人《ミチユキヒト》於《テ》二山中《ニ》一腹痛《シテ》垂《ナンナンタル》レ死《ニ》者上時遇《ニアヒテ》二弘法大師《ノ》登山《ニ》一、令《シテ》下二此草《ヲ》吃《(クラ)ハ》上之即《チ》立処《ニ》瘥《ユ》。後亦試《タルニ》レ之《ヲ》、皆有《リ》レ験《シ》。因名《テク》二延命草《ト》一」。▼「延命草（ひきをこし）」は、『本草綱目』、曲直瀬道三『宜禁本草』、『多識編』に項目がみられない。

○**莧（ひゆ）**⑥5ウ「目の薬といへば、ひゆるものと云か」

…曲直瀬道三『宜禁本草』（江戸初期刊）上巻「莧菜《カンサイ》《ヒユ》／甘寒《ク》無《シテ》レ毒《シ》。（中略）明《ニシ》レ目《ヲ》除《キ》レ邪《ヲ》」。◇『和歌食物本草』「莧菜《ひゆ》／あまくひえものなれど、どくはなし。目をあきらかにねつをさるなり」。

○**響（ひびく）**⑥7ウ「鐘をつきて、常に諸行無常と人にしらするゆへ」

…『平家物語』第一「祇園精舎の鐘の声、諸行無常の響あり」。

○**百敷（ももしき）**⑥9オ「百官の座をしかるゝ故に」

…『塵添壒嚢鈔』巻七・第三段〈百敷事〉「百敷《モモシキ》ト云ハ、何ナル謂レソ。是モ只、内裏ノ名也。百官ノ座敷ナル故ニ、尓云ト云云」。◇横本『二体節用集』下巻・も・乾坤門「百敷《ももしき》［百官座］」。

○**桃（もも）**⑥11オ「盛る物か」

…清原宣賢〈後抄本〉『日本書紀抄』上巻・五〇丁裏「モヽノ木ト云ハ、百木ニ過《スクレ》タルニヨリテ云也」。▼この説は、『和句解』に使われていない。

○**背（せなか、せ）**⑥16オ「医書にも、背は陽也、腹は陰也」

…▼東洋医学では、陰陽五行説に基づき、背を陽、腹を陰とする。『黄帝内経素問』の注釈書である『黄帝内経素問註証発微』巻一・金匱真言論編に、「夫言人之陰陽、則外為陽、内為陰。言人身之陰陽、則背為陽、腹為陰」（慶長十三年〈一六〇八〉刊、和刻本）といった表現がある。

○**皇（すべらぎ）**⑥18オ「古人の説、皆わるし」

…由阿『詞林采葉抄』第三・天皇《スヘラキ》「右、我朝ノ聖主ヲ、スメラキト申和語、義理、字尺共ニ、分テ五品也。一ニ曰ク、此王ノ字ハ三ノ字ヲ体トス。是、則、天地人ノ三才ヲ兼ヌ。三ノ字、則、木数也。［河図洛書数也。］此ノ字ニ、キ—ノ点ヲ引下セリ。然者、木ヲ惣《スヘ》テモテ、スヘラキト云ナルヘシ。（中略）五曰、王皇ノ字、共ニ木ノ体、本ヲ専ニシ、震ノ卦青色ヲ惣《スヘテ》、スヘラキノ御名成セシムル物也。（中略）又、皇ハ、是白王也。白色ハ衆色ノ王トシテ、至テ白キハ青色也。故ニ、皇ノ字ハ又木ヲ部《スフ》ルニヨリテ、スヘラキトモ訓シ、白王トモ申也」。

○**杦（すき）**⑥19オ「すぐなる木か」

…清原宣賢〈後抄本〉『日本書紀抄』中巻・二九丁表「杉《スキ》ハ、次《ツキ》ト云心也。悠紀《イウキ》主基《シウキ》ト云、主基ハ、スキトヨム。スキハ、次ト云心也。月ハ、次《ツキ》ト云心也。日ノ妙ニ次《ツイ》テ出ルト云也。然レハ、杉《スキ》ハ、ツキト云心ナレハ、月也」。▼この説は、『和句解』に使われていない。

○**涼（すずしき）**⑥19ウ「すゞと云草たる体也。小篠の事なり」

…▼「すず」は、「「篠《しの》」をいう歌語」（『時代別国語大辞典室町時代編』）。

○**雀（すずめ、すずみ）**⑥20オ　(1)「爵は雀也とて、官爵はすゝむ事をねがふもの也」、(2)「気力の薬と云云」

…(1)『温故知新書』す・気形門「雀《ススメ》（中略）爵《ススメ》 孟」。▼「爵」の意味は「スズメ」。
(2)曲直瀬道三『宜禁本草』下巻「雀肉／（中略）食《スレハ》レ之《ヲ》起《シテ》二陽道《ヲ》一有《シム》レ子」。

○**鱸（すずき）**⑥20ウ「包丁に大事あるげ（りカ）に伝」

…▼狂言「鱸包丁」を意識していると考えられる。

○**菅（すげ）**⑥21オ「古歌に、夕皃なれりすがひ〱にとよむに同」

…『散木奇歌集』第二・三五四「山がつのすどがたけがき枝もせにゆふがほなれ

りすかひすかひに」。

○**薄（すすき）**⑥21ウ「すぐろのすゝきと云有。春やきたる跡より萠出により、すゑ黒故也」

…『袖中抄』第十九・すぐろのすゝき「あはづの、すぐろのすゝきつのぐめば冬たちなづむ駒ぞいばゆる／顕昭云、すぐろのすゝきとは、春のやけの、薄の末の黒也。ゑ文字を略て、すぐろと云る也（中略）或人云、すぐろは薄のふるきくきをばすと云、葉の古きくきのやけて黒ければ、すぐろと云。それよりつのぐむ也」。◇貞徳『歌林樸樕』第二十八・スクロノ薄「顕昭云、（中略）スグロノ薄ト云ハヤケノ、薄末黒キナリ、エモジヲ略シテ、スグロト云ナリ。（中略）／或説、薄ノフルキクキヲバ、スト云、クキノヤケテ黒ヨリツノクム也。／丸云、此説可レ然、末ノ黒キト云義アシ、、ヤケノ、草トテ萠出タル若葉ノ、末クロカルベキ故ナシ」。▼『和句解』と『歌林樸樕』では、『袖中抄』内の異なる説が記されている。なお、『和歌宝樹』には、「薄（すすき）」の語源説は記されていない。

○**双六（すごろく）**⑥21ウ「歌に生すがふなど、よむも、生ならぶ心也」

…『正徹物語』下「払ふらんそがひに渡る初雁の涙つらなる峯の松風／そがひは、おひすがひ也。おひすがひて飛ぶを、そがひに渡るといふ也」。

○**相撲（すまひ）**⑥22オ「やまとの大力者の自慢したるを、出雲のけはやと云者、けころしたり。公事根源に委」

…『公事根源』下巻・相撲「すへて相撲のおこりを申に、日本紀に、垂仁天皇七年七月に当麻のむらに勇士あり。名をは当麻の蹴速といふ。ちからつよき事、角をもさきつへし。天皇、此由を聞召て、是につかふへき人を群臣にたつねられしかは、出雲国にたけきおのこあり、野見宿祢と申もの侍るよしを奏す。則、これをめして相撲を御覧せらる。野身宿祢、力やまさりたりけん、蹴速かこしをうちくしきて、たちところにふみころし侍りき。是、すまひのはしめならんかし」（慶安二年〈一六四九〉刊本）。▼出雲の力士は、「野見宿祢」。それを、「けはや」と誤記している。

研究編

一　序説

日本語の語源説（ある言葉の由来に関する仮説）は、『日本国語大辞典』（小学館、一九七二〜七六）の見出し語の「語源説」欄で網羅的な収集と集約が行われた。そして、二〇〇五年以降、杉本つとむ著『語源海』（東京書籍、二〇〇五）、前田富祺監修『日本語源辞典』（小学館、二〇〇五）、山口佳紀編『暮らしのことば新語源辞典』（講談社、二〇〇八）、小松寿雄・鈴木英夫編『新明解語源辞典』（三省堂、二〇一一）などの総合的（あるいは網羅的）日本語語源辞書、および大野晋編『古典基礎語辞典』（角川学芸出版、二〇一一）などの語源説の記載を重視した古語辞書の出版によって、日本語の語源説の集約と評価、そして社会への提示は一段落したと言ってよいだろう。

日常用語を含めた和語の語源説を網羅的に収録した語源辞書または国語辞書で最も古いものは、鎌倉時代に京都の真言僧の経尊が執筆し、建治元年（一二七五）に完成され、北条実時に献上して金沢文庫に納められた『名語記』である。その後、中世（鎌倉・室町時代）には、和語の語源説を記載または集積することを目的とした書物は執筆されていないようである。室町時代の儒学者・神道学者である清原宣賢（一四七五〜一五五〇）は、大永六〜七年（一五二六〜二七）に著した『日本書紀抄』（大永本（後抄本））[1]に、

和語ニツイテ、心得カタキ事多シ。和語ノ根源ハ、蘇我ノ家ニテ、焼失セリ。某《兼倶卿》カ十代祖兼直奉二後堀河院勅一、重テ和語ヲ撰スル也。雖然、後鳥羽院、隠岐国へ移サレ玉ヒシ時、世ニチラスマシキトテ、取テ御出アリシ也。依之、日本ニ、和語ノ根源、タエテ不知也（上巻・三七丁裏）

と記している。この宣賢（後抄本）『日本書紀抄』は、吉田神道の大成者であり宣賢の父でもある吉田兼倶（一四三五〜一五一一）の日本書紀神代巻注釈を継承した書物である。「日本ニ、和語ノ根源、タエテ不知也」と述べているにもかかわらず、（後抄本）『日本書紀抄』は、「東（ひがし）」「西（にし）」「南（みなみ）」「北（きた）」の方角語源説や「一（ひとつ）〜十（とを）」の数字語源説など和語の語源説を少なか

らず記載しているため、この記述にあるエピソードは、吉田家の日本書紀神代巻注釈に記された語源説を正当なものとして権威づけるために創作されたものと推測されるが、同時に、この記述から、吉田兼倶と清原宣賢が和語の語源を考えることの困難さと危うさを認識していたことがわかる。中世の歌学者も同様の認識を持っていたのではないだろうか。

この「日本ニ、和語ノ根源、タエテ不知也」との認識を超越して（「克服して」ではない）、江戸時代の寛文二年（一六六二）に京都で出版されたのが、『和句解《わくげ》』である。『和句解』は、日本で最初に出版された和語の総合的語源辞書である。『名語記』の存在が一般に知られたのは二〇世紀に入ってからなので、歴史上、『和句解』の出版によって、初めて日常用語の和語の語源説が網羅的かつ具体的に公衆に提示されたと言うことができる。

『和句解』の著者は、歌人・俳人・和学者として近世（安土桃山・江戸時代）初期の京都の文化的リーダーの一人であった松永貞徳（一五七一～一六五三）とするのが定説になっている。江戸時代後期の有名な戯作者であり考証随筆を著した柳亭種彦（一七八三～一八四二）は、貞徳の名を借りた偽書ではないかと疑っているが、『和句解』本文中の状況証拠からは、著者を貞徳とする判断は、現状では妥当と考えられる（本稿「二・三・一」参照）。貞徳は、織田信長による足利義昭の追放（室町幕府の滅亡）の二年前に連歌師の松永永種《ながたね》（一五三八～九八）の次男として京都の三条衣棚に生まれた[2]。十代から二十代にかけて、九条稙通から源氏物語の秘伝を受ける・里村紹巴から連歌を学ぶ・細川幽斎から和歌と歌学を学ぶ・吉田神道家の梵舜と親しく交際するなどの機会を得て、中世に形成された保守的な学問の影響下に成長した人物である。しかし、その一方で、貞徳は、慶長八年（一六〇三）に儒学者の林羅山（一五八三～一六五七）とともに一般向けの古典文学の公開講座を開催する・元和元年（一六一五）頃から自宅で庶民の子供を対象とした私塾を開く・庶民文芸（現代風に言えばサブカルチャー）であった俳諧の発展に指導者として貢献するなど、近世初期文化の形成の一端を担った人物でもある。『源氏物語湖月抄』の著者である和学者北村季吟（一六二四～一七〇五）が貞徳の門人であり、俳人松尾芭蕉（一六四四～九四）がその季吟の門人である事実が示唆するように、文化史における貞徳の主要な役割は中世と近世をつなぐことであったと言える。『和句解』の執筆・成立時期については、それを明確に示す資料がないため、現状では不明であるが、状況証拠からは、執筆・成立は貞徳の晩年であり、寛永十三年頃から正保四年頃（一六三六～四七）にかけての時期に執筆・成立した可能性があると推測される。

辞書としての『和句解』の文化史的意義の一つは、その記述形式にある。『和句解』の記述形式は、日常用語を含めた約一五〇〇語の和語を網羅的に集めてイロハ分類で項目を立て、和文の語釈（『和句解』では語源説）を記すというもので、これは、一八世紀中頃以降の『倭訓栞』などの一般的な国語辞書の先駆となる記述形式である。中世から近世初期までの辞書（たとえば、節用集など）は、日常用語を含めた多くの言葉を網羅的に収集して記載しているのだが、記載された内容は、漢字表記の項目とその和訓、そして漢文体の短い注（注文）であって、和文の語釈は記されていない。一方、中世の歌学書や歌語辞書は、和文の語釈は記されているが、項目に立てられているのは、日常用語ではなく歌語（和歌に用いられる言葉や表現）である。『和句解』の記述形式は、《日常用語を含めたさまざまな語彙を集め、イロハ分類で項目として掲出した》中世から近世初期の辞書と、《歌語に和文で注釈を付した》中世の歌学書を融合させた形式になっていると言える。このことは、辞書史を考える際に参照されるべき事実と言えよう。

歴史学者の熊倉功夫氏（熊倉、一九八八）によると、「寛永文化の基本的性格は、文化の総合性と啓蒙性」である。[3]『和句解』は、その成立時期と内容から、寛永文化の一産物と位置づけてよいだろう。『和句解』における「総合性」とは、《知識の総合（和語の語源説を作る際の、和漢の知識の総合）》《辞書の形式の総合（節用集のイロハ分類された項目と、歌学書の和文による注釈の総合）》と言える。そして、「啓蒙性」については、約一五〇〇語に及ぶ日常用語の和語の語源を考えることが、強い啓蒙意識を背景としていると言える。

『和句解』には、「薬／くすり。これは、先年、道春、永喜、徳庵等の人々、かやうの和語のをこりを云てみられしとき、啓迪院玄冶の苦《く》をすくへりと云義かといへり」（巻三）というエピソードが記されている。林羅山・林永喜・岡本玄冶ら（徳庵は、菅得庵と推定される）近世初期の第一級の儒学者が集まって和語の語源を考える機会があったということだが、語源説「苦を救うから薬と言う」は、語源研究と言うよりは座興の洒落や頓智の類である。この種の言語遊戯的語源説は、『和句解』の基調となっている。中には、「濵／はま。小砂にて、ふめば足がはまるといふ心なるべし」(巻一)、「隣／となり。近て戸のなるをきく故か」(巻一)、「嬉／うれし。(中略) うり物のうれしときのこゝろより云か」(巻三)、「商／あきなひ。あく事なきか。利欲のみちなれば也」(巻四) などのような、現代でも洒落としての有効性を失っていないかも知れないような例も散見する。『和句解』の語源説が言語遊戯的である理由は、貞徳(あるいは、貞徳と一緒に和語の語源を考えた人たち)の語源を考える営為が、俳諧の延長線上にあったからと考えられる。『和句解』は貞徳の洒落であり、『和句解』から私たちは語源よりも貞徳の洒落を学ぶべきなのであろう。[4]

　また、近世初期文学のキーワード《咄《はなし》》も、『和句解』の語源説と関係していると考えられる。《咄《はなし》》の意味は、『日葡辞書補遺』(慶長九年〈一六〇四〉刊)によると「うちとけた雑談。また、現実にはありそうにない作り話、または現実性のない口承の物語」である。貞徳と親交のあった安楽庵策伝(一五五四〜一六四二)が寛永五年(一六二八)に京都所司代板倉重宗に献呈した笑話集『醒睡笑』巻一巻頭の章は、「謂へば謂はるる物の由来」と題されて、事物や言葉の由来に関する笑話が収められている。このことは、近世初期に咄《はなし》の一環として事物や言葉の由来を考えることが楽しまれていた可能性を示唆している。

　日常で使われている言葉について、文献資料に信頼性の高い手がかりが残されている言葉を個別に俎上に上げてその語誌(ある言葉の語源、および語形・意味・用法の変化)を考えることは国語研究の一成果になる。しかし、『名語記』『和句解』のように、無差別的・網羅的に日本語の語源を記そうとすることは、当時の国語学の研究レベルを考えると、学術研究とするにはあまりにも挑戦的である。『名語記』の資料的価値が鎌倉時代の俗語が記されていることにあるのと同様に、『和句解』の資料的価値の一つは、「当世、手くらうと云も、手ばくらうといふこころ歟」(巻一「妖化物(ばけもの)」)、「又、をひらとも女子の申す。下賤の詞に、たゐらかなるをば、ひらたいと云心か」(巻二「鯛(たい)」)、「万の獣をつなぎをくに、逃去たく思てらんごくするをみて、にぐるいきをひと云義か」(巻三「狂(くるふ)」)、「わらはのとき、天道めぐりとて、くる〳〵と同所をまはれば、必目がくらむ也。四方をめぐりと云も、みなこれより出」（巻五「巡（めぐる）」）など、近世初期の俗語（ここであげた例では、「手くらう」「ひらたい」「らんごくする」「天道めぐり」）を含む表現が少なからず記されていること、あるいは当時の世間に浮遊していた俗説が記されていることである（本書、索引編、および注釈編「『和句解』語源説援用知識注釈」参照）。また、項目によっては、それぞれの日常用語の語源解釈のために何が連想されたのかを追うことで、貞徳（あるいは、貞徳とともに語源説を考えた人たち）の目をビデオカメラとして、近世初期の京都の風景と生活を見て、そこで使われていた言葉を聞き、また、彼らの心の中（感性・感情・知識・価値観・思想など）を伺うことも、『和句解』を読む意義の一つとなるだろう。なお、研究資料としての『和句解』の価値については、本稿の「五　結論」にまとめて記したので、参照していただきたい。

『和句解』の語源説の概要は、最初に述べた小学館『日本国語大辞典』各項目の語源説欄に収録されているが、本文は静嘉堂文庫蔵本のマイクロフィルム以外には、これまで一般に提供されていなかった。本書の翻刻は、小学館『日本国語大辞典』の語源説欄の記事のもとになった本文を提供する仕事でもある。

なお、本稿は、拙稿「貞徳『和句解』成立考―横本『二体節用集』及び中世の和学との関係―」（『国語国文』第八一巻第一二号、京都大学文学部国語学国文学研究室、二〇一二年一二月）をもとにし、著者に関する論証・書誌学的情報・語源説に関する情報と考察を加筆し、修正するべき箇所を修正したものである。たとえば、見出し語の依拠資料となった節用集に関する仮説は、寿閑本系節用集の関与を排除しないものに修正した。

二　テキストについて

二・一　諸本・書誌・本文の誤記・書名

二・一・一　諸本

『和句解』の諸本は、二種類ある。寛文二年（一六六二）五月に京都の書肆「飯田忠兵衛」から出版された初版本と、その三四年後の元禄九年（一六九六）八月に『和語のしるべ』と改題され「本屋利兵衛・本屋武兵衛」から刊行された再版本である。再版本『和語のしるべ』は、『和句解』の序文と刊記を差し替え、六冊本を三冊本に再編したもので、振り仮名が削除されている箇所があること以外は、本文は『和句解』と全く同じである。それゆえ、これらは内容的に同じ書物である。(5) 写本には、天保二年（一八三二）筆写の識語を持つ静嘉堂文庫蔵『和句解』（請求記号、527-11-23357）があるが、これは、版本の『和句解』あるいは『和語のしるべ』から筆写したもので、本文は、筆写の際に若干の省略が行われている。

国文学研究資料館「日本古典籍総合目録データベース」によると、(6) 寛文二年初版本は静嘉堂文庫蔵本（請求記号、527-2-23278）のみであるが、これ以外にも、東京大学総合図書館蔵本（請求記号、D20-314）が現存している。元禄九年再版本は、国立国会図書館・東京大学国語研究室・日本大学・天理大学附属図書館綿谷文庫に所蔵されている。今回の翻刻にあたり、原本の調査を行った諸本は、静嘉堂文庫蔵および東京大学総合図書館蔵『和句解』と、『和語のしるべ』のうち国立国会図書館蔵本（請求記号、182-356）、東京大学国語研究室蔵本（請求記号、国語研究室／24B-82）、天理大学附属天理図書館綿屋文庫蔵本（請求記号、わ-74-33）である。なお、静嘉堂文庫蔵『和句解』については、すでにマイクロフィルムが作成されており、『マイクロフィルム版 静嘉堂文庫所蔵歌学資料集成』第六編「連歌・俳諧」リール番号二三一（雄松堂フィルム出版、一九七六）で閲覧することができる。

二・一・二　書誌

本書で翻刻の底本とした、東京大学総合図書館蔵『和句解』の書誌的事項は次の通りである。(7)

○表紙・書型　原装。紺色卍繋艶出。横本（縦一三・四×二〇・〇センチ）。
○巻数　六巻六冊。
○題簽　原題簽。左肩。双辺。「貞徳／和句解一（～六）」。（写真1）
○内題・目録題・尾題　ナシ。
○構成　巻一（序一丁、本文「い～わ」三八丁半）、巻二（「か～つ」三二丁半）、巻三（「ね〜や」三二丁半）、巻四（「ま〜あ」三七丁半）、巻五（「さ〜し」二五丁半）、巻六（「ひ〜す」二四丁半）。

○柱記・丁付　巻一に「和序」「和一　一（〜三十九）」、巻二に「和二ノ　一（〜三十二）」、巻三に「和三ノ　一（〜三十三）」、巻四に「和四ノ　一（〜三十八）」、巻五に「和五ノ　一（〜二十六）」、巻六に「和六　一（〜二十五）」。

○匡郭　単辺。一一・二×一七・八センチ。

○奥付　刊記、「寛文二年五月吉日／飯田忠兵衛／開板」。

○挿絵　ナシ。

○印記　「渡部文庫珍蔵書印」（写真2）〈蔵書印主、渡部信〈蔵書家。一八八四〜一九七三〉〉、「善人」（写真3）〈蔵書印主不明〉、「東京帝国大学図書印」。

（巻一）（巻二）（巻三）（巻四）（巻五）（巻六）

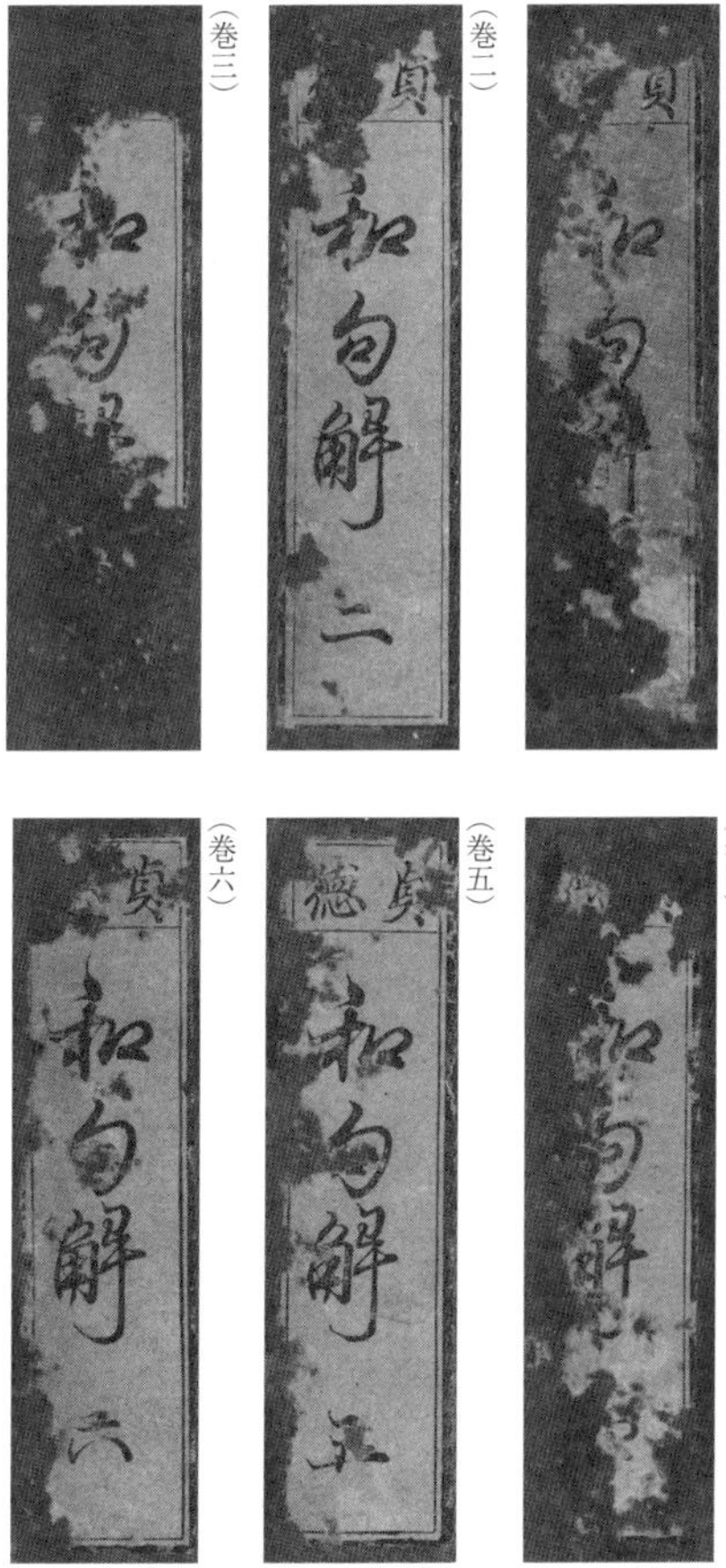

写真1　題簽

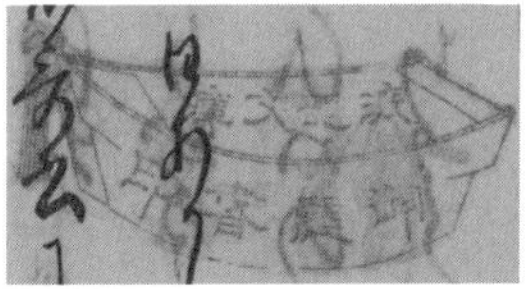

写真2　渡部文庫珍蔵書印

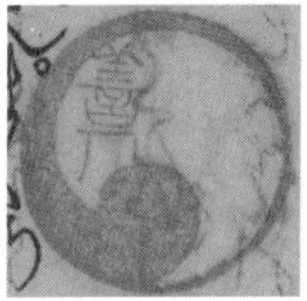

写真3　善人

寛文二年初版本の序を書いた、和学者の加藤磐斎（一六二五〜七四）は、貞徳の門人である。飯田忠兵衛は、磐斎の古典注釈書『徒然草抄』『新古今増抄』を出版していることから、『和句解』は飯田忠兵衛と磐斎が共同して出版した書物の一つであったと考えられる。横本という書型は、当時の実用書の形式である。(8) なお、元禄九年再版本の序を書いた「挙堂」は岩波書店『国書人名辞典』によると俳人（生没年未詳）であり、貞徳の随筆『戴恩記』の改題本である『歌林雑話集』（元禄十五年〈一七〇二〉刊）の序文を書いている。元禄九年再版本の書肆「本屋利兵衛／本屋武兵衛」については、『和語のしるべ』刊行と同年の元禄九年に仮名草子『宝箱』（楳条軒『よだれかけ』〈寛文五年・一六六五刊〉巻一〜四の改題本）を出版した本屋利兵衛と同一と推測できるが、詳細は不明である。(9)

二・一・三　本文の誤記

『和句解』の本文には、全編にわたり意味が読み取りにくい箇所や誤記が散見し、それがこの資料の扱いにくさの原因の一つとなっている。次に挙げるのは、草稿から版下（整版印刷で板木に貼る原稿）を作成する際に、筆工（版下の作成者。筆耕）の知識不足と解読ミスにより発生したとみられる事例の一部である。（誤記の箇所に傍線を付した。）

a、紙／かみ。猪《ゐ》の皮をかみとをかして作有故か。（巻二）…「楮」を「猪」と誤記して、「ゐ」と振り仮名を記した。また、「かみとらかす」あるいは「かみとろかす」と書くべきところを、「かみとをかす」と誤記した。

b、香物／かうのもの。これは誤か。糖《たう》の字なるべし。糟糖につけて置物也。（巻二）…「糠」を「糖」と誤記し、「たう」と振り仮名を記した。

c、繕／むしる。錦《にしき》などをつむを云。（巻三）…「綿」を「錦」と誤記し、「にしき」と振り仮名を記した。

d、百合草／ゆり。此花房、大にして下へ垂、革《かわ》の笂、長細故、ゆら〳〵とするものなれは、ゆると云事か。（巻五）…「草」を「革」と誤記し、「かわ」と振り仮名を記した。

e、垣通／つほぐき。坪のうちに生る故か。（巻二）…「さ」を「き」（表記は、字源を「起」とする変体仮名）」と誤記した。

　a〜dは、漢字を誤読・誤記し、その誤記した漢字表記に従って振り仮名を付けている。eは、仮名の誤読から生じた誤記である。このような誤記は、『和句解』全体にわたって散見する。a〜dの類の誤記は、本文の振り仮名が、草稿の作成者の貞徳によって記されたものではなく、版下作成時に筆工によって記されたものである可能性が高いことを示している。また、小高敏郎氏（小高、一九六四）によると、貞徳の晩年の作品は口述筆記であるということだが、このことも、『和句解』の本文のわかりにくさ・誤記の原因となっているのだろう。

二・一・四　書名の読み

　書名『和句解』の読みは、現在、「わくげ」で通用している。しかし、寛文二年初版の磐斎の序文に「書堂の人。和句解《わぐげ》を持来て云く。是はこれ貞徳翁の作ならすや。序かくへしと也」と、「和句解」の振り仮名が明確に「わぐげ」と記されていることから、「わぐげ」が正しい読みであった可能性も排除できない。想像にすぎないが、「ぐげ」は「愚解」を意味するのかも知れない。もちろん、草稿の読みにくさが原因で、磐斎が書名の読みを誤った可能性も考えられる。現状では、書名の読みをを確定するための決め手となる資料がないため、現行通り、「わくげ」で通用させて問題はない。

二・二　構成

　『和句解』には、一四九八項目が収録されている。重複立項の「獺（をそ・かはをそ）」「葛（かづら）」「敬（うやまふ）」「鹿（しか）」「階（きだはし・きざはし）」を除くと、収録語数は一四九三語である。(10) 項目はほとんどが和語であるが、若干の漢語（「鉢（はち）」「碁（ご）」「菊（きく）」など）も混じっている。

　構成は、イロハ配列で、「ろ」「り」「る」「れ」「ら」「ゐ」「お」「ゑ」の部を立てず、全部で三九部ある。「ゐ」「ゑ」「お」部を立てていない理由は、当時の母音の発音に基づいて編集されたからではなく、単にイロハ順で先に出てくる「い」「え」「を」に項目をまとめたからと考えるべきであろう。ただし、ラ行音の部を立てず、

「ら」部についてのみイロハ分類の「ら」部見出しを表示してその下に「なし」と書いていることから、《和語は原則として語頭にｒ音が立たない》という言語学的事実を著者の貞徳が認識していたことがわかる。貞徳のイロハ分類体の歌学書（歌語辞書）である『和歌宝樹』（西尾市岩瀬文庫蔵）第一冊「ラリルレロ」の項に、「此ラリルレロノ五ノ文字アル経文ナトヲ歌ニヨム時、ヤハラカナル詞ハ古歌ニモナケレハ、文字ノ声ヲ用ル也」と述べられ、「ソノ証歌」として「ラ／ラチノウチニクラフル駒ノカチマケハノレルヲノコノブチノ打カラ」などと、語頭がラリルレロの漢語で始まる和歌が列記されていることがその傍証となる。

なお、和語は原則として語頭にｒ音と濁音が立たないことについては、国学者の契沖（一六四〇～一七〇一）が『和字正濫抄』（元禄八年〈一六九五〉刊）巻五で「らりるれろのいつゝは、和語において上にたつことなし」「和語に初より濁る言なし」と明確に述べている。歌学者の間でいつからこの認識があったのかは不明であるが、憶測をするならば、節用集などのイロハ分類体の辞書の編纂の進展を経た近世初期（一六世紀末頃）ではないだろうか。

二・三　著者・執筆動機・成立時期

二・三・一　著者

『和句解』の著者は、松永貞徳とするのが定説である。しかし、寛文十年（一六七〇）刊『増補書籍目録作者付大意』（版元、京都西村又左衛門・江戸西村又右衛門）の俳諧書の部門に「五冊／和句解／未得」と記されているという問題がある。石田未《み》得《とく》（一五八七?～一六六九）は、江戸の俳人・狂歌師で、寛永初期以後に京都の貞徳の指導を受け、謡俳諧や廻文俳諧といった遊戯的俳諧を得意とし、寛文二年（一六六二）当時は晩年で江戸俳壇の重鎮であった人物である[11]。この問題については、江戸時代後期の戯作者・考証家の柳亭種彦が、元禄五年（一六九二）に刊行された俳諧の書籍目録である阿誰軒編『誹階書籍目録』上巻（筑波大学附属図書館蔵）の「貞徳和句解」の項に、「加藤磐斎の序に未再治の本也とあるを、未得と読あやまりしなるべし」「貞徳といふはおぼつかなし。おそらくは偽書。俳書にあらず」とのコメントを書き込んで、作者は貞徳ではないのではないかという見解を示している[12]。

『和句解』の内部にある、著者を推定するための根拠となる情報は、次の通りである。

a、寛文二年初版本『和句解』に、貞徳の門人である加藤磐斎が序文を書いており、その序文に「書堂の人、和句解を持来て云く、是はこれ貞徳翁の作ならすや、序かくへしと也」と記されている。

b、貞徳が数えで六四歳になった寛永十一年（一六三四）以降使っていた号「延陀丸・長頭丸」に基づく自称である「丸」が『和句解』の三箇所（「軟（やはらか）」「文（ふみ）」「鴇（ひたき）」）で使われている。

c、貞徳の随筆『戴恩記』（寛永十八年以降正保四年〈一六四一〜四七〉までの時期に成立[13]）に述べられているものと同じ心境や表現が『和句解』に書かれている。また、貞徳の著したイロハ分類体の歌学書『歌林樸樕』に、『和句解』と共通する記述がみられる（本書、注釈編「『和句解』語源説援用知識注釈」の「獺（をそ）」「鼡（ねずみ）」「占（うらなひ）」「榊（さかき）」「薄（すすき）」項参照）。

d、本文中に、「藤原惺窩・林羅山・林永喜・山本春正」といった、貞徳と交友・師弟関係のあった人物に関するエピソードが記されている[14]。

e、貞徳は晩年に、『歌林樸樕』『和歌宝樹』など、いくつかの草稿を残しており、『和句解』もその一つと考えられる[15]。

寛文十年刊『増補書籍目録作者付大意』の記述「五冊／和句解／未得」は、冊数が誤っている（『和句解』は、全六冊）ため、この記述の信頼性は高いとは言えない。「未再治」を「未得」と見誤ったとする柳亭種彦の推測は、それが正解である可能性があるだろう。管見の限りでは、石田未得の狂歌集『吾吟我集《ごぎんわがしゅう》』と『和句解』の内容や記述に、影響関係・共通性は見出せない。もちろん、草稿に第三者（たとえば、磐斎）が何らかの加筆をしていることは想定されるのであるが、先に挙げたa〜eの状況証拠から、現状では、『和句解』の作者を貞徳と推定することは妥当と考えられる。柳亭種彦が、『和句解』の作者を貞徳とすることを疑ったのは、《和語の語源辞書》という内容の特殊性が理由ではないだろうか。

二・三・二　執筆動機

執筆動機にかかわる記述は、巻三「軟（やはらか）」項にある。（傍線筆者。以下同。）

和／やはらぐ。口伝。

軟／やはらか。和より出。和歌の両字、有口伝。丸が愚にて此書を思ひ立事も、此和歌の二字の相伝より也。博学広才の人たりとも、自見の上斗にては歌の品は知がたきみちを、末代にしめさん為に師々相承して、なをざりの門弟には、口授せぬみち也。されは、師伝有歌人と自見の歌学者とをしらむ為の割符に、古人秘して残されしや。これなくは、末代に、自見の人、和歌に無二師匠一とて此道をやぶらん故と云云。有難をしへ也。

「和歌の二字の相伝」が何であるのかは不明であるが、貞徳の随筆『戴恩記』下巻に、

又歌は木にかたどるといふは、歌は柯なりと字註に侍り。歌の字の篇に可の字二つかさねてあるは、木の枝のつらなりたる形也。つくりに欠づくりをかくは、其枝を風の吹ならす心なり。言篇に風を書も、言篇に䍃の字かくもみなうたふとよむ也。䍃はうごくなれば是も風の心あり。（中略）此歌といふに大事の口伝是あり。然ば、歌は木也。木は風也。かぜは万物の情非情の気、有情の魂にて、乾坤とひとしくはじまれる事分明なり。こゝを以て、此歌あめつちひらけはじまりける時より出きにけりとかけり。

と記されていることから推測は可能である。「歌は柯也」は、貞徳の師である細川幽斎（一五三四〜一六一〇）による三条西実枝（一五一一〜七九）の講釈の聞き書きである『詠歌大概抄』（天正十四年〈一五八六〉成立）などに記されている説である。この説は、「歌」という漢字を「可・可・欠」に分解し、それぞれの構成部分の意味を総合して「歌」という漢字の持つ本質的な意味を見出そうと試みたものであるが、和語の語源を考えるという営為が、この「歌は柯也」説とその方法に触発された可能性は考えられるだろう。たとえば、『和句解』の語源説「覆盆子《いちこ》／いちごは、いは、味《いし》いの上（下カ）略。ちは、乳味《ちのあぢわひ》。初はすくて後甘なる故歟。こは、如也」（巻二）はこの方法が使われていると言え、この種の語源説は、『和句解』全体にわたって多く見られる。貞徳が、和語の語源説を集積して残すことを考えたのは、こういっ

た知識に触発されたことに加えて、自分の行ってきたことを残して後世に伝えたいという啓蒙意識からであると考えられる。

二・三・三　執筆・成立時期

執筆時期・成立時期は、確定させる根拠となる情報がないため、不明である。ただし、推測の手がかりとなる情報はある。まず、本稿の「三　見出し語について」で論証する通り、『和句解』の見出し語が全体にわたって源太郎版『節用集』・横本『二体節用集』のグループに属する節用集から抄出されていることが手がかりとなる。源太郎版『節用集』・横本『二体節用集』のグループの節用集が刊行されたのは元和・寛永期（一六一五〜四四）である。それゆえ、『和句解』の執筆時期は、元和・寛永期かそれ以降ということになる。節用集から和語を抄出して見出し語を選定し、語源説を考えていく作業は、貞徳が眼病を患った寛永十二年（一六三五）より前か、それ以降の眼病が小康状態の時期に行われたと考えられる。（少なくとも、眼病に苦しんだ寛永十二年は含まれないだろう。）

次に、語源説本文中の徴証として、先に「二・二・一」で述べた通り、貞徳が数えで六四歳になった寛永十一年（一六三四）以降使っていた号「延陀丸・長頭丸」に基づく自称である「丸」が「軟（やはらか）」（巻三）・「文（ふみ）」（巻四）・「鴇（ひたき）」（巻六）の三項目の語源説で記されていることがある。これら「軟（やはらか）」「文（ふみ）」「鴇（ひたき）」の三語について、『和句解』の見出し語を抄出するための依拠資料となった節用集と同じグループに属する寛永六年刊横本『二体節用集』での配列位置と『和句解』における配列位置とを比較すると、「文（ふみ）」「鴇（ひたき）」については照応している。[16] このことから、「軟（やはらか）」「文（ふみ）」「鴇（ひたき）」の語源説が、草稿全体が成立した後に新たに補足されたものである可能性は低いと考えられ、草稿の少なくとも巻三「軟（やはらか）」以降は寛永十一年以降に執筆されたことになる。

これらのことは、『和句解』巻三以降、あるいは『和句解』全体の執筆が、貞徳が眼病から回復した寛永十三年以降である可能性を示唆している。

また、貞徳の随筆『戴恩記』に記されているものと同じ心境や表現が『和句解』

にも書かれていることが、執筆・成立時期の推測の手がかりとなる。

• 物習ふ人は、道の冥加をおもふべき事也。一字の師匠なりとも、芳恩謝徳のこゝろざしを、つねに持べし。（中略）後生のわれらを導んために、そくばくの気をつくせる、古賢の心ざし崇ても猶あまりあり。丸が門人に此ことはりを識得あらば、はかなき絵草子を見ても、其撰者にかならず一返の廻向あるべき物なり。南無妙法蓮華経。（『戴恩記』上巻）

• 占／うらなひ。うらは裏也。内《うち》と同じ。うらさびし、うらかなしなど云も、心と云事也。こゝろと云物は内にあるもの也。内はうらなり。うらさびし、心がなしと云詞也。これは歌道大事の口伝にて、むさとはかきあらはさぬことながらも、はや頓而死ぬるみなれば、秘し失てもせんなし。古人の秘せしも、道をふかく高くせんとてこそ、秘蔵ありつれ。真実は人にしらしめむとをもはれ侍也。かやうの事をやすくみ覚て、報恩のこゝろなき人は、冥加あるべからず。一切の書をみるたびに、其撰者を思出て、一遍のえかうあるべき物也。（『和句解』巻三）

この「占（うらない）」も、寛永六年刊横本『二体節用集』中巻「う」部での配列位置と『和句解』巻三「う」部での配列位置は照応しており[17]、「占（うらない）」項は草稿全体が完成した後の補足ではないと考えられる。小高敏郎氏（小高、一九六四）によると『戴恩記』の成立は寛永十八年以降正保四年（一六四一～四七）の時期であるから、『和句解』の執筆・成立もこの時期である可能性がある。以上のことから、執筆・成立時期は、寛永十三年頃～正保四年頃（一六三六～四七）と推測しておく[18]。（この推測は、『和句解』巻三「牛（うし）」項の語源説「失《うしなふ》と云字より出か。但、牛《うし》と云字より、失の字を、うしなひと云こゝろに、うしなふと付か」に寛永十五～十八年（一六三八～四一）に西日本で流行した（京都では寛永十七年に流行した）寛永牛疫が反映されている可能性があることと矛盾しない[19]。）

三　見出し語について

三・一　横本『二体節用集』の配列の反映（一）

――「に」部の語彙と配列による比較――

貞徳が、イロハ分類体の歌学書『歌林樸樕』『和歌宝樹』を編纂するにあたり、中世の歌学書に依拠したことが、西田正宏氏の研究（西田、二〇〇六）によって明らかにされている[20]。すなわち、『歌林樸樕』は、見出し語は『袖中抄』から項目を抄出してイロハ順に並べたものであり、注釈も『袖中抄』に依拠している箇所が多くみられる。『和歌宝樹』は、見出し語は『八雲御抄』から抄出し、注釈は『八雲御抄』『散木集注』『堀河院百首聞書』『僻案抄』を主な依拠資料としている。

『和句解』の見出し語が、近世初期に刊行された、『易林本』節用集の系統の節用集である、源太郎版『節用集』・横本『二体節用集』のグループに属する節用集から抄出されていることについては、拙稿（土居、二〇一二）で指摘した。本章は、これに若干の補足・修正を行い、再録したものである。

まず、近世前期に出版された易林本系の節用集のおおまかな系統関係を、柏原司郎氏・高梨信博氏・佐藤貴裕氏の研究[21]によって確認しておく。易林本『節用集』（慶長二年〈一五九七〉刊）を祖本として、草書本『節用集』（慶長頃刊）を始めとする「草書本系」と、寿閑本『節用集』（慶長十五年〈一六一〇〉刊）を始めとする「寿閑本系」の二つの系統の節用集が刊行された。そして、柏原司郎氏（柏原、一九七七）・高梨信博氏（高梨、一九九二）によると、草書本『節用集』の総項目数の約三割を削減し、書型を横本に改編して刊行されたのが、源太郎版『節用集』（元和五年〈一六一九〉刊）と元和・寛永期に複数の版が刊行され流布した横本『二体節用集』である。この横本『二体節用集』を改編して刊行されたのが、寛永十五年（一六三八）刊西村又左《ママ》右衛門版を始めとする『真草二行節用集』であり、以後、寛文期（一六六一～七二）まで『真草二行節用集』諸本が節用集の主流となった。以下、本稿では、便宜上、易林本『節用集』・草書本『節用集』・寿閑本系節用集を《広本》、源太郎版『節用集』・

横本『二体節用集』のグループを《略本》と呼ぶ。

『和句解』と、源太郎版『節用集』・横本『二体節用集』との関係が明確な例として、『和句解』「に」部の見出し語で検証する。なお、この「に」部は、古本節用集の中で易林本に特有の項目である「釈迦牟尼仏《にくるべ》」を有し、また、項目「薫《にほふ》」が、草書本『節用集』を略本に編集する際に整版上の都合で行われた「行末調整」（節用集の改編にあたり、親本の配列に従って項目を写していく途中で、行末に中途半端なスペースが空いてしまった場合に、そのスペースに見合う長さの項目〈漢字一字語が入るスペースには漢字一字語の項目〉を他所から移してスペースを埋める操作(22)）による項目の配列変更を反映した場所に位置している。

『和句解』見出し語の語彙・配列と、源太郎版『節用集』・横本『二体節用集』の語彙・配列の照応を、『和句解』「に」部の見出し語（項目数、二四）を例に示す。配列は、次の通りである。（和訓は丸括弧内に記し、異体字は可能な限り原本のまま残した。以下の節用集の引用も同様。）

①虹（にじ）②西（にし）③庭（には）④贄（にへ）⑤煑（にる）⑥面皰（にきび）⑦韮（にら）⑧苦（にがし）⑨鯡（にしん）⑩辛螺（にし）⑪蜷（にな）⑫鈍（にぶし）⑬弣（にぎる）⑭膠（にかは）⑮新（にゐ）⑯尺迦牟尼仏（にくるべ）⑰似（にる）⑱白眼（にらむ）⑲薫（にほふ）⑳荷物（にもつ）㉑俄（にはか）㉒悪（にくむ、にらむ）㉓北（にぐる）㉔浊（にごる）

次に、横本『二体節用集』「に」部の見出し語（項目数、一二三）を、寛永六年刊本（国会図書館亀田文庫蔵(23)）に拠って示す。（見出し漢字の字体は、行草体・楷書体のうち楷書体表記で示した。傍訓は『和句解』の見出し語の抄出元と想定される項目のみについて、丸括弧内に記した。また、見出し漢字の共通部の繰り返しは「―」で示し、傍訓の繰り返しは「同」と記した。傍線部は、『和句解』「に」部に見出し語として抄出された語を含む項目であり、数字は『和句解』での配列である。言辞門の□で囲んだ項目は、行末調整により草書本での配列から位置を変更されている一字語項目である。）

［乾坤］女護嶋　日没　日輪　―中　―蝕　①霓（にじ）　虹（同）　蝃蝀（同）　②西風（にしかせ）　驟雨　③庭（には）　場（同）　砌（同）　二階　日本　潦　人間界　④贅殿（にゑどの）　燎　［人倫］入道　尼公　―宗　女房　女姓　人工　―師　―神　―形　―身　―民　―足　［支体］⑥面皰（にきび）　痤（同）　肉　［草木］肉桂　⑦薤（にら）　⑧苦竹（にかたけ）　楡　③庭櫻　忍冬　蒜　接骨木　肉蓯蓉　［気形］雞　鶺鴒　⑩辛螺（にし）　羚羊　⑪蜷（にな）　⑨鯡（にしん）　鳰　雛馬　鮐　［食服］尼師壇　⑫鈍色（にぶいろ）　錦　醢　肉味　―食　乳味　入麪　⑤煑染　［器財］如意　⑬弜（にきり）　⑭膠（にかは）　④贅　［数量］二月　二十八宿　［名字］⑮新田（につた）　仁科　二階堂　仁木　⑯釈迦牟尼佛（にくるへ）　鹿伏兎　⑪蜷川　［言辞］柔輭　―和　入堂　―寺　―間　入壇　―勘　―唐　―定　―滅　⑮新嘗會　―枕　⑰似（にたる）　人情　―愛　―數　―給　㉑俄　人間万事塞翁馬　賑　忍辱　―著　任運　―料　如法　―狗　便　―説　日課　日參　荷擔　―持　⑰不似付　似合　日記　―別　刄傷　若道　―族　⑱斜眼（にらむ）　白眼（同）　⑳荷物（にもつ）　―負　仁符　⑲薫（にほふ）　㉑率尒（にはか）　㉒所悪（にくまる）　駑駘　⑤煑　場騎　㉓逐北（にくるをおふ）　㉔濁（にこる）　渾（同）　握　㉓逃　⑲匂　⑫頑　鈍　魯　⑧苦

両者を比較すると、貞徳が、《「に」部全体を見て、ほぼ前から順番に和語を抄出している》《乾坤門の初出の和語「虹《にじ》」を抄出している（なお、『和句解』三九部中の二〇部[24]で、乾坤門の冒頭項目または初出の和語項目から最初の見出し語を抄出している）》《複数字語項目の一部から和語を抄出する方法も用いている（「西風《にしかぜ》」→「西《にし》」）》ことがわかる。

配列については、項目「薫《にほふ》」は、易林本・草書本・寿閑本系諸本（寛永年間版『節用集』〈「い〜か」部のみの残存。国会図書館亀田文庫蔵〉を除く[25]）・『真草二行節用集』諸本では、言辞門の末尾部にまとめられた一字語項目群の中で「濁《にごる》」よりも後に位置していることから、『和句解』での「薫《にほふ》」の配列位置が寛永六年刊横本『二体節用集』の配列を反映したものになっていることがわかる。『和句解』と寛永六年刊横本『二体節用集』で位置が大きく異なっている項目は「煑《にる》」「俄《にはか》」であるが、これらの位置には理由がある。まず、「煑《にる》」は、次に示す通り、前項「贅《にへ》」の語源説で用いられている語である。貞徳が、《前項の語源説で用いた語を次項に立項した》

事例である。（前項と同音語の連想、または前項の語源説からの連想で次項を立項する事例は、『和句解』全体にわたって多くみられる。(26)）

　贄／にへ。煑といふより出か。
　煑／にる。なべ釜に入る、と云心か。

また、「俄」は、寛永六年刊横本『二体節用集』の「率尓《にはか》」の位置からの抄出と考えられる。「俄」の語源説を見ると、貞徳が「俄」「率尓」の両方を把握していたことがわかる。（付記すれば、貞徳が依拠した節用集では、この二項目が、横本『二体節用集』の「率尓」の位置で並べて掲出されていた可能性が示唆されている。）

　俄／にはか。急なる事には、一二と不分心か。卒尓とも書也。

　以上のことから、『和句解』「に」部について、貞徳が、寛永六年刊横本『二体節用集』、または項目の配列がこれと類似する節用集に依拠して見出し語を抄出したことがわかる。管見の及んだ、慶長期から『和句解』刊行の寛文二年までに出版された節用集で(27)、「に」部の見出し語が寛永六年刊横本『二体節用集』と同じ配列になっているものは、次の通りである。これらは、先に述べた、草書本『節用集』から派生した略本のグループである。

○元和五年（一六一九）刊源太郎版『節用集』（横本。東洋文庫岩崎文庫蔵）
○元和・寛永期（一六一五〜四四）に刊行された横本『二体節用集』諸本(28)
○寛永七年（一六三〇）刊杉田良庵版『節用集』（縦本。国会図書館亀田文庫蔵）
○寛永九年（一六三二）刊杉田良庵版縦本『二体節用集』（東北大学附属図書館狩野文庫蔵）、同年刊無書肆版縦本『二体節用集』（国会図書館亀田文庫蔵）

このうち、寛永七年杉田版は、「わ」部の項目が、三二項目増補されているが、増補された項目は『和句解』「わ」部には反映されていない。

　貞徳が依拠した節用集が、源太郎版・寛永七年杉田版のような項目が行草体表記の節用集なのか、項目が行草体と楷書体の二体表記の『二体節用集』なのかという問題については、『和句解』「に」部の見出し漢字に楷書体（「煑」「鈍」「弣」「膠」「北」）があり、楷書体表記の見出し漢字は本書全体にわたって散見することから、依拠した節用集は、それが一本の版本であるならば、行草体と楷書体を併記する『二体節用集』であった可能性が考えられる。

三・二　横本『二体節用集』の配列の反映（二）
――指標語の指摘――

『和句解』と横本『二体節用集』に影響関係があることは、「に」以外の部においても、見出し語の配列の比較によって証明できる。(29) 顕著な事例として「か」部における照応を示す。『和句解』「か」部冒頭部見出し語の配列は次のとおりである。

①鎌（かま）　②語（かたる）　③葛（かづら）　④鏡（かかみ）　⑤瓦（かはら）　⑥鐘（かね）　（二三項目、中略）　㉚風（かぜ）　㉛霞（かすみ）　㉜厠（かはや）　（以下、省略）

次に、易林本（平井版。国文学研究資料館蔵）「か」部乾坤門の項目を冒頭から示す。（傍線部は、『和句解』の見出し語の抄出元となった項目。）

高麗（カウライ）　①鎌倉（カマクラ）　高野山（カウヤサン）　賀茂（カモ）　春日（カスガ）　③葛川（カヅラカハ）　香暮山（カクレノヤマ）　④賀々美山（カガミヤマ）　②語岡（カタラヒヲカ）　加作縫島（カサヌヒシマ）　⑥鐘御崎（カネノミサキ）　（五二項目、中略）　㉚風（カゼ）　㉛霞（カスミ）　⑤瓦（カハラ）　㉜厠（カハヤ）　圊（同）　甎（カハラ）　（以下、省略）

易林本では、項目「瓦《かはら》」が乾坤門の後半部に位置している。慶長期から寛文二年までに刊行された節用集で、「瓦」の位置が乾坤門の後半部にある節用集は、草書本・寿閑本系諸本・『真草二行節用集』諸本（増補本の寛文二年刊『真草二行節用集』〈東北大学附属図書館狩野文庫蔵〉を含む）である。

一方で、寛永六年刊横本『二体節用集』「か」部乾坤門冒頭部の項目は次の配列になっている。

高麗（かうらい）　①鎌倉（かまくら）　高野山（かうやさん）　賀茂（かも）　春日（かすか）　②語岡（かたらひおか）　③葛川（かつらかは）　香暮山（かくれやま）　角河（かくかは）　④賀々美山（かがみやま）　⑤瓦（かはら）　加作縫嶋（かさぬひしま）　⑥鐘御崎（かねのみさき）　（五四項目、中略）　㉚風（かせ）　㉛霞（かすみ）　甎（かはら）　㉜厠（かはや）　（以下、省略）

「瓦《かはら》」が、「賀々美山」の次項に移動している。この「瓦」を含めた項目の配列位置の移動は、草書本が略本化されたときに行末調整で発生したものである。「瓦《かはら》」がこの位置にある節用集は、管見の及んだ限り、源太郎版・横本『二体節用集』諸本・寛永七年杉田版・寛永九年刊縦本『二体節用集』であり、これは、前に「三・一」で述べた、「に」部の項目の配列に『和句解』との影響関係が認められる節用集と一致する。同様の現象は、『和句解』「ゆ」部の項目「湯《ゆ》」と、慶長から寛文二年までに刊行された節用集の「ゆ」部乾坤門の項目「湯殿《ゆとの》」の関係についても見られる。(30)なお、寿閑本系の亀田文庫蔵寛永年間版『節用集』（「い〜か」のみ残存）については、「三・一」で述べた通り「に」部の項目「薫」は「濁」よりも前に位置しているが、「か」部「瓦」の位置は、乾坤門後半部であるため、『和句解』の見出し語の依拠資料からは除外される。さらに補足すると、「か」部の配列には、佐藤貴裕氏（佐藤、二〇〇八b）によって指摘された寿閑本系の指標である「（易林本の）カ部言語門の乱丁的誤刻の修訂」の反映が見られない。また、佐藤貴裕氏（佐藤、二〇〇八b）によって指摘された寿閑本系のもう一つの指標「ヲ部言語門三〇語の誤脱」についても、『和句解』「を」部では、寿閑本系で誤脱した箇所から抄出したとみられる見出し語「押《をす》」（←「推量《をしはかる》・押寄《をしよす》〜押置《をさへをく》」）、「怠《をこたる》」（←「懈怠《をこたる》」）がある。このことも、『和句解』が寿閑本系諸本に依拠していない証拠となる。

以上のことから、配列の観点からは、貞徳の依拠した節用集が、一本の版本であるならば、それは易林本・草書本ではなく、また、現存する寿閑本系諸本・『真草二行節用集』諸本ではないことがわかる。

三・三　依拠資料となった節用集に関する仮説

しかし、『和句解』見出し語の語彙については、広本にあって、略本にはない項目を抄出したとみられる見出し語が掲載されているという問題がある。

『和句解』所載の、《広本にあるが略本にはない項目》を抄出したとみられる見出し語は、次の通りである。なお、見出し漢字の表記や字体が異なっていても、読みが同じならば抄出元とみなし、「まどかなり、まどか」などの語尾の違いは、同じ読みとした。（傍線部は、『和句解』における、イロハ分類の部の最終項目。）

誂（いどむ）、卑（いやし）、仏（ほとけ）、殆（ほとんど）、煻（おき）、御（ををん、をん）、筅（をさ）、長（おさ）、蕀（をどろ）、己（をのれ）、瘖（をし）、阿（をもねる）、車前草（おほばこ）、泳（をよぐ）、衰（おとろふ）、下（をろす）、丁（よぼろ）、平（たゐら）、抑（そもそも）、七（ななつ）、糊（のり）、法（のり）、閲（のぞく）、櫛（くし）、圓（まどかなり、まるし）、撰（えらふ）、蕢（す）、過（すぐる）、勧（すすめ）、菫（すみれ）

「ほ」部「仏、殆」、「そ」部「抑」、「な」部「七」は、広本言辞門末尾部にあって、略本では削除されている一字語項目である。「ほ」部については、『和句解』の配列は、草書本からの改編の際に行末調整で移動した一字語項目「細《ほそし》」（言辞門）を徴証として略本の配列が反映されていることがわかる。[31]それゆえ、これらの項目は貞徳が独自に補足した語ではなく、依拠した節用集の「ほ」「そ」「な」部が広本の語彙を持っていたと考えるのが妥当であろう。

略本にない項目が多い「を」部については、依拠資料となった節用集が「を」「お」部を統合した部立てであったことも考えられるため、細かく検討する必要がある。[32]『和句解』「を」部に収録されている八五項目のうち、前半の五〇項目（「音《をと》」～「掟《をきて》」）は、易林本系節用集の「を」部から抄出したものである。冒頭の「音」は乾坤門冒頭項目「音羽瀧《をとはのたき》」からの、五〇番目の項目「掟」は言語門末尾部の項目「掟《をきて》」からの抄出であり、配列は二一一～二五番目の項目「印《をして》・斧《をの》・蓋《をほひ》・笽《をい》」の配列に略本の財瑶門（器財門）の配列が反映されている可能性がある。語彙については、この表に挙げた「煻《おき》」は前項「興《をこる》」の語源説で使われている語であるから、前項で使った語を次項に立項した可能性が高い。ゆえに、「を」部前半については略本に依拠していると考えられるのだが、「煻」が財瑶門から抄出した語を集めた位置にある（「煻」は広本の財瑶門にある）ため、貞徳が依拠した節用集の「を」部が広本の語彙を持っていた可能性も排除できない様相となっている。広本のうちどの節用集が混入していたかという問題については、旧稿（土居、二〇一二）では、「『和句解』「を」部の項目「押《をす》」の抄出元となったであろう言語門の一連の項目「推量《をしはかる》・押寄《をしよす》～押置《をさへをく》」が寿閑本系諸本では脱落しているため、寿閑本系諸本ではなく、易林本か草書本と考えられる」と推測した。しかし、広本からの大規模な混入ではなく、略本の語彙を増やすために広本から語彙を摘出して追加する編集があった可能性も考えられる。それゆえ、『和句解』見出し語の依拠資料となった節用集に、略本にはない語彙を提供した広本が、寿閑本系諸本である可能性は排除できない[33]。

「を」部後半の三五項目は、次に示す通りである。（傍線部は、広本の「お」部にあって略本の「お」部にない項目。波線部は、広本「を」部にあって略本「を」部にない項目。二重線部は、易林本にない項目である。）

鬼（をに）御（ををん、をん）筦（をさ）長（おさ）奥（をく）面（おもて）蕀（をどろ）已（をのれ）瘖（をし）鴛（をしどり）踊（をどる）朧（をぼろ）老（をひ）思（をもひ）仰（をほせ）大（をほいなる）阿（をもねる）車前草（おほばこ）狼（をほかみ）生（おふる）帯（をび）桶（をけ）可咲（をかし）穏（をだし）拝（おがむ）泳（をよぐ）衰（おとろふ）去年《ママ》（をととし）一昨日〈和訓ナシ〉翁（をきな）折（をる）頤（をとがひ）公（おほやけ）親（をや）下（をろす）

広本の「お」部に由来するとみられる項目が多いことが伺える。また、後半七〜一一番目の項目「蕀・已・瘖・鴛・踊」は、広本の「を」部に散在している項目であり、ここではまとめて立項されている。易林本に項目のない「奥」「狼」「穏」「去年《ママ》」については、「を」部後半には前項の語源説で用いた語を次項に立項した事例はないため、節用集に拠らない独立した立項と考えられる。これらのことから、「を」部後半は、依拠した節用集の「を」「お」両部から抄出したとみられる見出し語と易林本にない見出し語が、意義分類の部門の順に従わずに乱雑に配列されていることがわかる。「を」部後半の見出し語が、「を」部前半を含めた他部とは異なる特殊なものになった理由は想像するしかないのだが、この特殊性は、貞徳が依拠した節用集が一つの版本であったとするならば、その節用集の「を」「お」部に起因するものではなく、見出し語を選択した側に起因すると考えるのが妥当であろう。『和句解』の執筆・成立時期と想定される寛永十三年頃〜正保四年頃（一六三六〜四七）以前に出版された易林本系節用集で、「ゐ」「ゑ」「を」部のない四四部構成のものは現存しないからである。貞徳が、「を」部前半については節用集の「を」部からほぼ配列に従って見出し語を抄出し、後半については、「お」部から任意に抄出した語を中心に、「を」部から抄出した語と、節用集に拠らず独自に選んだ語を加えながら、見出し語を立項したと、現状では推測しておく。

元和・寛永期から寛文二年までに刊行された節用集で、略本に、本節「三・三二」の最初に示した表「『和句解』所載の、広本にあるが略本にはない項目」に記されている項目を補足する改編を施した節用集は、管見の限りでは現存していない。しかし、寛永期において、節用集の改編出版は頻繁に行われていた。佐藤貴裕氏の論文（佐藤、二〇〇八b）によって例を挙げると、寿閑本系の寛永六年刊中野市右衛門版『節用集』は、慶長十六年本と草書本系横本（本稿で言う略本）との交雑であり、また、前述の亀田文庫蔵の寛永年間版『節用集』（「い〜か」のみ残存）は、この寛永六年中野版（または、寛永十二年中野版）を原拠として、「を」部の脱落した項目を易林本か草書本系諸本から補足するなどの改編を施したものである。さらに、管見では、寛永十五年西村版『真草二行節用集』では、寿閑本系節用集（おそらく寿閑本）の本文の取り込みがみられ[34]、また、そう多くはないが、横本『二体節用集』が草書本からの略本化の際に失った項目を回復させる増補や、略本化の際に行末調整で移動した項目の位置の修正がみられる[35]。

以上、考察したことを総括して、貞徳の依拠した節用集は、それが一つの版本であった場合、源太郎版『節用集』・横本『二体節用集』のグループに属する『二体節用集』に易林本または草書本または寿閑本系諸本の本文が入り込んだ、縦本の『二体節用集』（横本では項目を増補した改版が難しいため）だったという仮説を、現状では提示しておく[36]。そして、この節用集から抄出した語に、貞徳が独自に立てた項目を加えたものが、『和句解』の見出し語なのであろう。（もちろん、本稿で提示した、『和句解』の見出し語の依拠資料となった節用集に関する仮説は、他の仮説を排除するものではない。たとえば、寛永末年〈一六四四〉頃までの時点で、「ゐ」「ゑ」「を」部のない四四部構成の易林本系節用集が出版された可能性を完全に排除することはできない。）

四　語源説について

四・一　語源説に援用された知識について

——清原宣賢〈後抄本〉『日本書紀抄』の影響——

『和句解』の語源説には、和漢の雑多な知識が記されている。それらについては、本書の注釈編「『和句解』語源説援用知識注釈」で可能な限り提示することを試みた。（なお、この「語源説援用知識注釈」は、出典を追及したものではなく、関連する知識を提示することによって、『和句解』の語源説を文化史の中に位置づける一助としたものである。）さまざまな知識や俗説が、貞徳の生きた近世初期の京都の巷間に浮遊しており、それらが『和句解』の語源説に流入していることがわかる。例を挙げると、「垂仁天皇時、田道間守により九種の柑類の種がもたらされた説話」（巻二「橘（たちはな）」）、「鯉の鱗は大小によらず三六枚説」（巻四「鯉（こひ）」）、「後漢明帝時、白馬寺に経典を納めた後の僧と道士の争いの説話」（巻四「寺（てら）」）などは、『塵袋』『壒嚢鈔』（または『塵添壒嚢鈔』）にみられる知識である。また、「若葉の虫のくひたるやまひ葉也」（巻一「嫩葉（わくらは）」）、「長弐尺八寸、高四寸五分のもの也」（巻四「末那板（まないた）」）などは、見出し語の依拠資料となった節用集の注文（項目の下に小文字で二行に書かれた注）が語源説に取り込まれている可能性が高い事例である。

語源説本文中に記された書名は、『竹取物語』『源氏物語』『万葉集』『風土記』『日本書紀』『和名抄』『公事根源』『清原宣賢日本書紀抄』『論語』『中庸』『易経』『尚書』『礼記』『老子経』『荘子』『鶴林玉露（「雨＝下米」説）』『法華経』『無量寿経』『観無量寿経』などであり、「神書」「歌書」「医書」「本草」と出典を曖昧に記すこともある。この中で『和句解』の語源説に最も大きく影響しているのは、清原宣賢『日本書紀抄』を含む中世の吉田家の日本書紀神代巻注釈である。

『日本書紀抄』の書名を明記した引用は、次の二箇所である。

- 神／日本記の抄云、かゞみの中略なり。（巻二）[37]

・文／ふみ。日本記の抄に清原環翠の云、一説、昔、高麗より日本への状、平懐也とて、宇治稚子の御足にてふみ給ふよりをこる。又説、蒼頡が鳥の足あとをみて文字を作よりふみと云といへど、尚（当カ）家の説にはこれらを不レ用。文者貫道之器とて、森羅万蔵の道理を含《ふくみ》もちたれば、ふくみと云詞の中略と云云。丸、これをみて、これみなわるし。ふみと云は此字の声也。ふむと云を、かんなにてふみとかくばかりなるべし。此類多し。蟬銭菊公何も声を即よみに用、といへは、妙寿院惺斎先生も、御感じ有し事なり。　（巻四）

藤原惺窩（妙寿院惺斎）は元和五年（一六一九）没であるから、「文」の項のエピソードが事実で、貞徳が宣賢『日本書紀抄』を閲覧していたならば、それは、版本、すなわち寛永初年以降同十年以前の刊行と推定される古活字版『日本書紀抄』[38]や寛永十七年刊整版『日本書紀神代巻抄』ではない。「文」の語源説は、宣賢〈後抄本〉『日本書紀抄』では「高麗」からの文となっており、永正頃に成立した宣賢自筆『日本書紀抄』〈永正本〉〈先抄本〉[39]では「百済」からの文となっていることから、貞徳は、宣賢〈後抄本〉『日本書紀抄』の写本か、宣賢の〈後抄本〉系の日本書紀講義の聞書の写本を閲覧したことになるだろう[40]。

「神（かみ）」「文（ふみ）」以外で、『和句解』において、出典は示されていないが、宣賢〈後抄本〉『日本書紀抄』の記述と共通する知識（あるいは語源説）が記されている項目は、管見では、次の通りである。

魚（いを）、往古（いにしへ）、出（いづる）、鼻（はな）、針（はり）、西（にし）、星（ほし）、穂（ほ）、鉾（ほこ）、仏（ほとけ）、処（ところ）、面（おもて）、翁（をきな）、笠（かさ）、吉（よし）、竹（たけ）、魂魄（たましゐ）、津（つ）、築紫（つくし）、釣（つり）、月（つき＝「月は闕也」説）、杖（つえ）、七（ななつ＝一〈ひとつ〉から十〈とを〉の数字語源説）、巻（まく）、槙（まき）、手（て）、芦（あし）、噪（さはぐ）、北（きた）、南（みなみ）、見（み）、東（ひがし）

もちろん、双方の語源説が異なる例もある。宣賢〈後抄本〉『日本書紀抄』と『和句解』で語源説が異なる例は、管見では、「腹（はら）」「田（た）」「月（つき）＝月《つき》の語源を次《つぎ》とする説」「天（あま、あめ）」「足（あし）」「檜（ひのき）」「額（ひたい）」「桃（もも）」「杦（すぎ）」である。次に示すのは、双方で共通する語源説を記している例である。

• 弓ト鈎トハ、其功用同シ。弓ハ、虚空ニ矢ヲ放セハ、自然ニ的ニアタル。鈎モ、虚空ニ針ヲ下セハ、自然ニ、魚ヲウル也。二ノモノ、其功用、ヒトシキ者也。故ニ、弦《ツル》ト、鈎《ツル》ト、同シ、張《ハリ》ト、針《ハリ》ト、同シキ也。（〈後抄本〉下巻・四六丁裏）

• 針／はり。ほそくてもたをまぬやうにこしらふれば、張と云歟。又、刃《は》有《あり》と云か。（『和句解』巻一）

• 釣／つり。つる。つる。つるゝか。魚をはりがつれて上る也。鍋などのつるも、箱蚊帳を上につる、みなこれより出。草木のつるは、つらなる也。鍋などのつるも草木のつるより出。（『和句解』巻二）

「針」については「張ト、針ト、同シキ也」、「鈎」については「弦ト、鈎ト、同シ」という発想が共通しており、『和句解』ではより現実的な語源説が記されている。

以上のことから、吉田家の日本書紀神代巻注釈の知識が『和句解』に流れ込んでいることは確実である。ただし、『和句解』の「東」「西」「南」「北」の方角語源説が宣賢〈先抄本〉〈後抄本〉『日本書紀抄』と同じ説であるのに出典が「歌書」（「東」「西」）、「古人の伝説」（「南」）と記されていること、また、宣賢〈後抄本〉『日本書紀抄』と『和句解』で異なる語源説があることを考えると、貞徳が寛永期の『和句解』執筆時に、宣賢〈後抄本〉『日本書紀抄』などの日本書紀神代巻の抄物を座右に置いて依拠資料として参照したとは言えないだろう。これらの宣賢〈後抄本〉『日本書紀抄』にある知識と語源説は、貞徳が、『和句解』執筆以前の細川幽斎・藤原惺窩・梵舜との親交があった慶長期（一五九六〜一六一五）頃に、宣賢〈後抄本〉『日本書紀抄』系の写本から得たものと考えられる。あるいは、これらの知識と語源説が、近世初期の京都に浮遊していたということになるだろう。

なお、『和句解』の語源説で使われている「神語《しんご》」の用語と概念も、次の、宣賢〈後抄本〉『日本書紀抄』にみられるような、吉田家の日本書紀神代巻注釈から借用したものである可能性がある。[41]

• 一書々々ノ説ハ、天上、天下、龍宮、此三境ノ神ノ記録也。故ニ一書コトニ、異義アリ。但イツレヲ天上、イツレヲ天下、イツレヲ海中ノ神語ト、分テ知カタシ。只三境ノ神語ト、習フマテ也。（〈後抄本〉上巻・九丁裏）

•私云、中院入道准后親房公古今注云、アメトハ、天也。神代ノ旧言也。大方、大和詞ニツキテ、神代ノ旧言ハ、ナニノ故ニ、天ヲ云初ケルトハ、更ニ難レ釈事也。　（〈後抄本〉上巻・一三丁裏〜一四丁表）

•仮令、日月《シチケツ》ヲ、ヒツキト云イ、天地ヲ、アメツチト云ル事ハ、開闢以来、天然ト、云出シタル名ナレハ、コレヲ真名トハ云也。　（〈後抄本〉上巻・三丁表）

•谷／たに。神語。（中略）初、神のいひそめ給ひし詞には義なし。其儀有べけれども、凡夫しりかたし。　（『和句解』巻二）

•七／なゝつ。一二三の数字《かずじ》、神語か。更其儀とられず。をのづから云出せるに、ゝたり。　（『和句解』巻三）

言語学的用語（語源解釈用語）「神語《しんご》」については、次節「四・二・三」で言及する。

『和句解』(42)語源説には、当然ではあるが、中世の歌学書に記された知識も取り込まれている。

•顕昭云、ほはあらはなる詞也。ほにいづ、ほにこそなどいふ詞也。
（『袖中抄』第四「ほろにふみあだし」）

•一、栲ノ穂、タヘノハ褒ル言、穂ハアラハル、詞也。火ヲホトヨメルモ顕ル物也。アカルハアラハル、也。　（由阿『拾遺采葉抄』第二）

•星／ほし。ほは、火なり。日なり。明白になるを、ほにあらはるゝと云。されば、夜が明てきゆれば、日に死すると云事か。又、星は石也。光はほなり。日のひかりうつる故也。されば、ひかる石也。是正説也。　（『和句解』巻二）

•穂／ほ。火は、ほとも云。あらはるゝ物をは、みなほと云也。　（『和句解』巻二）

「穂」の語源説は由阿説に近いが、これは、宣賢〈後抄本〉『日本書紀抄』の「穂ニ出ルト云ハ、火《ホ》ノ義也。」（上巻・四九丁裏）を含めた中世の和学（歌学と吉田家の日本書紀神代巻注釈）の知識が流入したと考えるべきであろう。「星」の語源説についても、次に示す記述から、中世の歌学の説と吉田家の日本書紀神代巻注釈の説を総合したものになっていると言うことができる。

•大陽ノ光散シテ、星トナル也。星ノ字ハ、日生トカケルハ是也。
（〈後抄本〉上巻・一七丁裏）

•剣モ、石モ、星トナル事アリ。春秋ニ、星隕《ヲチテ》成石ト云リ。又前漢天文志ニ、星者金之散気ト云リ。火ヲウチ出スニ、其火ノテルカタチ、誠ニ星ノ如シ。孟康曰、星ハ石也。金石相生シ、人与星相応スルトイヘリ。

（〈後抄本〉上巻・三九丁裏）

中世の歌学書の知識の流入は他にも散見するが、本書の注釈編「『和句解』語源説援用知識注釈」の、「春（はる）」「獺（をそ）」「綾（あや）」「酒（さけ）」「清（さやか）」「薄（すすき）」項などを参照していただきたい。また、「五音通」「同音」「横通」「上略」「中略」「下略」「付字《つけじ》」「休め字」などの言語学的用語も、中世の歌学に由来するものであるが、「神語」と同様、これについては次節「四・二」で述べる。

四・二　語源解釈法について

四・二・一　相通説・略音

前節「四・一」で触れた通り、『和句解』では、吉田神道の日本書紀神代巻注釈に由来するとみられる用語「神語《しんご》」と、中世の歌学で歌語の解釈に用いられた言語学的用語が語源解釈用語として使われている（本書、索引編「本文語句索引」参照）。

語形の変化を説明するために、基本的な用語として最も多用されているのが、「五音通」などの相通説の用語と「上略」などの略音の用語である。相通説は、《五音相通（五十音図の各行内での音の交替）》《同韻相通（五十音図の各段内での音の交替）》に大別できるが、『和句解』では、「五《ご》音《おん》通・五音通ず・五音・五音同・相通る・同音・をなじ・同・通」などの用語で五音相通が頻繁に使われているのに対して、同韻相通（『和句解』では「横通」と呼ばれている）はほとんど使われていない。略音は《音の脱落》のことであるが、『和句解』では、「上略・中略・下略・上下略・中下略・略字」などの用語で頻繁に使われている。中世の歌学では、相通説や略音は歌語の解釈に使われたのであるが、清原宣賢〈後抄本〉『日本書紀抄』などの吉田家の日本書紀神代巻注釈では適用範囲が歌語から日常用語に広げられ、「笠《カサ》ハ、形ヲカクス者也。隠《カクス》ト云、クノ字ヲ中略スル也。サト、ストハ、五音相通也。蓑ハ、身《ミ》代《シロ》也。衣《ミツ》ト同シ」（清原宣賢〈後抄本〉『日本書紀抄』中巻・一八丁裏）などといった、儒学者が『日本書紀』の注釈書で記した語源説ゆえ、いわゆる《学者語源》[43]なのではあろうが、言語遊戯的な語源説が記されている。吉田家の日本書紀神代巻注釈は、相通説と略音が語源解釈に濫用されるようになった契機の一つになったのかも知れない。『和句解』においても、相通説と略音は、「盗／ぬすむ。ねすむ也。人のねゐりたるころをうかゞふ故か。ねとぬと五音」「石／金玉稀にて、石はを、きものなれば、いやしと云詞、中略して、いしと云歟」（巻二）といった濫用がほとんどである。『和句解』において、相通説と略音が濫用されたのは、言語遊戯的語源説を作る営為に有効であったからであろう。

四・二・二　付字

相通説・略音関連の用語に次いで多用されている用語は、「付字《つけじ》」と「四・一」に挙げた「神語《しんご》」である。「付字」となる語の設定は、語源解釈の対象とした語を語構成要素に分解する際に直感的に行われているようである。現代の国語学からみて妥当な例は少ないが、参考までに、「付字（古《いにしへ》の付字・むかしの付字）」を使って語源解釈されている見出し語を次に列挙し、「付字」とされている語に傍線を付す。

鱗（うろこ）、踈（をろそか）、雲脂（いろこ）、愚（おろか）、泥（どろ）、往古（いにしへ）、前（まへ）、腹（はら）、耽（ふける）、止（とまる）、倫（ともがら）、捕（とらゆる）、消（きゆる）、禍（わざはひ）、終（つゐに）、長（ながき・ながし）、むさき・むさし、大（ふとし）、苦（くるしき）、圓（まどかなり・まどかなる）、申（まうす）、学（まなび）、交（まじはる）、正（まさし）、嶮（けはし・けはしき）、強（こはし）、拵（こしらへ）、爽（さはやか）、幸（さいはゐ）、先（さき）、所縁（ゆかり）

四・二・三　神語

「神語《しんご》」とは、「四・一」に引用した「谷／たに。神語。（中略）初、神のいひそめ給ひし詞には義なし。其儀有べけれども、凡夫しりかたし。」（巻二）、「七／なゝつ。一二三の数字、神語か。更其儀とられず。をのづから云出せるに、たり」（巻三）といった記述を根拠として、《人間が現れる前である神代から使われている言葉》と考えてよいだろう。『和句解』で「神語」とされている語は、次の通りである。

出（いづる）、花（はな）、我（われ）、鰐（わに）、代（よ）、田（た）、高（たかし）、玉（たま）、谷（たに）、種（たね）、津（つ）、土（つち）、月（つき）、爪（つめ）、根（ね）、一（ひとつ）～十（とを）の数字、歌（うた）、下（くだる）、櫛（くし）、闇（やみ）、手（て）、芦（あし）、目（め）、水（みづ）、火（ひ）、日、（ひ）、物（もの）

＊この他にも、「面（おもて）」「男（おとこ）」「追（をふ）」「分（わくる）」「背（せ）」が、「神代の初よりしぜんにいでたるなるべし」「神代に知べからず」「神代の詞」などとして神語と同様の扱いとされている。

貞徳は、「神語」は『日本書紀』に記されていると考えたようであるが、「日本記に有神語にも、前後有。初、神のいひそめ給ひし詞には義なし。其儀有べけれども、凡夫しりかたし。後にの給ひし詞とおぼしきは、其儀しらるゝも侍。日本記も漢字渡りて以後かきたれば、遥々後に出来たる詞をほし。よく心にて前後を分すは、知がたかるへし」（巻二「谷（たに）」）と、「神語」にも「初めに神が言い始めた言葉」と「それより後の時代に神が使った言葉」に分けて考えている。

四・二・四　その他の用語・語源解釈法

これらの用語以外に、「休め字」「うたがふ詞」「てにをは」「上に及ぼす詞」「卑下詞」「かへ詞（替詞）」「ひかへ詞（控詞）」「発端の詞」「動音・動体《うごくてい》」「訛《あやまり》」「体・用」「ためゐ（為ゐ）」「中のす」「ひらき（開）」といった言語学的用語が『和句解』で使われている。「ためゐ（為ゐ）」という用語については、林永喜『仮名書』（宝永四年〈一七〇七〉写。東京大学文学部国語研究室蔵）でも用いられている。『仮名書』は、さまざまな語句の仮名遣いを記したイロハ分類体の辞書であるが、この『仮名書』の項目は、易林本系節用集（おそらく、易林本か草書本）から抄出された形跡がある。憶測ではあるが、貞徳や羅山の周辺で使われていた用語かも知れない。その他の用語についての解説は省略する。

『和句解』では、『名語記』で「反《かえし》・反音《はんおん》・約《つづ》む」などの用語で多用された《仮名《かな》反《がえし》》[44]は、管見の限り、全く使われてない。また、江戸時代中頃以降に盛んになった音義説すなわちサウンド・シンボリズム（音象徴）も、顕著にはみられない。「ほは、あらはるゝを云」（巻一「頬（ほう）」）、「つは、つかゆる義有」（巻二「詰（つまる）」）、

「あは、発端の詞。くちをひらきいだす声也」（巻四「赤（あかし）」）に音義説的発想の萌芽がみられるのみで、逆に、「乳／ち。かやうの一字の義は、しりがたし」（巻四）のように、貞徳が音義説的発想に慎重になっている様子が伺える。語源の同定に擬声語・擬態語を求めている例は、管見では、「幢／はた。（中略）はたく〳〵と織時の音なるべし。」（巻二）、「杜鵑／ほとゝきす。これは、かれかなく声也」（巻二）、「吹／ふき。ふく。（中略）また、風の音がふう〳〵となる也。きは、来也」（巻四）、「嘔／えづく。えい〳〵と云声か。つくは、上へつき上るか」（巻四）、「手／て。（中略）手は、手うつ音てい〳〵となるより出。（後略）」（巻四）、「虻／あぶ。（中略）また、此虫の羽音か」（巻四）、「嗚呼／あゝ。からすの声也。なげく心も有。また、ふと、なに心なく、赤子の泣やうに云詞にて侍べし。（後略）」（巻四）、「篠／さゝ。さや〳〵と葉のそよぐ音か」（巻五）、「鵐／しとゝ。かれがこゑか。未知」（巻五）程度であり、濫用はされていない。総じて、『和句解』の語源説は言語遊戯的であっても現実的であると言える。

四・三　『和句解』語源説と近世の語源研究

四・三・一　近世語源研究の基礎資料としての『日本釈名』『東雅』

近世において、国語の語源説に関する情報を参照するための基本文献となったのは、貝原益軒『日本釈名』（元禄十三年〈一七〇〇〉刊）、新井白石『東雅』（享保二年〈一七一七〉成立。写本）、谷川士清『倭訓栞』（一七五九頃成立か。前編、安永六～文政十三年〈一七七七～一八三〇〉刊。中編、文久二年〈一八六二〉刊。後編、明治二十年〈一八八七〉刊）[45]である。

『日本釈名』『東雅』は儒学者が著した語源辞書である。『日本釈名』は、冒頭の凡例に「八要訣（語源解釈に用いる八つの法則）」を提示して学術的語源解釈（学者語源）を志向しているが、掲載された語源説は言語遊戯的なものが少なくなく、出版の二年後に、浮世草子作家である都の錦によって「貝原氏の作書の内に、日本釈名は、うたがはしき事すくなからず。たとへば雷《いかづち》といふ和訓を、いかりて地に落ると釈せられしは心もとなし。そのいかりといふことばの出所は、源何によりて起りたるぞや。いかづちもとよりかたちなし。いかりて落るやら悦んでおつるやら、その心なければわきまへがたし」（『元禄大平記』巻六）と痛烈に批判されている。[46]『東雅』は、『日本釈名』のアマチュアリズムを批判し、より学術的な語源説を掲載している。『日本釈名』は出版されたため入手しやすかったこともあり、特に一八世紀の語源研究書・国語研究書などに参照され、影響を与えている（本書、研究編〔資料〕「中世・近世の語源説掲載主要文献一覧」参照）。『倭訓栞』は編纂に際して語源研究（主として『東雅』の語源説）の補助を受けた国語辞書であり、『東雅』（部分的に『日本釈名』）[47]の語源説の参照と選別を行いつつ、新たな語源説も提示している。湯浅茂雄氏（湯浅、一九九七・一九九九）によると、『倭訓栞』の語源説は、近代に入って大槻文彦『言海』（一八八九～九一刊）・『大言海』（一九三二～三七刊）に採用されている。語源研究の役割の一つを《国語辞書などの他の書物に語源説の情報を提供してその執筆・編纂を補助すること》とするならば、『日本釈名』『東雅』の語源研究は、正しい語源の提示はできなかったとしても、その役割の一部を果たすことはできたと言える。

四・三・二　『和句解』の『日本釈名』への影響

貝原益軒（一六三〇～一七一四）が著した語源辞書『日本釈名』の語源説が『和句解』の影響を受けている可能性については、岡田希雄氏・亀田次郎氏（岡田、一九三〇）（亀田、一九三四）によって早くから指摘されているが、具体的な検証は行われていない。[48] それゆえ、『和句解』の語源説の『日本釈名』への影響の程度について検証する。

『日本釈名』巻上冒頭の分類カテゴリーである「天象」部（四〇語掲出）において、『和句解』と共通する語源説が記されているのは、「神（かみ）」「日（ひ）」「月（つき）」「雨（あめ）」「霞（かすみ）」「嵐（あらし）」「東風（こち）」の七項目である。このうち、語源説の記述の類似が明白である「日（ひ）」「月（つき）」「雨（あめ）」「霞（かすみ）」「東風（こち）」によって例示する。（『日本釈名』の本文の引用は、土居架蔵本〈元禄十三年版本〉に拠り、私に句読点を補った。類似する語源説には傍線または波線を付し、語源解釈用語「神語」「自語」に関する記述に点線を付した。）

a・日／火の精か。　（『和句解』巻六）

・火／ひ。ひかる故か。光《ひかる》も、火より出か。先後未知。日も、火も、神語也。

（『和句解』巻六）

•晝／ひる。日光の威なれば、しめりたる物よくひるると云事か。（『和句解』巻六）

•日／天地はしめてひらけし時より、すでに日あり。是、自然の語なるべし。或説、日は火の精なるゆへに名づく。又、ひると云説あり。日にあたりて物ひるなり。此等の説、用ひがたし。日は、上古の自語なれば、日の訓をかりて、火をひといふなるべし。ひるといふことばは、日より出たり。日は母語也。ひるは、子《シ》語也。子語を以、母語をとくべからす。（『日本釈名』）

b　•月／神語也。されども、字訓（註カ）に、月は闕也と有。かくると云字を註す。満てはかくる故也。日本にてつきと云も、つきると云心とみえたり。日は陽にてかけつきぬもの也。月は陰にてつきやすきもの也。和漢ともに心通同。自然の妙理也。（『和句解』巻二）

•月／是亦自語なるべし。或説、尽《ツキ》也。かけて皆つくる也。劉熙《リウキ》が釈名に、月は欠《ケツ》《カクル》也といへるに似たり。凡、神代の言《コトバ》は、今よりはかりがたし。是又、自語おほかるべし。今みだりに其義をとくともあたらぬ事なるべし。（『日本釈名』）

c　•雨／あめ。あま。天よりふる故か。鶴林玉露には、下米《あめ》とかけり。これも尤也。米をふらすもの也。（『和句解』巻四）

•雨／天よりふる故に、天《アメ》のことばをかり用ゆ。（『日本釈名』）

d　•霞／かすみ。かすかにみゆるか。（『和句解』巻二）

•烟《カスミ》／春、かすみたては、野も山もあらはに見えず。かすかに見ゆる也。（『日本釈名』）

e　•東風／こち。こは、氷《こほり》か。ちは、散《ちる》か。氷は凝《こり》かたまるものなれば、とくるをちると云心同。（『和句解』巻四）

•東風《コチ》／こは、氷《コホリ》也。ちは、ちらすなり。春のはじめにこほりを吹ちらす風也。とくるをちると云。又、とくの反字《カヘシ》は、つ也。つとちと通す。こほりとくなり。（『日本釈名』）

eを顕著な例として、『日本釈名』のこれらの語源説に『和句解』の語源説が直接的あるいは間接的に影響していることは確かであろう。『日本釈名』では、「或説」「一説」として『和句解』とは異なる語源説を記している例も多いのであるが、a・

bの例については、「或説」は『和句解』説の可能性が高い。また、a・bの『日本釈名』の語源説で用いられている用語「自語・上古の自語」は、先に述べた『日本釈名』冒頭の凡例に記された「八要訣」の一つであり、この凡例では、「一に、自語《ジゴ》は、天地《アメツチ》、男女《ヲメ》、父母《チチハハ》などの類。上古の時、自然に云出せる語也。其故はかりがたし。みだりに義理をつけてとくべからず」と記されている。この語源解釈用語「自語」の概念は、『和句解』において「初、神のいひそめ給ひし詞には義なし。其儀有べけれども、凡夫しりかたし」（巻二「谷（たに）」）・「一二三の数字、神語か。更其儀とられず。をのづから云出せるに、たり」（巻三「七（ななつ）」）などと示された「神語」の概念が取り込まれていると考えられる。

『和句解』と共通する語源説は、『日本釈名』全体にわたって散見する。ただし、たとえば、『日本釈名』巻上「天象」部に収録された四〇項目のうち、「霜（しも）」「雷（いかづち）」「昴（すまる）」などの二二項目が『和句解』では立項されておらず、残りの一八項目中の一〇項目では『和句解』と異なる語源説が記されていることからもわかるように、『和句解』語源説の『日本釈名』語源説への影響は、全体にわたってはいるが限定的である。『日本釈名』が『和句解』から継承した（あるいは離脱しきれなかった）のは、個々の語源説ではなく、言語遊戯的語源説を記載するアマチュアリズムなのかも知れない。

四・三・三　『和句解』語源説の通説化

『和句解』の語源説の『日本釈名』への影響が限定的であるがゆえにその後世への影響も限定的であるが、他に有力な語源説が提示されなかった場合には『和句解』の語源説（あるいは近世初期の語源説）は通説となって、近世の語源辞書・国語辞書などに残存している。「寺（てら）」の語源説を例に挙げる。（成立年等は、本書、研究編〔資料〕「中世・近世の語源説掲載主要文献一覧」参照。傍線部は、『和句解』と同様の語源説、波線部は『東雅』の語源説である。）

a、寺／てら。てらすと云下略か。天竺より漢明帝時、仏経をわたす。道士とあらそひ有しに、道経まけになり、仏経より光明出ててらしける。其経典を、白馬寺に治し故事より、日本に僧の居所をてらと云か。

（『和句解』巻四）

b、寺／てらす也。下を略す。丹青《タンゼイ》をぬり金銀をちりばめて、てりかゝやく故なり。（『日本釈名』上巻、四・宮室）

c、寺《テラ》／（中略）テラといひし義のごとき、不レ詳。或これ当初、百済、高麗の方言にや出たりけむ。其事もまた不レ詳。（『東雅』巻四・神祇）

d、テラ《寺》／テラス《照》ノ下略也。法灯ヲ掲テ衆生ノ迷闇ヲ照スト云義ニテ、テラト云。（『倭語小解』巻二・乾坤門）

e、寺《テラ》ノ和訓ハ、照《テラ》スノ下略也。（『紫門和語類集』第四冊・弓篇）

f、寺　てら／照スノ略語ナルヘシ。寺院坊舎ハ本禁中ノ処々ノ名ナリ。てらノ訓ハ照臨ノ意ナルヘシ。神門ヲ私臆ニてり屋ト解スルモ、此意ニ併見ヘシ。今僧居ヲてらト称スルハ吾朝仏法ヲ尊崇シマシマス故ニ、本ト朝廷ヨリ賜ル名ナルヘシ。支那ニモ漢朝ノ白馬寺ヲ始シメ代々ノ創建ミナ寺ト称シ院ト称ス。（『和語私臆集』第二冊・乾坤部）

g、てら／寺をよめり。日本紀に精舎伽藍をもよめり。荘厳のてりかゝやく意にや。今の朝鮮語にてるといへは、もと韓語にや。（『倭訓栞』前編・巻十七）

h、寺《テラ》／照《テル》。粧厳ノ義。（『言元梯』）

i、寺《テラ》／韓語ナリ。（『名言通』巻上・宮室）

「寺（てら）」の語源を「照らす」とする説は、契沖『円珠庵雑記』（元禄十二年〈一六九九〉成立）にも記されており、近世初期の巷間に流布していた俗説かも知れないが、近世後期まで約二〇〇年間継承されたことになる。「春（はる）」の語源説「木目《きのめ》張《はる》ゆへ歟」（『和句解』巻一）も同様の事例であり、これについては、現代の語源辞書にも参照されている。また、「東（ひがし）」「西（にし）」「南（みなみ）」「北（きた）」の方角語源説は、吉田家の日本書紀神代巻注釈から出たものと考えられるが、『和句解』『日本釈名』『倭訓栞』を通過して、近代の大槻文彦『大言海』（一九三二～三七刊）まで辞書編纂に資する一情報として継承されることとなった。これは、吉田兼倶の創作した説が近代まで継承された一事例であろう。語源説は、それが辞書に掲載された後、新しい有力な仮説が得られない場合、書承によって通説化することがある。不確実な説の書承による通説化は、歴史上のエピソードや美術作品の作者などについても少なからず発生していることであり、これは不完全な存在である人間には付き物の誤りである。不確実な説が継承されたことを問題とすることよりも、あるいは、語源説が正しいか正しくないかを問題とするよりも、その時代にそのような説があったことを現象として認めて参照することが、文化史研究にとって有益ではなかろうか。

五　結論

最後に、研究資料としての『和句解』の価値をまとめると、次のようになる。

一、「文化の総合性と啓蒙性」を基本的性格とする寛永文化の産物の一典型資料である。具体的には、《和漢の知識の総合》と《辞書の形式の総合》が行われている書物である。《辞書の形式の総合》については、『和句解』の《日常用語を網羅的に収集してイロハ分類で項目を立て、和文の語釈（語源説）を付す》という記述形式が、中世の辞書と歌学書の記述形式を総合したものである。そして、この記述形式が、『倭訓栞』から現代に至る一般的な国語辞書の記述形式の先駆となっている。

二、見出し語が、近世初期に刊行された易林本系節用集研究の補助的資料となる。

三、近世初期（一七世紀初頭）の言葉や生活を知るための資料となる。

四、近世初期の京都に浮遊していた雑学的知識を知るための資料となる。

五、松永貞徳の営為を研究する資料となり、また、貞門俳諧研究に何らかの知識・情報を提供できる可能性がある。

六、日本語語源研究史（あるいは語源説史）を把握する上での基礎資料となる。

七、近世初期に、松永貞徳・林羅山らによる和語の研究グループが存在した可能性が示唆されている。

もちろん、本稿の「一　序説」で述べたように、『和句解』は、《貞徳の洒落を学ぶ本》としてその価値を享受されるべきものでもある。また、見出し語と、連想によって形成された語源説との関係は、心理学の諸分野に何らかの情報を提供するかも知れない。

《日本語の語源を考える》営為は、古墳時代以前（六世紀以前）の日本語を大量に記した新たな外国資料が見つかるなどの天恵とも言うべき新資料の出現があったとしても、清原宣賢が〈後抄本〉『日本書紀抄』に記した認識「日本ニ、和語ノ根源、タエテ不知也」を克服することができないかも知れない。文献資料を用いて、個々の言葉の語源・語誌を考える試みも、明確な結果が出ないことが普通である。しかし、公衆の《言葉の由来》への関心は今後も継続することは間違いない。フランスの言語学者シャルル・ブリュッケルの見解、「うまく引き出されたひとつの語源は人間がいかに、彼の知覚している世界を把握しているかということを示し、多くの事例において、われわれを文明と文化の中心に導くことになる」は、なぜ私たちが語源に興味を持ち続けるのかという疑問に対する有効な回答の一つと言える(49)。

『和句解』の語源説を考えるにあたって、貞徳（あるいは貞徳とともに和語の語源を考えた人たち）は、語源を考えることを言語遊戯として楽しんでいたようであるが、語源を考えることを楽しみ、語源説を話題として過去の文化に触れ、それを現代に再生する試みは、語源の解明が困難であるという認識のもとにおいても続けられる意義があると思われる。ただし、日本語の語源を考える営為は、個別の語について その語の研究に妥当な個別の情報と方法で行われるべきであり、近世の音義説や延約通略説のように、ある法則や原理をすべての語の語源解釈に強引に適用することは避けなければならない。（これは、言語の研究全般について言えることだろう。）言葉は人間の心から生まれたものであり、いくら脳科学や遺伝子科学が発展しても人間の心は単純な法則や原理で解釈できるものではないからである。国語辞書編集に必要な情報の一つである語源を解明していく日本語の語源研究が、亀の歩み以上に遅いものであっても、実証的研究として進展していくことを期待したい。

注

（1）天理大学附属天理図書館蔵。『天理図書館善本叢書和書之部第二十七巻』（八木書店、一九七七）による。
（2）以下、松永貞徳の事跡については、小高敏郎（一九六四）および島本昌一（一九八九）所載の「松永貞徳略年譜」などを参照した。
（3）熊倉功夫（一九八八）「序にかえて―寛永文化をめぐる三つの仮説―」参照。
（4）この「『和句解』は貞徳の洒落を学ぶ本である」というアイデアは、二〇一〇年一二月の京都近世小説研究会において行った『和句解』に関する私の研究発表後、懇親会の席上で、濱田啓介先生からご教示を受けたものである。

（5）巻三「買（うる）」項の記述「うり物を持ても、かふ人をえざればかひなきに」について、『和句解』では、「持《もち》ても」と振り仮名が記してあるが、『和語のしるべ』では振り仮名が記されていない。再版時に、版木の摩耗などの理由で削られたのであろう。他にもあるのかも知れないが、現在確認できているのはこの一例のみである。

（6）私が東京大学総合図書館蔵『和句解』の存在を知ることができたのは、『新明解語源辞典』（三省堂、二〇一一）所載「語源関係書目」解説の「和句解」項の記述による。学恩に感謝申し上げる。なお、国文学研究資料館「日本古典籍総合目録データベース」に記されている宮津市立前尾記念文庫蔵『和語のしるべ』は、国立国会図書館蔵本の写真複製本である。

（7）改題再版本『和語のしるべ』の書誌的事項は、次の通りである。（国会図書館蔵本によって記す。）

○題簽　原題簽。左肩。第一冊「和語［破損］」、第二冊「倭語之志留部　二」、第三冊「和語のしるへ　三」。
○巻数　六巻三冊（ただし、一冊に合綴されている）。
○表紙・書型　原装。紺無地。横本（縦一三・三×横一九・五センチ）。
○匡郭　単辺。一一・二×一七・八センチ。
○奥付　刊記、「元禄九丙子年八月吉日／本屋利兵衛／本屋武兵衛」。
○序文　「春やむかし、五條わたり花咲の宿にのこれる物あり。これなん、翁の作にして、言葉のうみにみほたてられたる成けり。むへなる哉、これによらは、神語のみなもとをきをたとり、人の世のすえ〳〵までも其伝ののこらさらむ事を。よりて、和語のしるへとしか云のみ。／元禄丙子歳仲秋日／挙堂書」。
＊国会図書館蔵本の印記「游戯三昧院」（蔵書印主、大久保紫香〈蔵書家。一九二六年、六三歳没〉）。

（8）和田恭幸（二〇〇一）参照。

（9）井上隆明『改訂増補近世書林版元総覧』（日本書誌学大系七六。青裳堂書店、一九九八）に、「本屋利兵衛　二月楼　京堀川通仏光寺下ル。所在は文化四年（一八〇七）稿『平安書林・家並記』に拠る」と記されている。

（10）拙稿（土居、二〇一二）では、収録項目数を一四九七、重複立項を「葛（かづら）」「敬（うやまふ）」「鹿（しか）」の三語としていた。しかし、精査の結果、収録項目数を一四九八に訂正し、重複立項数は「獺（をそ・かはをそ）」「階（きだはし・きざはし)」を追加して五語に訂正した。

(11)『俳文学大辞典』(普及版、角川学芸出版、二〇〇八)による。

(12)阿誰軒編『誹諧書籍目録』は、元禄五年(一六九二)刊。柳亭種彦書入本(写本)の上巻は、筑波大学附属図書館蔵。本文の引用は、鈴木重三・佐藤悟解説『近世書目集』(日本古典文学影印叢刊三十二、日本古典文学会、一九九三)による。

(13)小高敏郎(一九六四)参照。

(14)巻一「厠(かはや)」項に、「東門」という人物名があるが、この人物が誰か明らかになることで、執筆時期などについてわかることがあるかも知れない(本書、注釈編「『和句解』語源説引用知識注釈」の「厠(かはや)」項参照)。

(15)小高敏郎(一九六四)参照。

(16)「文(ふみ)」については、寛永六年刊横本『二体節用集』中巻・「ふ」部乾坤門冒頭からの配列は「[乾坤門]普天・補陀落・墟・冨士・吹飯浦(ふけいのうら)・吹上(ふきあけ)・扶桑・仏殿・文庫・風呂・麓(ふもと)・櫪・淵(ふち)・縁(ふち)[時候門]文月(ふみつき)・無射・拂暁・冬(ふゆ)」で、『和句解』巻四「ふ」部冒頭からの配列は「吹(ふき、ふく)・冬(ふゆ)・麓(ふもと)・淵(ふち)・縁(ふち)・文(ふみ)」となっている。『和句解』「文(ふみ)」は、「文月(ふみつき)」から抄出して立項したものと考えられる。

(17)寛永六年刊横本『二体節用集』中巻・「う」部言辞門では「嬉敷(うれしく)・北面(うしろむく)・賈買(うりかふ)・占(うらなふ)・蹲踞(うつくまる)・所耳(うけがふ)・伺(うかかふ)」の配列、『和句解』「う」部では、「嬉(うれし)・賈(うる)・占(うらなひ)・蹲踞(うづくまる)・伺(うかがふ)」の配列となっており、よく照応している。

(18)『和句解』の執筆時期と成立時期については、小高敏郎(一九五六)後編第一章第三節に、「本書は(少くともこの薬の条は)大体寛永の末年までに書かれたものと考へられる」「本書は貞徳が最晩年に執筆したものではないやうである。これは彼の伝記研究の面からも諾へるところで、最晩年には眼病の再発や老衰といふ肉体的な障害も多く、また俳諧の流行が盛になるにつけ、その方の第一人者として仕事も忙しくなつたであらうし、歌学の方でも、貞徳の興味は「萬葉集」の研究や、「歌林樸樕」等の辞書編纂に移つてゐたやうであるから、本書の如き大部の書を編述する余裕はなかつたと思はれる」「貞徳は寛永の末年ごろまでに執筆したとしても、もともと成稿に至らず、再治を期してゐたと思はれる。ところが、肉体的な障害や身辺の多忙、興味の転移により、歿する時まで遂に稿を完成し得なかつたのであらう」と述べられている。この見解が現状では妥当と考えられる。

また、島本昌一（一九八九）第二章第二節では、小高氏の見解を継承し、さらに、「成立は寛永であっても、本書は慶長期の特色を備えていて、素稿はさらに遡るだろう」との見解が示されている。『和句解』見出し語の依拠資料となった源太郎版『節用集』・横本『二体節用集』のグループの節用集の刊行が元和・寛永期であるため、執筆時期が慶長期あるいはそれ以前にさかのぼる可能性は現状では低いと思われる。ただし、貞徳が慶長以前から和語の語源に関心を持っていた可能性はある。貞徳が京都の吉田で細川幽斎に師事していた文禄二年（一五九三）頃に、吉田神道の『日本書紀抄』所載の和語の語源説を知り、関心を持ち続けたことが推測できる。

(19) 寛永牛疫については、岸浩「近世日本に発生した牛疫流行に関する獣医学的研究」（『山口獣医学雑誌』第三号、山口県獣医学会、一九七六）参照。

(20) 西田正宏（二〇〇六）第一章第二、三節参照。

(21) 柏原司郎（一九七七）、高梨信博（一九九二、一九九六）、佐藤貴裕（二〇〇八a、二〇〇八b、二〇〇九、二〇一〇）を参照した。

(22) 山田忠雄（一九七四）序説七・一四、高梨信博（一九八四）参照。

(23) 本稿における節用集の調査と引用は、主に『江戸時代流通字引大集成』（マイクロフィルム、雄松堂書店、一九八八）、『節用集大系』第一期（大空社、一九九三）を用いた。

(24) 寛永六年刊横本『二体節用集』と比較して、「乾坤門」の冒頭項目または初出和語項目から和語が抄出されている部は、「に、と、ち、ぬ、を、か、よ、つ、な、む、う、の、く、や、え、あ、さ、ゆ、み、も」である。貞徳が、依拠した節用集の全体から和語を抄出していることがわかる。

(25) 亀田文庫蔵の寛永年間版『節用集』（「い～か」残存）を含めた、現存する寿閑本系の節用集が『和句解』の依拠資料ではないことは、「三・二」で述べる。

(26) この方法による立項は、『和句解』全体にわたって散見するが、長く連続する例を、巻一「を」部から引用する。

瘧／をこり。さめてはおこる故也。

起／をくる。興より出たるか。

興／をこる。をは、火のをきなるべし。火のをきよりあつまれ（ればカ）、火焔をびた、しくをこる也。

煻／おき。炭をおくなり。

置／をく。送るの下略也。形見などを残して、跡にをくる心なるべし。

送／おくる。緒をくるか。緒をうむ手もと、爰なるをかしこへをくるなり。

緒・苧／を。

依拠した節用集の「を」部人倫門の項目「瘧（をこり）」を抄出して見出し語に立項し、「瘧→起こる」「起くる→興る」「興る→煻」「煻→置く」「置く→送る」「送る→緒をくる」と連想で語源を考えつつ項目を立て、「緒・苧（を）」で依拠した節用集の「を」部財珤門に戻るという流れである。あくまでも想像であるが、この箇所については、たとえば、「瘧（をこり）」の語源説を考えた人が次の見出し語「起（をくる）」を課題として別の人に渡し、語源説を考えさせる、そして、「起（をくる）」の語源説を考えた人が「興（をこる）」を課題としてまた別の人に渡し、語源説を考えさせるといった、数名で語源説と見出し語の受け渡しを行う遊びを行った可能性が考えられる。

(27)　佐藤貴裕（二〇〇九）などを参照した。

(28)　元和～寛永初年頃刊本は西尾市岩瀬文庫蔵本を、寛永三年刊本は天理大学附属天理図書館蔵本を調査した。なお、寛永九年刊杉田良庵版縦本『二体節用集』は、寛永六年刊横本『二体節用集』から派生したとみられる。「も」部言辞門「将」の傍訓「もつて」が、寛永六年刊横本『二体節用集』では「もつ」と誤刻されているが、寛永九年杉田版縦本『二体節用集』でも同様に「もつ」と誤刻されていることが徴証である。

この「も」部言辞門「将」については、寛永十五年西村版『真草二行節用集』では、傍訓は「もつ」のままで、楷書体の見出し漢字が「持」に変更されている。このことは、寛永十五年西村版『真草二行節用集』（三巻三冊）が、寛永六年刊横本『二体節用集』（三巻三冊）または寛永九年杉田版縦本『二体節用集』（二巻二冊）から派生した可能性を示している。

どちらに拠った可能性が高いかという問題については、寛永十五年西村版『真草二行節用集』中巻「く」部言辞門末尾に「終」と記してあること（高梨信博、一九九六）が有力な徴証となる。この「終」という文字は、二巻二冊本の節用集の上巻が「く」部で終わって下巻が「や」部から始まることから、「上巻はここで終わりである」ということを示しているものと考えられる。寛永十五年西村版『真草二行節用集』（あるいは、その親本となった節用集）の著者または筆工が「終」の文字を削除し忘れた結果、この「終」が残ってしまったのであろう。

以上のことから、寛永十五年西村版『真草二行節用集』は、二巻二冊本である寛永九年杉田版縦本『二体節用集』から派生した（あるいは、寛永九年杉田版縦本『二体節用集』のグループに属する節用集から派生した）可能性が高いと考えられる。なお、近世初期刊行の『二体節用集』および寿閑本節用集の寛永十五年刊西村版『真草二行節用集』との関係については、別稿を準備している。

(29) 管見では、『和句解』の見出し語の配列が、草書本と比較して、寛永六年刊横本『二体節用集』の項目の配列により近い部は、「に、ほ、を（前半部）、わ、か、た、つ、ね、ま、え、あ、さ、ゆ、ひ、も、せ」の一六部である。

(30) 略本では、「ゆ」部乾坤門冒頭部の配列は「雪（ゆき）・雨打・涑雨（ゆふたち）・暴雨（同）・霖・火爐・湯殿（ゆとの）・夕部（ゆふべ）」であり、『和句解』「ゆ」部冒頭部の配列「雪（ゆき）・白雨（ゆふだち）・湯（ゆ）・夕（ゆふべ）」にはこの配列が反映されている。その他の節用集では、「湯殿、温泉（ゆ）、浴室（ゆや）」は、乾坤門の末尾部に集められている。なお、「か」部「瓦」、「ゆ」部「湯殿」は、略本とその他の易林本系節用集を区別する配列上の指標項目となる。

(31) 略本では、一連の二字語項目群の中で、「髣髴・破了」の間に一字語項目の「細」が挿入されている。

(32) 「い」部については、草書本・寛永六年刊横本『二体節用集』「い」「ゐ」部と比較して、「ゐ」部から抄出した可能性のある項目は「入（いる）」のみである。「え」部（一八項目）については、「え」部から抄出した一一項目を掲出した後、「ゑ」部にある四項目「繪（え）、彫（える）、犬子（えのこ）、酔（えひ、えふ）」に「え」部にある「呕（えづく）、撰（えらふ）、胞衣（えな）」を付け加える形になっている。

(33) 付記すると、『和句解』「を」部後半にある、連続する項目「大（をほいなる）・阿（をもねる）」は、易林本または寿閑本系諸本（慶長十六年本・寛永六年中野版など）の「お」部言辞門の配列「大哉《オホヒナルカナ》・博哉《同》・面従《オモネ》」と照応する。「大哉《オホヒナルカナ》・博哉《同》」については、草書本では、「大哉《オホヒナルカナ》・博哉《同》」が分離して、「大都《おほよそ》」の下の二行割書表示項目にされており、「大哉《オホヒナルカナ》・博哉《同》・面従《オモネ》」が連続していない。この現象だけを見ると、『和句解』の依拠資料となった節用集は、《略本に易林本か寿閑本系諸本が混入した節用集》である可能性があることになるが、全体がそうであるかを確認することは困難であろう。
　なお、易林本の「お」部言辞門にある連続する項目「大哉《オホヒナルカナ》・博哉《同》・面従《オモネ》・多《オホシ》・衆《同》」は、慶長十六年本では「大哉《オホヒナルカナ》・博哉《同》・面従《オモネ》・多《同》・衆《同》」と、「多」の振り仮名「オホシ」を「オモネ」と誤認して誤記している。この誤記は、寛永六年（十二年）中野版でも継承されており、寿閑本系節用集と他の近世初期刊行の易林本系節用集を区別する指標の一つとなる。（草書本では、「面従《おもね》・多《おほし》・衆《同》」であり、誤記されていない。略本と寛永十五年西村版『真草二行節用集』では、「面従《おもね》」「衆《同》」は削除されているが、「多《おほし》」は正しい振り仮名が付けられている。）

(34) たとえば、「き」部乾坤門、および「き」部言辞門の項目「給恩」あたりから「ゆ」部乾坤門末のあたりまで。

(35) 「お」部器財門における項目「筬（おさ）」の補足、「に」部言辞門「薫（にほふ）」の配列位置の移動（同訓の一字語項目「匂」と一緒にまとめられて、「に」部言辞門の末尾部に移動されている）など。

(36) 貞徳は、《同音語など、前項からの連想で立項する際》（「觜（はし）、褉（ちぎり）、褉木（ちぎり木）、割（わる）、音（ね）、錫（すず）」など）、《部末に補足する際》（「褉（ちぎり）・褉木（ちぎり木）、撫（かなづる）、蛸（たこ）、葎（むぐら）・むさき・六指（むさし）、きたなし」）に、独自で選んだ語を立項していることが多い。

(37) 「神」の語源説は、貞徳『なぐさみ草』（慶安五年〈一六五二〉跋）第二百三十五段（二百三十六段）「大意」にも使われている。

(38) 小林千草（二〇〇三）解説・研究篇第四章第三節による。

(39) 天理大学附属天理図書館蔵。吉田神社編『吉田叢書第五編』（吉田神社、一九八四）による。

(40) 小林千草（二〇〇三）解説・研究篇第三章第一節に記された、三系統の〈後抄本系の講義聞書のうち、管見の及んだ「古活字版日本書紀抄系」「天文五年講本系」では、「百済」からの文となっている。「神宮文庫蔵『日本紀抄』系」は未見。

(41) 兼倶『日本書紀抄』、宣賢『日本書紀抄』での「神語」は、「神の記録」の意味で使われている。

(42) 『袖中抄』の引用は、『日本歌学大系 別巻二』（風間書房、一九五八）による。『拾遺采葉抄』の引用は、『萬葉学叢刊』（萬葉集叢書第十輯、古今書院、一九二八。復刻版、臨川書店、一九七二）による。

(43) 〈学者語源〉〈民間語源〉という用語については、フランス語学者川口順二氏の論文（川口、二〇一二・二〇一三）参照。

(44) 仮名反とは、「シカ→サ」（/sika/→/sa/）、「ミエ→メ」（/mie/→/me/）のように、連続する二音節で、前の音節の子音と後の音節の母音を合わせて一つの音節を作って表すことで、中国における漢字の発音の表記法を、和語にも適用したものである。後に、賀茂真淵『語意考』（宝暦九年〈一七五九〉成立、寛政元年〈一七八九〉刊）では「約言（ツヅメコト）」と呼ばれて、いわゆる延約通略説の一つとなった。仮名反（約言）は、中世から江戸時代末期まで、語形の変化の説明法として語源解釈に盛んに用いられたが、漢字の発音の表記法で日本語の語形の変化を説明することには無理があり、この方法を使って意味をこじつけた語源説が多く作られた。貝原益軒『日本釈名』上巻「日本釈名凡例」では、「六に、反《ハン》語は、かな返し也。はたおりを服部《ハトリ》とし、かるがゆへを、かれとし、かれを、けとし、ひらを、葉《ハ》とし、とをつあはうみを、とをたふみとし、あはうみを、あふみとし、きゑを、けとし、見へを、めとし、やすくきゆるを、雪とするの類多し」と説明されている。

(45)『倭訓栞』の成立年は、三澤薫生（二〇〇八）解題第三章参照。

(46)都の錦が元禄十五年（一七〇二）刊の浮世草子『元禄大平記』巻六「皆歴々の作者なりけり」に記した『日本釈名』批判の箇所の全文は次の通りである。

その中に貝原氏のあつめられし和尓雅、歳時記、和漢事始これらは売やすきものなり。八幡本紀、諺草、日本釈名、初学知要なんどは売とをきものなり。（中略）貝原氏の作書の内に、日本釈名は、うたがはしき事すくなからず。たとへば雷《いかづち》といふ和訓を、いかりて地に落ると釈せられしは心もとなし。そのいかりといふことばの出所は、源何によりて起りたるぞや。いかづちもとよりかたちなし。いかりて落るやら悦んでおつるやら、その心なければわきまへがたし。しばらくかんがふるに論語郷党の篇、迅雷の註に、敬㆓天之怒㆒と朱晦庵の説によつてかやうに釈せしならん。また倭《やまと》の訓を山背《やましろ》に対して述られし事、入ほがなる説なり。その外うたがひをヽけれど事繁ければ虚におぼえず。

(47)『倭訓栞』前編巻二十五「ひがし／東をいふ。日頭の義也といへり。又ひんがしともいへは、日向ひしの義なるへしともいへり。（後略）」の「日頭の義也」は『日本釈名』の説であり、「日向ひしの義なるへし」は『東雅』の説である。

(48)拙稿（土居、二〇〇七）で、江戸時代前期語源辞書・語源研究書における、「犬（いぬ）」「春（はる）」の語源説の比較の一環として、簡単に触れた。

(49)シャルル・ブリュッケル『語源学』（一九八八。翻訳、内海利郎。文庫クセジュ、白水社、一九九七）第五章第三節。

参考文献

岡田希雄（一九三〇）「語原辞書和訓精要鈔に就いて」（『立命館論叢』第一巻第八号、立命館大学出版部）

小高敏郎（一九五六）『松永貞徳の研究　続篇』至文堂。復刻版、臨川書店、一九八八

小高敏郎（一九六四）「『戴恩記』解説」（『日本古典文学大系九五』岩波書店）

柏原司郎（一九七七）「縮刷本節用集の性格について」（『淺野信博士古稀記念国語学論叢』桜楓社）

亀田次郎（一九三四）藤村作編『日本文学大辞典』第三巻（新潮社）、「和句解」項の解説

川口順二（二〇一二）「『民間語源』と『学者語源』と『ことば遊び』」（『芸文研究』一〇二、慶応義塾大学芸文学会）

川口順二（二〇一三）「『学者語源』をめぐって」（『芸文研究』一〇四、慶応義塾大学芸文学会）

熊倉功夫（一九八八）『寛永文化の研究』吉川弘文館
小林千草（二〇〇三）『清原宣賢講「日本書紀抄」本文と研究』勉誠出版
佐藤貴裕（二〇〇八ａ）「寿閑本節用集の意義―慶長刊行節用集の記述のために―」（日本語学会編『日本語の研究』第四巻一号）
佐藤貴裕（二〇〇八ｂ）「『節用集』寛永六年刊本類の本文系統」（近代語学会編『近代語研究』第一四集、武蔵野書院）
佐藤貴裕（二〇〇九）「近世節用集刊行年表稿」（書物・出版と社会変容研究会編『書物・出版と社会変容』六号）
佐藤貴裕（二〇一〇）「横本『二体節用集』の研究課題」（国語語彙史研究会編『国語語彙史の研究』第二九集、和泉書院）
島本昌一（一九八九）『松永貞徳―俳諧師への道―』法政大学出版局
高梨信博（一九九二）「近世前期の節用集―四十七部非増補系諸本の系統関係―」（『辻村敏樹教授古稀記念 日本語史の諸問題』明治書院）
高梨信博（一九九六）「『真草二行節用集』の版種」（早稲田大学国文学会編『国文学研究』第一一九集）
土居文人（二〇〇七）「語源辞書『和句解』の語源説の発想法と影響力―江戸時代前・中期（一六二八～一七六九）の語源研究の動向について―」（日本語語源研究会編『語源研究』四五号）
土居文人（二〇一二）「貞徳『和句解』成立考―横本『二体節用集』及び中世の和学との関係―」（『国語国文』第八一巻第一二号、京都大学文学部国語学国文学研究室）
西田正宏（二〇〇六）『松永貞徳と門流の学芸の研究』汲古書院
三澤薫生（二〇〇八）『谷川士清自筆本 倭訓栞 影印・研究・索引』勉誠出版
山田忠雄（一九七四）『節用集天正十八年本類の研究』東洋文庫
湯浅茂雄（一九九七）「『言海』と近世辞書」（『国語学』一八八、国語学会）
湯浅茂雄（一九九九）「『言海』『大言海』語源説と宣長『古事記伝』」（『実践国文学』五五、実践国文学会）
和田恭幸（二〇〇一）「近世初期刊本小考」（冨士昭雄編『江戸文学と出版メディア―近世前期小説を中心に―』笠間書店）

〔資料〕中世・近世の語源説掲載主要文献一覧

・鎌倉時代以降江戸時代末まで（一一九二〜一八六七）の期間に執筆された、日本語の語源説を記した書物のうち、主要なものを年代順に記した。なお、注釈書や音義説による国語研究書など、語源説の記載を目的としていないため本文中や注釈文中の語源説の検索と参照が困難な書物については、語源研究史を考える上で重要なものに限って記した。
・各項目は、「書名／成立年または出版年／著者または編者（地方＊主要属性）／ジャンルおよび内容」を記した。なお、書名については、版本は『　』で括り、写本は「　」で括って表記した。

○「**塵袋**」／一二六四〜八八頃成立／釈良胤？（京都＊真言宗僧侶）／百科事典。問答体。語義などの考証の一環で語源説を記す場合がある。

○「**名語記**」／初稿本、一二六八成立。増補本、一二七五成立／経尊（京都＊真言宗僧侶）／和語・漢語の語源辞書。イロハ分類。問答体。

○「**日本書紀神代巻抄**」〈**後抄本**〉／一五二七成立／清原宣賢（京都＊儒学者・神道学者）／吉田神道による「日本書紀」神代巻の注釈書。注釈の一環で、数字や方角などの和語の語源説を記している。

○『**和句解**』／一六六二刊／松永貞徳（京都＊俳人・歌人）／和語の語源辞書。イロハ分類。

○『**斉東俗談**』／一六八五刊／松浦交翠軒（江戸＊儒学者）／漢語および漢字表記の和語の語義・語源説を記した辞書。

○『**円珠庵雑記**』／一六九九成立、一八一二刊／契沖（大坂＊真言宗僧侶・国学者）／随筆。古語の解説の一環で語源説を記している。

○『**日本釈名**』／一七〇〇刊／貝原益軒（筑前福岡＊儒学者・博物学者）／和語の語源辞書。意義分類。なお、馬場信武『韻鏡諸鈔大成』（一七〇五刊）巻七は本書からの抜粋。なお、大槻文彦『大言海』語源説欄に本書の語源説が参照されている。

○「**滑稽雑談**」／一七一三成立／四時堂其諺（京都＊俳人）／俳諧歳時記・季語注釈書。語源説は、引用書「和訓義解」による。「和訓義解」の語源説は『日本釈名』の影響あり。

○「**東雅**」／一七一七成立／新井白石（江戸＊儒学者）／和語の語源辞書。意義分類。『日本釈名』を批判している。

○「**倭語小解**」／一七二六成立／田中式如（加賀金沢＊神道家。松浦交翠軒の弟）／和語の語源辞書。意義分類。『日本釈名』「東雅」「日本書紀抄」の影響あり。

○「**志不可起**」／一七二七成立／箕田熹貞（江戸＊未詳・武士）／話し言葉・俗語辞書。イロハ分類。『日本釈名』の影響あり。

○「**紫門和語類集（紫門色教）**」／成立年時未詳（天理図書館吉田文庫蔵本は、一七三七写）／菅泰翁（京都？＊神道家？）／和語の語源研究書。五十音図のア～オ段による分類。音義説（一音一義）を記す。『和句解』『日本釈名』「東雅」の影響あり。

○「**和語私臆集**」／一七四一成立？／本寂（京都？＊真言宗僧侶？）／和語の語源辞書。意義分類。梵語語源説も記す。『日本釈名』「東雅」の影響あり。

○「**倭語拾補**」／一七四四成立／田中知顕（加賀金沢＊国学者。田中式如の養子）／和語の語源辞書。意義分類。「倭語小解」の増補本。

○「**以呂波声母伝**」／一七四六成立／多田義俊（京都＊神道家・浮世草子作者）／国語研究書。イロハ四十七字の音義（＝イロハ音義説）を記し、若干の和語の語源説を記す。『日本釈名』を参照している。

○「**日本声母伝**」／一七四八成立／多田義俊（京都＊神道家・浮世草子作者）／国語研究書。イロハ四十七字の音義（＝イロハ音義説）と若干の和語の語源説を記す。『日本釈名』を参照している。

○「**国語蟹心鈔**」／一七五七成立／藤原比呂麻呂（未詳＊神道家？）／和語の語源研究書。身体語彙・親族語彙・四季・方角・月名などの語源説を記す。『日本釈名』の影響あり。

○『**倭訓栞**』／一七五九頃成立？　前編、一七七七～一八三〇刊。中編、一八六二刊。後篇、一八八七刊／谷川士清（伊勢＊国学者・神道家）／国語辞書。五十音分類。

「東雅」を参照している。『日本釈名』の影響もみられる。なお、大槻文彦『言海』『大言海』語源説欄は、本書の語源説が多く参照されている。

○**『語意考』**／一七五九頃成立、一七八九刊／賀茂真淵（江戸＊国学者・歌人）／国語研究書。「延約通略」説を提示した書物。「延約通略」説は、以後の江戸時代の語源説に大きな影響を与えた。

○**『以呂波音訓伝』**／一七七二刊／釈慧眼（江戸?・＊浄土宗僧侶）／国語研究書。イロハ音義説と若干の和語の語源説を記す。『日本釈名』を参照している。

○**「類聚名物考」**／一七八〇成立／山岡浚明（江戸＊国学者）／類書（百科事典）。巻三三二・雑部第七「釈名」に、和語の語源説を記す。『日本釈名』『倭訓栞』を参照している。

○**「俚言集覧」**／成立年時未詳／太田全斎（一七四九〜一八二九。備後福山＊儒学者）／俗語辞書。五十音図のア〜オ段による分類。『倭訓栞』を参照している。

○**『古事記伝』**／一七九八成立、一七九〇〜一八二二刊／本居宣長（伊勢＊国学者）／『古事記』の注釈書。注釈の一環で語源説を記している。なお、大槻文彦『言海』『大言海』語源説欄に本書の語源説が参照されている。

○**「和訓集説」**／一八一五成立／伴直方（江戸＊国学者）／和語の語源研究書。五十音分類。『倭訓栞』の影響あり。

○**『雅語音声考』**／一八一六刊／鈴木朖（尾張名古屋＊国学者・儒学者）／国語研究書。音声模写説を記す。

○**「箋注倭名類聚鈔」**／一八二七成立／狩谷棭斎（江戸＊国学者・儒学者）／『倭名類聚鈔』の研究書。考証の一環で語源説を記している。なお、大槻文彦『言海』『大言海』語源説欄に本書の語源説が参照されている。

○**『言元梯』**／一八三四刊／大石千引（江戸＊国学者）／和語の語源辞書。五十音分類。『日本釈名』『倭訓栞』の影響あり。

○**『名言通』**／一八三五刊／服部宜（陸奥二本松＊儒学者）／和語の語源辞書。意義分類。『日本釈名』「東雅」『倭訓栞』の影響あり。

○**『俗語考』**／一八四一頃成立?／橘守部（江戸＊国学者）／国語辞書。五十音分類。

○**「雅言考」**／一八四三頃成立?／橘守部（江戸＊国学者）／古語辞書。五十音分類。

○**「国語本義」**／一八四三成立／高橋残夢（大坂＊歌人・国学者）／和語の語源辞書。音義説（一音一義）。主に用言の語源説を記す。成立年は、愛日文庫蔵本による。

○**「菊池俗言考」**／一八五四成立？／永田直行（肥後＊国学者）／方言辞書。イロハ分類。

○**「古言類韻」**／一八六五成立？／堀秀成（下総古川＊国学者）／国語研究書。音義説（一音一義）が使われている。『倭訓栞』『古事記伝』などを参照している。

参考文献

『国書人名辞典』（岩波書店、一九九三～九九）
前田富祺監修『日本語源大辞典』（小学館、二〇〇五）
飛田良文他編『日本語学研究事典』（明治書院、二〇〇七）
岡田希雄「鎌倉期の語原辞書名語記十帖に就いて（下）」（『国語国文』第五巻第一三号、京都帝国大学国文学会、一九三五）
福島邦道「倭語拾補について」（『国語国文』第三六巻第七号、京都大学国文学会、一九六七）
管　宗次「言霊学者・高橋残夢」（『詞林』第七号、大阪大学古代中世文学研究会、一九九〇）
杉本つとむ編著『新井白石　東雅―影印・翻刻・解題・索引』（早稲田大学出版部、一九九四）
佐古愛己「平安末期～鎌倉中期における花山院家の周辺―『名語記』作者経尊の出自をめぐって―」（『平安貴族社会の秩序と昇進』思文閣出版、二〇一二）

2．引用語句（和歌・漢詩文）索引

2．1　和歌

2．2　漢詩文関連語句

さ

し

負代（おしろ）　③12ウ
をだし（穏し）　①35ウ
おととい（弟兄）　⑤17オ
をひら（御平・鯛）　②18ウ
面足みこと（おもだるのみこと）　①33ウ
織たてて（織り立てて）　③5ウ

か

会盟　①25オ
かへ詞（替詞）　②28オ
かがんみる，かんがみる（鑑みる）　②3オ，11ウ
鶴林玉露　④27オ
かごむ（圍む）　②11ウ
かしかましき，かじがましき（喧しき）　②5ウ，10オ
惶根尊（かしこねのみこと）　③2オ
かしまし（喧し）*　②8オ，11オ
歌書，古人の歌書　①11ウ，14オ，⑤7オ，⑥1オ
かずのこ（数子）　①14ウ
片たる（片足る？）　④35オ
かど（鰊）　①14ウ
歌道　③17オ
仮名がき（仮名書）　⑥4オ
かみとを《(ろカ)》かして（かみ蕩かして？）　②2ウ
かもする（醸する）　②7オ
からぐる（絡ぐる）　②11オ
からの文（唐の文）　③25オ，⑤11オ，⑥4ウ
かはらぐ（乾らぐ）　②1オ，6オ，9オ
観経（観無量寿経）　③33オ
款冬（かんどう）　④13オ
漢明帝　④26オ
寒は戮殺の気也　③9ウ

き

きほふ（競ふ）　①5ウ
きがさ（着笠）　②9オ
枳殻（きこく）　②17ウ
きざす（兆す）　⑥21ウ
きたなし　③10オ，⑤13ウ
逆修（ぎゃくしゅ）　①13ウ
きやす（消す）　④9ウ
及第　③16ウ，④8ウ
行住座臥（ぎょうじゅうざが）　⑤16オ
玉兎（ぎょくと）　③11オ
清原環翠（清原宣賢）　④11ウ
金剋木（きんこくもく。「こんこくもく」と振り仮名）　⑤12オ

く

くひくひと（くいくいと）　③27ウ
九九（算用の「九九」）　③27ウ
くぐむ（屈む）　⑥17オ
くくむる（哺むる）　①13オ，③27ウ
くじくる（挫くる）　③23オ
公事根源　⑥22オ
百済国　③23オ
口伝　③17オ，19オ，31ウ
くねる（恨る）　③27ウ
くぼかなる（窪かなる）　①17オ
呉服の謡　④32オ

け

啓迪院玄冶（岡本玄冶）　③24オ
結構に　③23ウ
決前生後（けつぜんしょうご。「生前決後」と誤記）　②23ウ
けつらふ　⑤24ウ
けやけひ《(いカ)》（尤い）　④9オ
源氏物語　②22ウ，③33オ
顕昭　⑤10ウ
阮籍　①15オ

こ

胡（こ）　④22ウ
光陰如箭（こういんやのごとし）　③31ウ
高麗　④11ウ，22オ
呉音　④3オ
古歌　⑤11オ，⑥21オ
五行　④38オ
告朔のまつり　⑥1オ
こご（古語）　⑥16ウ

1．本文語句索引

あ

い

う

え

お

凡　例

1．**本文語句索引**：『和句解』本文中の、書名・人名・仏教語・言語学的用語・近世初期の語句などを、現代仮名遣いの五十音順で配列し、その語句の出現する巻数と丁数を記した。「オ」は表丁、「ウ」は裏丁である。（例、天道めぐり　⑤17ウ＝巻五17丁裏）

- 濁点は、補って記した。ただし、仮名遣い・誤字などは、原則として本文のまま記した。
- 用言を含む語句は、原則として本文のまま記したが、語が活用形を変えて複数回出現する場合（同じ見出し項目内のみでの複数回出現も含む）は終止形に直して記し、右肩に「*」を付けた。
- 検索に便利になるように、必要に応じて、（　）内に漢字表記・読みなどを注記した。
- 言語学的用語については、五音相通に関する用語（五音通・五音など）、略音に関する用語（上略・中略・下略・上下略・略字など）は使用頻度が非常に高いため、この索引には掲載しなかった。また、言語学的用語については、研究編「四·二　語源解釈法について」参照。
- 近世初期の語句を選択するにあたり、『時代別国語大辞典室町時代編』（三省堂、1985～2001）、Webサイト「JapanKnowledge」により『日本国語大辞典 第二版』（小学館、2000～2002）を参照した。（ただし、この索引で、『和句解』本文中の近世初期の語句を網羅できているわけではない。）また、『和句解』本文中にある、『時代別国語大辞典室町時代編』『日本国語大辞典 第二版』などに掲載されていない、誤記の可能性のある語句も、あえて掲載した。

2．**引用語句（和歌・漢詩文）索引**：『和句解』本文中に引用されている和歌と漢詩文関連語句を集積し、本書の注釈編「『和句解』語源説援用知識注釈」でのページ数を記した。

- 引用語句を含む箇所を抜き出し、見出し漢字と和訓を記した。
- 濁点は、補って記した。ただし、仮名遣い・誤字などは、原則として本文のまま記した。
- 関連知識・出典などについては、注釈編「『和句解』語源説援用知識注釈」参照。

索 引 編

1．本文語句索引

2．引用語句（和歌・漢詩文）索引

著者紹介

土居文人（どい　ふみと）

1967年　兵庫県姫路市に生まれる。
1995年　京都大学大学院文学研究科国語学国文学専攻修士課程修了。
現　在　神戸市立工業高等専門学校教授。

主要業績

「尾張藩の大名教訓小説―写本小説「三木章」に関する一考察―」（『国語国文』第72巻２号、京都大学文学部国語学国文学研究室、2003年２月）、『日本語の語源を学ぶ人のために』（共同執筆）（世界思想社、2006年）、「貞徳『和句解』成立考―横本『二体節用集』及び中世の和学との関係―」（『国語国文』第81巻第12号、京都大学文学部国語学国文学研究室、2012年12月）など。

語源辞書　松永貞徳『和句解』本文と研究　　研究叢書457

2015年２月20日初版第１刷発行（検印省略）

著　者　土 居 文 人

発行者　廣 橋 研 三

発行所　有限会社和泉書院
〒543-0037　大阪市天王寺区上之宮町7-6　電話 06-6771-1467　振替 00970-8-15043

印刷・製本　遊文舎

ISBN978-4-7576-0737-8　C3381